소비자
경제학

CONSUMER ECONOMICS

소비자 경제학

문정숙 · 이영애 · 최은희 · 송태회
홍미경 · 이의선 · 임수지 지음

CONSUMER ECONOMICS

(주)교 문 사

우리 사회는 그동안 생산자 중심의 경제구조에서 소비자중심의 경제구조로 이행해 왔으며, 시장에서 기업과 함께 중요한 경제주체인 '소비자'에 관한 관심과 그 역할의 중요성이 높아져 왔다고 할 수 있습니다. 이러한 시대적인 요청과 학문의 다학제적인 성격으로 인해 소비자경제학은 1983년 우리나라에서 가장 먼저 숙명여자대학교의 경상대학 내에 독립학과로 출발한 소비자경제학과의 발전과 그 궤를 같이하며 학문적 발전과 사회기여에 맡은 바 역할을 수행하고 있다고 생각합니다. 이에 『소비자경제학』이라는 이름으로 책을 발간하려 합니다.

소비자경제학은 다학제적이며 실용적인 성격과 현실적인 주제들을 많이 다루는 학문입니다. 또한 주제의 다양성과 시의적인 해결을 위한 정책부문도 함께 연구되어야 하는 특성을 가지고 있습니다. 따라서 시장에서 소비자문제 해결을 위해서는 정부, 기업, 소비자단체 등 관련기관들과 함께 노력해야 하는 것을 의미하기도 합니다. 학문적 연구대상의 다양성과, 통합적 접근방법의 요구는 기존의 학문적 접근방법과는 차이가 있어 각별한 노력이 필요한 학문분야이기도 합니다. 이러한 학문적 특성으로 인해 본서를 발간하는 데에는 적지 않은 노력이 필요했습니다.

다른 학문의 경우, 많은 책들이 이미 서점에 나와 있지만 소위 emerging discipline인 소비자경제학은 이론구축과 학문영역, 접근방법 등 고민해야 할 부분이 많았으며 급변하는 시장 환경, 잦은 법률의 개정 등으로 책 발간이 매우 늦어지게 되었습니다. 이는 물론 부족한 능력 때문이기도 하지만 더 좋은 책을 써야 한다는 부담감과 의무감도 함께 있었음을 부인하지 못합니다.

머리말
Preface

이번에 다행히 소비자경제학에 관해 깊은 애정과 소신을 가진 몇 분의 전문가 분들과 뜻을 모아 함께 책을 내게 되어 매우 기쁘게 생각합니다. 일 년여 동안 정기적으로 만나서로 의논하고 토론하면서 책의 구성과 내용 등을 선정하였습니다. 각 주제들에 관해서 책임 있게 주관한 분들이 있지만 책의 모든 장(章)에 대해 서로 읽고 의견을 내었기에 책 저자들의 공동 노력의 결실이라고 생각합니다. 그리고 이번 소비자경제학 출간은 이미 발간된 저의 저서, 『시장과 소비자문제』의 내용 중 표시, 광고, 소비자정보, 경쟁정책, 안전 등의 주제에 관해서는 최근자료를 보완하여 재구성하였음을 밝힙니다.

책을 쓰는 데에는 그동안 각 정부부처의 위원회 활동과 기업에서의 경영전략적인 의사결정기구에서의 경험, 소비자단체에서의 활동 등이 많은 도움이 되었습니다.

저는 현재 학교를 잠시 떠나, 금융감독원에서 소비자보호업무를 담당하고 있지만, 현재 업무가 소비자경제학의 학문적 발전에 도움이 되며 그 연장선상에 있다고 생각합니다. 본 저서의 출간으로 전공 학생들과 후학들에게 저의 열정이 전해져서 함께 고민할 수 있는 계기가 되기를 바라며, 더 나아가 소비자경제학의 발전에 함께 도움이 되었으면 합니다.

끝으로 이 책을 완성하는 데 함께한 이영애, 최은희, 송태회, 홍미경 박사님들과 이의선, 임수지 선생님들께 깊은 감사의 마음을 전하며, 숙명여자대학교 소비자경제학과의 발전을 기원합니다. 또한 책의 편집과 교정에 이르기까지 열심히 도와주신 (주)교문사의 류제동 사장님과 편집부 여러분께도 감사의 말씀을 전합니다.

2010년 3월

금융감독원에서 문정숙

Part 01
기초 편

차 례
Contents

Part 02

응용 편

Part 1

기초 편

Chapter

01 소비자경제학이란?

01 학문발생의 배경[1)]

자급자족 경제하에서는 생산자와 소비자가 같은 사회이므로 소비자라는 개념은 존재하지 않았다. 그러나 그 이후, 분업화의 발달로 인하여 생산물의 잉여가 생기게 되어 교환이 일어나게 되면서 비로소 생산자와 소비자가 분리되었으며, 화폐 및 주문생산이 보편화됨에 따라 생산자와 소비자의 구분이 더욱 명확해지기 시작하였다. 그러나 이 시대의 생산자와 소비자의 거래는 매우 합의적인 거래였으며, 생산자와 주문자가 일대일로 거래하는 것이 보통이었고, 충분한 논의 후에 제품이 만들어져서 판매되었기 때문에 소비자라는 개념과 의식은 매우 낮았다.

생산자와 소비자의 개념을 더욱 분명하게 만든 계기는 바로 생산이 가내수공업에서 기계에 의한 공장생산으로 이행한 후의 일이었다(권정평, 1991). 즉, 산업혁명 이후 소비자는 시장경제 체제가 발달하면서 소비만을 담당하는 경제주체로서의 역할을 하게 되었다. 이후 산업화가 빠르게 진행되면서 소비자는 생산의 주체인 기업이 생산한 제품들을 시장을 통한 구입에 의존하게 되면서 소비자의 개념과 역할 및 소비자문제 등에 관한 관심이 높아지기 시작하였다. 특히 기술혁신에 의해 대량생산, 대량유통, 대량소비 등이 진행됨에 따라 소비자문제는 구조적·필연적으로 발생하게 되며 그 피해 또한 커지게 되었다.

1) 문정숙(1998) '소비자경제학의 발전방향에 관한 소고' 논문을 수정하여 재인용함

대량생산 체제에 의한 대량제품의 유통은 상품자체뿐 아니라 품질의 판단조차 어렵게 하였다. 그동안 경험해 보지 못한 이러한 시장환경은 소비자들의 훈련되지 못한 소비행동과 부족한 지식, 정부의 규제 및 법률의 미비 등으로 말미암아 소비자들의 판단을 더욱 어렵게 하였고, 점차 시장에서의 소비자문제의 확산을 가져왔으며 시대적 요구에 대한 해결방안의 모색이 필요하게 되었다.

미국에서는 1900년 초부터 소비자 관련 책들이 처음으로 소개되었고, 미미하나마 소비자문제가 사회에 인식되기 시작하였다. 시카고 식육업자들의 비인간적·비위생적인 상황을 고발한 Upton Sinclair의 《The Jungle, 1906》, 1927년 소비자 계몽서인 Stuart Chase와 Frederick J. Schlink의 《Your Money's Worth》, 1930년대 소비자단체인 Consumers Union의 탄생과 이 소비자단체가 상품을 테스트한 후 소비자에게 상품정보를 제공하는 Consumer Reports 등이 발간되었다. 특히 미국경제의 공황은 소비자들로 하여금 생활 유지를 위한 합리적 소비에 더욱 관심을 가지게 하였다. 이러한 사회·경제적 배경은 제도 및 법률의 정비뿐 아니라 새로운 시장환경에서 발생하는 소비자문제의 분석과 해결방안을 모색하며 소비자와 관련된 이론 및 특성을 연구하는 새로운 학문분야의 필요성을 제고하게 되었다(Mayer, 1989).

A. Smith는 1776년 국부론에서 "소비는 생산의 유일한 목적이며 생산자의 관심은 소비자의 이익을 촉진시키는 데 필요한 범위에만 유의해야 한다."고 하였다. 그러나 J.S. Mill은 "경제학은 생산 또는 분배와 불가분한 관계이며 부의 소비와는 아무런 관계도 없으며 부의 소비법칙은 알 수 없다."라고 하여 소비의 이론 존재를 부정하였다. 그 이후 경제학은 생산과 분배에 대한 많은 이론들을 개발시켜 왔으나 소비에 관한 이론은 매우 부분적이고 단편적이었다(일본소비경제학회편, 1993).

이러한 사회·경제적 배경으로 인해 전통적인 경제학에서 다루는 소비이론만으로는 소비자의 어려운 상황을 설명하거나, 점점 복잡하고 세분화되는 시장에서 발생하는 소비자문제들에 대한 해결방안을 제시할 수 없었다. 소비자의 특성을 고려한 소비자행동 연구와 소비자를 둘러싼 기업 및 정부를 포함한 시장환경 간의 연구, 한걸음 나아가 올바른 정보의 제공 및 교육까지도 담당할 수 있는 새로운 학문영역이 필요하게 된 것은 시대적 요청이었다. 단일학문(uni-disciplinary)으로서의 경제학으로는 시대적 상황과 요구에 충분치 못하였으므로 시장에서의 소비자문제 해결뿐만 아니라 국가경제에서의 소비 및 소비자정책 등에 관한 연구를 위해서는 다학제적(interdisciplinary)인 학문영역인 소비자경제학의 학문적 필요성이 대두되게 되었다.

소비자경제학은 시장에서 소비자문제를 규명하고 해결하기 위하여 경제적 분석뿐 아니라, 법학, 마케팅, 행정학, 정치학, 사회학, 심리학 등의 다양한 학문적 접근을 통한 다학제적 연구와 분석이 필요한 학문이다. 특히 소비자안전과 직결되는 소비자문제의 해결을 위해서는 자연과학의 지식과 적용까지도 필요로 한다. 이와 같이 소비자와 관련된 연구영역 및 주제는 매우 다양하고 광대하여 학문적 성격에 관한 연구는 계속 발전되어야 한다.

02 소비자경제학의 학문적 특성[2)]

1) 소비자경제학의 정의

우선 소비자경제학에 대한 학자들의 정의를 살펴보면 다음과 같다.

Swagler는 소비자경제학은 소비자문제의 경제학이다(Swagler, 1979)라고 정의하였으며, McGowan은 소비자경제학은 소비자주의(consumerism)를 추구하는 데 있어서 경제학의 도구인 도표와 모델을 이용하여 시장의 수요와 공급을 분석하고 비용(cost)과 수익(benefits)을 비교하는 학문이라고 정의하였다. 여기에서 소비자주의란 첫째, 사유재나 공공재를 구입할 때 지적인 판단을 내릴 수 있도록 소비자에게 정보를 주는 사회운동이고, 둘째, 공급자가 시장과 정치권력을 잘못 이용하는 행위를 바로잡는 정정운동이며, 셋째, 생산자로 하여금 소비자와 함께 명예롭고 개방적으로 행동하도록 책임을 자각시키는 운동이라고 볼 수 있다[3)].

또한 김용희는 소비자경제학을 소비자와 소비자를 둘러싸고 있는 외부환경과의 상호작용을 연구하고 사회적·심리적·정치적·생태학적 상황을 종합적으로 고려하면서 시장과 비시장활동을 경제학적으로 분석하는 학문이라고 정의하였다(김용희, 1992).

2) 문정숙(1998), '소비자경제학의 발전방향에 관한 소고' 논문을 수정하여 재인용함

3) 김용희(1992), '소비자경제학'에서 재인용함

Lee와 Zelenak는 소비자경제학이란, 가계 혹은 어떻게 물건을 사느냐의 기술을 가르치는 것보다는 그 내용이 광범위하게 연구되어야 하며, 판매자와 소비자와의 바람직한 관계의 실현을 위해서 경제시스템을 이해할 필요가 있으며, 이를 위해 소비자경제학의 필요성을 강조하고 있다(Lee & Zelenak, 1982).

Mandel에 의하면 소비자경제학은 경제시스템의 목적과 목표에 대해 이해하고 소비자로서의 역할을 기본으로 적절한 의사결정을 행하는 것과 관련된 내용을 포함한다고 하였다(Mandel, 1981). 또한 그는 소비재(consumer goods)와 서비스의 증가, 세금과 관련된 법률, 공공보조 프로그램, 소비자보호법, 인플레이션에 의해 야기된 각종 문제들과 같이 발달되고 복잡해진 경제시스템은 소비자관련 지식을 더욱 요구하게 되며, 그 학문적 필요성을 증가시킨다고 하였다.

1980년대 초 미국의 소비자관련 학자들은 소비자관련 학문들에 관한 성격규명과 다학제적인 접근을 통한 다양한 학문적 관점으로부터 소비자관련학의 개념·특성 및 연구범위 등에 관한 주제를 전미(全美) 심포지엄에서 깊이 있게 논의하였으며, 학문적 성격의 주체(identity)를 분명히 하는 계기를 마련하였다(Stampfl, 1982).

여기에서, Kroll과 Hunt는 소비자관련학(Consumer-Interest Studies), 혹은 소비자학, 소비자경제학은 첫째, 소비자역할을 포함하는 상호작용을 다룬다. 둘째, 소비자는 좁은 정의로서의 오직 구매자/사용자의 개념과 비교해서, 넓은 의미로 비생산자로서의 경제역할을 구매자, 사용자, 예산수립자, 채무자, 예금주, 투자자, 경제문제와 관련된 시민의 소비자역할을 강조해야 하며, 소비자역할을 비생산자로서의 경제역할로 확대해서 정의해야 한다고 하였다. 셋째, 소비자관련학은 이러한 소비자역할들과 외부요소들인 상품과 서비스, 기업, 소비자단체, 노동, 정부기관, 경제적·정치적 체계 등의 요소들과의 상호작용을 포함하며, 넷째, 소비자관련학은 소비자 상호작용의 경제적 측면뿐만 아니라 사회심리적 측면과도 관련된다고 하였다. 또한 다섯째, 가족과 소비자를 각각 강조하던 종래의 견해와는 달리 가족 내에서의 경제단위인 소비자 상호 간의 행동들을 함께 다루며, 여섯째, 소비자관련학은 개인소비자, 소비자대표, 소비자교육자들의 효율성 증진을 위한 목표와 가장 직접적으로 관련이 있는 소비자 상호작용의 측면에 관심을 갖는다(판매자들의 효율성 증대를 위한 마케팅의 전통적 관심에 반대되는 것으로)라고 정의하였으며, 소비자를 대상으로 하는 학문의 특성을 분명히 밝히고 있다(Kroll & Hunt, 1982).

소비자경제학은 시장체제의 기능에 중점을 두며 재화와 용역의 효용 및 선택에 필수적인 소비자의 태도, 개념, 기술 특성 등을 이해하기 위한 학문이라고 정의하기도 한다(Stampfl, 1982).

이와 같이 소비자경제학은 소비자가 거래하는 분야 및 소비자의 구매행동에 영향을 미치는 여러 요인들에 관한 연구를 포함하여, 소비자문제의 경제적 분석뿐 아니라 응용학문으로서 소비자문제의 해결을 위해 행정적·제도적·심리적·사회적 요인들을 포함하는 매우 광범위한 주제를 다루는 학문이라고 정의할 수 있다. 또한 효율적인 소비자정책의 집행을 위한 조사·분석 등의 연구를 제공하기도 한다.

2) 학문적 특성

소비자경제학은 경제학, 소비자경제학, 가정경제학, 소비자학 등과 함께 소비 혹은 소비자를 다룬다는 점에서 공통부분을 갖지만, 때로는 유사학문 때로는 동일학문으로 오해되기도 한다. 각 학문의 특성과 차이점을 살펴보면 다음과 같다.

일반적으로 소비경제학(Consumption Economics)은 국가경제에 있어서 주로 거시경제적 주제들로서 소비그룹(consuming group)의 총지출(aggregate spend-ing)과 총저축(aggregate saving)패턴의 연구에 초점을 두며, 이는 가난한 자들 혹은 노인집단과 같이 특별한 집단뿐 아니라 사회의 집합적 소비행동들을 포함하기도 한다(Shepard, 1978). 그러나 소비경제학은 미시적 내용뿐 아니라 가계 내의 소비패턴 연구를 포함하기도 해서 소비자와 외부환경과의 상호작용을 결과로 형성되는 소비패턴 및 소비행동의 거시적·미시적 분석을 중점적으로 다루는 분야로 규정지어지고 있다(Burk, 1968).

이에 반해, 소비자경제학은 소비자에 초점을 맞춰 소비자와 소비자에게 영향을 미치는 시장환경과의 상호작용에 보다 중점을 두는 분야로 정의함으로써 소비경제학과는 구별되는 연구영역을 갖는다.

경제학은 재화와 용역을 생산하기 위한 효율적인 자원배분에 관한 학문으로서 희소한 자원에 대해 효용의 극대화를 도모하며, 가용자원에 대한 최선의 사용안에 초점을 두고 있다(Eastwood, 1985).

경제학적 분석은 복잡한 경제현상을 여러 가정(assumption)하에서 단순화시켜 어떤 법칙성과 일반성을 발견하여 체계적으로 설명하고 예측한다. 즉, 행동변수에 속하는 인지, 태도, 가치, 라이프스타일, 혹은 준거집단 등의 고려보다는 소득, 가격, 이자율 등 정량적인 경제변수들과의 관계를 연구한다. 따라서 경제적 변수들은 실제적인 행동을 설명하기보다는 이론적인 것을 기술하는 데 더 적절하게 설명된다. 또한 경제학은 소비자들의 의사결정과정의 발전을 설명하는 데 기여하게 되지만 소비자만족이나 가치의 갈등이나 생활이슈에 대한 소비자의 효용이나 만족 등에 관한 가치 등을 설명하는 데에는 부족할 수밖에 없다.

소비자행동을 설명하는 데 있어서도 경제이론이 갖는 문제점과 한계점은 많다. 경제이론에 의하면 소비자가 의사결정을 비합리적으로 하는 것은 재화의 상대가격을 잘못 알고 있는 것으로 설명하고 재화의 질이나 습관에 대한 측면을 종종 간과하기도 하며, 소비자는 완벽한 상품정보를 갖고 있다고 가정하기도 한다. 따라서 경제이론을 적용할 경우 실제로는 상대가격 외의 다른 요인들이 작용할 수 있으므로 재화의 선택 결정을 잘못 설명할 확률이 커진다. 이러한 경제이론의 문제점을 정리하면 다음과 같다.

첫째, 경제이론은 추상적인 개념·가정·상징을 많이 사용하여 실제의 소비자생활과는 괴리된 이상을 추구하는 경향이 크다.

둘째, 경제이론은 소비자의 효용이나 선호가 형성되는 과정을 전혀 설명하고 있지 않다. 더구나 경제학은 소비자의 선호·가치·심리적 요인을 주어진 것 또는 일정한 것으로 가정하기 때문에 소비자문제를 경제학적 측면에서 고려할 때는 유용하지만 소비자 자체에 초점을 둘 때는 그렇지 못한 경우가 많다.

셋째, 경제학은 소비자역할을 경제학에서 사용되는 개념과 용어로 정의하지만 소비자라는 역할과 관련된 모든 행동을 설명하지는 못한다. 경제학은 소비자행동을 어떤 특정한 상황에 국한지어 설명하고 있을 뿐이다(김용희, 1992).

이와 같이 경제이론이 갖는 한계점 및 문제점은 실제적인 소비자행동을 충분히 설명하지 못하는 데에 있다. 그럼에도 불구하고 경제이론은 우리에게 인간의 경제적 행동에 관한 깊은 통찰력을 제공하며, 소비자문제의 개념적 틀(conceptual framework)이나 도구로서 사용되며 기술적인 이론 등을 제공하는 것으로 공헌한다(김용희, 1992).

다시 말해 경제학은 주로 경제현상을 객관적 사실 그대로 기술하고 분석한 결과를 중요시하는 ① 실증적(positive) 성격을 갖는다고 볼 수 있는 것(조순, 1990)에 비해, 소비자경제학은 어떻게 소비해야 하며, 어떻게 하는 것이 바람직한 소비행동인가에 대한 연구를 포함하는 보다 **규범적**(normative) 성격이 강한 학문이다. ② 경제학은 단일학문(uni-disciplinary)의 성격이 있지만 소비자경제학은 **다학제적**(inter-disciplinary)인 특성을 갖는 학문이다. ③ **실용적**인 면이 함께 중시되어 소비자에게 정보제공 및 소비자교육의 필요성을 강조하며, 소비자문제 해결을 위해 법적·행정적 제도의 정비를 위한 정책 연구도 함께 요구되는 학문적 특성을 갖기도 한다. ④ 그리고 소비자경제학은 시장환경과 정부정책의 변화에 늘 관심을 갖고 법률의 제·개정 등에 따른 내용을 숙지하는 등 그에 맞는 연구를 해야 하는 **변화성**의 특징을 갖고 있다.

03 소비자경제학의 역사[4)]

소비자경제학의 학문적 기원은 먼저 경제학의 소비부문에 관한 연구에서 찾을 수 있다. 소비부문에 관한 초기 연구는 1800년대로 거슬러 올라갈 수 있다.

경제생활을 가족형태와 사회의 일반적 특성과 함께 조사한 LePlay의 '유럽의 노동자'(1855)나 최저생활비와 가족생활주기의 초기 연구로서 B. S. Rowntree의 Poverty-A Study of Town Life(1901) 등의 연구는 사회환경의 실증분석을 통해 소비라는 면을 주목하기 시작한 연구들이다. 그러나 이러한 초기의 연구들은 소비에 관해 체계적으로 연구하기보다는 주로 생산과 연관시킨 연구가 대부분이었다(일본소비경제학회편, 1993).

그 이후, 1970년 한계혁명 등의 소비에 관한 경제학적 이론은 인간 욕망의 성질과 효용의 주체적 측면보다는 한계효용이론(기수적 효용)을 전개·발전시켰다. A. Marshall은 이들 오스트리아학파의 소비론을 종합하고 소비를 수요로써 파악하며 소비자의 선택과 시장가격과의 결정 및 소비자잉여(consumer surplus) 등의 개념을 발전시켰다. 이후 심리학의 발달이나 경험적 경제학의 실증적 연구의 발달에 힘입어 서수적 효용이론을 기초로 한 무차별곡선에 의한 선호이론이 개발되었다.

19세기 말, 소비는 사회의 변화나 진보적 사회제도 등에 의해 설명되어야 한다고 주장하는 S. Patten이나 T. Veblen 같은 소위 제도학파 경제학자들에 의해 다른 시각으로 설명되고 있다. 이들은 고전학파의 이론경제학에 반대하여 모든 경제현

4) 문정숙(1998), '소비자경제학의 발전방향에 관한 소고' 논문을 수정하여 재인용함

상을 추상적으로 보는 것을 거부하며 기본적으로 실용주의에 입각하여 행동심리학, 진화론, 사회심리학에 기초를 두고 있다. 즉, 이들의 소비에 대한 주장은 사회의 변화·진보가 새로운 경제환경을 만들고 인간의 감정, 특성에 변화를 주어 그것이 소비행동으로 나타난다는 것이다. 이러한 제도학파의 주장은 1930년대 가계의 소비행위를 중점으로 연구한 H. Kyrk, E. Hoyt, M. Reid 등에 의해 계승·발전되었다.

Kyrk는 A Theory of Consumption(1923)에서 그 당시 한계효용학파들의 소비이론을 비판하였다. 즉, Kyrk는 한계효용학파가 사회와 분리된 상태에서 개인의 선택을 다루고 있는 개인주의(individualism), 철저히 계산된 결과에 따라 선택이 이루어진다고 보는 지성주의(intellectualism), 그리고 효용을 계산하는 기계로 인간을 정의하는 쾌락주의(hedonism)라는 세 가지 잘못된 측면 때문에 소비자의 선택이론으로 부적합하다고 주장하였다(정순희, 1993).

소비연구는 개인적인 의식에 근거하지만 사회적인 과정에서 기인하기 때문에 사회적으로 인정받고 싶다는 가치판단, 즉 선택의 문제임을 강조하였으며 사회심리학적인 영향을 배제할 수 없음을 강조하였다.

더욱이 1900년대 초의 대량생산에 대한 상품의 판매전략으로서의 마케팅과 1930년대 미국 대공황에 대한 일반 소비자들의 생활수준의 향상, 노동임금, 노동시간에 대한 관심이 높아짐에 따라 소비자지향적 가계관리의 중요성을 주장한 가정학에서는 소비수준 및 생활전반에 대한 시점에서 소비를 논한 책들을 소개하기 시작하였다(일본소비경제학회편, 1993). 특히 시카고 대학에서 경제학을 전공한 Kyrk, 그의 제자 Reid 등은 가정과 소비의 주제를 대상으로 소비와 선택문제, 소비와 경제의 교환체제, 소비와 효용 등 점차 소비와 사회의 경제현상과의 관계를 규명하기 시작하였다. 이 시대의 소비자관련 책들을 소개하면, Kyrk의 《A Theory of Consump-tion, 1923》, Hoyt의 《The Consumption of Wealth, 1928·Consumption in our Society, 1938》, Nystrom의 《Economic Principles of Consumption, 1929》, Reid의 《Consumers and the Market, 1938》, Pitkin의 《The Consumer, 1932》, Wyland의 《The Economics of Consumption, 1939》 등이 있다.

원래 미국의 가정학(Home Economics)은 1862년 Morill법의 제정으로 대학의 설립이 이루어진 후 초기에는 가사, 재봉, 요리 등의 강의로 시작하였으며 에너지와 자원의 절약을 연구하였다. 가정학은 그 당시 농업생산으로 인한 농작물의 판매와 소비에 관심이 높던 농과대학의 발달로 인해 농작물 생산의 단위인 가계에 관한 연구의 필요성이 커지게 되면서부터 시작되었다.

1940년대와 50년대의 가정학 분야에서 소비자문제의 자각과 관심에 대한 연구는 다음과 같은 책들을 통해서 알 수 있다. 예를 들면, Campbell의 《The Consumer Interest-A Study in Consumer-Economics, 1949》, Coles의 《Standards and Labels for Consumer Goods, 1949》, Andres and Cocanower의 《Economics and the Consumer, 1942》 등이며, 1950년대 Canoyer의 《Economics of Income & Consump-tion, 1951》, Katona의 《Psychological Analysis of Economic Behavior, 1951》, Cochrane의 《Economics of Consumption, 1956》, Morgan의 《Consumer Econom-ics, 1956》 등이 있다. 이 시대, 가정학 분야는 가계 내의 소비와 전체 국가경제 체제와의 상호관계 및 가계 경제 복지에 영향을 미치는 사회·경제적 요인들과의 관계를 규명하기 위한 노력의 일환으로 소비문제를 파악하였으나 여전히 가계의 경제행위로서의 소비 및 소비자문제에 중점을 두었다.

한편, 효용을 기초로 한 무차별곡선의 경제학 소비이론은 P. Samuelson에 의해 반박되었다. 그는 현시선호이론(revealed preference theory)을 주장하며 가격의 변화에 대응하는 소비자행동의 대체적 접근(alternative approach)과의 통합을 제시하였다. 전통적인 소비자이론은 관찰이 불가능한 선호체계로부터 출발하고 있는데 비해 현시선호이론은 명백하게 관찰할 수 있는 상품의 가격과 소비자의 소득하에서 표출된 구매행위로부터 출발하고 있기 때문에 보다 약하고 적은 수의 가정만으로도 이론의 정립이 가능하다는 장점을 갖고 있다(이준구, 1993).

1960년대 K. Lancaster는 소비자수요에 대한 새로운 접근방법을 제시하였다. 전통적인 이론에서 합리적 행동을 하는 개인은 효용을 증가시키기 위해 재화의 소비를 증가시켜야 한다는 효용함수를 제시하였지만, Lancaster는 소비자행동이 만들어 내는 각 특성을 인식대상으로 하고 있다는 점을 강조하였다. 이는 소비자가 소비를 할 때 개인에게 효용을 가져오는 과정을 보다 잘 나타낼 수 있다는 장점을 보여 준다(일본소비경제학회편, 1986).

따라서 소비자경제학은 효용을 기초로 한 연구에서는 신고전학파의 이론으로부터 Lancaster의 새로운 소비자행동 이론으로 소개·발전되었다. 또한 사회환경의 변화와 발전을 기초로 한 연구에서는 LePlay부터 Veblen을 거쳐 Kyrk 등의 학자들의 공헌에 힘입었다. 그 이후 Lancaster의 특성접근법, G. Becker의 시간배분이론,

전망이론 등과 마케팅 분야의 소비자행동 이론과 의사결정에 관한 연구 및 정보와 공공정책 등의 다양한 이론과 주제들에 관하여 더욱 연구영역의 확대를 가져왔으며, 기업과 마케팅활동이 활발한 시대적 배경과 함께 발전하게 되었다.

이는 초기의 소비자관련 분야 연구는 필요에 의한 연구가 부분적으로 발전된 후, 소비자문제의 심층적 이해와 해결책 모색을 위한 관련학문 간의 협력적인 접근이 이루어지게 되었으며 다학제적 학문 발전의 단계와 모습을 보여 준다.

04 소비자경제학의 접근방법

앞에서 기술한 바와 같이 소비자경제학은 다학제적인 접근에 의해 연구되는 학문임을 강조하였다. 시장에서 발생하는 다양한 소비자문제는 경제적 접근방법만이 아닌 법과 제도, 정책적 접근 등 다각적인 접근을 통해 해결될 수밖에 없다.

따라서 소비자문제에 대한 연구의 접근방법 또한 다양하게 요구된다.

1) 경제학적 접근방법

희소한 자원으로 인간의 물질적 욕구를 충족시키기 위해 어떻게 선택하느냐에 관한 주제를 연구하는 경제학은 시장에서 소비자의 선택과 관련한 영역에 기본적 개념을 제공한다. 시장에서 소비자가 지불하는 가격은 수요와 공급에 의해 결정되며 소득에 따라 수요(소비)하는 정도를 설명하는 소득의 수요탄력성, 혹은 가격탄력성 등은 소비자의 행동을 잘 설명해 주고 있다.

경제학에서 소비자는 합리적 인간으로, 자신의 효용을 잘 알고 있으며 소비자 정보를 충분히 가지고 있다고 가정하고 있다. 실제 시장에서 소비자는 충동구매를 하기도 하며 소비자정보의 비대칭성으로 소비자피해를 갖기도 하지만 경제학적 접근방법(economic approach)은 시장에서 소비자가 어떻게 행동하며, 선택하는지를 이해하고 설명하는 부분에 가장 중요한 이론과 법칙들을 제공한다. 소비자는 가장 적은 비용(cost minimize)으로 최대의 효용(utility maximize)을 원한다.

2) 행태적 접근방법

행태적 접근방법(behavioral approach)은 소비자의 행동을 사회심리학, 문화인류학 등의 지식과 상호 협력하여 소비자의 행동양식, 의사결정과정, 선호 등을 과학적·종합적으로 연구한다. 소비자행동에 영향을 미치는 가족, 준거집단, 친구, 조직, 사회계층 등을 중요하게 여기며, 소비자의 상호 간 혹은 소비자 개인과 집단 간의 상호작용의 다이내믹 과정으로 파악하며 소비자의 행태를 연구, 규명하는 방법이다(예종석, 2005).

이러한 접근방법은 소비자의 구매행동에 영향을 미치는 소비자의 태도, 개성(personality), 의사결정과정, 정보처리과정, 학습이론 등을 연구하여 시장에서 소비자의 행동을 보다 잘 이해할 수 있다.

3) 정책학적 접근방법

소비자보호 정책의 형성과 집행, 평가 등에 관한 일련의 과정 및 내용을 주요 연구대상으로 다룬다. 소비자보호의 공식적 주체는 대부분의 경우 정부이고, 모든 정책은 결국 정부의 결정이라 할 수 있다. 정책의 추진주체와 결정과정상의 행위자는 다양할 수 있고, 시민단체와 같은 민간인의 참여가 가능한 것도 사실이지만, 궁극적으로 정책은 정부의 결정이나 행위를 의미할 수밖에 없다. 정책학적 접근이 관심을 기울이는 정부의 결정 혹은 행위는 소비자정책 연구에 있어서도 중요한 위치를 차지하지 않을 수 없다. 소비자보호에 관한 정책학적 접근이 중시되어야 하는 이유도 여기에 있는 것이다.

소비자보호 역시 시장을 중심으로 하는 경제적 효율성을 보호하고, 국가의 주권자로서 보호받아야 하는 생활인 혹은 주민으로서의 소비자권익을 보호하기 위해 국가가 기울여야 하는 적극적 활동이다. 이런 시각에서 소비자보호를 위한 정부의 결정이나 행위를 연구하는 것은 현실성 있는 안목을 제공해 주게 된다. 또한 소비자정책에 관한 평가 또한 정책학적 접근방법(policy approach)이 될 것이다.

소비자보호에 관한 정책학적 접근은 크게 정책의 내용을 따라 이루어질 수도 있고, 정책의 과정을 따라 이루어질 수도 있다. **정책의 내용**을 따르자면, 소비자보호는 보호정책과 규제정책의 양면성을 띤다. R. Ripley와 G. Franklin에 따르면, 정책은 ① 분배정책, ② 경쟁적 규제정책, ③ 보호적 규제정책, ④ 재분배정책, ⑤ 외교국방정책으로 분류될 수 있다(Ripley and Franklin, 1986, 72). T. Lowi (1972, 298)는 정책을 내용에 따라 ① 분배정책, ② 규제정책, ③ 재분배정책, ④ 구성정책으로 구분한다.

소비자보호는 이 가운데 내용적 측면에서 보자면 보호적 규제정책에 속한다고 할 수 있다. 이렇게 정책의 내용에 따라 구체적 사항, 정책의 유형, 내용적 타당성 등을 분석할 수가 있다.

정책에 대한 **과정적 접근**(process approach)은 이와 달라 정책이 형성, 결정, 집행, 평가, 환류되는 일련의 과정을 분석하는 연구방법이다. 예컨대, 소비자보호 관련 사항이 하나의 쟁점(issue)에서, 공식적 의제(agenda)로, 또 정부의제(government agenda)로 채택·결정되며, 집행되는 일련의 과정을 분석하는 것이다. 구체적으로 보자면, 특정한 소비자보호 정책이 정부의 내부주도형으로 의제화되었는지, 사회집단이 주도권을 행사하는 외부주도형으로 의제화되었는지, 그리고 결정과정에 주요 참여자와 그들 간의 영향력 관계는 어떠하였는지, 집행단계에서의 변화와 그 원인 혹은 대상집단의 저항은 없었는지, 집행의 효율성과 경제성은 확보되었는지, 본래의 정책목적은 달성되었는지 등의 문제를 다루게 된다.

소비자보호에 관한 정책학적 접근은 여타의 접근법이 간과하는 정부 관료제 내의 조직과정(organizational process)과 관리적 효율성(managerial efficiency)을 조명해 주는 특성을 띤다. 대통령, 장관, 위원장을 포함하여 정부 내의 리더들과 관료들의 상호작용을 다루는 과정에서 조직과정이 조명되는 것이다. 소비자보호 문제를 둘러싸고 있는 관료제 내에서 일어나는 상호과정이 다양한 시각에서 설명될 수 있는 것이다. 예컨대, 소비자집단이 강력히 요구하는 소비자보호가 하나의 정책으로 정책화되지 못한다면 여기에는 여러 이유가 존재할 수 있다. 정책담당 관료가 공급자에게 포획(capture)되었을 수도 있고, 담당부서 간 이익의 충돌, 조직의 관성 등이 작용할 수 있는 것이다. 나아가, 현재의 이익배분 구조에 반하는 소비자보호 조치가 아예 의제화되지 못하도록 사전에 체계적으로 배제하는 무의사결정(non-decision making)이 이루어질 수도 있는 것이다.

4) 법적 접근방법

법적 접근방법(legal approach)은 소비자의 피해구제, 약관규제, 청약 철회권, 불공정거래 분야, 기만적인 광고 표시의 규제 등 소비자의 권리구제와 소비자 피해보상 등에서 보여진다.

특히 소비자는 소비자의 기본적인 권리로서 보호받아야 하며, 소비자주권의 확립과 소비자안전의 확보 등 소비자이기에 앞서 인권의 확보를 위한 소비자기본법의 제정은 좋은 예가 된다. 시장에서 공정하고 자유로운 경쟁을 보장하고 소비자의 선택과 거래를 보장하는 공정거래법 등 또한 법적 접근방법에서 찾아볼 수 있는 내용들이다.

법적 접근방법의 가치는 민주성, 형평성, 절차적 정의 등에서 가치구현을 위한 추구라 할 수 있으며, 궁극적으로 소비자주권과 소비자복지의 향상을 위한 수단으로서의 법적 접근방법은 소비자경제학의 이해를 위해 매우 중요하다고 하겠다.

5) 사회문화적 접근방법

사회문화적 접근방법(social-cultual approach)은 소비자문제를 둘러싸고 있는 가치체계, 이념, 규범 등을 주목하는 것이다. 일견, 사회문화적 요인은 이런 의미에서 소비자보호 문제의 가장 근간을 이루는 요인이라고 할 수 있지만, 동시에 인위적인 대응책으로서 해결하기 어려운 구조적 요인에 해당한다고 할 수 있다.

소비자보호를 사회문화적 접근방법으로 분석할 때, 소비자보호 활동이나 정책의 배경과 원인을 '설명'할 수 있게 된다. 소비자들의 유행, 트렌드, fad 등 설명하기 어려운 부분 등이 사회문화적 접근을 통해 소비문화를 이해할 수 있으며 소비자들의 구매행태를 설명할 수 있을 것이다.

최근에는 보다 실용적이고 처방적인 시각이 사회문화적 접근 내에서 제시되고 있다. 이른바 사회자본이론(social capital theory)이 그것이며, 신뢰를 강조하는 입장이 그것이다. 이들에 따르면 사회발전의 궁극적 토대는 신뢰와 상호호혜적 규범 같은 요소이며, 이러한 요소들을 사회자본이라 한다. 사회자본의 증대는 국가발전을 이룰 수 있으며 경제적 손실을 줄일 수 있어, 결국 시장에서 소비자를 보호할 수 있음을 의미한다. 시장에서 생산자, 혹은 판매자의 신뢰를 바탕으로 한 소비자의 거래는 거래비용을 줄일 수 있으며, 사회적 자본을 축적할 수 있을 것이다. 믿을 수 있는 애프터서비스에 대한 정보는 소비자로 하여금 확실한 구매로 이어지며, 이는 낭비적 추가비용을 줄여 줄 것이다.

6) 다양한 접근방법

학문의 기본시각으로 볼 때, 공공선택론적 접근은 신고전파 경제학의 발전된 형태라 할 수 있다. 신고전파 경제학의 시각을 계승하되, 집합적 정책결정의 장에서 이루어지는 규칙과 맥락을 중시하는 것이다. 이런 점에서 공공선택론은 소비자보호 문제에 대하여도 독특한 시각을 제시한다. 예컨대, 보험회사에 의한 '소비자권익의 침해' 문제가 빈발하다고 하자. 이에 대한 전통적 해석은 윤리적 시각으로서 기업의 사회적 책임과 도덕성 측면에서 설명할 수 있다. 이와 달리, 공공선택론적 접근은 소비자보호의 문제를 일종의 게임이론 시각에서 분석할 수 있다. 공급자로서 기업의 윤리적 일탈만을 탓하는 것이 아니라, 공급자와 소비자 간에 놓여 있는 게임의 규칙을 주목하고, 관련 행위자 간 이익을 극대화시키기 위한 선택에서 초래되는 결정을 주목한다.

공공선택론은 기본적으로 시장의 실패를 인정하는 동시에, 정부의 실패도 인정한다. 공공선택이론은 시장의 실패에서 출발한다. 외연성, 미분할성, 무임승차성으로 특징지어지는 공공재는 시장의 논리하에서는 생산될 수가 없다는 것이다. 다시 말해서 국방, 치안, 깨끗한 공기 등의 공공재는 정부의 개입하에서만 그 생산이 가능하다. 그러면 정부는 공공재를 성공적이면서도 효율적으로 그 적정규모를 생산하고 있는가? 그렇지 않다. 여기서 공공선택론은 시장의 실패에서 출발하지만 정부의 실패도 인정하고 있다. 특히 정부의 정책결정규칙(decision rule)이나 결정구조(decision-making structure)가 어떻게 만들어졌느냐에 따라 공공재의 산출에 있어서 적정규모나 효율성은 확보되기도 하고 되지 않기도 한다는 것이다. 이를 바탕으로 정책결정의 규칙이 어떻게 만들어지느냐에 따라 정책의 효율성이 확보된다고 보는 것이다(백완기, 2008).

공공선택론적 접근방법뿐만 아니라 신제도주의적인 접근법도 소비자경제학의 이해를 위해 소개할 필요가 있다. 신제도주의적인 접근방법은 과거의 전통적인 제도적 접근과 어떻게 다른 것일까? 신제도주의는 사회현상이 발생하는 원인으로서

'제도'가 중요하다는 입장이다(March and Olsen, 1988, 734). 그리고 구제도주의에 비해, 넓고 동태적이다. 단순히 법과 규정 같은 좁은 의미의 정태적 제도만을 의미하는 것이 아니라, 행위규범과 규칙 나아가 인간의 행위를 인도하는 준거 틀의 구성요소들을 의미한다. 이를테면, 상징체계 곧 문화까지 포함하는 광의의 개념인 것이다. 이렇게 볼 때, 신제도주의는 행태주의나 공공선택론적 접근과 달리 구조를 강조하는 시각이다. 신제도주의가 지칭하는 제도 자체가 문화와 규칙을 포함하는 구조를 의미하는 것이다.

소비자보호 문제를 둘러싼 환경과 정책을 설명하는 데 신제도주의는 커다란 기여를 할 수 있을 것이다. 신제도주의 이론에서 파생된 개념들이 거래비용(transac-tion cost), 주인-대리인 관계(principal-agent relationships), 도덕적 해이(moral hazard) 등의 개념이다. 거래비용이란 협상이나 합의를 도출하는 비용과 도출된 합의를 집행하는 비용을 의미한다. 소비자보호와 관련하여 기업과 같은 공급자의 태도, 그리고 권익구제를 지향하는 소비자의 행동들이 거래비용의 개념으로 설명될 수 있다. 주인-대리인 관계는 위임자와 피위임자의 상호작용 양식을 지칭하는 개념이며, 도덕적 해이는 여기에서 나타나는 피위임자의 일탈행위라 할 수 있다. 신제도주의의 이러한 개념들은 소비자보호 문제를 설명하는 데 이론적으로 풍부한 기여를 할 가능성이 있다.

Chapter

국가경제와 소비 02

01 국가발전과 소비

1) 국가경제의 균형

신발, 옷, 아이스크림, 자동차, 휴대전화, 연극, 인기 가수의 콘서트와 같이 우리가 돈을 주고 소비하는 재화와 서비스는 모두 기업에서 생산한 것이다. 기업은 우리가 소비하는 재화와 서비스를 생산하기 위해 가계로부터 노동이나 자본을 임금과 이자를 주고 고용한다. 한편 가계가 기업이 생산한 재화와 서비스를 구입하기 위해서는 소득이 있어야 하며, 이러한 소득은 기업에 노동을 제공하고 받은 임금이나 자본을 제공하고 받은 이자이다. 따라서 가계의 소비지출에 필요한 소득은 기업에 생산요소를 제공하고 받은 대가이다.

이와 같이 기업과 가계는 동전의 양면처럼 생산과 소비를 대표하는 경제주체들로 국가경제의 순환과정에서 기본적인 역할을 한다.[1)]

한편 일정 기간 동안 한 국가 내에서 생산된 재화와 서비스인 국내총생산(GDP : gross domestic product)은 그 경제를 구성하는 경제주체들에 의해 구매되고 소비될 것이다. 이러한 국내총생산(GDP)에 대한 지출은 민간에 의한 소비지출(C), 기업의 투자지출(I), 정부지출(G), 그리고 순수출(수출－수입 : NX)로 구성되며 다음과 같은 식으로 표현할 수 있다.

$$Y = C + I + G + NX$$

1) 한국경제교육학회(2007), 차세대 경제, 교학사, p. 262.

만약 좌변과 우변에 등식이 성립하면, 즉 총생산과 총지출이 균형을 이루게 되어 국가경제에서 기업들은 재고를 증가시키거나 감소시킬 유인이 없기 때문에 고용과 소득이 안정적일 것이다. 2008년 우리나라 명목 GDP의 지출구조를 보면 민간최종소비지출 54.5%, 정부최종지출 15.3%, 총투자 31.4%, 수출 52.9%, 수입 54.1%, 순수출 −1.2%이다.

그러나 균형이 깨져 어느 한 쪽이 더 많아지게 된다면 그 결과는 상반된다. 총생산이 총지출보다 많은 경우($Y > C + I + G + NX$), 예를 들어, 미국발 서브 프라임 모기지 사태로 빚어진 세계 금융위기와 같은 경제적 충격은 주식하락을 가져와 가계의 재산을 줄임으로써 지출을 감소시켜 경제가 초과공급 상태에 놓이게 된다. 어떤 경제적 충격에 의해 지출이 줄면 판매량이 감소하고 기업은 고용을 줄여 실업자가 증가함에 따라 소득감소를 결과하게 된다. 이러한 소득감소는 다시 소비지출 감소를 결과하여 판매량감소, 실업(해고)증가, 소득감소로 이어져 경제가 점점 축소되는 경기침체(악순환)로 이어질 수 있다.

반대로 총지출이 총생산보다 많은 경우($Y < C + I + G + NX$), 경제가 초과수요 상태에 놓이게 되면 판매량이 증가하여 기업은 생산 증대를 위해 고용을 증가시킴에 따라 소득이 증가할 것이다. 소득증가는 소비지출증가로, 소비지출증가는 판매량증가에 이어 고용증가로, 그리고 소득증가와 소비지출증가로 이어져 점점 경제규모가 커지는 선순환 경제구조(경기확장)로 될 수 있다.

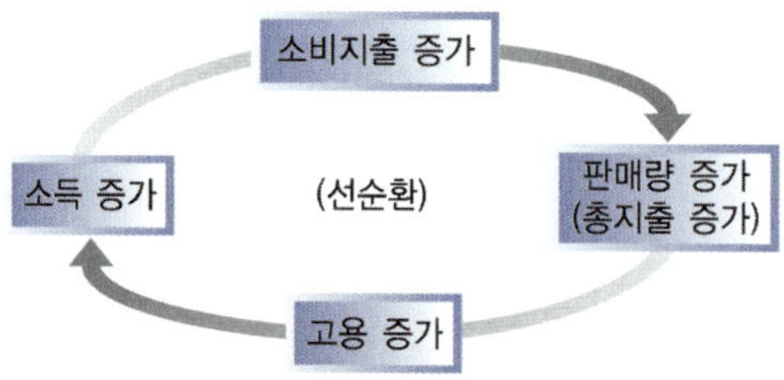

(a) 선순환 국가경제

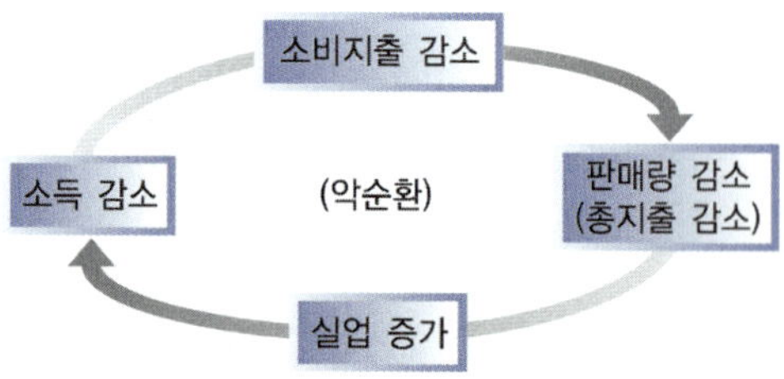

(b) 악순환 국가경제

그림 2-1 국가경제의 순환

2) 소비 대 저축

사람들은 미래에 소득이 줄어들거나 소득원이 끊겼을 때, 그리고 목돈이 갑자기 필요해질 때를 대비해서 현재 소득의 일부를 저축해 놓는다. 저축은 현재의 소비를 포기하는 대신 미래의 소비활동을 대비하는 것이다. 저축은 투자로 이어져 경제활동을 전작시킴과 동시에 경제의 장기적인 생산능력을 늘려 국가경제를 부강하게 한다.

그러나 절약을 통한 저축만을 강조하여 가능한 한 소비를 안 한다면 기업은 생산물량을 줄일 수밖에 없고 자연히 일자리가 줄어들어 실업자가 늘어나게 된다. 실업자가 늘어나면 사회 전체의 소득이 줄어들게 되어 소비는 더욱 위축되는 악순환이 이어져 국민경제 전체가 어려워지는 결과를 가져올 수 있다.

이와 같이 소비와 저축은 한 나라의 경제가 균형 있게 성장하기 위해서는 필수불가결한 요소이나, 소비는 저축을, 저축은 소비를 위축시키는 측면을 가지고 있기 때문에 학파에 따라 소비와 저축을 보는 관점이 뚜렷하게 구분된다. 영국의 거시경제학자인 Keynes와 그의 이론을 이어받은 케인즈학파는 소비가 몇 배의 소득을 창출하는 승수효과를 낳기 때문에 생산과 고용을 증대시키는 바람직한 효과를 낳는다고 보고 소비를 미덕으로 저축은 악덕으로 여겼다. 반면 고전학파는 케인즈학파가 근시안적으로 문제를 보고 있다고 비판하며 과소비는 단기에 총생산을 증가시키는 효과가 있지만 저축을 감소시켜 장기적으로 볼 때는 투자와 경제성장을 위축시킨다고 보았다. 또한 저축은 투자재원으로 저축이 늘면 투자재원이 늘어나 기업의 투자가 증가하며 소비처럼 투자도 승수효과가 발생하여 경제성장의 원천이 된다.[2)]

과거 경제개발을 위한 자본이 부족하던 우리나라에서는 오랫동안 소비는 바람직하지 않는 것이고 근검절약과 저축이 미덕인 시절도 있었다. 또한 1998년 외환위기와 2008년 세계 금융위기에 따른 경제위기를 극복하기 위해 무엇보다도 민간소비의 활성화가 중요하다고 보고 소비 진작을 위해 노력하였다.

따라서 소비와 저축은 어느 것이 미덕이라는 이분법적 가치판단의 대상이 아니라, 둘 다 국가경제의 발전에 불가피한 경제행위로 소득수준에 맞는 합리적인 소비가 국가경제 성장의 버팀목 역할을 할 수 있을 것이다.[3)]

2) 안국신(1996), 신경제학원론, 율곡출판사, pp. 478-481.

3) 김인철(2004.3), '소비-경제를 움직이는 힘, 나라경제', 한국은행, pp. 76-77.

용·어·해·설

합성의 오류(fallacy of composition, 合成의 誤謬)
경제에서는 각각의 올바른 행위가 전체적으로는 마이너스로 작용하는 일이 있는데, 경제학자 폴 새뮤얼슨은 이를 합성의 오류라고 불렀다. 이를테면 저축은 개인에게 필요하며 바람직한 일이기도 하지만 경제 전반적으로는 반드시 좋다고만은 말할 수 없다. 불황기에 소비자가 저축에 열을 올려 소비에 돈을 쓰지 않으면 불황은 한층 심각하게 되어 소득도 줄어 반대로 저축을 무너뜨리게 될지도 모른다. 저축에 관련되는 이러한 현상을 '저축의 패러독스'라고도 한다.

자료 : 네이버 용어사전

02 소비지출의 특징

1) 소비의 위력

소비지출은 국민경제를 구성하는 요소들 가운데 가장 큰 부문을 차지하기 때문에 그 경제의 생산수준을 결정짓는 데도 가장 큰 역할을 하며 경제성장에 직접적인 영향을 미친다.

우리나라의 경우 빈곤으로부터의 탈출이 경제정책의 목표였던 경제발전 시기에는 수출과 소비가 경제성장을 이끌어 왔으나, 수출 위주의 경제정책으로 인해 1988년까지 경제성장률보다 소비증가율이 낮게 나타났다. 1989년 이후에는 해외여행 자유화 및 시장개방 등 경제환경의 변화에 따라 소비지출 증가율이 경제성장률보다 높게 나타났다. 또한 1997년 11월 말에 불어 닥친 외환위기의 영향을 받은 1998년의 경우 민간소비지출은 12.5%나 감소하여 5.7% 감소한 경제성장과 2.2% 증가한 정부지출보다 경제환경 변화에 민감함을 알 수 있다(표 2-1).

국가경제에서 차지하는 비중이 가장 높은 소비는 경제환경 변화에 민감하기 때문에 경제침체기나 경제위기 시 경제를 활성화시키는 불씨 역할을 담당하기도 한다. IMF 경제위기를 극복하고 경기 진작을 위해 우리나라는 신용카드 발급기준 완화를 통해 민간소비지출을 확대하려고 하였다. 그러나 무분별한 신용카드 발급은 신용대란이라는 또 다른 부작용을 유발하였다.

또한 2008년 말 세계 금융위기가 우리나라 경제에도 영향을 미침으로써 경제성장률과 소비증가율에도 영향을 미쳐 증가율이 크게 둔화되었음을 알 수 있다(표 2-1). 1998년 외환위기 때와 유사하게 경제성장보다 민간소비지출이 더 많은 영향을 받은 것으로 나타났으며, 정부에서는 희망근로제를 도입하여 실업자를 줄이고 소득을 창출하여 민간부문의 소비를 진작함으로써 위기상황에서의 탈피를 시도하였다.

표 2-1 우리나라 국내총생산 및 소비지출 변화 추이(기준년 : 2005년)

연 도	국내총생산 성장률	민간소비지출 증가율	정부소비지출 증가율
1980	△1.9	△0.2	9.1
1981	7.4	5.2	5.8
1982	8.3	7.3	3.1
1983	12.2	9.2	3.8
1984	9.9	7.6	3.1
1985	7.5	7.2	3.3
1986	12.2	8.9	6.4
1987	12.3	8.0	6.5
1988	11.7	9.0	8.9
1989	6.8	10.6	8.8
1990	9.3	9.7	10.5
1991	9.7	8.7	5.6
1992	5.8	6.5	6.5
1993	6.3	6.5	5.0
1994	8.8	8.6	3.6
1995	8.9	10.3	3.8
1996	7.2	7.3	7.3
1997	5.8	4.0	2.7
1998	△5.7	△12.5	2.2
1999	10.7	11.9	3.0

(계속)

연 도	국내총생산 성장률	민간소비지출 증가율	정부소비지출 증가율
2000	8.8	9.2	1.8
2001	4.0	5.7	5.0
2002	7.2	8.9	4.9
2003	2.8	△0.4	4.4
2004	4.6	0.3	3.8
2005	4.0	4.6	4.3
2006	5.2	4.7	6.6
2007	5.1	5.1	5.4
2008	2.2	0.9	4.2

자료 : 통계청, 주요지표

2) 소비지출의 특징

소비는 국민경제에서 차지하는 비중이 대단히 크기 때문에 소비가 어떻게 변화하느냐에 따라 경제의 흐름이나 생산구조는 커다란 영향을 받게 된다. 이러한 소비지출의 특성은 크게 안정성, 변화성, 우세성으로 설명할 수 있다.[4]

첫째, **안정성**이란 국민경제에서 차지하는 비중이 비교적 일정한 것을 의미한다. 또한 일반적으로 투자, 수출보다 안정적으로 움직여 소비가 경기변동의 폭을 완화시켜 주는 역할을 한다.

둘째, **우세성**이란 국가경제에서 가장 큰 비중을 차지하여 GDP에서 소비자에 의해 직접적으로 통제되는 것의 크기가 큼을 나타낸다.

표 2-2에서 주요국의 GDP에서 민간소비가 차지하는 비중을 보면 나라별 경제, 사회 구조에 따라 다소의 차이는 있으나 소비가 국가경제에서 차지하는 비중이 상당하며, 그 변화가 매우 적게, 서서히 나타남을 알 수 있다. 또한 미국, 영국과 같이 민간의 경제활동을 중요시하는 자본주의 시장경제를 철저하게 지향하는 나라의 소비가 GDP에서 차지하는 비중이 더 높으며, 중국과 같은 사회주의 국가 및 북유럽의 복지국가에서는 미국이나 영국보다 소비의 비중이 낮음을 알 수 있다.

한편 우리나라의 경우 1980년 60%대였던 소비의 비중이 지속적으로 감소하여 50% 중반에서 머무르고 있다.

4) 이스트우드/김용희 역(1992), 소비자경제학, 비봉출판사, p. 15.

표 2-2 주요국 민간소비의 對 GDP 비중

연 도	한 국	미 국	영 국	일 본	중 국	스웨덴	노르웨이	핀란드
1980	61.8	63.5	57.5	54.0	–	48.1	44.2	50.7
2000	53.8	68.7	65.6	56.2	46.2	49.4	43.2	48.8
2003	54.8	70.3	65.1	57.5	41.8	49.1	46.4	51.4
2006	54.5	69.9	64.1	57.1	38.0	47.3	40.8	51.4
2007	54.4	70.3	63.9	56.3	35.9	46.7	41.4	50.5
2008	54.5	70.5	64.4	57.8	–	46.5	39.0	51.4

자료 : 한국은행(소비구조의 변화와 향후 정책대응방향, 2005.6), 통계청(OECD 국가의 주요 통계지표)

셋째, **변화성**이란 경제가 성장하고 소득수준이 높아질수록 소비형태가 의류, 식료품 등의 생필품과 같은 비내구재에서 자동차, 가전제품과 같은 내구재로, 그리고 내구재에서 서비스부문으로 이동하는 경향을 나타내는 것으로, 이러한 소비형태의 변화는 삶의 질 향상으로 이어진다.

그림 2-2의 우리나라 가계소비 변화 추이 그래프는 소비지출의 변화성을 명확하게 보여 주고 있다. 1981년 50.2%를 차지하던 비내구재의 비중이 2005년에는 29.5%로 감소하였으며, 내구재는 1981년 3.6%에서 1990년 10.2%까지 증가하였다가 2005년 6.4%까지 감소하였음을 알 수 있다. 또한 서비스의 경우 1981년 35.1%였던 것이 2005년 57.8%까지 증가하였다.[5)]

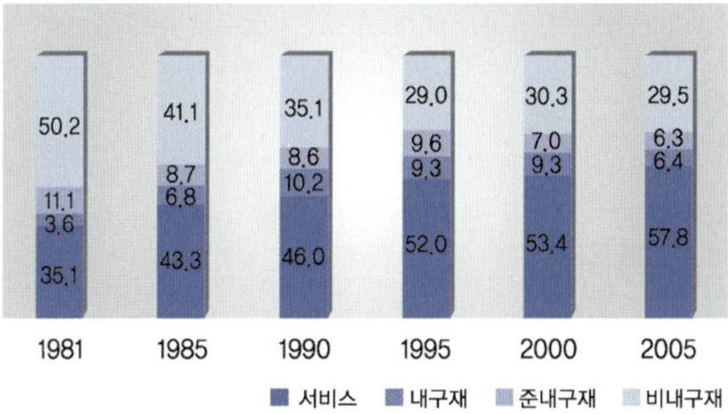

그림 2-2 우리나라 가계소비 변화 추이

자료 : 통계청

5) 내구재란 1년 이상 장기적으로 사용가능한 승용차, 가전제품, 통신기기, 가구 등 비교적 고가인 제품을 말하며, 준내구재란 의복, 신발, 가방, 운동 및 오락용품, 주방용품 등 1년 이상 사용이 가능하더라도 내구재에 비하여 비교적 저가이거나 주로 개인용품으로 사용하는 재화를 의미한다. 또한 비내구재는 음식료품, 화장품, 의약품, 서적 및 문구 등 1년 미만 사용으로 소진되거나 비교적 저가인 제품이다(자료 : 통계청 통계설명자료).

03 소비와 경제지표[6)]

1) 소비관련 경제지표

경제활동의 상태를 알아내기 위하여 경제주체들의 경제활동을 검점하여 통계수치로 나타낸 것을 경제지표라 한다. 이러한 경제지표 중에는 경제활동 전반에 걸쳐 가장 확실하게 파장을 주는 총수요를 측정함으로써 경제활동의 수위를 측정하는 수요(또는 소비)관련 경제지표들이 있다. 총수요는 전체 소비자들이 소비하는 제품과 서비스의 양을 총칭하는 것으로, 앞서 살펴본 것처럼 국가경제에서 소비가 차지하는 비중은 상당하기 때문에 민간부문의 소비지출 둔화는 경기에 엄청난 영향을 미칠 수 있다.

첫째, 개인 소비지출의 대리변수인 **도소매판매액지수**는 매월 통계청에서 작성하는 것으로, 옷가게에서 자동차까지 모든 분야의 전체 도매와 소매상에서 판매한 금액을 계량화하는 것으로 소비활동의 수준을 직접적으로 보여 주는 지표로 100을 기준으로 한다.

도소매판매는 크게 도매업, 소매업, 자동차판매 등으로 구성되어 있으며, 특히 선도적인 역할을 하는 것은 소매판매와 자동차판매이다. 일반적으로 자동차판매나 백화점 등의 매출이 증가하면 소비경기가 회복된다는 신호로 해석되며, 자동차판매가 내수경기를 다소 선행하는 경향이 있다.

둘째, 매월 통계청에서 발표하는 **고용동향**은 소비에 미치는 영향이 크다. 국가경제의 균형에서 살펴보았듯 고용의 증가는 소득을 증가시켜 소비지출을 늘리게 된다.

2) 소비심리 판단 경제지표

첫째, **소비자신뢰지수**는 통계청과 한국은행에서 매월 작성하여 발표하는 것으로 소비자들의 경기에 대한 인식이 경기동향 파악 및 예측에 유용한 정보가 된다는 전제하에 소비자의 현재 및 장래의 재정상태, 소비자가 보는 경제 전반의 물가·구매조건 등에 대해 설문조사를 하여 미래소비에 대한 예상을 수치화한 평가지

6) 동양종합금융증권(2006), 경제지표 따라가기, 아카데미 경제분석, pp. 7-12. 한국개발연구원, 경제 따라잡기, click 경제교육(htp://click.kdi.re.kr/economy)

수 혹은 기대지수로 100을 기준으로 한다.

소비자들은 경기가 위축될 것으로 예상하면 지출을 줄이고, 경기가 좋아질 것이라 예상하면 소비지출을 늘리는 경향이 있다. 따라서 소비자신뢰지수가 하락했다는 것은 소비자들의 마음이 물건구입을 연기하거나 취소하는 쪽으로 기울고 있다는 의미이므로 소비가 감소할 것임을 예고한다. 이렇듯 기업경기실사지수에 대응되는 소비자신뢰지수는 소비자들의 소비심리를 측정하기 때문에 미래의 소비수준을 예측하는 중요한 수단일 뿐만 아니라 경기예측력을 향상시킬 수 있다.

둘째, **소비자심리지수**는 소비자들의 경제에 대한 전반적인 인식을 종합적으로 파악할 수 있는 종합지수로 2005년부터 분기별로 한국은행에서 조사하여 발표하고 있다. 소비자심리지수는 개별 소비자동향지수 가운데 관련 경제지표와 연관성이 높은 생활형편지수(현재 생활형편, 생활형편 전망), 경제상황지수(현재 경기판단, 향후 경기전망), 소비관련지수(가계수입 전망, 소비자지출 전망) 등 여섯 개의 개별지수를 골라 합성한 지수이다. 100보다 클 경우 과거 평균적인 경기상황보다 좋음을, 100보다 작을 경우 과거 평균적인 경기상황보다 좋지 않음을 나타낸다. 이 지수는 생활형편, 경기상황 등 소비자의 응답결과를 집계하여 작성하고 있는 개별지수 중 소비자의 심리를 판단하는 데 유용한 중요지수를 선택·합성하여 작성하기 때문에 소비자태도를 종합적으로 판단할 수 있게 해준다.

셋째, **소비자동향지수** 역시 한국은행에서 매달 발표하며 전국 56개 도시 2,200가구를 대상으로 소비지출 계획이나 경기전망에 대해 설문조사하여 발표하는 수치로 100이 기준이다.[7] 소비자동향지수는 소비자의 심리를 반영한 심리지표로서 0에서 200까지의 값을 가질 수 있는데 기준치인 100을 중심으로 100 이상일 경우는 긍정적인 답변을 한 소비자가 부정적인 답변을 한 소비자보다 많다는 것을 의미하며 100 이하의 경우는 그 반대를 의미한다.

넷째, **소비자평가지수**는 6개월 전과 비교하여 현재의 경기·생활형편 등에 대한 소비자들의 평가를 지표화한 것으로, 도시지역 2,000가구를 대상으로 방문조사하여 통계청에서 매월 발표하며 기준은 100이다. 지수가 100 이상일 경우 경기나 생활형편 등이 좋아졌다는 가구가 더 많다는 뜻이고, 100 미만은 나빠졌다는 가구가 더 많다는 의미이다.

다섯째, **소비자기대지수** 역시 통계청에서 매월 도시지역 2,000가구를 대상으로 현재와 비교하여 6개월 후의 경기상황, 생활형편, 소비지출, 내구재 소비, 외식,

7) 1998년부터 작성하기 시작한 소비자동향지수는 분기별로 조사하여 발표하다가 2008년 9월부터는 매월 조사하여 발표하고 있다.

오락 등에 대한 소비자들의 기대심리를 조사·발표하는 것으로 100이 기준이다. 지수가 기준인 100을 넘어설 경우 소비를 늘리겠다는 가구가 소비자를 줄이겠다는 가구보다 많다는 뜻이고, 100 미만은 소비를 줄이겠다는 가구가 더 많다는 의미이다. 소비자기대지수는 통상 분양권 시장의 선행지수 역할을 하고 있어 주택시장을 예측하는 단기지표로 활용할 수 있다. 즉, 집값 하락 1~2개월 앞서 먼저 소비자기대지수가 떨어진다는 것이다.[8)]

여섯째, **소비자태도지수**는 민간연구기관인 삼성경제연구소에서 분기별로 발표하며, 전국 1,000가구를 대상으로 현재 및 미래의 생활형편, 경기, 내구재 구입 등에 관한 소비자들의 판단을 종합적으로 조사하여 발표하는 심리지표로 다른 지표와 달리 50이 기준이다. 50보다 높으면 소비환경에 대한 긍정적 인식이 상대적으로 많고 이보다 낮으면 소비심리가 위축되고 있다는 의미로, 소비자태도지수는 실제경기에 선행한다.[9)]

일곱째, **소매유통업 경기전망지수**는 대한상공회의소에서 분기별로 작성하며 소매유통업체들의 현장 체감경기를 수치화한 심리지표로 0에서 200 사이로 표시되며 기준은 100이다. 100보다 높은 경우 전분기에 비해 호전될 것으로 예상하는 기업이 더 많음을 의미하고 100 미만이면 그 반대를 의미한다.

04 우리나라 소비환경의 변화

1) 인구의 고령화

우리나라는 1970년 4.53명이던 출산율이 2005년 1.08명으로 급속히 하락하고 있는 가운데 표 2-3과 표 2-5에서 보듯 국민의 수명은 꾸준히 연장되어 고령인구가 급속히 증가함에 따라 이미 2000년 고령화사회에 진입하였으며, 2018년에는 고령화사회로, 2026년에는 초고령사회에 진입할 것으로 예상하고 있다.[10)] 특히 우리나라의 고령화사회에서 고령사회진입에 소용되는 시간은 18년으로 세계적으로 고령화가 가장 빠르게 진행되고 있다. 그리고 고령사회에서 초고령사회로 이행하는 데 8년이 소요될 것으로 예측되고 있으며, 2050년에는 노인인구가 34.7%

8) 한국은행의 소비자동향지수, 통계청에서 발표하는 소비자평가지수와 소비자기대지수, 그리고 삼성경제연구소에서 발표하는 소비자태도지수, 모두 장래의 소비지출 계획이나 경지전망에 대한 소비자들의 설문조사 결과를 지수로 환산해 나타낸 지표이며, 소비자들의 체감경기를 보여주는 대표적인 지표로서 소비주체인 소비자의 경기에 대한 인식을 바탕으로 작성되므로 생산주체인 기업가의 경기 판단을 중심으로 작성된 기업경기실사지수와는 차이가 날 수 있다(자료 : 매경닷컴, 경제용어사전).

9) 동아일보사(2006.5.23.), "시사키워드", 주간동아, 536호, p. 8.

10) 전체 인구에서 65세 이상 노령인구가 차지하는 비중이 7% 이상이면 고령화사회, 14% 이상이면 고령사회, 20% 이상이면 초고령사회로 분류한다.

로 OECD국가 중 최고 고령화 수준에 달할 것으로 전망하고 있다.

표 2-3 우리나라 인구 고령화 추이 및 전망

연 도	1980	1990	2000	2010	2020	2030
65세 이상 인구 비중	3.8%	5.1%	7.2%	10.9%	15.7%	24.1%

표 2-4 주요국의 고령화 현황

주요국	노인인구비율 7%(고령화사회) → 14%(고령사회)	소요기간(년)
한 국	2000년 → 2018년	18
일 본	1970년 → 1994년	24
프랑스	1864년 → 1979년	115
독 일	1932년 → 1972년	40
영 국	1929년 → 1976년	47
스웨덴	1887년 → 1972년	85

자료 : 한국보건사회연구원(2006), 저출산 고령사회에 대비한 국가전략

표 2-5 우리나라 평균수명 추이

연 도	전 체	남 자	여 자
1970	61.9	58.7	65.6
1975	63.8	60.2	67.9
1980	65.7	61.8	70.0
1985	68.4	64.5	72.8
1990	71.3	67.3	75.5
1995	73.5	69.6	77.4
2000	76.0	72.3	79.6
2005	78.6	75.1	81.9
2010	79.4	76.2	82.6
2015	80.4	77.2	83.6
2020	81.3	78.2	84.4
2030	82.2	79.2	85.2
2050	83.6	80.7	86.6

이처럼 출산율 저하와 평균수명 연장에 따른 인구 고령화의 급진전은 경제영역에 다양한 영향을 미치게 된다. 저출산과 인구의 고령화는 소비감소와 이로 인한 기업 수 감소를 초래하고 노동력 감소 및 노동생산성 저하에 따른 국가의 잠재성장률 둔화[11]로 이어져 저성장, 실업과 같은 경제침체를 가져온다.

특히 고령화는 노인을 위한 의료비와 연금을 증가시켜 노인부양을 위한 사회보장비 확보를 위해서 연금 및 의료보험료, 조세를 인상하게 됨으로써 사회에 커다란 부담으로 작용한다. 또한 노인은 생산집단이 아니라 소비집단이기 때문에 저축보다는 소비를 하게 되며, 낮은 저축률은 낮은 투자율로 이어져 결과적으로 실업을 유발함으로써 경기침체를 발생시킨다.[12]

한편 경제력이 있는 노년층을 중심으로 문화생활을 향유하고자 하는 경향이 확산됨에 따라 국민 전체의 의료보건비, 외식비, 교육비 지출비중이 지속적으로 증가하고 있다. 생물학적 나이와는 무관하게 아름다움을 추구하는 에이지리스(ageless) 상품, 메이크업 제품, 성형수술 등에 대한 수요는 가히 폭발적이다.[13]

2) 소비시장의 글로벌화

1990년대 이후 경제의 자유화와 개방화, 정보통신기술의 급속한 발달로 외국 상품 및 서비스 소비가 용이해지고, 2001년 단행된 여행경비와 국외송금에 대한 규제 폐지로 해외여행 및 유학 관련 소비지출의 제약이 해소되면서 해외직접소비가 지속적으로 증가하고 있다(표 2-6).

표 2-6 우리나라 국민 해외여행 추이 및 관광수지 추이

(단위 : 만 명, 백만 달러)

구 분	2002년	2003년	2004년	2005년	2006년	2007년
외래 관광객	535 (3.9)	475 (-11.1)	582 (22.4)	602 (3.5)	616 (2.4)	645 (4.8)
국민해외여행객	712 (17.1)	709 (-0.5)	883 (24.5)	1,008 (14.2)	1,160 (15.2)	1,332 (14.8)
관광수지	-3,119	-2,094	-3,803	-6,232	-8,488	-10,129

자료 : 한국관광공사, 관광통계

11) 우리나라의 경우 2000년대 5.08%인 잠재성장률이 2040년대 1.53%까지 하락할 것으로 예측(한국보건사회연구원(2006), 저출산 고령사회에 대비한 국가전략).

12) 김미숙 외 5인(2003), 고령화사회의 사회경제적 문제와 정책대응방안 : OECD 국가의 경험을 중심으로, 한국보건사회연구원, pp. 53-72.

13) 최준화(2002), 소비시장의 양면성, 삼성경제연구소, pp. 25-26.

또한 소비재 수입을 억제하던 각종 규제가 완화되고 국산품, 수입품을 가리지 않고 좀 더 싸고 품질이 좋은 제품을 쓰겠다는 소비자의식의 변화는 타인과 차별화하려는 욕구와 맞물려서 명품 소비나 해외에서의 고급 소비지출을 증가시켰다. 이에 따라 가계소비지출액 가운데 국내지출액의 증가율보다 해외지출액의 증가율이 크게 나타나고 있으며, 여행경비, 유학비, 의료비 등 가계의 연간 해외소비지출 증가율은 2004년 19.9%, 2005년 22.5%, 2006년 17.5%, 2007년 19.6%로 나타나고 있다.[14)]

한편 인터넷의 발달로 국내는 물론 외국의 상품 및 서비스에 대한 정보의 실시간 획득이 가능해짐에 따라 소비재 수입 또한 지속적으로 늘고 있다.

나아가 글로벌화와 정보통신기술의 발전은 외국에 대한 직·간접 경험을 증가시켜 이문화에 대한 이해를 넓히고 수용적인 태도를 증가시켜 구매하는 제품의 국적을 크게 문제 삼지 않게 되면서 해외 히트제품이 동시에 국내에서도 히트하는 '동조화 현상'이 발생하고 있다.

3) 계층 간 소비의 양극화

1998년 외환위기 이후 승자독식(winner-take-all)의 경제사회로 빠르게 진행되면서 지난 40년간 우리나라 경제성장 성과의 하나로 지목되던 중산층은 줄어드는 반면 고소득층과 저소득층은 증가함에 따라 소비의 양극화 현상도 심화되고 있다.

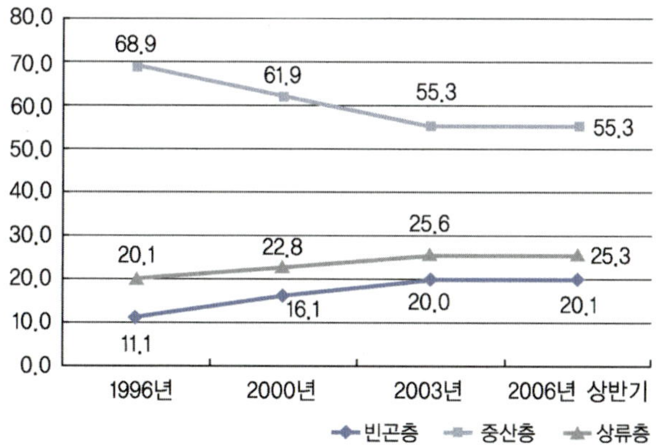

그림 2-3 가처분소득 계층별 가구비중의 변화

자료 : 강신욱 외 6인(2006), 사회양극화의 실태와 정책과제, 한국보건사회연구원, p. 77 재정리

14) 송순영·이성림(2008), 소득부문 사회양극화 현황과 대책 방향, 한국소비자원, p. 33.

그림 2-3을 보면 우리나라 중산층은 가처분 소득기준으로 1996년 68.9%에서 2006년 상반기 55.3%로 지속적인 감소추세를 보이며, 중산층에서 상류층으로 이동한 가구는 약 5%인 반면 빈곤층으로 이동한 가구는 약 9%로 나타났다.

중산층은 대량생산, 대량소비의 핵심적인 주체로 중산층의 규모가 클수록 시장 구매력이 증가하여 시장이 확대되고 저축을 통한 자본 축적이 활발해지나, 중산층이 붕괴되면 구매력이 감소되어 내수시장이 축소되고 생산이 위축되어 경제가 침체될 가능성이 높다.[15)]

중산층의 붕괴로 소득이 양극화되면서 가계소비는 증가하지 못하고 오히려 감소하는 경향이 있으나, 수입차, SUV 등 고가의 차량 판매비중이 올라가고 가전제품에 있어서도 고급제품의 판매비중이 빠르게 상승하고 있다. 또한 전체 백화점 매출이 감소하는 가운데에서도 명품 매출은 증가하는 기현상이 나타나고 있다.

4) 신세대 및 여성의 소비주도

여성의 경제활동 참가 확대와 소자녀화는 청소년·신세대 및 여성이 소비시장을 주도하도록 하고 있으며 상품의 선택에 있어서도 가격보다는 질과 브랜드 이미지, 디자인을 중시하는 경향으로 바뀌었다. 또한 소비의 편리성을 추구하고 쇼핑 자체를 즐기는 경향이 확산되면서 대형복합쇼핑몰이나 할인점, 백화점 등의 매출이 급신장하는 반면 상대적으로 재래시장은 위축되고 있다.

용•어•해•설

엥겔지수
한 가구의 소득 가운데 '먹는 데' 쓰이는 돈의 비율로 고소득층과 저소득층을 구분하는 기준이 되기도 한다. 후진국, 소득이 적은 가정일수록 비율이 높으며 통상 후진국은 50% 이상, 개발도상국은 30~50%, 선진국은 30% 이하이다.

IT(엥겔)지수
생활비에서 차지하는 통신비 비율로 정보의 빈부차를 나타내는 지표로 사용된다.

15) 송순영·이성림(2008), 전게서, p. 30.

Chapter

03 소비자관련 이론 고찰

01 소비자선택이론

1) 소비자수요이론

전통적인 소비자수요이론(Neoclassical Demand Theory)은 1870년경 신고전학파 경제학자들의 이론을 Marschal이 집대성하여 체계를 세운 이론으로, 시장을 통한 재화와 서비스의 구매를 통해 느끼는 주관적인 만족감이 주어진 예산하에서 극대화될 수 있도록 선택을 하는 합리적 소비자(rational consumer)를 가정하고 있는 고전적인 이론체계이다. 개별 소비자들이 시장을 통해 구입한 재화나 서비스묶음의 소비를 통해 얻는 주관적인 만족도의 총량을 총효용(total utility)이라고 할 때, 이를 함수로 표시하면 다음과 같이 나타낼 수 있다.

$$U = u(Q)$$

고전적인 소비자수요이론에서 소비자들은 주어진 재화와 서비스를 통해 그들의 효용을 극대화시키게 되고, 이러한 효용의 극대화를 추구하는 소비자들을 바로 합리적인 소비자라 규정하면서, 합리적인 수요결정 과정은 몇 가지 가정에 의해 이루어진다고 본다. 우선, 소비자들은 시장을 통해 해당 재화나 서비스의 가격 및 관련 정보를 정확하게 알고 있으며, 그들의 욕구나 요구를 명확하게 파악한 상태에서 의사결정이 이루어진다고 보고 있다. 또한 소비자들의 기호나 선호는 주어지는 것으로 시간의 흐름 속에서 변화되지 않으며, 재화나 서비스의 구매량 및 구매가격을 제외한 다른 어떤 외부적인 요인에 의해도 영향을 받지 않음을 가정하고 있다.

여기에서 시장을 통해 구입할 수 있는 재화와 서비스의 구입량(q_i)과 구입가격(p_i)은 해당 소비자들이 벌어들일 수 있는 소득(Y)에 한해 소비되어질 수 있다. 따라서 재화와 서비스의 구매량 및 구매가격과 소비자들의 소득과의 관계를 수식으로 나타내면 아래와 같다. 아래의 식은 소비자가 주어진 예산하에서 선택할 수 있는 상품묶음들(commodity bundles)을 나타내는 식으로 주어진 소득을 전부 사용했을 경우 구매할 수 있는 상품묶음들의 집합을 예산선(budget line)이라고 하고, 그 식을 예산제약(budget constraint)이라고 한다.

$$Y = \sum q_i p_i$$

소비자수요이론에서 효용은 앞서 제시했던 총효용과 소비가 한 단위 증가했을 때, 변화하는 효용의 증가분을 의미하는 한계효용(marginal utility)으로 구분될 수 있다. 일정 기간 동안은 소비량이 증가함에 따라 소비자들의 한계효용이 따라서 증가하지만, 재화나 서비스의 소비가 계속적으로 증가할 경우, 어느 소비수준에서는 한계효용이 0이 되고, 그 이상의 소비가 진행될 경우 효용이 감소하는 경우가 발생하게 된다. 이를 한계효용체감의 법칙(law of diminishing marginal utility)이라고 한다.

소비자들이 시장을 통해 구입할 수 있는 재화나 서비스의 묶음을 제시하고 두 상품묶음에 대한 선호관계를 파악하려고 할 때, 고전적인 소비자수요이론에서는 몇 가지 선호체계에 대한 가정을 하고 있다. 앞서 효용이 구체적으로 계량화될 수 있어 숫자로 표시될 수 있다는 기존의 기수적 효용이론(cardinal utility model)에 반하여 고전적인 소비자수요이론에서는 효용의 서열을 매기는 것이 가능하여 소비자의 주관적 만족의 우열을 가릴 수 있다는 서수적 효용이론(ordinal utility model)이 제기되었다. 이러한 이론에 기반하여 소비자선호에 대한 네 가지 공리(axiom)들-완비성(completeness), 이행성(transitivity), 연속성(continuity), 강단조성(stro

-ng monotonicity)을 가정하게 된다. 두 개의 재화를 놓고 선호관계를 정할 수 있다는 완비성, 소비자들의 선호도는 일관성을 가지고 있다는 이행성, 소비자들의 선호는 연속적으로 변화하여 급작스러운 변화를 보이지 않는다는 연속성, 소비자는 재화를 더 많이 소비할수록 더 높은 선호도를 갖는다는 강단조성의 원리가 고전적인 소비자수요이론에서 다루고 있는 소비자선호에 대한 기본적인 공리이다. 따라서 소비자는 이러한 기본적인 선호체계를 바탕으로 구매라는 과정을 통해 만족을 느낄 수 있는 상품을 선택하게 된다.

소비자들에게 동일한 만족을 가져다 주는 두 가지 재화의 여러 가지 조합을 나타내는 점들을 연결한 선을 무차별곡선(indifference curve)이라고 한다. 무차별곡선의 기울기는 음의 값을 가지며, 우하향한다. 무차별곡선의 기울기를 한계대체율(marginal rate of substitution)이라고 하고, 한계대체율이 음의 값을 갖는 것은, 어떤 상품을 더 얻기 위해서는 다른 상품을 포기해야 함을 의미한다. 각기 다른 개별 소비자들의 무차별곡선 중 원점에서 멀수록 높은 효용수준을 나타내게 되며, 이는 선호가 가지는 강단조성의 공리에 의해 더 많이 소비할수록 더 높은 선호도를 보이기 때문이다. 또한 두 개의 다른 무차별곡선은 서로 교차하지 않으며, 무차별곡선은 원점에 대해 볼록(convex)한 모양을 가지고 있다. 고전적인 소비자선택이론에서, 소비자의 선호도를 대표하는 무차별곡선과 주어진 예산선이 접하는 점에서 두 상품묶음을 구매하게 되면 그 지점이 효용극대화의 점이 되고, 그 접점에서 정해지는 상품묶음을 구입하는 것은 바로 최적의 선택이라고 할 수 있다. 이러한 무차별곡선과 예산선이 만나 소비자의 효용이 극대화되는 지점(E)이 그림 3-1에 나타나 있다. 즉, 예산선은 소비자가 주어진 예산범위 내에서 최대한 구매 가능한 두 상품의 여러 가지 조합점들을 이은 소비가능선이며, 해당 소비자에게 동일한 만족감을 가져다 주는 두 상품의 조합점들을 연결한 무차별곡선을 그렸을 때, 합리적인 소비자라면 무차별곡선과 예산선이 만나는 접점(E)에서 최적구매가 이루어지게 되고, 이러한 예산선을 따라 이동함으로 효용이 극대화되는 것을 경험할 수 있게 된다(NOTE 3-1 참조).

고전적인 소비자수요이론은 다수의 가정을 통해 소비자의 효용이 극대화되는 지점을 찾았고, 이를 통해 현재시점에서의 소비자선택의 과정을 설명하려는 시도를 하고 있다. 그러나 앞서 지적했듯이 많은 가정들로 인해, 현실에서 모형의 설득력을 얻기가 어렵고, 그 결과를 일반화시키기에 한계점을 지니고 있다고 할 수

NOTE 3-1

● 소비자수요이론의 분석

고전적인 소비자수요이론에서 최적선택의 상품묶음은 소비자가 직면하는 예산제약과 소비자의 선호형태에 따라 다르게 나타난다. 예산은 동일하지만 선호가 다른 두 소비자의 최적선택을 간단한 예를 통해 살펴보자.

갑과 을은 한 달에 채소와 과일 소비에 30만 원(M)을 배분한다고 하자. 채소가격은 단위당 5천 원, 과일가격은 단위당 1만 원, 갑의 효용함수는 $U=xy$, 을의 효용함수는 $U=Min[x, y]$로 표시한다. 여기서 x는 채소, y는 과일을 나타낸다. 채소와 과일 단위당 가격을 각각 p_x, p_y라면 두 사람이 직면하는 예산제약은 $p_x x+p_y y=M$이다.

- 갑의 최적화 문제 : $Max\ U=xy$ 예산제약 $p_x x+p_y y=M$
- 을의 최적화 문제 : $Max\ U=\min[x, y]$ 예산제약 $p_x x+p_y y=M$

갑의 최적선택

본문의 그림 3-1에서와 같이 최적선택은 예산선과 무차별곡선이 접하는 점에서 이루어진다.

무차별곡선의 기울기는 두 재화의 한계대체율로 $MRS_{xy}=\dfrac{MU_x}{MU_y}=\dfrac{y}{x}$

예산선의 기울기는 두 재화의 상대가격을 의미하고 $\dfrac{p_x}{p_y}$이다.

따라서 최적조건은 $\dfrac{y}{x}=\dfrac{p_x}{p_y} \rightarrow y=\dfrac{p_x}{p_y}x$이다.

이를 예산제약에 대입하면, 각각의 수요함수는 $x=\dfrac{0.5M}{p_x}$, $y=\dfrac{0.5M}{p_y}$이다.

$p_x=0.5$, $p_y=1$, $M=30$을 각각의 수요함수에 대입하면, 갑은 채소 30단위, 과일 15단위를 구매한다.

을의 최적선택

을의 효용함수를 보면 채소와 과일은 완전보완재이다. 즉, 을은 채소와 과일을 동일한 양의 비율로 소비하며 어느 것이라도 더 많으면 효용에 영향을 미치지 못한다. 이 경우 을은 $x=y$로 소비묶음을 선택을 한다.

$x=y$를 예산제약에 대입하면, 각각의 수요함수는 $x=y=\dfrac{M}{p_x+p_y}$이다.

$p_x=0.5$, $p_y=1$, $M=30$을 수요함수에 대입하면, $x=y=30/1.5=20$으로 을은 채소와 과일을 각각 20단위씩 구매한다.

을에게는 채소와 과일의 수량을 1 : 1로 묶어서 구매하는 세트상품으로 인식된다.

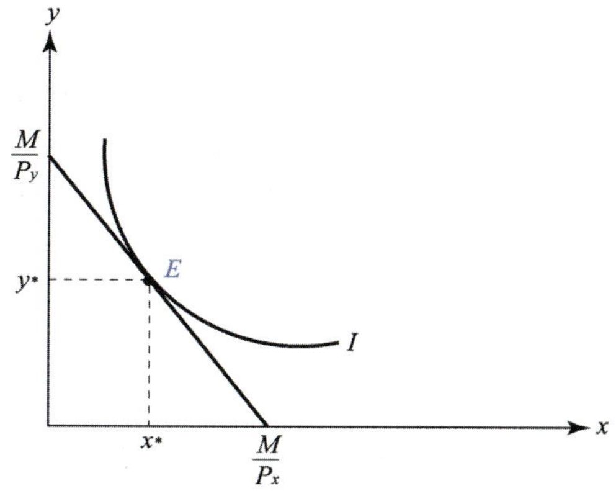

그림 3-1 소비자수요이론에서의 소비자 최적구매점

있다. 실제적으로 소비자의 선호가 주어진 상태로 장기간 변하지 않는다거나, 소비자의 선택이 시장을 통한 재화나 서비스의 구매량과 구매가격에만 의존하여 결정된다는 사실은 실제 다양한 변수들의 영향을 통해 소비자선택이 이루어지는 현실을 많은 부분 설명해 내고 있지 못하다. 또한 소비자들의 의사결정이 완벽한 정보가 제공된 상태에서 이루어진다고 가정하고 있으며, 합리적 소비자라면 예산선과 무차별곡선이 만나는 점에서 최적의 소비를 하게 된다는 규범적이고 당위적인 접근이 갖는 제한점이 많다고 할 수 있다.

2) 소비-저축 이론

개별 소비자들과 가계의 소비와 저축에 대한 의사결정과정을 이해하는 것은 현재시점을 포함한 각기 다른 시점, 예를 들어 과거 및 미래시점에서 소비자들의 선택과정을 체계적이고 원리적으로 이해할 필요성을 가진다고 할 수 있다. 따라서 소비자들의 저축 및 소비행동의 이유를 설명하기 위해서는 기본적으로 저축과 소비가 갖는 정의를 살펴보고, 이러한 행동들이 어떠한 원리에 의해 작동되고 결정되는지에 대한 이해가 선결되어야 할 것이다.

소비(consumption)란 재화나 서비스의 구매를 통해 현재시점의 만족을 추구하는 행위로 이해될 수 있으며, 반대로 저축(saving)이란 현재시점에서 재화나 서비스의 이용을 통해 미래시점의 만족을 추구하는 행위로 이해될 수 있다. 이러한 저축행위에 반대되는 개념으로 비저축행동(dissaving behavior)이란 현재의 소비를 증가시키기 위해 미래의 자원을 현재로 이전시켜 사용하는 행위로 정의내릴 수 있다. 따라서 개별 소비자들이나 가계의 비저축행동들의 예는 대출이나 혹은 대부 등의 행위로 구체화되어 이해될 수 있다. 이처럼 현재시점에 초점을 맞춰 개별 소비자나 가계의 의사결정을 분석하는 것이 아니라 각기 다른 시점에서의 행동을 기준으로 시차를 두어 그들의 의사결정과정을 분석하는 행위를 기간 간 분석(intertemporal analysis)이라고 하고, 이러한 분석은 보다 동태적이고 포괄적인 선택과정을 이해하기 위한 분석틀로써 그 유용성을 가진다고 할 수 있다. 따라서, 각기 다른 시점에 따라 선택을 하는 개별 소비자들이나 가계의 의사결정과정의 원리를 이해하기 위해서는 소비-소득가설의 기간 간 분석이 요구되고, 이를 통해 보다 실제적인 소비자선택이론의 이해가 가능하게 될 것이다.

개별 소비자들이나 가계의 소비-저축의 의사결정을 설명하는 이론들로는 절대소득가설, 항상소득가설, 생애주기가설, 상대소득가설을 들 수 있다.

(1) 절대소득가설

절대소득가설(Absolute Income Hypothesis)은 1936년 Keynes에 의해 주장된 가설로 기본적으로 효용의 증가는 개별 소비자들의 소득증가를 통해서 이루어지는 것이 아니라, 소득증가로 인한 소비의 증가가 달성되었을 때 비로소 이루어진다고 보았다. 따라서 개별 소비자들은 소득이 증가함에 따라 소비를 증가시키되 소득증가분을 모두 소비하는 것이 아니라 그중 일부만을 소비를 증가시키는 데 사용하고, 나머지 부분은 저축을 하게 된다고 설명하고 있다. 따라서 Keynes의 소비함수는 다음과 같이 나타낼 수 있다.

$$C_1 = \overline{C} + bY_1 \quad (\overline{C} > 0,\ 0 < b < 1)$$

이 식에서 b는 현재소득(Y_1)의 변화량에 대한 현재소비(C_1)의 변화량, 즉 한계소비성향(MPC : Marginal Propensity to Consume)을 나타내고, 이때 현재소득의 증가분이 모두 현재소비의 증가분으로 반영되는 것이 아니기 때문에 그 값은 0과 1 사이에 존재하게 된다. 주어진 현재소득에서 현재소비가 차지하는 비중을 평균소비성향(APC : Average Propensity to Consume)이라고 했을 때, Keynes의 소비함수는 한계소비성향에 의해 결정되며, 이를 그래프로 표시하면 그림 3-2와 같다.

아래의 그래프에서 현재소득이 높은 소비자(Y_1^e)와 현재소득이 낮은 소비자(Y_1^f)가 존재했을 경우 두 집단 각각의 현재 소비수준은 C_1^e 와 C_1^f로 나타냈을 때, 고소득층 소비자와 저소득층 소비자들의 소비/소득 비율(OE 와 OF)은 상대적으로 기울기가 덜 가파른 고소득층의 경우가 낮다고 할 수 있다. 이는 반대로 고소득층의 경우 저축/소득 비율이 저소득층에 비해 상대적으로 높다는 것을 의미하게 된다. 따라서 저축은 현재의 소득이 상승하게 되면 현재의 소비수준도 상승하게 되나 한계소비성향이 1보다 항상 작기 때문에 남겨진 소득증가분이 저축으로 전환되게 되어 증가된 현재소득은 소비와 저축 모두를 상승시키는 효과가 있다고 하였다. 이는 장기적인 측면에서 소득이 증가했을 소비/소득 비율은 감소해야 함을 의미하게 된다. 그러나 Keynes 이후 실증자료에 기반한 시계열분석에서 장기적인 소비/소득 비율이 일정한 수준을 유지하고 있음이 밝혀져, 절대소득가설은 일정 시점에서의 가계의 총소비유형의 차이를 설명하였으나, 시간에 따라 총소득이 변화할 때 나타나는 총소비의 변화를 예측하지 못했다는 점에서 한계점을 지니게 되었다.

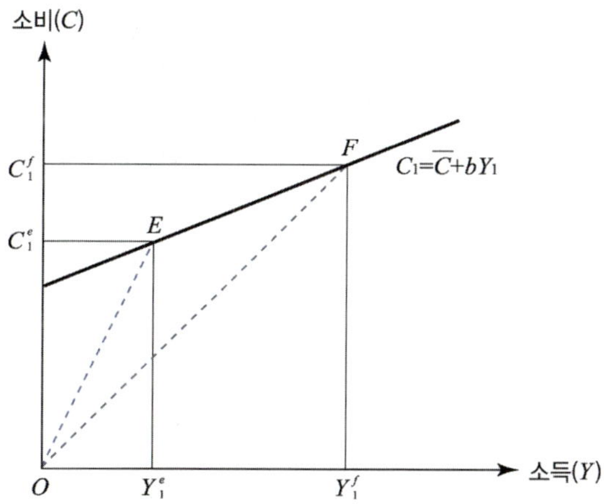

그림 3-2 Keynes의 소비함수

(2) 항상소득가설과 생애주기가설

앞서 지적한 것처럼, Keynes의 절대소득가설은 현재소득과 현재소비의 정적인 관계를 설정하였으므로, 실증분석 결과로 장기적인 소득의 증가는 일정한 소비/소득 비율을 설명해 내지 못했다는 한계점을 지니고 있다. 항상소득가설(Perma-nent Income Hypothesis)에서는 기존의 현재소득 개념을 보다 확장적으로 이해하여 정의함으로써 이러한 실증분석이 나타내는 결과를 개념적으로 지지할 수 있도록 하였다는 데 의의가 있다.

항상소득가설에 의하면 소득은 항상소득(permanent income)과 임시소득(transi-tory income)으로 구별될 수 있으며, 항상소득은 현재 및 미래를 포함한 장기적인 평균소득으로 미래에도 항구적으로 벌어들일 수 있는 소득수준을 의미하고, 임시소득은 예견하지 못했던 소득을 의미하게 된다. 따라서 실제소득(real income)은 이러한 항상소득과 임시소득으로 구분될 수 있으며, 소비자들의 소비함수는 장기적으로 예견이 가능한 항상소득에 근거하여 결정된다고 하였다. 이는 소비자들의 소비수준과 저축수준이 항상소득의 일정 부분으로 정해지게 되고, 예견할 수 없는 임시소득의 발생은 모두 저축으로 전환된다는 것을 의미한다. 따라서 현재 및 미래를 포함한 시점의 소비(C_p)에 대한 결정은 항상소득(Y_p)의 일정비율에 의해서 정해지게 되며, 이를 수식으로 표현하면 다음과 같다.

$$C_p = kY_p$$

생애주기가설(Life-Cycle Income Hypothesis) 역시 기존의 Keynes의 소득 및 소비의 관계가 현재라는 시점에 기반하여 전개되었기 때문에 장기적인 실증분석의 결과를 뒷받침하지 못하고 있음을 지적하며, 소득의 개념을 평생소득으로 확장하여 개별 소비자들이 평생 동안을 사용할 수 있는 총자원의 양으로 정의하여 사용하고 있다. 이를 수식으로 표현하면 다음과 같다.

$$C_L = \frac{NW + YL(R-t)}{N-t}$$

개별 소비자나 가계가 일생 동안 사용할 수 있는 자원의 총량은 비인적자산(NW)과 인적자산 $\left(HW = YL_1 - T_1 + \frac{YL_2 - T_2}{1+r} + \ldots + \frac{YL_n - T_n}{(1+r)^{n-1}}\right)$을 통해 구할 수 있으며, 이때 인적자산의 경우는 현재나이(t), 예상 사망나이(N), 은퇴나이(R)을 통해 근로소득(YL)을 벌어들일 수 있는 생애기간을 구하여 생애소득을 산출하게 된다.

이처럼 항상소득가설과 생애주기가설은 모두 소득의 개념을 현재 및 미래의 시점을 포함한 총자원의 양으로 규정하여 정의하였다. 사람들은 일생을 통해 자신들의 소비수준의 평탄화(Consumption Smooth)를 원한다고 가정하면서, 일정한 소비수준을 유지하기 위해 저소득시기에는 현재소비를 위해 미래시기로 차입을 하는 행위를 하게 되고, 고소득시기에는 과거의 부채를 탕감하거나 혹은 미래소비를 위해 저축을 하게 된다고 하였다.

항상소득가설과 생애주기가설 모두는 소득을 현재소득에 초점을 두지 않고, 현재 및 미래를 포함한 확장적 개념으로 이해하여 접근하였기 때문에, 장기적인 소비/소득 비율이 일정한 값을 유지하는 실증분석의 결과를 개념적으로 지지할 수 있게 되었다. 이는 항상소득가설에 의하면, 소비자들은 단기적인 소득의 증가에 대해 그 증가분 모두를 항상소득으로 간주하지 않고, 임시소득의 증가를 통한 실제소득의 증가로 파악하게 되나, 장기적인 소득의 증가는 결국 항상소득의 증가로 간주되기 때문에, 소비 및 저축의 양은 항상소득의 일정분으로 정해질 수밖에 없다. 따라서 소비/소득 비율은 장기적으로 일정하게 된다. 또한 생애주기가설의 경우, 소비자들의 소득은 일생을 거치면서 초기와 말기에는 평균소비성향이 높지만, 중기에는 평균소비성향이 낮아지고, 이로 인해 결국 생애소득에 대한 소비의 비율은 일정하게 되어, 이러한 실증분석의 결과를 지지할 수 있게 되었다. 또한 생애주기 전반을 통해 생애의 초기와 말기의 경우 차입을 통한 일정한 소비수준의 유지를, 중기의 경우 저축을 통한 차입문제 해결 및 저소득시기의 대비를 통해 일정한 소비수준을 유지하는 것이 가능하게 된다고 하였다. 비록 실제적으로 항상소득 및 생애소득을 규정하고 추정하기 어렵다는 현실적인 한계점이 있음에도 불구하고, 기간 간 분석을 통한 소득개념의 확장과 이를 통한 개별 소비자들과 가계의 소비 및 저축에 대한 의사결정 및 행동원리를 파악할 수 있었다는 점에서 두 가설이 의의를 가지고 있다고 할 수 있다(NOTE 3-2 참조).

NOTE 3-2

● 항상소득가설과 생애주기가설

본문에서 두 가설은 소득을 현재 및 미래의 시점을 포함한 총자원량으로 규정하고 일생을 통해 자신의 소비수준을 '평탄화'한다고 가정하였다. 이에 대해 내용을 간단한 수식을 가지고 점검하기로 하자.

소비자는 현재와 미래 2기간을 살며 일생 동안 효용함수 $U(C)=U(C_1)+\beta U(C_2)$을 극대화한다. β는 미래소비에서 발생하는 효용을 현 시점에서 평가하는 할인인자이다. 소비자의 2기간 예산제약은 $C_1+\frac{C_2}{1+r}=Y_1+\frac{Y_2}{1+r}$로 주어진다.

소비자의 효용극대화 균형조건은 $MRS_{C_2C_1}=\frac{U'(C_1)}{\beta U'(C_2)}=(1+r)$이다. $\beta=\frac{1}{1+r}$이면, 즉 다음 기의 효용을 현재가치로 환산하는 주관적 할인인자와 시장할인인자가 동일하면 2기간 효용극대화 조건은 $U'(C_1)=U'(C_2)$이다. 이 경우 각 기간의 소비수준은 동일하며 소비수준의 '평탄화'를 의미한다.

$$C+\frac{C}{1+r}=Y_1+\frac{Y_2}{1+r} \rightarrow C_1=C_2=C=\frac{(1+r)Y_1+Y_2}{2+r}$$

또 항상소득(Y^p)을 장기적인 평균소득으로 정의하면 $Y^p+\frac{Y^p}{1+r}=Y_1+\frac{Y_2}{1+r}$ 이다. 소비수준의 '평탄화'와 항상소득을 도출하는 두 식에서 C와 Y^p는 동일한 값을 가지며 장기적으로 항상소득을 매 기간 전부 소비에 사용한다. 예를 들어, 1기 소득이 100, 2기 소득이 150, 이자율이 10%이면, $C=Y^p=\frac{(1+r)Y_1+Y_2}{2+r}\simeq 123.8$이다.

1기 임시소득은 100−123.8=−23.8, 2기 임시소득은 150−123.8=26.2이다.
2기 임시소득의 현재가치는 23.8이다. 평생에 걸쳐 임시소득의 평균은 0이므로 유산을 남기지 않는 소비자의 평균소비성향은 1이다.

다음으로 생애주기가설에 대해 검토해 보자.
W_0(富)=0인 상태에서 매기 소득이 100이고 소득의 50%와 富의 10%를 소비한다고 가정하자.

소비함수 : $C_t=0.5Y_t+0.1W_t$
富의 축적함수 : $W_t=0.9W_{t-1}+0.5Y_t$

$Y=100$을 富의 축적함수에 대입하고 균형富의 수준을 구하면
$W=0.9W+0.5\times 100 \rightarrow W=500$이다. 즉, $W=500$에서 富는 일정하다.

장기적으로 $\frac{C}{Y}=0.1\frac{W}{Y}+0.5=0.1\times\frac{500}{100}+0.5=1$이며, 유산을 남기지 않는 소비자의 평균소비성향은 1이다.

(3) 상대소득가설

상대소득가설(Relative Income Hypothesis)은 1959년 Duesenberry에 의해 주창된 이론으로 기존의 경제학적 분석과는 달리 소비자들의 소비-저축 행동을 설명함에 있어 사회심리학적 분석에 초점을 두고 있다. 즉, 소비자들은 그들의 저축 및 소비에 관한 의사결정을 함에 있어서 그들이 속해 있는 사회계층 및 동료들, 즉 준거집단(reference group)의 소비행위에 기초해서 의사결정을 한다는 것이다. 이는 개별 소비자들이나 가계가 소유하고 있는 총자원의 절대량에 의존하여 의사결정을 하는 것이 아니라 상대적인 위치, 혹은 사회계층의 규범 및 표준에 일치하여 소비할지를 고려한다는 것이다. 따라서 이러한 상대소득가설이 가지는 생애효용함수(Lifetime Utility Function)는 다음과 같은 식을 통해서 표현될 수 있다.

$$U_i = u\left(\frac{E_{i1}}{G_1}, \cdots, \frac{E_{in}}{G_n}, \frac{W_{i1}}{G_1}, \cdots, \frac{W_{im}}{G_m}\right)$$

이 식에서 생애효용(U_i)은 준거집단의 가중화된 평균소비(G)에 준해서 결정된 개별 소비자들의 소비(E)수준과 그들이 보유하고 있는 자산의 수준(W)에 의해 결정된다는 것이다.

만약 소비자들의 소득수준이 하락할 경우, 그들은 자신의 소비수준을 바로 하락시키는 것이 아니라(준거집단의 소비수준은 동일) 기존의 소비수준을 유지하려고 하기 때문에, 빚을 지거나 혹은 비저축활동을 통해 그 손실분을 충당하려고 하게 된다. 그러나 소득의 감소 규모가 매우 크거나 혹은 장기간 지속될 경우에는 비로소 그들의 준거집단을 바꾸게 되고, 개별 소비자들은 그들의 소비수준을 하락시키는 행동을 통해 그 손실분을 보존하게 된다. 따라서 상대소득가설은 해당 소비자가 보유하고 있는 자원의 절대량에 기초하여 소비-저축 결정을 내리는 것이 아니기 때문에 다른 기간 간 소비-저축 모델들에 비해 타인지향적인 행위를 설명하기에 적합한 모델이라고 할 수 있다.

3) 특성이론

1971년 Lancaster에 의해 주장된 이론으로 효용의 산출은 상품 그 존재 자체에 의해서 생기는 것이 아니라, 상품이 가지고 있는 특성들(characteristics)에 의해서 산출된다고 보는 이론적 체계이다. 기존의 효용이론에서는 새로운 상품에 대한 소비자들의 반응(reaction)이나 품질변화(quality variations)에 대한 인식에 대해 아무런 언급이 없었으나, 특성이론(Characteristics Theory)에서는 소비자들이 느끼는 효용은 상품의 특성함수로 표시될 수 있다고 하여, 보다 실질적인 소비자선택 과정을 이해하는 데 도움을 줄 수 있는 이론적 체계라고 할 수 있다. 이러한 특성이론에서 지칭하는 총효용함수를 표시하면 다음과 같다.

$$U = u(C_1, C_2, \cdots, C_k)$$

이때, 각 상품이 가지는 특성들(C_k)은 소비기술(consumption technology)에 의해 전환되는 것으로 각 상품들(q_k)은 개별 소비자나 가계가 보유한 시간(T_h)과 결합되었을 때 주어진 특성들을 얻기 위한 조합으로 표현될 수 있다. 이를 수식으로 표시하면 다음과 같다.

$$\begin{aligned} C_1 &= c_1(q_1, \cdots, q_k, T_h) \\ &\vdots \\ C_k &= c_k(q_1, \cdots, q_k, T_h) \end{aligned}$$

Lancaster에 의하면 이러한 상품의 특성들은 객관적으로 측정이 가능하고, 모든 소비자들에게 동일하게 인식될 수 있다고 가정하면서, 시장상품이 가지는 성질을 특성으로 변환시키는 것은 주어진 소비기술에 의해 좌우된다고 하였다. 따라서 개별 소비자들의 선호는 다양한 상품의 특성이 주어져 있을 때 상대적인 가중치를 두고 상품의 특정한 특성을 선호하게 되고, 비록 그들이 동일한 소비기술을 보유하고 있다고 하더라도 개별 소비자들은 각각의 선호에 따라 다른 상품의 특성집합을 선택하게 된다는 것이다. 한 가지 상품은 여러 가지의 특성들을 가지게 되기 때문에, 소비자가 직면한 최적구매는 주어진 예산제약과 소비기술하에서 자신들의 효용을 극대화시키는 방향으로 진행될 수 있다.

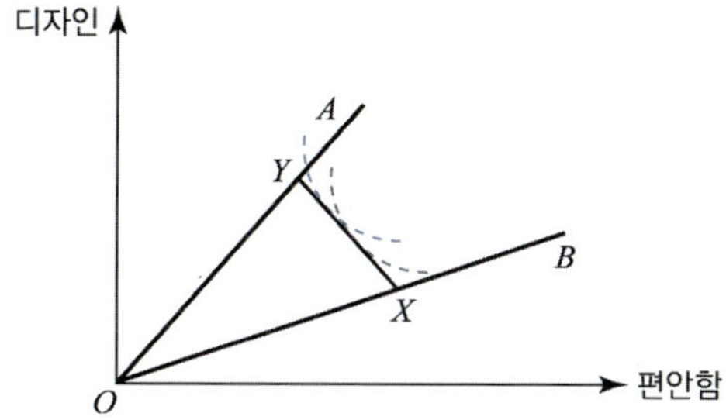

그림 3-3 특성이론에서의 효용극대화

예를 들어, 옷을 구매할 때, 상품이 가지는 여러 가지 특성들 중 '디자인'과 '편안함'이라는 특성을 고려할 때, 그러한 선택이 A라는 브랜드와 B라는 브랜드를 고려한 상태일 경우, 이를 그래프로 표시하면 그림 3-3과 같다.

위의 그래프에서 편안함과 디자인에 대한 특성의 양은 각 X축과 Y축에 표시될 있고, 원점에서 뻗어나간 선 A, B는 현재 소비자가 직면하고 있는 옷 브랜드의 수를 표시하고 있다. 이때, 현재 소비자가 직면하고 있는 예산제약선(XY)이 표시될 수 있으며, 삼각형 OXY는 브랜드 A와 B의 구매가능 조합을 나타낸다. 개별 소비자가 옷을 구매할 때 선호하는 편안함과 디자인에 대한 특성을 알아야 무차별곡선이 표시될 수 있으며, 이때 위의 그래프에서는 점 X와 Y 선상의 어떤 지점에서 두 브랜드가 갖는 특성의 선호도가 결정될 것이다. 따라서 점 X와 Y를 연결한 선 XY는 단위가격당 구매하고자 하는 옷 브랜드들의 최대의 특성치를 얻을 수 있는 점들을 연결한 선으로 이를 효율선(efficiency frontier)이라고 한다. 따라서 소비자의 선택은 이러한 효율선과 그 효율선 위의 어느 지점에 존재하게 될 무차별곡선이 만나는 지점에서 이루어지게 되고, 이와 같은 조합의 특성을 구매할 경우 그 지점이 바로 소비자의 효용이 극대화되는 최적구매점이 된다고 한다.

이러한 특성이론은 기존의 전통적인 효용이론이 가지지 못한 소비자선택의 새로운 영역을 개척하고 제시하였다는 점에서 그 의의를 가지고 있다. 즉, 소비자가 해당 상품을 선택한 이유를 보다 명확하게 제시할 수 있고, 이는 해당 상품이 가지는 특성에 기반하여 표출될 수 있다. 그러나 상품이 가지는 수많은 특성들 중 적절하고 객관적인 특성을 추려내어 평가한다는 부분이 현실적으로 어렵고 불가능한 측면이 있어 이를 실제적으로 적용하기에는 한계점이 있다. 실제로 상품이 지니고 있는 다양한 특성을 모두 고려한 효율선을 도출하기에 뚜렷한 한계점을 지니고 있기 때문에, 결국 실제적으로 이러한 특성이론을 적용할 때에는 고려 가능한 소규모의 특성만을 분석대상으로 할 수밖에 없다. 또한 소비자가 객관적으로 확인 가능한 특성들을 계량화하는 것은 가능하나, 주관적으로 느껴지는 감정적인 부분들, 예를 들어 만족감, 편안함, 세련됨 등과 같은 감정의 정도를 객관적으로 특성화시키기에는 많은 현실적 어려움을 수반한다고 할 수 있다. 추가적으로 상품이 그 존재 자체만으로 효용으로 전환되는 것이 아니라, 그 상품이 보유하고 있는 특성에 기반하여 소비자들에게 효용을 가져다 주는 것이기 때문에, 해당 상품의 특성에 따른 소비자들의 지불용의(willingness to pay)를 파악하기 위해서는 상당한 수준의 정보가 실제 시장에서 소비자에게 제공되어야만 한다. 그러나 이러한 실제적인 정보에 대한 비용을 산정하고 파악하는 것이 매우 어려운 실정이므로, 앞서 제시했던 객관적인 상품 특성에 대한 실증파악의 어려움과 더불어 정보의 문제 또한 이러한 특성이론이 보다 현실적인 활용성을 가지고 이용되는데 한계점을 가지고 있다고 할 수 있다.

4) 내구재선택이론

전통적인 효용이론에 의하면 상품을 구입하는 행위를 통해서 소비자들은 해당 상품에 대한 최적의 구매지점을 파악할 수 있고, 이와 같은 소비를 통해 소비자의 효용이 극대화된다고 하였다. 그러나 엄밀한 의미에서 상품을 획득하는 행위자체만으로 소비자의 효용이 극대화되는 것이 아니라, 획득한 상품의 소비를 통해 비로소 효용이 발생하고 또한 극대화된다고 할 수 있다. 따라서 획득한 상품이 여러 시점에 사용될 수 있는 내구재일 경우에는 상품의 사용시간이 고려되어 있지 않는 단순한 형태의 고전적인 효용함수는 실질적으로 효용이 발생하는 원리를 잘 설명해 내지 못한다는 한계점을 가지고 있다고 할 수 있다. 소비자들의 내구재선택 시에 발생할 수 있는 이러한 한계점을 보완하기 위해 고안된 이론이 내구재선택이론(Durable Goods Theory)이다. 이는 기존의 고전적인 효용함수의 확장이 요구됨을 의미하게 되며, 소비자들이 구매하는 재화나 서비스를 두 개의 분야, 즉 비내구재와 내구재로 구분하여 각각의 효용함수를 고려할 수 있어야 함을 의미한다고 할 수 있다. 따라서 기존의 고전적인 효용함수를 수정하여 다음과 같이 제시할 수 있다.

$$U = u(Q, S)$$

개별 소비자나 가계가 구매한 재화나 서비스의 소비에 초점을 맞춘 내구재모델의 총효용함수(U)는 두 개의 하위범주인 비내구재(Q)와 내구재(S)의 구매량으로 구분되어질 수 있다. 내구재의 경우 새로운 모델이 시장에 출시되었을 때 기존에 사용하던 모델이 충분히 안전한지 혹은 아직도 유용한지의 여부를 잘 따져 새로운 제품의 구입시기를 결정해야 한다는 점에서 비내구재선택과 차이를 보이고, 소비자들은 내구재를 구입할 때 장기적인 안목을 가지고, 가계 구성원들의 선호나 기호가 바뀔 수 있을 것을 대비하여 의사결정을 해야 하거나, 혹은 복잡한 제품의 설명이나 이용방법을 미리 숙지해야 하는 등의 번거로움이 있을 수 있으므로, 한번 구입한 내구재는 해당 가계의 자산으로서 의미도 가지고 있다는 점에서 비내구재 구매와 차이를 보이게 된다.

고전적인 수요이론에서는 몇 가지 모델을 통해서 왜 소비자들이 이러한 내구재를 구매하는지에 대한 이유를 설명하고 있다. 첫째, 재고 조절 모델(Stock Adjust Model)에 의하면, 소비자들은 가치가 감소된 내구재에 대해 기존의 소비수준을 유지하기 위해 대치품을 구매하거나 혹은 보다 이상적인 상태의 내구재를 소유하길 원하다고 한다. 따라서 이상적 상태와 현실의 가치가 소모된 내구재의 차이를 메우기 위해 수요가 발생하게 되고, 만약 내구재의 감가상각이 일정한 비율로 일어날 경우, 그 차이를 k라고 했을 때, 향상된 수요는 다음과 같이 표현될 수 있다.

$$d_i^U = k(S^* - S_{t-1})$$

여기에서, 특정한 내구재에 대한 이상적인 재고량은 S^*로 표현될 수 있으며, S_{t-1}은 전년도의 해당 제품 재고품 목록으로 파악될 수 있다.

둘째, 재량적 교환모델(Discretionary Replacement Model)로 내구재에 대한 모든 수요는 대체수요라고 가정하면서, 소비자들은 모든 내구재에 대해 원칙적인 대체를 바라는 것이 아니기 때문에 보다 융통성 있는 내구재에 대한 대체가 이루어질 수 있다고 가정한다. 따라서 특정한 내구재에 대해서 일반적인 경우보다 이른 대체가 이루어지기도 하고, 혹은 반대의 현상도 벌어지게 된다고 가정한다. 예를 들어, 새로운 집에 이사를 가게 되는 경우, 보유하고 있던 여러 가지 내구재의 기능이 다 소실되기 전이지만, 새로운 집의 디자인과 분위기에 맞춰 보유하던 내구재를 새로운 제품으로 대체하는 현상들을 이 모델을 통해 설명할 수 있게 된다. 이러한 모델의 가정하에서 내구재 수요함수는 다음과 같이 표현될 수 있다.

$$d_i = k' d^N$$

위 식에서 재량적 교환모델의 내구재수요는 보통의 수요(d^N)와 보통의 수요로부터의 차이(k')의 함수로 산출될 수 있다.

이러한 모델들은 내구재 이용비용, 감가상각, 일반적 대체비율, 이상적-현실적 재고상태 등이 개별 소비자들의 내구재선택에 대한 영향력을 중심으로 설정되어 있다. 그러나 실제로 소비자들이 내구재소비를 위해 선택에 직면했을 때에는 앞서 제시되어 있는 요인들의 영향뿐만이 아니라, 사회인구학적, 기술적 요인 및 라이프 사이클의 변화 등에 영향을 받아 그 수요가 결정된다고 할 수 있다. 다만 이러한 모든 변인들을 고려한 모델을 설정하여 분석하기에 적절한 데이터를 얻기가 어렵고, 모든 관련변수들을 감안한 모델 설정이 현실적으로 불가능하기 때문에, 보다 포괄적인 내구재선택에 대한 이론체계의 성립에 어려움이 제기된다고 할 수 있다.

5) 불확실성하에서의 소비자의사결정이론

소비자의사결정 이론은 크게 규범적인 모델(Normative Model)과 기술적인 모델(Descriptive Model)로 구분된다. 소비자의사결정이론의 규범적인 모델들은 실제 소비자들의 의사결정과정들을 기술하고 묘사하는 것이 아니라, 소비자들이 합리적인 의사결정을 하는 주체라고 전제하고, 이들의 효용이 극대화되는 의사결정과정을 설명한다. 즉, 합리적 의사결정을 내리기 위해서는 특정한 가정들이 의사결정과정 중에서 반드시 만족되어야 하며, 불확실성하에서의 의사결정은 소비자 스스로가 확률에 기반한 기대효용을 추정할 수 있어야만 하고, 선택의 과정에 직면했을 때, 이러한 과정들을 반복하여 행위함으로써 그들의 의사결정은 항상 합리성을 가질 수밖에 없다고 보는 견해이다. 전통적인 경제학적 시각에 의하면 소비자들에게 충분한 정보가 주어진 상태에서 의사결정이 이루어진다면, 소비자들은 자신들의 이익을 극대화하기 위해 자신의 행동을 합리적으로 조절할 수 있으며, 각각의 의사결정과정을 통해 얻을 수 있는 효용을 계산하여 상품을 선택하고 소비한다는 이른바 합리적 의사결정주체(rational actors)로서의 소비자의 역할 수행의 당위성을 강조하고 있다. 이때, 소비자들은 정해진 태도와 선호체계를 가지고 있으며, 합리적 행위자로서의 효용극대화를 이루기 위해서는 의사결정과정에서 몇 가지의 가정들을 반드시 만족시켜야 된다는 전제를 가지고 있다. 따라서 규범적인 모델에 의하면, 합리적 의사결정주체로서 존재하는 소비자는 특정한 의사결정의 원리에 반드시 따라야 하고, 그들의 의사결정은 정해진 가정들을 만족시키고, 정해진 원칙에 기반한 결정이라고 전제하게 된다.

이에 반해 소비자의사결정에서의 기술적인 모델은 소비자들이 특정한 가정이나 원칙에 기반한 결정을 내리는 것이 아니기 때문에, 대다수의 소비자들은 기존의 규범적인 모델들이 말한 합리적 의사결정자의 모습과 거리가 멀다고 주장한다. 실제로 소비자들은 경우에 따라서는 상품의 단위가격(unit price)을 보고 1원까지 비교를 하다가도 별 주저함 없이 수백만 원을 호가하는 명품들을 소비하는 경향을 보이기도 하고, 같은 품질의 상품을 광고할 때, 어떻게 광고문안이 제시되었는지에 따라서 상품의 선택기준이 달라지기도 한다. 이는 기존의 규범적인 이론들로는 설명할 수 없는 현상들이지만, 현실에서는 쉽게 볼 수 있는 일반적인 소비자들의 소비행동이다. 따라서 기술적 이론에서는 소비자들이 실제 의사결정에 도달하게 되는 원리를 밝히고, 때때로 소비자들이 합리적인 의사결정자로서의 역할 수행에 어려움을 가지게 되는 이유를 설명하고 있다.

(1) 기대효용이론

소비자들이 불확실성에 직면했을 경우 소비자들의 의사결정과정이 어떻게 이루어지는지를 규범적인 틀로 제공하는 이론이 기대효용이론(Expected Utility Theory)이다. 기대효용이론은 1947년에 Von Neumann과 Morgenstern에 의해 주창된 이론으로 미래에 대한 전망이 불확실한 상황하에서 사람들은 정해진 태도와 변화하지 않는 선호를 가지고 있으며, 그들의 효용과 자기 이익을 극대화시키기 위해 합리적 행위주체로서 몇 가지의 가정들을 준수해야 한다고 한다. 불확실성하에서의 소비자의 선택이라는 것은 복권(lottery)에 대한 선택이라는 형태로 표현될 수 있다.

소비자선호에 대한 기대효용이론의 몇 가지 공리를 정리하면 다음과 같다.

① 완비성

완비성(Ordering of Alternatives)에 의하면, 합리적인 소비자는 불확실성하에서도 두 개의 선택대안을 비교한다 하더라도 하나를 다른 것보다 더 선호하든가 아니면 양자 사이에 아무런 차이를 느끼지 못한다든가 하는 판단을 내릴 수 있다.

② 우월성

우월성(Dominance)에 의하면, 합리적인 소비자는 불확실성하에서 선택대안을 비교할 때, 선택된 대안이 다른 대안에 비해 우월하다. 비록 그 우월성에 정도의 차이(약하거나 강하거나)는 존재할 수 있지만, 합리적인 소비자는 비교대상이 되는 대안들에 대해 어느 것이 더 우월한 전략인지에 대한 판단을 내릴 수 있다.

③ 소거성

소거성(Cancellation)에 의하면, 불확실성하에 있는 합리적인 소비자는 만약 두 개의 선택대안의 확률적 결과가 같다고 예상되면, 두 선택대안을 통한 효용은 의사결정 시 무시된다. 이는 선택대안을 비교할 때 공통적인 속성은 의사결정 시 고려되지 않고 무시되는 것을 의미하며, 의사결정 시 반드시 두 개의 선택대안이 가지고 있는 차이점에 초점을 두고 진행하게 됨을 의미한다.

④ 이행성

이행성(Transitivity)에 의하면, 불확실성하에서 합리적인 의사결정을 내려야 하는 소비자들은 선택대안의 비교 시 체계적이고 일관성 있는 선호체계를 가진다.

⑤ 연속성

연속성(Continuity)에 의하면, 불확실성하에서 의사결정을 내려야 하는 소비자들은 만약 이겼을 때의 결과가 매우 좋은 복권(가능성)을 중간수준의 확실한 상을 타는 선택대안보다 더 선호한다는 것이다.

⑥ 불변성

불변성(Invariance)에 의하면, 불확실성하에서 합리적인 의사결정을 내리는 소비자라면 궁극적으로 상을 탈 확률만 같다면 선택대안의 비교 시 의사결정단계를 얼마나 복잡하게 거쳐야 하는지의 여부는 별다른 고려대상이 될 수 없다는 것이다. 따라서 기대효용이론에서의 소비자들은 선택대안을 정할 때 결과만 같다면 복잡한 확률이나 여러 단계의 게임참여에 대해서는 아무런 차이를 느끼지 못한다는 것이다.

기대효용이론에서는 불확실성하에서의 위와 같은 소비자들의 선호공리를 바탕으로 다음과 같은 기대효용함수를 가진다고 하였다.

$$U(L) = p\,U(A) + (1-p)\,U(B)$$

이때, 어떤 복권 (L)은 p의 확률로 A라는 상을 주고, $(1-p)$의 확률로 B라는 상을 줄 때, 만약 A와 B의 효용수준이 $U(A)$와 $U(B)$로 나타내질 수 있다면, 위와 같은 기대효용을 산출할 수 있게 되고, 소비자들은 각각의 복권이 가지는 기대효용($U(L)$)을 평가하여 의사결정을 내리게 된다.

이와 같은 기대효용이론의 함수는 그림 3-4와 같은 기대효용곡선을 도출할 수 있게 된다. 이러한 기대효용곡선의 모양에 따라 소비자가 위험에 대해 가지는 태도를 추측할 수 있다. 아래의 그래프처럼 기대효용곡선이 원점에 대해 오목(concave)한 모양을 취하게 되는 이유는 의사결정자가 위험 기피적(risk averse)인 태도를 지니고 있기 때문이고, 만약 의사결정자가 위험 중립적(risk netural)인 태도를 가지고 상품의 기대치에 준해서만 의사결정을 한다면 그 소비자의 기대효용곡선은 직선의 형태가 될 것이다. 따라서 위험에 대해 소비자가 어떠한 태도를 가지는지에 따라서 기대효용곡선의 모양은 변하게 된다.

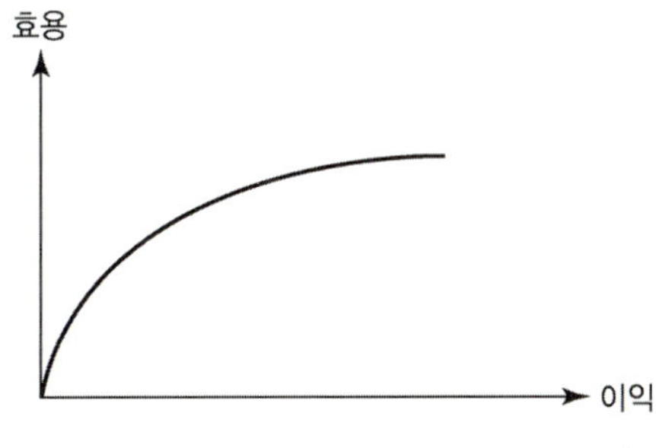

그림 3-4 기대효용곡선

기대효용이론은 불확실성하에서의 소비자의 합리적인 의사결정과정을 설명해 내고 있다. 그렇지만 불확실성에 직면한 소비자가 합리적인 의사결정을 내리기 위해서는 현실에서의 실제 소비자들의 의사결정과는 많은 차이가 있는 선호에 대한 공리들이 반드시 전제되어야 한다. 기대효용이론이 불확실성하에서의 소비자들의 선택을 합리성에 근거하여 풀어내고 있다는 점에서 그 의의를 찾을 수 있겠지만, 전제된 강력한 선호에 대한 가정들은 이후 좀 더 실질적인 의사결정이론들의 논의를 가져오는 계기를 제공하였다.

(2) 욕구-충족 모델

욕구-충족 모델(Need-Satisfying Model)에 의하면, 소비자들이 의사결정과정을 설명함에 있어 전통적인 효용이론은 소비자들의 선호체계를 반영하여 주어진 예산하에서 효용이 극대화되는 지점에서 소비자의 최적선택(optimization)이 이루어진다고 하였다. 그러나 Herbert Simon(1956)은 기존의 경제학적인 이론에서 밝힌 소비자의 합리적 의사결정(rational decision making)이라는 부분은 소비자를 둘러싸고 있는 환경적인 요소에 대한 고려없이 소비자 스스로 최적선택행동을 할 수 있다고 가정한 한계점을 가지고 있다고 지적하였다. 합리적 의사결정을 내리는 소비자들을 가정하기 위해서는 소비자들이 완벽한 정보를 소유하고 있어야 하며, 해당 정보를 완전하게 이해할 수 있는 능력을 보유하고 있어야 한다. 또한 모든 선택대안들에 대해서 완벽한 비교가 가능한 상태에서 최종적으로 최적의 의사결정을 내린다고 가정하였다. 그러나 실제 소비자들에게 제공되는 정보는 불완전하며, 선택대안들을 비교하는 행위들은 흔히 생략되거나 혹은 미흡한 수준에서 진행되거나 하기 때문에 최적선택행동을 하는 소비자를 가정한 기존의 효용이론으로는 현실을 설명하기에 분명한 한계를 보인다고 할 수 있다.

이에 Simon은 모든 소비자들이 그들에게 주어진 선택 가능한 대안들을 모두 검토하여 최종적으로 최적의 선택행동을 하는 것이 아니라, 만족할 만한 수준에서 최종의사결정을 한다고 하였다. 어떤 특정한 대안이 특정한 소비자의 가장 중요한 욕구(need)를 만족시킨다면 비록 해당 대안이 최적이나 최고의 결과가 아니라도 소비자들이 선택을 하게 된다는 것이다. 즉, 소비자들이 의사결정을 하는 데 있어서 욕구는 매우 중요한 기준이 되며, 이러한 욕구는 사회적으로 발생되거나 혹은 사후적으로 주어지는 것이 아니라, 심리적으로 선천적으로 누구나 다른 욕구를 가지고 있게 된다는 것이다. 즉, 소비자가 최적구매에 대한 의사결정 대신에 욕구충족에 기반한 의사결정을 내린다는 사실은 비교적 단순한 논리로 전개될 수 있다. 일단 일반적인 소비자들은 대체적으로 '배가 고프다' 라거나 '○○○을 가지고 싶다' 등과 같은 단순한 형태의 바람을 가지고 있으며, 이러한 단순한 형태의 욕구충족이 의사결정을 하는 이유나 목표가 될 수 있다. 따라서 효용함수라던가 혹은 무차별곡선을 통한 효용극대화의 개념을 바탕으로 소비자들이 의사결정을 하는 것이 아니라, 각자가 열망하는 수준이 달성되었는지 혹은 그렇지 못했는지의 여부만이 중요하게 된다. 따라서 소비자의 의사결정은 전 생애를 통해 모든 의사결정과정들을 늘어놓고 선택을 결정하는 것이 아니라, 다음 상태로 이동하기 위한 각각의 선택점(choice point)을 통해 분기점(branch point)에 도달하여 다음 단계로 도약하는 일종의 과정이라고 할 수 있다. 이를 표현하면 다음과 같다.

$$d + d^2 + \cdots + d^v = \frac{d}{d-1}(d^v - 1)$$

주어진 환경하에서 소비자의 현재의 위치로부터 다음 분기점까지의 거리를 d 라고 한다면, d^2는 두 단계를 도약한 분기점까지의 거리를 뜻하고, d^v는 소비자가 최종적으로 도달해야 할 분기점까지의 거리를 뜻하게 된다.

예를 들어, 소비자들은 주택을 구입할 경우에 해당 주택에 관련된 모든 정보를 검색하여 비교 검토한 후에 가장 높은 효용을 가져다 주는 선택대안을 결정하는 것이 아니라, 소비자가 충족되길 원하는 중요한 욕구들(입지조건, 가격, 공간구성 등)만을 고려하여 최종적인 의사결정을 내린다는 것이다. 이러한 욕구충족이론은 소비자들의 의사결정이 기존 이론에서 말하는 것처럼 효용을 극대화시켜 주는 최적의 구매결정이라고 할 수 없으나, 소비자들이 주어진 환경에서 중요하게 생각하고 있는 욕구를 충족시켜 주는 대안을 찾아 선택을 한다고 설명함으로 소비자들의 의사결정과정을 보다 현실적이고 설득력있게 제시해 준다는 점에서 의의가 있다고 할 수 있다.

(3) 전망이론

전망이론(Prospect Theory)은 1979년에 Kahneman과 Tversky가 주장한 이론으로 기존의 규범적인 기대효용이론(expected utility theory)의 한계점을 지적하며, 실제 불확실성하에서의 소비자들의 의사결정과정을 보다 설득력있게 설명하고 있는 기술적인 이론체계이다. 전망이론은 상금과 확률에 근거한 간단한 전망을 기반으로 전개된 이론으로, 소비자들의 선택과정들에 대한 단계를 두 가지로 구분할 수 있다. 첫 번째는 편집의 단계(phase of editing)이고 그 다음은 평가의 단계(phase of evaluation)이다. 편집의 단계에서는 소비자들이 제안된 전망을 기초적으로 분석하는 단계로 흔히 전망들의 단순한 분석결과를 산출하고, 그 다음으로 평가의 단계를 거쳐 가장 높은 가치를 지닌 선택을 하게 된다. 이러한 전망이론에 대한 기본적인 개념 및 활용은 다음과 같다.

① 가치함수

전망이론에 따르면 불확실성하에서 소비자들이 의사결정을 함에 있어서 그 결과는 소비자들이 생각하는 미래에 대한 전망(prospect)에 따라 달라진다는 것이다. 이러한 불확실성하에서의 전망을 가늠하는 기준이 되는 것이 바로 가치(value)이다. 가치는 각기 다른 소비자들이 기준이 되는 지점을 어디로 설정했는지에 따라 달라지게 되며 이는 가치함수(Value Function)로 표시되어질 수 있다.

예를 들면, 일기예보를 통해 그날의 예상 기온을 들었을 때, 그날의 날씨가 추운지 혹은 더운지를 판단하는 기준은 과거 소비자들에게 인지되었던 주관적인 기준에 준해서 정해지게 된다. 또는 동일한 재산을 보유하고 있다는 의미는 어떠한 사람과 비슷한 수준으로 가난하다고 여기게 되거나, 혹은 다른 사람처럼 매우 부자라고 느끼게 될 때 말할 수 있다. 이처럼 소비자들은 각자 다른 판단을 내릴 수 있는 주관적인 인지기준을 가지고 있으며, 이를 기준점(reference point)이라고 부른다.

가치는 기준점을 통해 현재의 위치를 파악시켜 주기도 하며, 그 변화의 정도(긍정적인지 부정적인지)를 알려주기도 한다. 기존의 기대효용이론에서 다루던 효용(utility)의 개념이 순자산(net wealth)의 양에 의해서 결정되는 개념이라면, 가치는 이득(gains)과 손실(losses)에 대비해서 정의되는 개념이라고 할 수 있다.

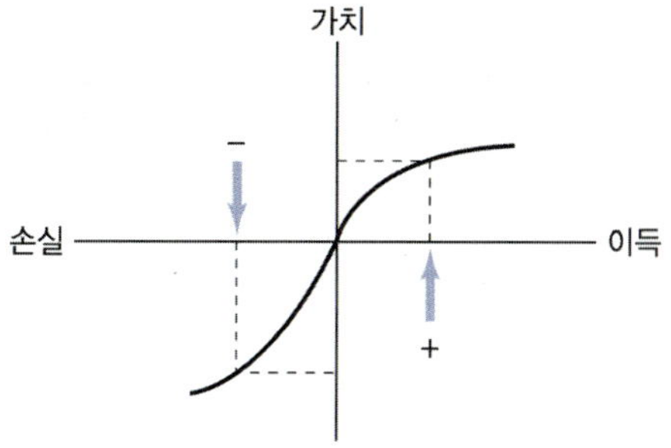

그림 3-5 가치함수

이는 앞서 제시했던 기준점에 근거하여 인지된 기준점과의 차이에 준해서 결정된다고 할 수 있다.

일반적으로 소비자들은 이득과 손실을 판단함에 있어서, 손실에 대해 매우 기피적인 태도를 보이게 된다. 이는 각종 실험결과를 통해 증명된 사실로서, 손실에 대해 느끼는 감정이 이득에 대해 느끼는 감정보다 더욱 강렬하며, 따라서 이를 가치함수로 나타내 표시하면 그림 3-5와 같다. 그림에서 보는 것과 마찬가지로, 손실에 대해 가치함수는 볼록한 모양으로 상대적으로 가파른 기울기를 가지게 되며, 이득에 대한 가치함수는 오목한 모양으로 손실에 대한 가치함수의 비해 덜 가파른 모양을 띠게 된다. 이러한 손실기피(loss aversion)현상으로 인해 가치함수의 그래프 모양이 비대칭 모양의 S자 형태를 취하게 되며, 이는 위험에 대한 태도의 차이를 야기시킨다. 예를 들어, 어떠한 의사결정의 결과가 이득이 예상될 때, 가치함수의 모양은 오목하게 되며, 위험을 기피하는 행동을 보이게 된다. 반대로, 손실이 예상될 때에는 가치함수는 볼록하게 되며, 의사결정자는 위험을 감수하는 의사결정을 하게 된다.

② 가중치함수

전망이론에서 각 결과에 대한 가치는 의사결정가중치(decision weight)의 영향을 받게 된다. 이러한 의사결정가중치는 항상 확률에 근거해서 산출되는 것이 아니라, 특정한 상황에 대한 선호에 의해 달라지게 된다. 즉, 의사결정자들은 특정한 결과가 발생할 확률이 낮은 경우들에 대해서는 특별히 과중하게 생각하거나 아예 그 가능성을 무시하게 되고, 발생확률이 높거나 중간 정도인 결과에 대해서는 과소평가를 하기도 한다.

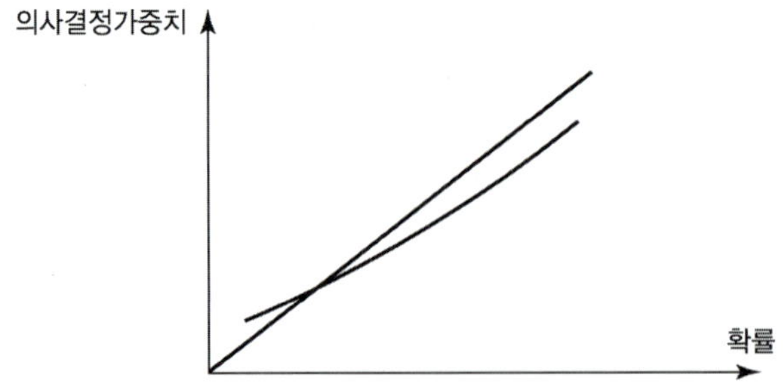

그림 3-6 가상적인 의사결정가중치

그러나 기존의 기대효용이론에서는 의사결정자들이 산출된 확률에 근거하여 50%의 확률로 이길 것이 예상될 경우, 정확하게 50%만큼의 가치를 두고 의사결정을 내린다고 하였다. 이에 비해 전망이론에서는 실제 소비자들의 의사결정은 추정된 확률만큼의 가치를 지니는 것이 아니라, 이러한 의사결정가중치에 근거하여 의사결정이 이루어진다고 본다. 이를 그래프로 표시하면 그림 3-6과 같다.

의사결정가중치 그래프에 의하면 전형적인 가중치함수(weighting function)는 낮은 발생확률에 대해서는 대각선 위에 존재하게 되고, 중간 이상의 발생확률에 대해서는 대각선 아래로 처지는 모양을 보여 소비자들에 의해서 그 발생확률이 과소평가되는 과정을 보여 주고 있다.

02 생산자 및 투자자로서의 소비자이론

개별 가계는 생산물 시장의 소비자로서의 역할을 수행하기도 하지만, 생산요소 시장의 공급자로서의 역할도 동시에 수행하게 된다. 개별 소비자들은 노동력을 노동시장에 제공하게 되고, 개별 가계 내에서 시간(time)이라는 새로운 투입요소를 이용하여 새로운 근로활동, 예를 들어 요리 및 가사일 등을 하게 되거나 다른 가계 구성원들의 소득 등의 자원제약을 파악하여 보수를 위한 시장노동참여를 할 것인지, 가사일이나 여가활동을 할 것인지의 시간에 대한 의사결정을 하게 된다. 또한 자녀 출산 및 양육, 결혼과 이혼 등의 각종 비시장활동(nonmarketable activities)들을 통해 각기 다른 가계 내 생산활동들을 담당하게 된다. 따라서 가계생산(Household Production)이란, 시장을 통해 구입한 재화와 서비스를 통해 가계 내 개별 소비자들이 보유한 시간이라는 재화와 결합하여 새로운 형태의 가계 내 상품(commodity)을 만들어 내는 일종의 생산활동으로 간주될 수 있으며, 이를 통해 개별 가계의 소비자들은 생산시장에서 소비주체로서의 선택의 역할 담당하는 소비자로서의 역할뿐만이 아니라, 생산요소시장의 공급자로서 시장활동과 연계된 각종 가계생산을 담당하는 생산자의 역할을 수행하기도 한다.

시장에서 생산자들은 특정한 재화나 서비스를 공급하기 위해서 초기에 상당한 부분의 투자를 하거나 생산 전반 내내 일정 부분의 투자활동을 하게 된다. 이는 생산요소시장에서 공급자의 역할을 담당하는 개별 가계의 소비자들의 경우도 마찬가지라고 할 수 있다. 시장에 노동공급이라는 행위를 선택하기 위해서는 개별 가계의 소비자들은 현재의 임금수준과 노동조건만을 고려하여 노동의 공급여부를 결정하는 것이 아니라, 보다 높은 미래 수익을 창출할 것을 기대하여 교육, 훈련, 이주, 혹은 새로운 일자리 탐색 등을 통한 일종의 투자행위를 하게 된다. 이는 특정한 시점의 투자활동에만 국한되어 분석되는 것이 아니라, 생애 전반을 다루는 분석의 체계를 요하게 되며, 이러한 투자들은 다른 투자활동과 본질적인 면에서는 큰 차이가 없기 때문에 인적자본투자(human capital investment)라고 칭하게 된다.

따라서 본 장에서는 시장 내 소비의 주체로서의 소비선택의 문제나 의사결정자로서의 기능에만 국한되어 있던 개별 가계의 소비자들의 역할을 확장하여 생산자 혹은 투자자로서의 소비자들의 행동원리를 이론적인 체계를 통해 이해하는 데 그 목적이 있다.

1) 가계생산이론

가계생산이론(Household Production Theory)에 의하면, 개별 가계가 직면한 선택의 문제는 주어진 수입, 시간, 노동력, 가계 구성원들의 기술력 등의 자원제약하에 시장활동을 통해 구입한 재화나 서비스를 이용하여 가계 내에서 시간이라는 새로운 자원을 얼마만큼 투입하여 무엇을 어떻게 생산하여 개별 가계의 총 만족감을 극대화시킬 것인가를 판단해 내야 한다는 것이다.

우선 가계생산을 통해 만들어진 일종의 가공품을 가계생산품(commodities)이라고 했을 때, 이러한 가계생산품 시장을 통해 구입한 재화나 서비스가 개별 가계의 소비자들이 보유하고 있는 시간과 결합하여 생산적인 활동을 통해 직접적인 효용을 얻을 수 있도록 만들어진 것이다. 이와 같은 가계생산품은, 예를 들어 개별 가계의 소비자가 시장을 통해 각종 음식 재료들을 구입하고, 소비자가 보유하고 있는 시간이라는 자원을 투입하여, 다른 가계 구성원들을 위한 식사를 준비한다고 가정했을 때, 바로 준비된 저녁식사가 시장을 통해 구입한 재화가 개별 소비자가 보유하고 있는 시간과 결합된 가계생산품이 될 수 있다. 또한 시장을 통해 구입한 식품과 각종 연료와 조리시간이 결합하여 음식을 생산하거나 시장을 통한 공책, 참고서, 장난감 등이 아이를 양육하고 감독하는 데 투입된 시간과 결합하여 아이들의 발달에 기여하는 등의 행위가 바로 각종 가계생산품을 생산해 내는 가계생산의 예라고 할 수 있다. 이렇게 생산된 가계생산품은 개별 가계의 구성원들에 의해 소비되고, 그러한 소비를 통해 개별 소비자들은 주관적으로 느끼는 만족감, 즉 효용을 가지게 된다. 따라서 이러한 가계생산을 통해 얻어지는 가계의 효용함수는 다음과 같이 나타낼 수 있다.

$$U = u(Z_1, Z_2, \cdots, Z_n)$$

위 식에서 시장을 통해 구입한 재화(x_i)와 개별 소비자(i)가 보유하고 있는 시간(t_i)이 결합하여 생산된 가계생산품의 집합을 Z_i라고 했을 때, 이러한 가계생산품을 수식으로 표현하면 다음과 같다.

$$Z_i = z_i(x_i, t_i ; E)$$

시장재화와 개별 소비자가 보유하고 있는 시간의 결합은 가계생산품 Z_i를 생산해 내고 이때, 개별 가계의 특성(E)에 영향을 받게 된다. 이러한 가계생산품은 해당 가계가 보유하고 있는 기술수준, 환경적인 특색 등을 대표하는 가계의 특성에 의해 그 성격을 달리하게 된다. 이러한 가계생산을 통한 효용의 극대화는 다음과 같이 가계가 보유하고 있는 시간 및 소득에 따라 제약을 받게 된다. 시장을 통한 재화나 서비스의 구매는 가계가 직면하고 있는 소득수준(I)과 총시간(T)이라는 자원에 따라 영향을 받게 된다. 이때 총시간(T)은 임금소득을 얻기 위해 시장노동에 투입한 시간과 가계생산에 사용한 시간(상실된 소득)의 합으로 표현될 수 있다. 따라서 시간의 기회비용은 시장을 통한 임금률이라고 할 수 있다.

$$T = t_w + \sum_{t=1}^{n} t_i$$

$$I = \sum_{i=1}^{n} p_i x_i$$

이때, t_w는 노동시장 참여, t_i는 가계생산품, Z_i는 생산하기 위해 투입한 시간을 뜻하고, p_i와 x_i는 가계생산을 위해 구입한 시장재화의 가격과 수량을 각각 지칭한다. 따라서 이러한 시간과 화폐소득의 제약조건은 다음과 같이 가계의 실소득에 대한 제약조건식으로 표현할 수 있다.

$$S = wT + V = \sum_i (wt_i + p_i x_i)$$

이때 w는 임금률을 V는 비시장활동을 통한 비시장임금으로 표현될 수 있다. 따라서 가계생산품 Z_i를 생산해 내는 개별 가계의 효용을 극대화시키기 위한 식은 다음과 같이 전개될 수 있게 된다.

$$L = u(Z_1,\ Z_{2,}\ \cdots,\ Z_n) - \lambda\left(\sum_i (wt_i + p_i x_i) - S\right)$$

위 식은 가계의 효용함수는 해당 가계가 보유한 각종 자원제약하에서의 효용극대화를 이루는 과정을 보여 준다. 이러한 효용극대화 함수는 아래와 같은 조건을 만족할 때 이루어질 수 있다.

$$\frac{MU_i}{MU_j} = \frac{w\dfrac{dt_i}{dZ_i} + p_i\dfrac{dx_i}{dZ_i}}{w\dfrac{dt_i}{dZ_j} + p_j\dfrac{dx_j}{dZj}} \equiv \frac{\pi_i}{\pi_j}$$

두 개의 가계생산품 Z_i와 Z_j를 각각 생산해 내기 위해서는 두 재화의 한계효용비율(MU_i / MU_j)이 각각의 한계비용의 비율(π_i / π_j)과 같아야 한다는 조건을 만족하여야 한다. 이러한 한계비용은 시장의 재화와 가계의 보유시간이 결합되어 생산된 가계생산품(Z_i)을 생산하기 위한 감춰진 가격(shadow price)이라고 볼 수 있다. 시장에서의 상품의 가격은 가계생산의 요소로 가계생산함수에 영향을 미치게 되며, 예를 들어 잘못 책정된 시장가격이나 정보의 불충분성 등의 환경적 영향은 가계 내 생산, 특히 가계 내 생산품의 상대가격에 영향을 끼치게 되고, 이는 해당 가계의 생활수준(household's cost of living)의 변화 및 가계생산을 위한 각종 선택의 과정과 결과의 변화를 가져오게 된다. 따라서 보다 정확한 정보의 제공 및 수집 등은 가계생산적인 측면에서 개별 가계의 소비자들의 합리적인 의사결정에 영향을 미치게 되는 변수라고 할 수 있다. 따라서 최적의 가계생산을 위해 모든 요소들을 고려했을 때 가계의 효용극대화를 위해서는 다음과 같은 조건을 만족해야 한다.

$$\frac{MU_{f1}}{MU_{f2}} = \frac{MP_{i1}}{MP_{i2}} = \frac{p_{f1}}{p_{f2}} = \Phi_i(f_1, f_2, \cdots, f_m)$$

MP_{i1}은 가계생산품 Z_i를 생산하는 투입요소 f_1의 한계생산을 나타낸다. 이러한 방정식은 개별 가계의 소득이 증가할수록 가계의 한계생산이 감소함을 나타내며, 이는 상대적으로 해당 가계가 소득사용을 시간의 사용보다 많이 하게 됨을 의미하여 개별 가계가 시간을 보전하려는 노력을 기울이게 됨을 뜻하게 된다. 이러한 가계생산이론의 적용은 현실의 다양한 실례를 통해서 설명될 수 있다.

첫째, 비시장시간(nonmarket time), 즉 여가시간 및 레크리에이션의 활용에 대한 적용이다. 또한 소비자들이 시장을 통해 상품을 구매하는 것처럼 다른 사람들의 시간을 사는 행위, 예를 들어 세무사, 회계사, 정비공 등이 제공하는 서비스를 소비하는 행위 등을 설명하는 데 유용한 개념적 틀을 제공하고 있다. 개별 소비자들의 생애주기를 고려했을 때, 각 단계별로 시간중점적인 행동(time-intensive model)을 하는지, 혹은 시장활동에 중점을 두는지에 대한 차이를 보이게 되고, 실제로 학생시기에는 상대적으로 시간이라는 자원이 덜 귀하기 때문에 특정한 행동이나 행위에 대한 의사결정을 할 때 보다 시간중점적인 활동을 하게 되지만, 인생의 중반기(30~55세 사이)에서는 상대적으로 시장노동에 참여를 더 활발하게 하게 되고, 여가시간을 즐기는 것에 상대적으로 덜 관심을 가지게 된다. 이는 시간에 대한 가치가 상대적으로 높아지기 때문으로 이 시기 소비자들은 가계생산에 덜 치중하게 되는 경향을 보이게 된다.

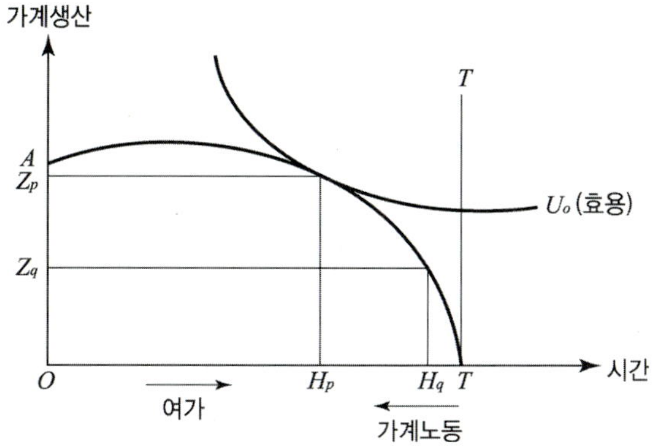

그림 3-7 가계생산함수에 따른 여가시간

반대로 개별 소비자들이 노년기에 접어들게 되면, 다시 시간에 대한 가치가 상대적으로 낮아지기 때문에, 시장을 통한 노동시간을 줄이게 되고, 각종 가계생산 활동들에 초점을 두고 의사결정을 하게 된다. 가계생산을 위한 가사노동과 여가시간 배분에 대한 가계생산함수를 그래프로 표시하면 그림 3-7과 같다.

해당 가계의 가계생산함수를 AT라고 할 때, 주당시간을 나타내는 X축은 왼쪽에서 오른쪽으로 가면서 주당 여가시간 L을 측정할 수 있다. 이때 수직선 TT은 일주일당 사용할 수 있는 총시간(168시간)을 나타내며, T에서 시작하여 오른쪽에서 왼쪽으로 갈수록 가사노동에 할애한 시간이 증가함을 알 수 있다. TH_q만큼의 가계노동시간을 투입했을 경우 생산되는 가계생산의 양(Z_q)은 상대적으로 더 많은 가계노동시간인 TH_p일 경우, 더 높은 가계생산(Z_p)을 하는 것을 알 수 있다. 해당 가계의 소비자가 가계생산을 통한 만족을 극대화시키기 위해 보유한 시간을 가사노동과 여가에 배분한다고 가정할 때, 시장을 통해 구입한 재화와 여가에 조합 중 동일한 효용을 가져다 주는 무차별곡선 U_0로 표현할 때, 해당 소비자는 주당 TH_p시간을 사용하여 가계생산품 Z_p를 생산하여 소비하고 OH_p시간을 여가에 할애함으로써 효용을 극대화시키는 것을 알 수 있다.

또 다른 영역은 개별 가계의 소비자들의 결혼과 출산에 대한 이론적 체계를 제공할 수 있다는 것이다. 시간을 고려한 가계생산이론의 확장은 자녀출산에 대한 수요의 모델과 확장모델을 제공해 주어서 생애의 중요한 사건의 발생 원인들을 결과로 실질적인 가계 내 소비자들의 의사결정과정을 보여 주는 데 의미가 있을 수 있다. 자녀양육이라는 가계생산의 단적인 예를 그래프를 통해 모형화하면 그림 3-8과 같다.

가계 내에서 생산에 투입된 시간과 구입된 재화 또는 서비스의 조합들이 동일한 만족을 가져다 주는 곡선은 그림과 같이 U_0와 U_1으로 그릴 수 있다. 이러한 곡선을 동일한 효용을 가져다 준다고 하여 효용등량곡선(Utility Isoquant)라고 할 수 있다. 이때 이러한 무차별곡선 U_1상의 모든 점들은 동일한 효용수준을 유지하고 있으나, U_0보다 위에 존재하기 때문에 해당 가계의 소비자가 자녀들을 위해 더 많은 시간을 투입하거나 상대적으로 비싼 가격의 재화나 서비스를 제공하게 됨을 뜻하게 된다. 또한 시간과 시장을 통해 구입한 재화가 자녀의 양육 과정에서 대체관계에 있기 때문에 원점에 대해 볼록한 모양으로 음의 기울기를 가지는 등량곡선을 그릴 수 있게 된다. 따라서 효용등량곡선(무차별곡선)의 기울기는 가계생산에서 가계의 시간과 구입된 재화 사이의 상충관계(trade-offs)를 반영하게 되고, 기울기가 가파르게 존재할수록 단위시간당 시간의 손실이 시장을 통해 구입된 재화를 통해 대체시키기가 상대적으로 어렵다는 것을 의미하게 된다.

또한 원점에서부터 사선으로 그려진 OA와 OB의 경우 자녀양육을 위한 가계생산의 과정에서 시간과 구입된 재화가 B선상에서의 조합으로 사용될 경우 해당 개별 가계의 소비자는 자녀양육 과정이 가계에서의 시간에 대한 구입된 재화의 높은 비율을 사용하게 된다. 이에 비해 가계에서의 시간과 구입된 재화 또는 서비스가 A상에서의 조합으로 사용된다면 자녀양육을 가계에서의 시간에 대해 상대적으로 낮은 구입품의 비율을 통해 이룰 수 있음을 알 수 있다.

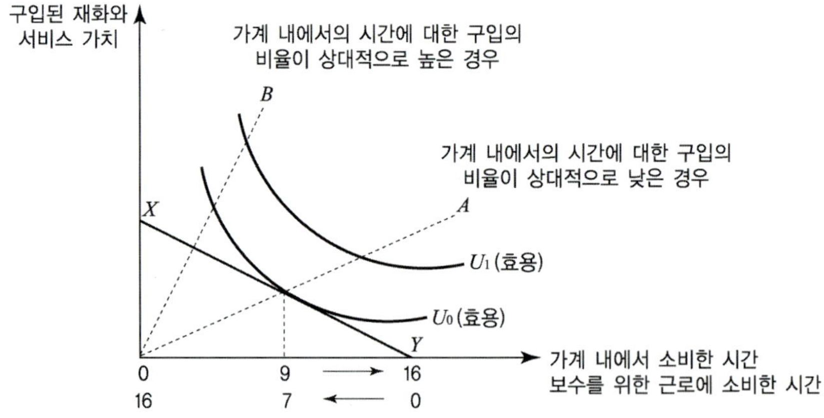

그림 3-8 가계생산 (자녀양육)의 과정

해당 가계의 시간사용을 시장을 통한 노동시장 참여와 가사노동의 두 가지로 규정하였기 때문에 효용을 극대화시키는 자녀양육 결정방식은 해당 가계의 소비자가 가지고 있는 효용등량곡선과 자원제약선(XY)에 영향을 받게 되며, 이때 자원제약선은 해당 소비자의 임금수준을 반영한다고 할 수 있다.

그림 3-8에서 가계생산에 의해 자녀의 양육을 결정해야 하는 소비자의 효용이 극대화되는 지점은 개별 소비자가 시장을 통해 구입한 재화와 보유하고 있는 시간의 조합을 반영하고 있는 자원제약선과 동일한 효용감을 가져다 주는 등량곡선이 만나는 시장근로참여 7시간의 소비와 가사노동에 9시간을 사용할 때라고 할 수 있다. 만약 위와 같은 효용수준과 자원제약을 갖는 소비자가 임금수준은 변화가 없으면서 비근로소득을 얻게 되는 경우에는 보다 많은 자원의 사용이 가능해지기 때문에 자녀양육을 위한 자원이 그만큼 더 증가하게 됨을 의미하게 되고, 이때 자원제약선은 현재의 상태에서 평행으로 더 위에 존재할 수 있게 된다. 즉, 자녀양육을 위한 효용을 극대화시키기 위해서는 보다 높은 품질의 재화나 서비스를 구입해야 하고 보다 많은 시간을 가정생산에 투입해야 함을 뜻하게 된다. 따라서 이러한 경우에 추가적인 소득의 발생은 해당 소비자의 시장에 대한 노동공급을 감소시키는 경향을 갖게 된다.

2) 인적자본투자이론

저축의 포괄적인 정의는 미래의 소비를 위해 현재의 소비를 감소시키는 행위라고 할 수 있다. 이러한 개별 가계의 소비자들의 다양한 저축활동은 생산요소시장의 공급자로서의 소비자의 역할을 설명해 낼 수 있다. 따라서 미래의 보다 높은 가치 사용을 위해 현재의 소비를 줄이는 포괄적 의미의 저축의 정의에 의하면 개별 소비자들이 자신과 자녀의 교육 및 능력계발을 위한 끊임없는 투자활동 또한 일종의 저축행위라고 간주할 수 있게 된다. 매우 장기적인 측면에서 이루어지는 이러한 저축의 행위를 설명하는 이론이 인적자본투자이론(Human Capital Investment Theory)이다.

인적자본투자(Human Capital Investment)는 경험으로부터 얻게 되는 학습(learning)을 포함하여, 교육과 훈련의 결과로 소비자들이 보유하게 되는 지식과 기술을 총망라하는 개념으로 교육, 직무훈련(job training), 그리고 이주(migra

-tion) 등과 같은 축적된 투자활동을 의미하게 된다. 인적자본은 특정한 활동에 대한 일정한 수준의 투자를 통해 그러한 활동을 오랫동안 지속할 수 있도록 하는 데 그 의의가 있다 . 따라서 미래의 기대수익이 발생할 것이라는 기대가 현재에 부담해야 하는 비용을 수반하여 나타나며, 미래근로소득의 증가, 생애 전반에 걸쳐 나타나는 직무만족도의 증가 등의 형태로 구체화될 수 있다. 실제로 개별 소비자들이 시장활동을 포함하여 일상생활을 영위하는 활동들은 시장노동, 가사노동, 여가활동 및 인적자본형성으로 구분될 수 있고, 이러한 활동들을 통해 자신의 능력 향상을 도모하게 되고, 이는 결국 해당 소비자들의 시장생산성 및 가계생산성을 증가시키는 데 그 궁극적인 목적이 있다고 할 수 있다.

개별 가계의 효용함수를 다음과 같이 표현했을 때, 인적자본의 양은 투자시간과 투자에 사용될 다른 자원에 대한 양에 의해 결정되어 나타낼 수 있다.

$$U = U(Z_1, \cdots Z_n)$$

위 식에서 Z_n는 n 시기에 소비의 총양으로 표시될 수 있으며, 이러한 효용함수에 기반한 인적자본의 양(H_j)은 다음과 같이 나타낼 수 있다.

$$H_j = H_{j-1}(1-\delta) + Q_{j-1}$$

j 시기의 인적자본의 양(H_j)은 감가상각비 δ, j 시기 이전까지의 총 투자양(Q_{j-1})으로 나타낼 수 있다. 이를 다시 투자에 사용된 재화와 시간에 대한 함수로 표시하면 다음과 같이 나타낼 수 있다.

$$Q_{j-1} = Q(x_{q_{j-1}}, t_{q_{j-1}}; H_{j-1})$$

위와 같은 투자양은 경쟁시장에서의 임금률로 표시될 수 있다. j 시기의 인적자본단위당 임금을 a_j라고 했을 때, 해당 시장에서의 임금률은 다음과 같이 나타낼 수 있다.

$$w_j = a_j H_j$$

이때, 총시간은 가계, 시장, 투자부문에 의해서 배분될 수 있다.

$$t_{h_j} + t_{w_j} + t_{q_j} = t, \quad j = 1, \cdots, n$$

이때의 현재가치(present value)는 일정한 시간(j), 연간편익(B_1, $B_2, \cdots$)의 관계로 표현되어질 수 있다.

$$\frac{B_1}{1+r} + \frac{B_2}{(1+r)^2} + \frac{B_3}{(1+r)^3} + \cdots + \frac{B_j}{(1+r)^j}$$

위 식에서 r은 이자율로 표시될 수 있으며, 이자율이 양의 값을 가지는 것은 소비자의 미래편익이 누진적으로 할인될 수 있다는 것을 의미하여, 이자율이 작을수록 미래편익에 부여되는 가중치는 더 커지게 된다. 이러한 현재가치에 대한 정의는 개별 가계의 소비자들이 미래편익에 대한 투자를 결정할 때, 그 판단의 근거를 제공하게 된다. 즉, 추가적인 인적자본투자에 대한 의사결정은 미래에 대한 기대편익의 현재가치가 현재의 투자비용(C)보다 클 경우에 발생하게 되고, 이런 경우에 개별 소비자들은 인적자본투자에 흥미를 느끼게 된다.

$$\frac{B_1}{1+r} + \frac{B_2}{(1+r)^2} + \frac{B_3}{(1+r)^3} + \cdots + \frac{B_j}{(1+r)^j} > C$$

이와 같은 인적자본에 대한 투자는 한계비용과 한계편익으로도 설명이 가능하다. 개별 가계의 소비자가 인적자본 각 한 단위를 추가할 때 드는 비용을 한계비용(MC)이라고 할 때, 이러한 한계비용은 불변이라는 가정하에 한계편익(MB)의 현재가치는 인적자본을 매년 추가할 때마다 편익이 회수될 수 있는 기간이 줄어들기 때문에 하락하는 경향을 보이게 된다. 따라서 특정 가계의 소비자의 효용극대화가 달성되는 인적자본량(HC^*)은 인적자본에 대한 한계비용과 한계편익이 같아지는 점에서 결정된다. 이를 그래프로 표시하면 그림 3-9와 같다.

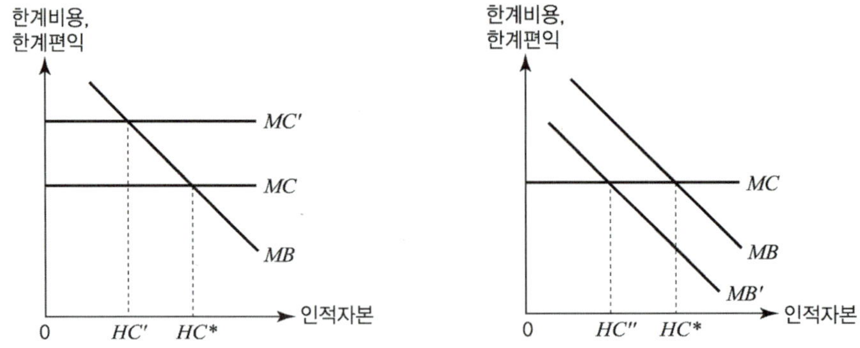

그림 3-9 인적자본의 최적획득

한계비용이 더 높은 소비자의 경우에 더 낮은 수준의 인적자본을 획득하게 되며, 추가적인 인적자본으로부터 더 적은 미래편익을 기대하는 소비자들은 더 적은 인적자본의 양을 획득하게 된다. 따라서 인적자본투자에 대한 이론적인 체계는 개별 가계의 일반 소비자들이 생애과정 중에서 각 단계별 인적자본의 투자여부와 추가적인 투자에 대한 의사결정을 분석하는 데 매우 유용하게 이용될 수 있다. 이러한 가계의 투자자로서의 인적자본의 형성은 개별 소비자들의 시장생산성과 가계의 생산성을 동시에 증가시킬 수 있는 특수한 유형의 저축행위로 이해될 수 있으며, 이를 통해 기존의 효용극대화의 모형을 확장시켜 실제 현상들을 이해하고 분석할 수 있다는 데 그 의의를 찾을 수 있다.

용·어·해·설

베블렌 효과(Veblen Effect)

Veblen이 1899년 유한계급론(The Theory of Leisure Class)에서 밝힌 것으로 일부 소비자들이 자신의 사회적 지위와 부를 과시하기 위해 고가의 제품들을 구매하는 소비현상을 지칭한다. Veblen은 인간의 경제행위를 단순히 합리성에 기반하여 설명하였던 고전경제학적인 틀을 확장하여 과시여가 및 과시소비성향을 설명함에 있어 그러한 성향이 형성되어진 이유를 사회적 맥락을 통해 이해해야 한다고 주장하였다. 가격이 높을수록 소비심리를 자극한다는 베블렌 효과는 소비자들의 구매의사결정이 비단 합리성에 근거한 효용극대화만을 의미하는 것이 아니라, 자신의 신분 및 사회적 지위가 남들과 다르다는 우월성을 과시하기 위한 상징으로 고가의 제품을 선뜻 구매한다는 것이다. 이는 특정제품에 대해 시장가격의 상승이 구매량에 전혀 영향을 미치지 않는다거나 기업에서 특정계층에 대해 펼치는 귀족마케팅 전략 등을 통해 확인할 수 있다.

밴드웨건 효과(Bandwagon Effect)

다른 사람들이 소비하는 물품에 대해 높은 선호를 보이는 것으로 같은 가격조건에서 다른 사람들이 많이 구매하는 제품을 구매하려는 현상을 지칭한다. 오랜 기간 단일민족으로 생활해 온 우리나라의 경우는 다민족으로 다양한 문화를 생활 속에서 접하고 있는 서구문명에 비해 이러한 소비성향이 강하게 나타난다고 할 수 있다. 이러한 소비성향은 자신의 욕구보다는 다른 사람들의 소비성향을 무조건으로 따라가려고 하거나 다른 사람들과 동일한 제품을 소유하고 있다는 것에 심리적인 안정감을 느끼는 현상들을 대변한다고 할 수 있다. 따라서 제품의 기능적인 측면이나 효용성 등을 기반으로 하여 대체품의 비교와 기회비용 산출과정 등이 생략된 의사결정을 하게 된다(박명희, 2000).

속물효과(Snob Effect)

다른 사람들과의 차별되는 제품을 구매하여 사용한다는 자체에 의미를 두고 의사결정을 하는 현상을 지칭한다. 이는 밴드웨건 효과와는 반대의 현상을 의미하는 것으로 본인만이 해당 제품을 소유하고 있다는 자체에 큰 만족을 느끼게 된다. 이러한 소비성향을 가지는 소비자들의 경우는 다른 사람들이 쓰는 제품을 구매하는 것을 회피하게 되고, 차별화된 희귀성이 높은 제품의 소비를 선호한다는 것이다. 이러한 속물효과를 통해 한정판매되는 고가의 제품이 소비자들의 관심을 받게 되는 현상을 설명할 수 있게 된다.

Part 2

응용 편

Chapter

04 경쟁정책과 소비자

01 경쟁정책과 소비자정책

1) 경쟁정책과 소비자정책의 관계

과거에는 경쟁정책과 소비자정책이 각각 별개의 독립된 정책으로 인식되어 왔다. 즉, 경쟁정책은 사업자의 '거래상의 자유'와 '경제적 효율성' 등 다양한 목적을 추구하기 위하여 '사업자와 사업자'의 관계를 규율하는 것이고, 소비자정책은 사업자에 비하여 열등한 지위에 있는 소비자를 국가가 후견자적 지위에서 보호해 주기 위하여 '사업자와 소비자'의 관계를 규율하는 것으로 이해하였다.

그러나 최근 경쟁정책과 소비자정책의 목적과 기능에 대한 논의과정에서 양 정책의 관계에 대한 새로운 시각이 대두하고 있다. 그것은 경쟁정책의 목적은 경제적 효율성 확보를 통한 소비자후생 증진에 있고, 소비자정책의 목적도 소비자주권이 실현되는 시장환경을 조성함으로써 소비자후생을 증대시키는 것으로, 결국 경쟁정책과 소비자정책은 '시장'을 그 대상으로 한다는 점과 궁극적 목적이 '소비자후생' 증진에 있다는 점에서 상호 일정한 관련성을 가지게 된다.

경쟁정책의 목표는 경쟁력을 갖춘 다양한 상품을 시장에 공급하게 함으로써 소비자에게 '의미 있는 선택의 기회를 확대'하는 것(Meaningful Range of Options)이며, 소비자정책의 목표는 그러한 선택의 기회 중에서 '실제로 효과적인 선택'을 할 수 있는 시장환경을 조성하는 것(Effective Choice)으로, 소비자후생의 극대화는 '선택 기회가 보장된 상황'에서 실제로 '최적의 소비자선택'이 이루어졌을 때 달성이 가능하다. 결국, 경쟁정책과 소비자정책은 소비자후생 극대화를 위하여 동시에 보완적으로 추진되어야 할 공통의 과제인 것이다.

2) 우리나라의 소비자정책

우리나라의 소비자정책 추진체계의 개편은 공정거래위원회와 재정경제부 등 관계부처의 협의를 거쳐 2005년 6월 최종 확정되었으며, 2006년 9월 27일 소비자기본법이 개정됨으로써 공정거래위원회가 거래분야뿐만 아니라 소비자안전 및 교육분야 등 소비자정책 전 분야를 담당하는 주무부처가 되었으며, 한국 소비자원에 대한 감독기능이 재정경제부에서 공정거래위원회로 이관되었다. 공정거래위원회는 우리나라 전체의 소비자정책 추진동력을 극대화하고 소비자정책과 경쟁정책을 상호 유기적으로 연계함으로써 '소비자주권'을 실질적으로 실현할 수 있는 기반을 확보하게 되었다.

이에 맞춰 공정거래위원회에는 특수거래과, 약관심사과, 전자거래팀 이외에 소비자정책과, 소비자안전정보과가 신설되어 소비자주권 실현을 위한 정보·교육·안전 등 새로운 정책 추진역량이 한층 강화되었다.

- 소비자정책과는 소비자정책의 수립·총괄, 소비자피해 구제에 관한 시책의 수립·조정과 제도의 운영을 담당한다.
- 소비자안전정보과는 소비자안전에 관한 시책의 수립·시행과 제도의 운영, 소비자교육에 관한 시책을 수립·시행하는 일을 담당한다.
- 특수거래과는 방문판매·전화권유판매·다단계판매·계속거래와 사업권유거래(이하 '특수판매'라 한다) 분야의 소비자보호시책의 수립·시행, 할부거래분야의 소비자보호시책을 수립·시행하는 일을 담당한다.
- 약관심사과는 불공정한 약관의 규제에 관한 기본정책의 수립과 '소비자기본법'에 따른 소비자분쟁의 해결에 관한 기준의 제정 및 개정, 제도의 운영을 담당한다.
- 전자거래팀은 전자상거래·통신판매 분야의 소비자보호시책을 수립하고 시행하는 일을 담당한다.

3) 외국의 소비자정책

(1) 미국 연방거래위원회

소비자문제에 관하여 광범위한 집행권한을 가지고 있는 미국의 연방기관은 연방거래위원회(FTC : Fair Trade Commission)이다. FTC 소비자보호국은 불공정, 기만, 사기행위로부터 소비자를 보호하는 임무를 맡고 있으며, 의회에서 제정된 다양한 소비자보호 법률뿐만 아니라 FTC가 공포한 거래 관련 규정을 집행한다. 소비자보호국은 개인, 기업뿐만 아니라 산업 전반에 걸친 조사, 행정기관이나 연방법원의 소송, 규칙제정절차, 소비자와 사업자교육 등의 업무를 담당하고 있으며, 이외에도 발의된 정책들이 소비자에게 미치는 영향 등에 대하여 의회나 정부에 알리는 데 지속적인 노력을 기울이고 있다.

소비자보호국의 임무는 시장에서 사업자의 불공정한 관행과 사기, 기만 등의 부당행위로부터 소비자를 보호하는 것이다.

소비자보호국의 주요 업무로는 소비자피해 보상을 위하여 법원으로의 직접 제소, 주정부와 관련 기관에 소비자불만 처리의 의뢰를 비롯하여 소비자와 사업자 대상 정보 제공과 교육 등이 있다.

- Division of Advertising Practices : 광고의 진실법(Nation's Truth-in-advert-ising Laws) 집행(식품·의약품·다이어트 광고, Spyware와 같은 High-tech제품과 인터넷 관련 광고행위, 기타 담배와 알코올 광고 등)
- Division of Enforcement : 소비자 기만행위 등에 대한 민사소송 수행

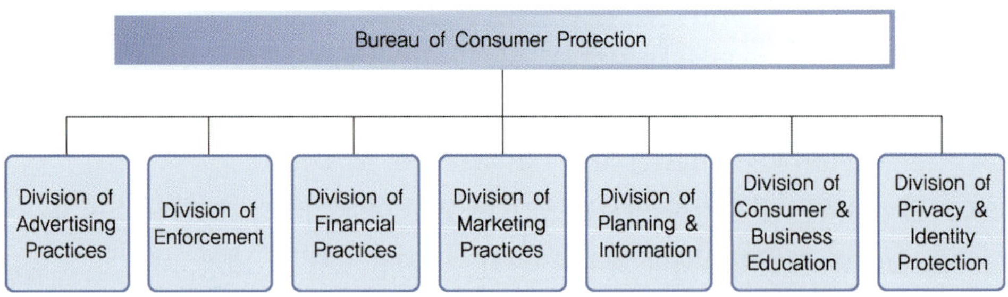

(2009. 12. 기준)

그림 4-1 미국 FTC의 소비자보호국(Bureau of Consumer Protection) 조직도

- Division of Financial Practices : 기만적이고 불공정한 소비자금융과 대출로부터 소비자보호
- Division of Marketing Practices : 전화권유판매·DM(Direct Mail)판매·피라미드판매·인터넷 사기와 기만적인 사업·투자·재택근무 등에 대한 규제
- Division of Planning & Information : 소비자사기, ID 절도, 소비자민원에 대한 법 집행을 위한 정보 수집과 분석
- Division of Consumer & Business Education : 소비자권리에 대한 경각심 고취를 위한 소비자교육 계획 수립, 시행
- Division of Privacy & Identity Protection : 소비자 금융프라이버시 등과 관련된 보호(개인정보 보호 위반에 대한 조사)

기타 많은 연방기관들이 소비자문제와 관련하여 법집행 권한을 가지고 있다. 예를 들면, 소비자제품안전위원회(CPSC)는 소비자제품으로 인한 위해를 감소시키는 역할을 담당하고 있는데, 가정 내, 학교, 야외활동과 관련된 1만 5,000여 가지 제품을 관장하고 있다.

연방통신위원회(FCC)는 모든 통신시장의 경쟁을 촉진하고 공공의 이익을 보호하는 역할을 담당하고 있는데, 의회의 방침에 부응하여 라디오, TV, 전화, 위성, 전신 등에 의한 주정부 간, 국가 간 통신과 관련된 정책을 개발·시행해 나가고 있다.

연방준비위원회(FED)는 미국의 중앙은행으로서 국가의 금융·재정시스템이 원활하고 안전성이 확보되도록 제어하고 있으며, 소비자의 신용정보가 보호되도록 금융기관들을 감시·통제하는 역할을 하고 있다.

식품의약품청(FDA)은 식품, 화장품, 의약품, 의료장비 및 마이크로웨이브오븐 같은 방사선 방사물품들에 대하여 안전성 및 건전성과 인체에 위해·위험을 야기시키지 않는지 여부를 철저히 조사한다. 또한, 가축이나 애완동물들의 먹이와 약품들에 대해서도 유사한 업무를 수행하고 있다.

국립도로교통안전위원회(NHTSA)는 자동차사고로 인한 인명 피해나 경제적 손실을 감소시키는 역할을 하고 있는데, 자동차와 자동차부품에 대한 안전기준을 수립·시행하고 공중에 대한 안전프로그램을 운영하고 있다.

증권거래위원회(SEC)는 증권시장의 공정성을 확보하고, 투자자로 하여금 증권

거래와 관련된 모든 정보를 접할 수 있도록 지원하는 법을 집행하고 있다.

또한 각 주(州) 정부마다 주(州) 검찰청장에 의하여 집행되는 소비자보호법을 가지고 있다.

소비자는 온라인으로 광범위한 연방정보자료에 접할 수 있도록 하는 컨슈머게이트웨이(the U.S Consumer Gateway)를 통하여 소비자보호 관련 자료들을 제공받을 수 있는데, 이곳은 식품, 건강, 제품 안전, 금융, 교통 등과 같이 분야별로 구분되어 있으며, 각 분야는 그와 관련된 정보를 가지고 있는 개별 연방 정부의 웹사이트에 접속할 수 있도록 하위 카테고리를 구성하고 있다.

(2) 영국 공정거래청

영국 공정거래청(OFT : Office of Fair Trading)은 영국 소비자보호 관련 총괄부처인 영국 통상산업부(Department of Trade and Industry) 산하 독립행정기관으로, 1973년 공정거래법(Fair Trading Act)에 의하여 설립되었다.

공정거래청은 경쟁정책과 소비자정책을 담당하며 기업법(Enterprise Act), 소비자신용법(Consumer Credit Act) 등을 운용하고 있다. 주요 업무로는 소비자의 경제적 복지 보호와 기타 소비자보호 관련 업무 등이 있다. 공정거래청은 2006년 10월 기존의 별개 부서(본부·팀)에서 담당하였던 경쟁정책과 소비자정책을 동일 부서(본부·팀)에서 담당하도록 조직을 개편, 부서를 경쟁·소비자부문으로 구분하지 않고 Goods, Services, Infra 등 산업별로 분류하고 있다.

- Consumer : 부동산 중개자법(Estate Agents Act) 등 소비자보호법률의 집행
- Consumer Direct : 전화, 온라인을 통한 소비자 자문서비스
- Consumer Credit : 소비자 신용법(Consumer Credit Act 2006) 운용

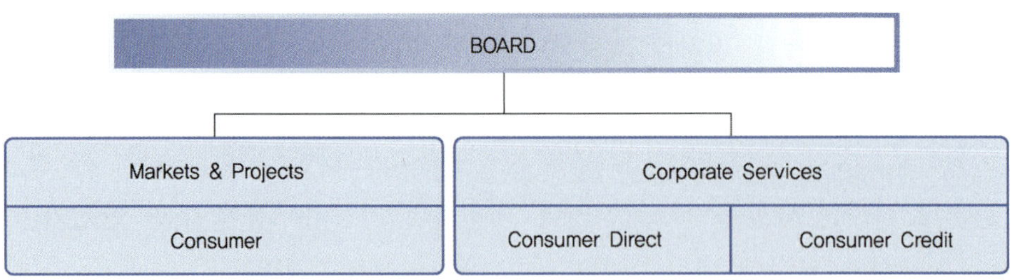

(2009. 12. 기준)

그림 4-2 영국 공정거래청의 소비자업무 관련 조직도

(3) 호주 경쟁소비자위원회

호주의 경쟁소비자위원회(ACCC : Australian Competition and Consumer Com-mission)는 경쟁 관련 업무를 담당하는 유일한 국가 기관으로, 거래법 및 이와 관련된 주(州)와 준주(準州)의 시행 법령의 집행에 대해 책임지는 기관이다.

ACCC의 소비자보호 업무는 재무성의 소비자보호국, 주와 준주의 소비자보호기관들을 보완하는 역할을 수행한다.

독립된 법정 정부기관인 ACCC는 거래관행법(Trade Practices Act 1974)과 가격감시법(Prices Surveillance Act 1983)을 집행하고, 기타 다른 법령에 의하여 부여된 책무를 수행하고 있다. 거래관행법의 목적은 경쟁의 촉진과 공정한 거래, 소비자보호를 통한 호주 국민들의 복지를 도모하기 위하여 반경쟁적이거나 불공정거래행위, 회사의 인수합병, 취득, 제품의 안전 및 제조물책임 등에 대하여 규정하고 있다.

ACCC는 별도의 독립된 소비자담당 부서를 갖고 있지 않으며 직원들은 경쟁과 소비자 양 분야를 동시에 담당하고 있는데, 집행·연계과(Enforcement & Coordination Branch)에서 경쟁과 소비자 간의 관계에 대한 업무를 담당하고 있다. ACCC는 원산지 표시, 전자상거래, 제품 안전에 관한 소비자보호정보에 중점을 두고 있다.

본부의 Coordination Branch와 Enforcement Branch는 공정거래와 소비자보호 강화를 위하여 피해나 손해의 확산을 가져오는 사기와 기만행위에 대한 적절한 구제책을 수립하여 실행한다.

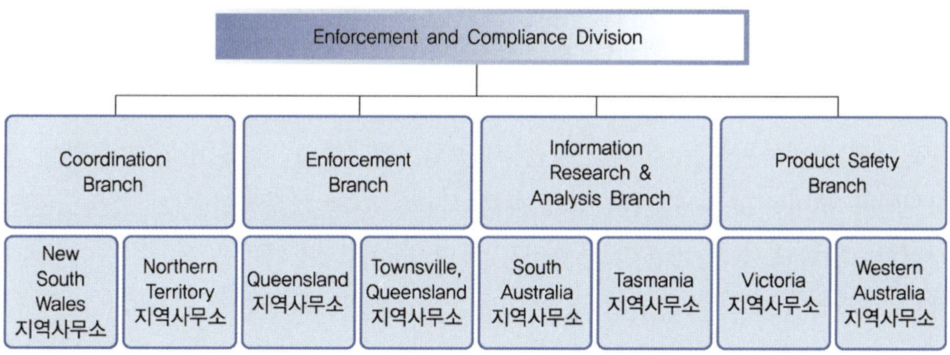

(2009. 12. 기준)

그림 4-3 호주 ACCC의 소비자업무 관련 조직도

ACCC는 거래관행법의 집행을 통한 소비자보호방식을 취하고 있다. 즉, 소비자 기만이나 오인을 유발하는 행위(예 : 소비자의 보증·환불권리에 대한 거짓설명, 오인광고, 미끼광고, 피라미드 상술, 부정확한 표시, 원산지 허위 표시 등)와 같이 소비자권익을 침해하는 사업자의 행위 금지나 사업자의 제품안전기준 준수와 결함제품에 대한 제조자와 수입자에 대한 책임 부과 등이다.

지역사무소에서는 상품, 서비스 구입 관련 정보 제공과 소비자불만 해결, 신용문제에 대한 지역기반 상담 서비스 제공, 주택건축과 임대차, 매매 관련 정보 제공 등과 같은 소비자지원사업과 소비자상담과 불만을 처리해 주는 지역 내의 공정거래센터를 운영한다.

가격감시위원회가 집행하는 가격감시법은 세 가지의 기능을 가지고 있다.

첫째, 가격감시의 대상이 되는 사업자단체의 가격인상 제안에 대한 심사, 둘째, 가격 관련 행위에 대한 조사 및 관련 업무 수행, 조사결과 등에 대하여 책임자인 연방장관(Commonwealth Minister)에 보고, 셋째, 가격실태 및 산업, 그리고 사업의 비용, 이윤에 대한 모니터 및 연방장관에 대한 결과 보고 등이다.

(4) 일본의 소비자정책

일본은 그동안 내각부 국민생활국이 중심이 되어 소비자정책을 추진해 왔으나, 내각부가 실제 소비자정책의 집행권한이 없고 관련 부처에서 독자적으로 소비자정책을 집행해옴에 따라 소비자안전 등에 있어서 허점(Loophole)이 발생해 왔다.

이에 2009년 5월 29일 국회에서 소비자청 설치 관련법이 통과되어, 9월 1일 '소비자청'이 발족됨으로써 일본에 새로운 소비자행정체계가 구축되었다

소비자청은 내각부의 외국(外局)으로 설립되었으며 그 기능은 정책 기획과 법 집행 두 가지로 구분된다.

신설된 소비자청에는 각 부처의 시책 종합조정기능과 각 부처 장관에 대한 권고권한을 부여하고 소비자관련법 29개를 이관하였다. 대표적인 이관 법률로는 공정취인위원회의 소관 법률인 부당경품류 및 부당표시방지법을 들 수 있다. 이외에도 식품위생법, 건강증진법 등은 후생노동성과 공동 관리하게 된다.

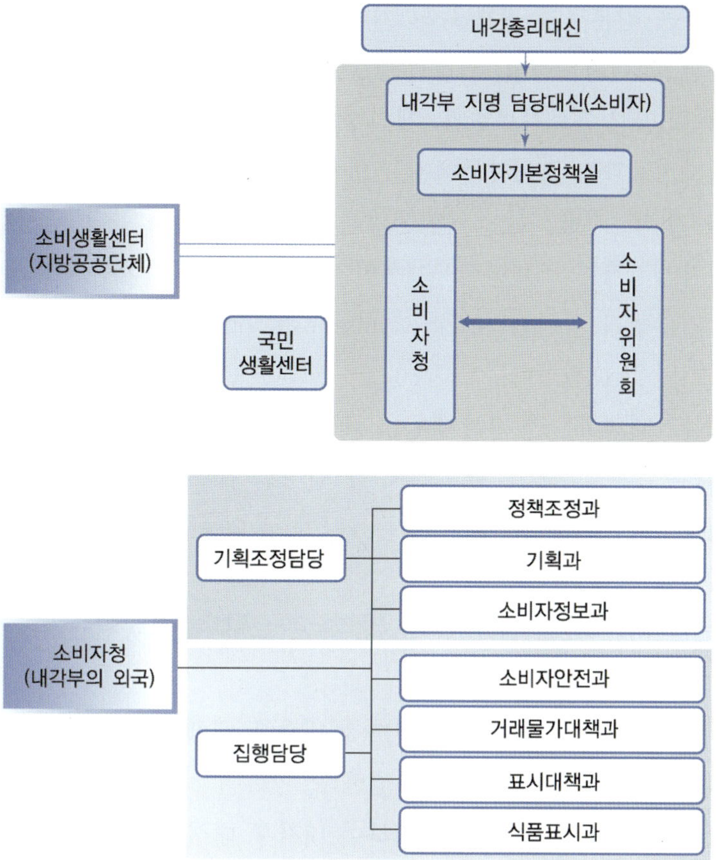

(2009. 12 기준)

그림 4-4 일본 정부의 소비자업무 관련 조직도

① 국가 단위의 체제

- **소비자청** : 내각부의 외국으로 설치된 조직으로, 정보를 일원적으로 집약하여 조사·분석하는 업무와 소비자행정의 총합체로서 각 성(省)·청(廳)에 대한 권고, 조치요구 등과 함께 소비자 관련 제반 법률을 소관한다.

  소비자청은 크게 소비자문제 해결을 위하여 소비자행정에 관한 기획조정기능과 소비자청 소관법령의 집행에 관한 사무를 수행하는 집행담당기능을 가지고 있다.

  - 정책조정과는 관계 부·성·청(府·省·廳)과의 정책조정과 소비자안전법에 따라 관계 각 대신(大臣)에게의 조치요구 등을 담당한다.

• 기획과는 기본적인 정책 등의 기획, 입안, 소비자교육 등의 추진과 소비자기본법, 소비자계약법, 식품안전기본법, 소비자안전법 등에 따른 기본방침 책정 및 공익통보자보호법, 개인정보보호법을 소관한다.
• 소비자정보과는 소비자문제에 관한 정보의 집약·분석과 소비자에 대한 주의 환기 및 지방 지원, 국민생활센터의 감독·홍보 등을 담당한다.
• 소비자안전과는 소비생활용제품안전법에 따른 중대제품사고 보고와 식품안전기본법의 위험관리(Risk Communication) 관계의 조정 및 가정용품품질표시법을 소관한다.
• 거래물가대책과는 특정상거래법, 예탁법, 주택업법, 여행업법, 할부법, 임금업법의 소관 및 물가 관련 업무를 담당한다.
• 표시정책과는 표시 관계 중 경품표시법, 주택품확법(住宅品確法), 특정전자메일법을 소관한다.
• 식품표시과는 표시 관계 중 JAS법(유기농산물 일본농림규격), 식품위생법, 건강증진법을 소관한다.

■ **소비자위원회** : 소비자청과는 별도로 내각부 내에 소비자위원회를 설치하여 소비자청을 견제하는 기능을 수행한다.

소비자위원회는 중요사항에 대하여 내각부 대신에게 건의·권고 등을 요청하고 관계 행정기관에게 자료 요구 등의 권한을 가진다.

② 지방공공단체의 체제와 소비생활센터

지방공공단체는 국가정책에 준하여 해당지역의 사회적, 경제적 상황에 따른 시책을 강구한다.

소비생활센터는 도·도·부·현(都·道·府·縣), 시·읍·면의 행정기관이며 국민생활센터 등과 연계하여 소비자에게 정보 제공, 불만 처리, 상품 테스트 등의 소비자행정을 실시하고 있다. 소비생활센터는 지방공공단체가 조례 등에 의하여 독자적으로 설치하는 것으로, 명칭도 소비자센터·생활과학센터·현민생활센터 등처럼 다양하며 그 규모도 지역의 실정에 따라 다르다.

③ 독립 행정법인 국민생활센터

국민생활센터는, 국민생활의 안정 및 향상에 기여하기 위하여 국민생활에 관한 정보 제공 및 조사·연구를 목적으로 한 특수 법인으로, 1970년 10월 설립되었다. '소비자기본법'에 소비생활에 관한 정보의 수집·제공, 불만 상담 등의 중심적 기관으로서의 역할이 명기되어 있다.

국민생활센터는 소비자 관련 단체와의 홍보 교류, 소비자불만에 대한 정보 분석, 소비생활 상담, 조사·연구, 상품 테스트, 주제별 교육·연수사업을 전개한다.

(5) EU의 소비자정책

EU(유럽연합)의 소비자정책은 1957년 로마조약의 체결 이래 다른 정책들과 비교해 다소 우선 순위에서 밀린 것으로 인식되어 왔으나, 몇 차례의 발전적인 계획 추진을 통해 많은 진전을 이루어 왔다. 1968년 EU집행위원회는 경쟁총국 내에 특별 소비자 업무 부서를 설치하였다. 이 부서는 유럽 국가들이 소비자정책이나 안전기준 등이 서로 상이하고 차이가 있으므로 각 회원국에 적용되는 법과 관할권에 대한 지침을 제공하고, 이를 최저 수준에서 향후 최고 수준으로 향상시키는 데 그 목적이 있었다. 즉, 소비자정책은 경제분야 공동정책 달성과 함께 연구개발이나 환경분야 등과 같이 보조성의 원칙이 특히 강조되는 분야라고 할 수 있다.[1]

EU는 이미 1999년 소비자에 대한 정보 제공 강화 등을 내용으로 하는 '소비자정책 3개년 행동계획(Consumer Policy Action Plan 1999-2001)'을 수립·시행하였고, 2002년 5월에는 소비자보호 관련 법집행 효율성을 제고하는 내용 등을 수록한 '소비자정책 5개년 전략(Consumer Policy Strategy)'을 채택하였다.

새로운 소비자정책 전략의 주요 목표는 세 가지이다. 소비자보호 수준의 향상, 소비자보호 규칙의 실효성 확보, 소비자단체의 EU정책 참여 강화 등이다.

첫째, 소비자보호 수준의 향상에 있어서의 주된 내용은 공정한 상거래와 서비스의 안전에 관한 것이다.

둘째, 소비자보호 규칙의 실효성 확보에 있어서의 주된 내용은 EU회원국 간의 행정적인 공조체계와 소비자피해구제 시스템을 구축하는 것이다.

셋째, 소비자단체의 EU정책 참여 강화에 있어서의 주된 내용은 EU 소비자정책은 물론 소비자교육과 능력계발 프로젝트에 있어서 소비자단체의 참여 시스템을 검토하는 것이다.

1) 문정숙(2006), 유럽연합의 소비자정책에 관한 연구.

새로운 소비자정책 전략에는 3개년 중기 목표(Three Mid-term Objectives)를 설정하고 소비자정책 세부 실천 계획도 제시하고 있다.

2007년부터 2013년까지의 소비자정책 5개년 전략의 주요 목표는 소비자의 능력 신장과 소비자후생 증진 및 소비자의 효과적인 보호이다. 새로운 계획에 의하면 집행위는 건강정책과 소비자정책을 통합할 방침으로, 두 정책은 안전 혹은 정보와 같은 공동 목표를 지니고 있기 때문에 두 정책의 결합은 일관성을 강화시키고 절차를 합리화시킬 수 있다는 것이다.

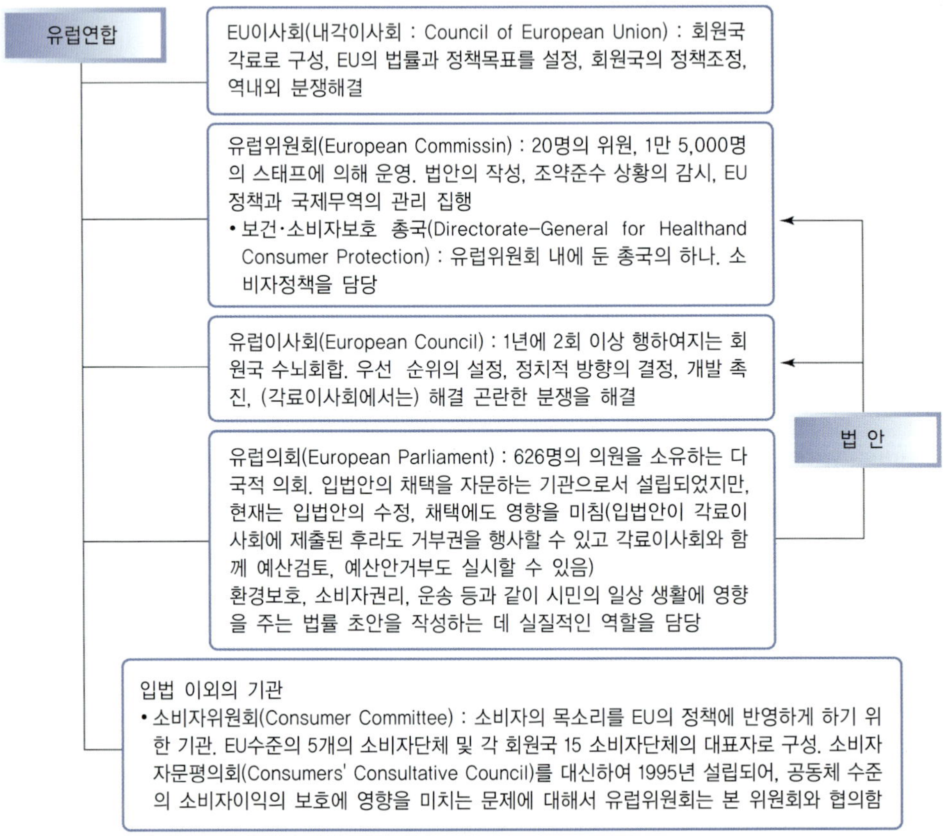

(2009. 12 기준)

그림 4-5 EU 소비자업무 관련 조직도

소비자정책과 관련되는 주체로는 EU의 주요 기관이라고 할 수 있는 유럽위원회·EU 이사회·유럽의회, 유럽위원회 산하의 행정조직, 그 외에 민간 소비자단체 등을 들 수 있다.

특히, EU의 소비자정책 실제 추진에 있어서 중심적인 역할을 하는 곳은 유럽위원회 산하의 행정조직이다.

EU에서의 최초 소비자정책담당 부문은 1968년 유럽위원회 경쟁총국(경쟁정책을 담당)에 설치된 '소비자보호 Unit(Consumer Protection Unit)'이었으며, 그 후 파리회원국정상회담 이후 1975년에 환경·소비자보호·원자력안전관리 총국에 이관되었다. 이후, 1989년 환경·소비자보호·원자력안전관리총국에서 소비자부문이 독립 '소비자정책국(Consumer Policy Service)'이 설치되었다. 1995년 소비자정책국은 소비자보호만을 담당하는 총국인 '소비자정책총국(Directorate-General for Co-nsumer Policy)'으로 변경되었다. 이로써 소비자정책은 조약의 수준에서 뿐만 아니라 위원회의 수준에서 단일시장정책이나 공통농업정책 등과 같은 위치를 부여받게 되었다.

1997년에는 보다 유효한 소비자보호정책 촉진을 위하여 소비자정책총국은 '소비자정책·소비자보건보호 총국(Directorate-General for Consumer Policy and Cons-umer Health Protection)'으로 개편되었다. 1999년에는 '보건·소비자보호 총국(Directorate-General for Health and Consumer Protection)'이 탄생하였다.

EU에서는 소비자정책 관련 기준과 지침의 제정·책정 등 소비자정책 분야에서 적극적인 대처가 이루어지고 있다. 특히, 유럽 단일시장 형성의 가속화 속에서도 소비자가 단일시장에 참가하여 이익을 얻을 수 있도록 소비자지원을 강화하고 있다. 현재까지 소비자정책 관련 EC지침으로서는 '제조물 책임에 관한 지침(1985년, 1999년 개정)', '불공정거래행위에 관한 지침(2005년)' 등이 제정되어 있는 것 이외에도 방문판매, 원격지판매 등의 각종 소비자보호 관계 지침에 대한 재검토가 진행되고 있다.

2001년을 끝으로 2002년 이후 유럽위원회는 중기적인 소비자정책의 방향성을 보여 주는 '소비자전략'을 수립해 오고 있다.

(6) OECD/CCP(소비자정책위원회)의 소비자정책

OECD소비자정책위원회(CCP : Committee on Consumer Policy)는 소비자정책에 관한 회원국 간의 정보 및 경험의 교환, 토의 및 협력 추진을 목적으로 1969년에 OECD(경제협력개발기구)에 설치되었다. CCP는 보통 1년에 2회 정도 개최되고 있으며, 회원국 등의 소비자문제를 검토하고 소비자정책 분야에서의 회원국 간의 협력 발전 및 강화에 기여하고 있다.

02 시장구조와 소비자

1) 시장구조와 소비자이익

시장에서 사업자들이 치열한 경쟁을 하면 소비자들은 낮은 가격에 양질의 제품을 구매할 수 있고 소비자의 편익도 증대된다. 공정거래법은 시장에서 치열한 경쟁이 이루어지도록 보장하기 위한 법인데, 시장에서의 경쟁의 정도를 측정하거나 평가하는 데는 두 가지 측면이 중요하다.

하나는 '시장구조(Market Structures)'이고, 또 다른 하나는 '거래행태(Business Conducts)'이다. 시장구조란, 일정한 시장에 현재 참여하고 있는 사업자 수가 얼마나 되는지와 각 참여 사업자가 그 시장에서 차지하고 있는 시장점유율(Market Share)이 어느 정도인가를 나타낸다. 예를 들어, 독점(Monopoly)이란 시장 내의 사업자가 하나이고 그 점유율이 100%란 뜻이고, 과점(Oligopoly)이란 시장 내의 사업자가 소수(예 : 3 또는 5개)이고, 그 사업자들이 시장을 분할하고 있다는 뜻이 된다. 일반적으로 독점이나 과점의 시장구조하에서는 경쟁이 없거나 치열하지 못하게 되고, 따라서 소비자후생이나 경제의 효율성 측면에서는 바람직하지 못하다고 할 수 있다.

거래행태란, 시장에서 활동하고 있는 사업자가 사업을 영위하는 방식이나 행태가 어떤지를 나타낸다. 예를 들어, 사업자들이 담합(Collusion)을 할 경우에는 시장 내의 사업자가 여럿이 있더라도 상호 간에 경쟁을 하지 않고 가격이나 생산량을 사업자에게 최대의 이익이 되도록 정하게 되며, 그 결과 독점적인 시장구조와 같은 좋지 않은 결과를 소비자에게 혹은 경제 전체에 초래하게 된다. 담합행위 이외에 일반적으로 경쟁을 저해하는 행위로서, '배제행위(Foreclosure)'와 '약탈적 가격 설정행위(Predatory Pricing)'가 있다. 배제행위란, 자기의 경쟁상대가 시장에서 제품 생산에 필요한 원자재를 구입하지 못하게 하거나 판매에 필요한 도·소매점에 판매 또는 접근을 못하게 하는 행위를 말한다.

약탈적 가격 설정행위란, 제품을 원가 이하로 판매하여 경쟁자를 시장에서 몰아내고, 경쟁자가 시장에서 사라진 후에 가격을 높여서 그동안의 손실을 만회하려는 행위를 말한다. 일반적으로 시장구조와 영업행태는 서로 영향을 미치게 된다. 예를 들어, 사업자들의 배제행위나 약탈적 가격 설정행위가 성공할 경우에는 시장은 독과점적 구조가 되게 된다. 반대로, 과점적 시장구조하에서는 사업자의 수가 적기 때문에 일반적으로 사업자 간의 담합행위가 생길 가능성이 매우 크다.

공정거래법이 금지하고 있는 경쟁 촉진 분야의 불공정거래 행위들은 모두 시장구조나 거래행태를 대상으로 하고 있다. 즉, 공정거래법 제3조의2(시장지배적 지위 남용행위 금지), 공정거래법 제19조(부당한 공동행위 금지), 공정거래법 제23조(불공정거래행위의 금지), 공정거래법 제29조(재판매가격유지행위 금지)는 주로 거래행태를 규율하기 위한 것이며, 공정거래법 제3조(독과점적 시장구조의 개선) 및 공정거래법 제7조(경쟁제한적 기업결합 금지)는 주로 시장구조를 개선하고 규율하기 위한 것이다. 따라서 우리나라 공정거래법은 크게 두 가지 부분, 즉 시장구조의 개선을 위한 규제와 거래행태의 개선을 위한 규제부분으로 구성되어 있음을 알 수 있다.

2) 독점적 시장구조의 개선

경쟁정책의 이론적 기초는 '구조(S) → 행동(C) → 성과(P) 패러다임'으로 시장구조가 기업들의 행위에 영향을 미치고 기업행위에 의하여 시장성과가 결정된다는 것이다. 즉, 독과점 시장구조는 경쟁시장에 비하여 자원 배분의 왜곡을 초래하여 사회적 후생(Social Welfare)의 손실을 초래한다는 시장경제이론을 전제로 하고 있다.

따라서 경쟁정책은 구조적으로 독점적인 시장을 보다 경쟁적인 시장으로 전환하고 독과점을 초래할 수 있는 경쟁을 제한하는 기업행위를 치유하여, 사회적으로 가지고 있는 자원을 최적으로 활용하는 것을 목적으로 한다. 즉, 경쟁을 통하여 효율적인 기업이 시장에서 살아남아 저가격·고품질의 재화와 서비스가 공급되어 소비자의 후생이 극대화되고 기술개발의 촉진을 통하여 지속적인 경제성장을 가능하게 하여, 이를 바탕으로 기업 및 국가의 경쟁력이 향상된다는 믿음에서 출발한다.

경쟁시장의 경우에는 수요곡선과 공급곡선이 만나는 A에서 가격(P_1)과 생산량(Q_1)이 결정되는 반면, 독점시장의 경우는 이윤 극대화의 원리($MR = MC$)에 따라 B에서 가격(P_2)과 생산량(Q_2)이 결정되어 경쟁시장에 비하여 생산량은 감소하고 가격은 상승하게 된다. 따라서 세계 각국의 경쟁당국은 시장이 구조적으로 독과점화되어 있거나 기업들의 경쟁제한행위를 통하여 시장이 독과점화되는 것을 방지하기 위하여 경쟁법을 제정하여 집행하고 있다.

독과점 규제정책은 크게 구조적 접근법(원인금지주의)과 규제적 접근법(폐해규제주의)으로 구분할 수 있다.

(1) 구조적 접근방법

구조적 접근방법(Structure Approach)이란, 시장구조가 시장행동 및 시장성과를 결정한다고 보고, 시장구조가 경쟁을 제한하거나 위협하는 성격을 가질 때에는 시장구조 자체를 경쟁적인 구조로 개선시켜야 한다는 접근법으로 경쟁제한적 기업결합 규제 및 독점기업에 대한 기업분할명령 등 강력한 독점금지정책을 시행한다.

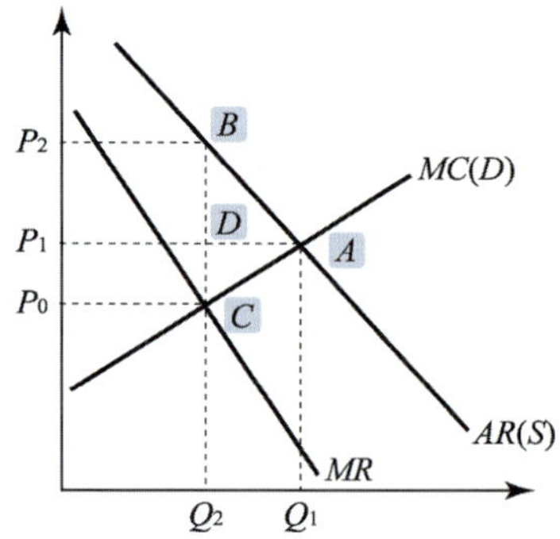

그림 4-6 독과점의 폐해

(2) 규제적 접근방법

규제적 접근방법(Regulation Approach)이란, 이미 형성된 독과점구조는 인정하되, 반경쟁적인 시장행동이나 시장성과를 사후적인 규제를 통하여 고쳐나가자는 입장으로, 독과점 남용행위 등 각종 경쟁제한행위를 철저하게 감시·시정하는 방식이다.

우리나라는 기업결합 심사를 통하여 독과점 형성을 방지하는 구조규제적 수단과 함께 시장지배적 지위 남용행위를 금지하는 행태규제적 수단을 동시에 사용하고 있다.

3) 기업결합

(1) 기업결합의 의의

M&A는 기업 입장에서는 경영 효율성을 제고하고 핵심 역량을 강화하는 등 사업구조조정을 하기 위한 주요 수단인 반면, 시장의 관점에서는 특정기업의 시장지배력이 형성·강화되거나 경쟁사업자 간 담합 가능성이 높아지는 등 경쟁이 제한되어 궁극적으로 소비자후생을 저해할 수도 있다.

공정거래법은 사업자가 직접 또는 특수관계인을 통하여 일정한 거래분야에서의 경쟁을 실질적으로 제한하는 ① 주식 보유(제7조 제1항 제1호), ② 임원 겸임(동 제2호), ③ 합병(동 제3호), ④ 영업의 양수(동 제4호), ⑤ 새로운 회사 설립에의 참가(동 제5호) 등을 금지한다(제7조 제1항).

'경쟁을 실질적으로 제한하는 행위'란 '일정한 거래분야에서의 경쟁이 감소하고 특정사업자의 의사에 의해 어느 정도 자유로이 가격, 수량, 품질 기타 거래조건 등의 결정에 영향이 미치거나 또는 미칠 우려가 있는 상태를 초래하는 행위'를 말한다(제2조 제8호의2).

(2) 기업결합의 유형

① 수평결합

동종 또는 유사제품을 공급하는 경쟁기업 간의 기업결합(예 : 자동차 제조업체 간 기업결합)

② 수직결합

제품의 생산에서 판매에 이르는 여러 단계 중 인접한 단계에 있는 기업 간의 기업결합(예 : 정유회사와 유류판매업체)

③ 혼합결합

수평·수직결합 이외의 기업결합

(3) 기업결합신고제도

시장지배력을 확보한 기업은 가격 인상, 생산량 조절, 진입장벽 구축 등 다양한 경쟁제한행위를 할 유인이 높아지게 되는 반면, 기업결합 이후에는 다양한 법률관계가 이미 형성되어 원상회복을 시키기가 곤란하기 때문에 공정거래위원회는 일정 규모 이상의 기업결합에 대해서는 신고제도와 심사제도를 운영하고 있다.

공정거래위원회에 신고해야 하는 기업결합유형은 첫째, 주식을 취득하는 경우 [다른 회사 발행주식 총수(의결권 없는 주식 제외)의 20%(상장·등록법인은 15%) 이상 소유] 둘째, 임원 겸임의 경우 [대규모 회사(계열회사의 자산총액 또는 매출액 합계가 2조 원 이상인 회사)의 임원 또는 종업원의 다른 회사의 임원 겸임] 셋째, 합병 넷째, 영업양수를 하는 경우 다섯째, 회사 설립 참여 (회사설립에 참여한 최다 출자자) 등이다.

심사결과 관련시장 내의 경쟁을 실질적으로 제한하는 것으로 판단되는 경우 주식처분, 자산매각 등 독과점 폐해를 사전에 방지할 수 있는 다양한 시정조치가 부과될 수 있다.

(4) 기업결합심사제도

기업결합심사를 통하여 당해 기업결합이 기업결합의 당사회사(제1항 제5호의 경우에는 회사 설립에 참여하는 모든 회사를 말함)의 시장점유율(계열회사의 시장점유율을 합산한 점유율을 말함)의 합계가 첫째, 시장점유율의 합계가 시장지배적 사업자의 추정요건에 해당하거나 둘째, 시장점유율의 합계가 당해 거래분야에서 제1위이거나 셋째, 시장점유율의 합계와 시장점유율이 제2위인 회사(당해회사를 제외한 회사 중 제1위인 회사를 말함)의 시장점유율과의 차이가 그 시장점유율의 합계의 100분의 25 이상에 해당하는 경우와 대규모 회사가 직접 또는 특수관계인을 통하여 행한 기업결합이 '중소기업기본법'에 의한 중소기업의 시장점유율이 3분의 2 이상인 거래분야에서의 기업결합이거나, 당해 기업결합으로 100분의 5 이상의 시장점유율을 가지게 되는 경우는 일정한 거래분야에서의 경쟁이 실질적으로 제한되는 것으로 추정되어 기업결합이 불허되거나 조건부 승인을 하게 된다.

심 결 례

eBay의 G마켓 주식인수(2008. 9.)

1. 결합내용

eBay(옥션 운영)가 인터파크지마켓(G마켓 운영)의 주식을 인수하기로 양해각서 체결

2. 관련시장

① 상품시장(이른바 양면시장)

- 소비자 측면 : 인터넷 쇼핑시장(일반 인터넷 쇼핑몰과 하나의 시장)
- 판매자 측면 : 인터넷 오픈마켓(일반 인터넷 쇼핑몰과 구별)

② 지리시장[국내(전국)시장]

■ 결합유형 : 수평결합

■ 소비자 측면 시장 : 경쟁제한성 없음

- 일반 인터넷 쇼핑몰 등 경쟁자들이 많이 존재하기 때문에 결합 후, 점유율 합계가 50.4%이지만 수수료 등 가격 인상 가능성은 없음

■ 판매자 측면 시장 : 경쟁제한성 있음

- 판매자 측면의 인터넷 오픈마켓시장에서는 결합 후 시장점유율이 91.2%에 이름
- 판매자들은 인터넷 오픈마켓에서 수수료 등을 올린다고 하여도 일반 인터넷 쇼핑몰로 판매선을 이전하기 쉽지 않으므로 수수료 인상 가능성이 있음
- 다만, 동태적으로 볼 때 장기적으로는 신규 사업자의 신규 진입 가능성이 높고 치열하다고 볼 수 있음. 실제로 2008년 3월에 신규 진입한 11번가의 경우, 신규 진입기간이 1년 정도 소요되었고 125억 원의 지출이 수반되었음. 또한, G마켓의 경우는 2000년 초에 시장에 진입하였으나 2003년 새로운 비즈니스 모델을 도입한 이후 성장을 거듭하여 점유율 1위를 차지

■ 시정조치

- 판매자 측면에서는 경쟁제한성이 있으나 소비자 측면에서는 경쟁제한성이 거의 없고, 또한 동태적 경쟁 측면 등을 고려하여 결합 자체는 허용하되 판매자 측면의 경쟁제한성을 낮출 수 있는 시정조치
- 판매 수수료율 인상 금지, 중소규모 판매자를 위한 보호대책 수립, 공정거래법 준수방안 수립 및 시행(향후 3년간)

03 불공정거래행태와 소비자

공정거래법은 크게 사업자 간 경쟁여건의 조성을 위한 '시장구조 개선'과 사업자 간의 판매활동과정에서 일어나는 경쟁제한행위나 불공정한 거래행위를 규제하는 '거래행태 개선'의 두 가지 유형의 실체적 내용을 가지고 있다. 불공정거래행위는 거래행태의 개선을 위한 규제에 속하며 주어진 시장구조하에서 개별기업의 행위가 경쟁질서를 저해하는 경우는 규제가 필요하며, 한국과 같이 비경쟁적인 유통구조하에서는 불공정거래행위의 규제가 특히 중요한 의미를 가진다.

공정거래법상의 거래행태 개선과 관련한 규제내용은 다음과 같다.

1) 시장지배적 지위 남용금지

시장지배적 지위의 남용행위는 간략히 정의하면 "시장지배적 지위를 이용하여 다른 사업자의 사업활동을 방해하거나 혹은 거래상대방 혹은 고객에게 부당한 가격 혹은 거래조건을 부과하여 착취하는 행위"를 말한다. 학문적으로는 흔히 전자를 방해남용이라고 부르고, 후자를 착취남용이라고 부른다.

방해남용은 자신의 시장지배력을 유지, 강화하기 위하여 다른 경쟁사업자의 경쟁을 부당하게 제약하거나 방해하기 위한 행위를 말하며, 착취남용은 자신의 시장지배력을 이용하여 유효한 시장경쟁이 있었더라면 성립하지 않았을 가격이나 거래조건을 거래상대방에게 부과하여 부당하게 이익(소위, 경쟁초과이윤)을 향유하는 행위를 말한다.

이하에서는 어떠한 사업자가 시장지배적 지위를 갖는다는 것이 어떠한 의미를 가지며 그것이 어떠한 경우에 인정될 수 있는지에 대하여 개략적으로 살펴본다.

(1) 시장지배적 지위의 의의

시장지배적 사업자란 시장에서 경쟁을 배제할 수 있는 힘, 즉 일정한 거래분야의 공급자나 수요자가 단독으로 또는 다른 사업자와 함께 제품이나 용역의 가격·수량·품질 기타의 거래조건을 유지 또는 변경할 수 있는 시장지위를 가진 사업자를 말하며, 이와 같은 사업자는 축적된 자본에 의한 기술혁신, 대규모 투자 등을 통하여 경제성장을 주도하는 바람직한 측면도 있으나, 한편으로는 경쟁의 기회가 적은 독과점사업자라는 점을 이용하여 독점적 이윤을 추구할 가능성이 크고, 이들의 시장지배적 지위 남용행위는 일반사업자들의 행위에 비해서 시장에 미치는 악영향이 크므로, 공정거래법은 일정한 기준에 해당하는 사업자를 시장지배적 사업자로 추정하여 이들의 남용행위를 규제하고 있다. 쉽게 말해서, 시장지배적 지위라고 하는 것은 당해 시장 내에서 다른 사업자들의 눈치를 보지 않고 가격 등의 거래조건을 독자적으로 좌지우지할 수 있는 지배력을 가진 사업자라고 할 수 있다.

경제학적 의미에서는 가격을 자신의 한계비용보다 높게 설정할 수 있는 힘, 즉 경쟁초과이윤을 향유할 수 있는 지위에 있는 사업자를 말한다.

공정거래법은 시장지배적 지위 여부와 관련하여, 시장점유율을 기초로 한 추정 조항을 두고 있어서 시장점유율이 일정한 수준을 넘게 되면 시장지배적 지위가 있는 것으로 추정되도록 하고 있다.

공정거래법은 1사업자의 시장점유율이 50% 이상이 되면 단독의 시장지배력을 추정하게 되고, 만약 당해 시장에서 상위 3사의 시장점유율의 합계가 75% 이상이 되면 이들 상위 3사업자에 대하여 일종의 공동의 시장지배력을 추정하게 된다. 공동의 시장지배력 요건을 충족하는 경우에도 상위 3사에 속하지만 그 시장점유율이 10% 미만이 되면 추정에서 배제된다. 예컨대 1위 사업자가 40%, 2위 사업자가 30%, 3위 사업자가 5%라고 하면 3위 사업자는 공동의 시장지배적 지위 추정에서 제외되게 된다.

시장지배적 사업자를 판단함에 있어서는 시장점유율, 진입장벽의 존재 및 정도, 경쟁사업자의 상대적 규모, 경쟁사업자 간의 공동행위의 가능성, 유사품 및 인접시장의 존재, 시장봉쇄력, 자금력 등을 종합적으로 판단한다. 따라서 시장점유율이 높고 진입장벽이 높아서 신규진입이 용이하지 않으며, 당해 시장 내에서 다른 사업자의 사업능력 혹은 규모를 비교하여 보았을 때 현저한 차이가 있는 경우라면 시장지배적 지위가 인정될 가능성이 높다.

(2) 시장지배적지위 남용행위의 유형

공정거래법은, ① 제품의 가격이나 용역의 대가를 부당하게 결정·유지 또는 변경하는 행위, ② 제품의 판매 또는 용역의 제공을 부당하게 조절하는 행위, ③ 다른 사업자의 사업활동을 부당하게 방해하는 행위, ④ 새로운 경쟁사업자의 참가를 부당하게 방해하는 행위, ⑤ 부당하게 경쟁사업자를 배제하기 위하여 거래하거나 소비자의 이익을 현저히 저해할 우려가 있는 행위 등의 다섯 개 유형을 시장지배적 사업자의 대표적인 남용행위로 규정하고 있다.

① 가격남용행위(공정거래법 제3조의2 제1항 제1호)

정당한 이유 없이 제품의 가격이나 용역의 대가를 수급의 변동이나 공급에 필요한 비용(동종 또는 유사업종의 통상적인 수준의 것에 한한다)의 변동에 비하여 현저하게 상승시키거나 근소하게 하락시키는 경우는 가격남용행위에 해당한다.

심결례

1991년도 시장지배적 사업자인 해태제과, 롯데제과, 크라운제과가 비스킷류 품목에 있어서, 가격은 그대로 유지하면서 비스킷류 제품의 용량을 줄여 생산하고 이를 일반소비자들이 쉽게 알아볼 수 없도록 작은 글씨로 표시하여 판매한 것은, 소비자들이 제품구입 시 제품의 용량에 주의하지 아니하는 구매행태를 이용하여 소비자들에게 제품용량 표시를 잘 알아 볼 수 없게 함으로써, 가격을 그대로 둔 채 제품의 용량을 감량하여 실질적으로 가격을 부당하게 인상한 행위에 해당하며, 원가상승요인이 일부 있다고 하더라도 실질적인 가격인상률이 원가상승요인보다 지나치게 높은 점을 감안할 때, 피심인들의 주장은 정당성이 인정되기 어렵다고 판단함(사건번호 9111독759, 1992. 1. 15. 의결).

- 해태제과
  - 에이스 : 156g → 152g
  - 샤브레 : 240g → 210g
  - 오예스 : 38g → 34g
- 롯데제과
  - 하비스트 : 145g → 122g
  - 야채크래커 : 110g → 90g
  - 마가렛트골드 : 305g → 242g
- 크라운제과
  - 쿠크다스 : 100g → 96g
  - 치즈크래커 : 157g → 130g
  - 참크래커 : 135g → 123g

② 출고조절행위(공정거래법 제3조의2 제1항 제2호)

정당한 이유 없이 최근의 추세에 비추어 제품 또는 용역의 공급량을 현저히 감소시키거나, 정당한 이유 없이 유통단계에서 공급부족이 있음에도 불구하고 제품 또는 용역의 공급량을 감소시키는 경우는 출고조절행위에 해당한다.

심 결 례

- 시장지배적 사업자인 대두유제조사 (주)신동방은 당시의 환율 급등에 따라 대두유 판매가격을 인상하기로 하면서, 동 대두유가격 인상일(1997.12.18)을 앞둔 시점인 1997.12.8~12.16 기간 중 평소에 비하여 대두유 제품의 판매량을 현저히 감소시키는 방법으로 출고량을 조절하였음(사건번호 9808독관1302, 1998. 11. 4. 의결).
- 이에 대하여 대법원은 판매조절 여부는 일일 판매량이 평상시에 비해 급격히 감소하였던 기간을 선정, 다른 날과의 대비를 통하여 그 기간 동안 판매량을 조절하는 행위가 있었는지 여부를 보고, 나아가 그와 같은 판매량의 감소가 있는 기간을 전후한 무렵에 존재하였던 사정을 종합하여 판단하여야 한다고 판결하였음(대법원1999.11.3.선고99두10964).

③ 다른 사업자 사업활동방해행위(공정거래법 제3조의2 제1항 제3호)

시장지배적 사업자가 구매, 생산, 판매, 재무, 인사활동 등을 통하여 다른 사업자의 사업활동에 직·간접적으로 간섭하여 당해 사업자의 사업활동을 어렵게 하는 행위를 말한다.

심 결 례

- 종합유선방송사업자인 (주)티브로드 지에스디방송은 강서방송과의 Head-End 통합을 계기로 TV 홈쇼핑사업자의 채널을 변경하는 과정에서, 우리홈쇼핑에 송출수수료 인상을 요구하였으나 이에 응하지 않자, 우리홈쇼핑의 채널을 일방적으로 선호채널에서 비선호채널로 변경함으로써, 4월 이후 우리홈쇼핑의 매출액이 급격히 감소하게 됨(사건번호 2006서경2335, 2007. 3. 28. 의결).
- 이에 대하여 대법원은 프로그램 송출시장에서 시장지배적 사업자인 티브로드 강서방송의 시장지배력이 프로그램 송출시장으로 전이된다고 볼 만한 근거를 찾아볼 수 없다고 판결하였음(대법원2008.12.11.선고2007두25183).

④ 신규경쟁사업자 참가방해행위(공정거래법 제3조의2 제1항 제4호)

직접 또는 간접적으로 새로운 경쟁사업자의 시장 신규 진입을 어렵게 하는 행위를 말한다.

심 결 례

- 거래하는 유통사업자와 배타적 거래계약을 체결하는 행위
- 기존사업자의 계속적인 사업활동에 필요한 권리(지적재산권이나 면허권 등)를 매입하는 행위
- 다른 사업자의 상품 또는 용역의 생산·공급·판매 필수적인 요소의 사용 또는 접근을 거절·중단하거나 제한하는 행위
- 경쟁사업자의 신규 진입에 필요한 관계기관 또는 단체의 허가, 추천 등 소정의 절차 이행을 부당한 방법으로 어렵게 하는 행위

⑤ 경쟁사업자 배제 및 소비자이익저해행위(공정거래법 제3조의2 제1항 제5호)

부당염매, 부당고가매입 또는 배타조건부 거래행위를 통하여 경쟁사업자를 시장에서 배제시킬 우려가 있는 행위와 소비자이익을 현저히 저해할 우려가 있는 모든 행위를 말한다.

심 결 례

종합유선방송사업자인 씨제이케이블넷 중부산방송(주)는 기존 또는 신규 가입자로 하여금 고급형 이상의 고가상품을 선택하도록 유도하기 위하여 2006년 4월 4일 채널 편성 변경을 통하여 보급형 묶음상품에 포함되어 있던 시청점유율 상위 인기채널인 MBC ESPN 및 SBS드라마 등 5개 채널을 보급형 상품에서 제외함으로써 소비자들은 종전의 인기채널 시청을 위해 고급형 묶음상품 또는 디지털형 묶음상품을 선택하는 과정에서 적어도 88%까지 수신료를 더 부담해야 하는 등 경제적 부담이 현저히 증가하였음(사건번호 2006부사1166, 2007. 8. 20. 의결).

2) 부당한 공동행위 금지

공정거래법은 사업자가 다른 사업자와 공동으로 부당하게 경쟁을 제한하는 행위, 즉 부당한 공동행위(Cartel)를 하는 것을 원칙적으로 금지하고 있다. 부당한 공동행위는 시장에서 사업자의 자율에 의하여 결정되어야 할 경쟁조건을 직접 제약하는 행위로, 경쟁제한행위 중에서도 그 경쟁제한성이 가장 명백한 것이다. 부

당한 공동행위는 시장에서의 가격결정 등 자유로운 경쟁행동을 방해함으로써 시장경쟁원리의 원활한 작동에 저해요인이 될 뿐 아니라 경제·사회적으로도 비효율을 초래하게 된다. 즉, 단기적으로 공동행위에 의한 산출량의 제한과 가격의 결정이 가능해지고, 장기적으로는 한계사업자의 퇴출을 막아 자원 배분의 효율성도 저해하게 된다. 또한, 부당한 공동행위는 사업자 간 은밀한 공모에 의하여 이루어진다는 점에서 윤리적으로도 비난의 대상이 된다.

(1) 부당공동행위의 의의

카르텔은 당해 시장에서 시장지배력을 발휘하고 시장을 지배하여 이익을 극대화하기 위한 기업 간의 협약으로, 공정(Fair)하고 자유로운 경쟁을 저해하므로 세계 주요 각국에서 강력하게 규제하고 있다. 카르텔(Cartel)이란 말의 어원은 중세시대에 교전국 간의 문서에 의한 휴전협정을 지칭하는 것이다. 근래에 와서는 비즈니스(Business) 용어로서 기업 간 경쟁에 있어서의 휴전의 의미로 사용된다.

(2) 부당공동행위의 정의

공정거래법상 부당공동행위란 부당하게 경쟁을 제한하는 사업자들 간의 가격, 거래조건 등 일정한 사항에 대한 합의(공정거래법 제19조 제1항)를 말한다. 다시 말하자면, 2 이상의 사업자 간 계약, 협정, 결의 등의 방법으로 상품 또는 용역의 가격, 거래조건, 거래량, 거래상대방 또는 거래지역을 제한하는 행위를 부당한 공동행위를 카르텔 또는 담합이라고 한다. 담합은 '공모'로 인한 경쟁제한성이 가장 심하며, 가장 큰 피해를 소비자에게 직접 유발한다.

(3) 부당공동행위의 유형

① 가격카르텔(공정거래법 제19조 제1항 제1호)

가격카르텔(가격을 결정·유지·변경하는 행위) 중에서 압도적으로 많은 것이 가격인상카르텔이다. 기업이 가격을 인상하는 원인으로는 주로 경영상의 이유에서이다. 예를 들면, 누적적자를 해소하기 위해서나 비용인상으로 인한 것 혹은 인플레이션 동향에 편승한 경우 등이 있을 수 있는데, 이유를 불문하고 담합으로 가격을 인상하는 것은 위법이다.

심 결 례

4개 세제 제조업체들은 1997년 10월경부터 2006년 4월경까지 수차례에 걸쳐 공장도가격을 합의하여 결정(사건번호 2006제카1369, 2006. 12. 26. 의결).

② 거래조건카르텔(공정거래법 제19조 제1항 제2호)

상품 또는 용역의 거래조건이나 그 대금 또는 대가의 지급조건을 정하는 행위로, 수요자의 편익이 증대되지 않는데도 상품 등에 대한 애프터서비스의 기간, 내용, 방법 등을 제한하는 행위가 대표적이다.

심 결 례

롯데리아, 맥도날드 등 패스트푸드 사업자들이 서비스 차원에서 실시하던 탄산음료 리필서비스를 2002년 10월 1일부터 중단한 행위(사건번호 2002단체3198, 2003. 1. 13. 의결).

③ 제품의 생산·출고·수송 또는 거래의 제한(공급량카르텔)(공정거래법 제19조 제1항 제3호)

위법한 부당공동행위 중 대부분을 차지하는 것이 가격에 관한 것이고, 다음으로 많은 것이 수량 제한에 관한 것이다. 즉, 일정한 수요에 대하여 각 사업자가 공급하는 수량의 총합이 과소한가 아니면 과잉인가에 따라 경쟁의 정도에 변화가 생기며, 수요에 대한 공급량(수량)의 제한 정도가 크면 클수록 판매경쟁의 제한이 크다는 것이 인정되고 있다. 따라서 공급량이 부족하면 경쟁자를 배제하여 자기의 제품을 여기저기에서 팔 수 있고, 재고를 없애려는 노력(경쟁)이 소멸되기 때문에 수량 제한은 경쟁에 직접적으로 큰 영향을 미치는 행위이다.

심 결 례

비타민 생산 6개 업체들은 한국을 포함한 전 세계 시장을 대상으로 원료용 비타민 A, E, B5, D3 등의 판매량을 할당(사건번호 2003국협0396, 2003. 4. 29. 의결).

④ 거래지역 및 거래상대방을 제한하는 행위(시장분할카르텔)(공정거래법 제19조 제1항 제4호)

사업자가 판매하는 지역, 판로를 제한하는 경우 제한대상지역 내의 수요자에 대한 공급자의 수가 한정되고, 수요자에 대한 판매노력이 직접적으로 감소하므로, 이 행위유형은 경쟁의 실질적 제한이 되기 쉬운 것이다. 특정지역이 한 사업자에게만 할당되어 있을 때는 해당 사업자는 지역 내의 수요자에 대하여 독점적인 입장이 되고 각 지역 내의 경쟁이 감소하게 된다.

심 결 례

18개 빙과류 도매업자가 경쟁사업자의 기존 거래처를 침범하지 않기로 하는 내용의 약정을 체결(사건번호 9802부사. 1998. 6. 17. 의결).

3) 불공정거래행위 금지

공정거래법 제23조 제1항에서 "사업자는 공정한 거래를 저해할 우려가 있는 행위를 하거나, 계열회사 또는 다른 사업자로 하여금 이를 행하도록 하여서는 아니된다."라고 규정하고 있는데, 불공정거래행위를 규제하는 목적은 바로 공정한 거래(Fair Trade)를 유지하기 위해서이다. 일반적으로 '공정한 거래'라는 개념은 '공정경쟁(Fair Competition)'보다는 넓은 개념으로 이해되고 있는데, 경쟁수단이나 방법의 공정성뿐만 아니라 거래조건의 공정성까지 포함하는 개념이다. 따라서 불공정거래행위의 규제는 경쟁 그 자체의 보호뿐만 아니라 경쟁자와 소비자의 이익을 함께 보호하기 위한 것이라 할 수 있다.

(1) 불공정한 거래행위의 정의

공정거래법 제23조 제1항에서 규정하고 있는 '공정한 거래를 저해할 우려', 즉 공정거래저해성이라는 개념의 의미가 무엇인지 문제가 된다.

우리 공정거래법에서는 '공정한 거래를 저해할 우려'에 대한 정의를 하고 있지 않다. 일단 직접적으로 경쟁 그 자체를 훼손하는 행위는 공정거래법 제1조 목적조항에서 '경쟁을 촉진함으로써'라고 규정하고 있는 점에 비추어 볼 때 공정한 거

표 4-1 불공정거래행위의 유형별 심사기준

불공정거래행위 유형		거래상대방
거래거절	공동의 거래거절	특정사업자
	기타의 거래거절	특정사업자
차별적 취급	가격차별	사업자, 소비자
	거래조건차별	특정사업자
	계열회사를 위한 차별	사업자, 소비자
	집단적 차별	특정사업자
경쟁사업자 배제	부당염매	사업자, 소비자
	부당고가매입	사업자
부당한 고객유인	부당한 이익에 의한 고객유인	사업자, 소비자
	위계에 의한 고객유인	사업자, 소비자
	기타 부당한 고객유인	사업자, 소비자
거래강제	끼워팔기	사업자, 소비자
	사원판매	임직원
	기타의 거래강제	사업자, 소비자
거래상지위남용	구입강제	사업자, 소비자
	이익제공강요	사업자, 소비자
	판매목표강제	사업자
	불이익제공	사업자, 소비자
	경영간섭	사업자
구속조건부거래	배타조건부거래	사업자
	거래지역, 거래상대방제한	사업자
사업활동방해	기술의 부당이용	사업자
	인력의 부당유인채용	사업자
	거래처 이전방해	사업자
	기타의 사업활동방해	사업자

래를 저해할 우려가 있다고 보는 데 별 문제가 없다. 그래서 경쟁대상이 될 수 있는 상대방의 시장 진입 자체를 막거나 경쟁사업자를 배제시켜 시장에서의 경쟁을 소멸 내지 감소시키는 행위 등이 규제대상이 될 수 있다. 예컨대, 신규 진입하

고자 계획하는 경쟁사의 제품을 취급하는 대리점과는 거래를 거절하겠다고 공표한 행위는 신규 진입자로 하여금 대리점 확보의 수단을 봉쇄하여 경쟁할 수 있는 기회를 박탈하는 행위이다.

둘째, 경쟁 그 자체를 직접적으로 훼손하는 행위는 아니지만 경쟁의 수단이 공정하지 못하여, 결과적으로 공정한 경쟁이 저해되는 경우도 간접적으로 경쟁을 촉진하고자 하는 법의 목적에 상치되기 때문에 규제의 대상이 된다. 예컨대, 위계에 의한 고객유인행위는 고객에게 잘못된 정보를 제공하여 품질과 가격에 의한 공정한 경쟁을 저해한다. 첫 번째 행위가 경쟁할 수 있는 자유를 막는 행위라면, 두 번째 행위는 경쟁을 허용하되 공정한 방법으로 경쟁하는 행위이다.

셋째, 타 사업자와의 직·간접적인 경쟁차원보다는 중소사업자 혹은 소비자보호의 관점에서, 거래상대방에게 불이익을 강요하는 조건으로 거래하거나 상대방의 자유로운 의사결정을 저해하는 방식으로 거래하는 등 거래의 내용이 불공정한 경우이다. 예컨대, 납품업체에게 불리한 거래조건을 강요하여 거래하는 경우이다.

(2) 불공정거래행위의 유형

① 거래거절(공정거래법 제3조 제1항 제1호 전단)

사업자는 원칙적으로 거래처를 자유롭게 선택할 수 있기 때문에 어떤 사업자가 특정사업자에 대하여 거래를 거절하더라도 위법하다고 볼 수 없으며, 시장에서 유력한 지위에 있는 사업자가 거래거절(Refusal to Deal)을 함으로써 거래거절을 당한 상대방이 다른 거래처를 찾기가 쉽지 않고 시장에서 배제될 우려가 있는 경우 등 예외적인 경우에 한하여 위법성이 인정된다.

심결례

타이코헬스케어코리아는 자기와 계속적 거래관계에 있는 특정사업자에 대하여 경쟁사업자의 고주파간암치료기를 판매한다는 이유 또는 자기의 제품과 유사한 제품을 개발하여 판매한다는 이유로 고주파간암치료기의 공급을 중단함으로써 부당하게 거래를 거절하는 행위를 함(사건번호 2006독감0747, 2008. 6. 25. 의결).

| 용·어·해·설 |

공동의 거래거절(Concerted Refusal to Deal)
정당한 이유 없이 자기와 경쟁관계에 있는 다른 사업자와 공동으로 특정사업자에 대하여 거래의 개시를 거절하거나 계속적인 거래관계에 있는 특정사업자에 대하여 거래를 중단하거나 거래하는 상품 또는 용역의 수량이나 내용을 현저히 제한하는 행위

단독의 거래거절(Unilateral Refusal to Deal)
부당하게 특정사업자에 대하여 거래의 개시를 거절하거나 계속적인 거래관계에 있는 특정사업자에 대하여 거래를 중단하거나 거래하는 상품 또는 용역의 수량이나 내용을 현저히 제한하는 행위

② 차별적 취급(공정거래법 제3조 제1항 제1호 후단)

사업자는 그가 공급 또는 구입하는 상품용역의 가격이나 거래조건 등을 자유로이 결정할 수 있다. 따라서 차별적 취급(Discrimination)은 거래가격 및 조건 등에 차별이 있다는 것만으로 위법성이 인정되는 것이 아니고, 시장에서 유력한 사업자의 행위로서 그 차별행위가 경쟁자를 배제하거나 경쟁을 침해한 경우에만 위법성이 인정된다. 즉, 재판매가격의 유지, 끼워팔기 등 불공정거래행위를 강요하기 위한 수단으로 이용될 경우에는 위법성이 인정되지만, 대량 구매 등에 따른 원가차이의 반영, 수요변동 상황, 상품의 특성 등에 기인한 차별적 취급의 경우에는 합리성이 인정된다.

특히, 소비자와 관련해서는 거래지역이나 거래상대방에 따라서 가격을 현저하게 차별하는 행위가 문제될 수 있다. 거래지역 차별은 사업자가 경쟁이 심한 지역에서의 가격은 현저하게 내리고 그렇지 않은 지역에서는 정상적인 가격을 받음으로써 경쟁이 심한 지역에서의 경쟁사업자에게 타격을 가하는 경우에 성립될 수 있다. 거래상대방 차별은 사업자가 자신이 공급하는 두 가지 상품 중 인기품목과 비인기품목을 동시에 구매하는 상대방과 그렇지 않은 상대방을 현저히 차별하여 가격을 부과하는 경우에 성립될 수 있다.

그러나 가격차별은 경쟁에 효과적으로 작용하여 경쟁자에게는 불리한 반면, 소비자에게는 유리한 경우가 적지 않다.

심결례

(주)대우의료재단은 자기의 장례식장을 임대하면서 상주들의 장례물품 구입처에 따라 장례식장 이용료를 이원화하여 차등적용하는 방안을 마련하고, 2002년 11월 1일부터 상조회사 또는 외부의 장의사로부터 장례물품을 구입하는 상주들에게 자신의 장례물품을 구입한 상주들보다 63% 더 비싼 장례식장 이용료를 적용함(사건번호 2003부사1832, 2004. 3. 12. 의결).

용·어·해·설

가격차별
부당하게 거래지역 또는 거래상대방에 따라 현저하게 유리하거나 불리한 가격으로 거래하는 행위

거래조건차별
부당하게 특정사업자에 대하여 수량·품질 등의 거래조건이나 거래내용에 관하여 현저하게 유리하거나 불리한 취급을 하는 행위

계열회사를 위한 차별
정당한 이유 없이 자기의 계열회사를 유리하게 하기 위하여 가격·수량·품질 등의 거래조건이나 거래내용에 관하여 현저하게 유리하거나 불리하게 하는 행위

집단적 차별
집단으로 특정사업자를 부당하게 차별적으로 취급하여 그 사업자의 사업활동을 현저하게 유리하거나 불리하게 하는 행위

③ 경쟁사업자 배제(공정거래법 제3조 제1항 제2호)

부당염매는 공급에 소요되는 비용보다 현저히 낮은 대가로 공급하여 경쟁사업자를 시장에서 배제(Exclusionary Practice)시킨 후, 경쟁사업자가 시장에서 퇴출하게 되면 독점력을 이용하여 그 동안의 염매행위에 의한 손해를 보충하기 위하여 가격을 임의로 인상하여 시장에서 경쟁을 저해하고 소비자에게 피해를 초래하게 된다. 위법성 판단 시에는 염매목적, 염매상품의 양, 염매기간, 염매행위자의 시장에서의 지위, 염매로 영향을 받는 사업자의 상황 등을 종합적으로 고려하여야 한다.

부당고가매입은 단순히 시장거래가격보다 높은 가격으로 구입하는 자체를 위법으로 규제하는 것이 아니다. 다만, 경쟁사업자를 배제하고자 고의성 내지 계획성을 전제로 하고, 이의 확보수단으로 경쟁사업자가 필요로 하는 상품 등을 그가

구입할 수 없도록 통상의 거래가격에 비하여 높은 가격으로 구입하여 경쟁사업자의 사업활동을 곤란하게 함으로써 경쟁에 악영향을 미칠 소지가 있을 경우에 한해서만 문제 삼는다. 즉, 공급물량이 적거나 원활치 않고 대체재가 없는 경우의 고가매입, 독과점사업자의 행위 등은 경쟁저해 가능성이 매우 높다.

심 결 례

삼성테스코의 홈플러스 안산점이 2000년 8월 30일부터 같은 해 11월 2일까지 약 2개월간 코카콜라를 정당한 이유가 없거나 부당하게 구입원가 984.5원/1.5ℓ 보다 현저히 낮은 가격인 390원/1.5에서 890원/1.5에 판매하여 경쟁사업자를 배제시킬 우려가 있는 행위를 함(사건번호 2001유거0037. 2001. 2. 14. 의결).

용•어•해•설

부당염매
자기의 상품 또는 용역을 공급함에 있어서 정당한 이유 없이 그 공급에 소요되는 비용보다 현저히 낮은 대가로 계속하여 공급하거나 기타 부당하게 상품 또는 용역을 낮은 대가로 공급함으로써 자기 또는 계열회사의 경쟁사업자를 배제시킬 우려가 있는 행위

부당고가매입
부당하게 상품 또는 용역을 통상거래가격에 비하여 높은 대가로 구입하여 자기 또는 계열회사의 경쟁사업자를 배제시킬 우려가 있는 행위

④ 부당한 고객유인(공정거래법 제3조 제1항 제3호 전단)

부당한 이익에 의한 고객유인이라 함은 사업자가 부당하거나 과다한 이익을 제공하는 방법으로 경쟁사업자의 고객을 유인하는 것으로, 주로 경품, 리베이트의 제공 등을 들 수 있으며, 경품에 관해서는 '경품류제공에 관한 불공정거래행위 지정고시'를 지정하여 규제하고 있다. 부당하거나 과대한 이익인지의 여부는 제공되는 경제적 이익이 당해 업계의 정상적인 거래관행에 비추어 볼 때 허용될 수 있는 수준인지, 고객의 합리적인 상품 선택을 방해할 정도의 것인지를 고려하여 판단한다.

위계에 의한 고객유인행위는 부당한 이익 제공, 표시·광고 이외의 방법으로 '상품의 내용'이나 '거래조건 등'에 대하여 소비자를 오인시켜 경쟁사업자의 고객

을 유인시키는 행위로, 최근 우리나라와 일본 등에서 공정거래법령을 교묘하게 회피하려는 의도에서 행해지고 있는 새로운 유형의 불공정거래행위이다.

심 결 례

자기의 직원이었던 자가 중학 영어·수학 학습 교재(이하 '교재'라고 한다)를 판매함에 있어서 동 교재가 EBS교육방송교재가 아님에도 불구하고, 교재의 해설강의를 맡은 강사가 전 EBS교육방송 강사라는 이유만으로, 마치 현재 EBS교육방송에서 방송하고 있는 방송교재이거나 이전에 EBS교육방송에서 방송하였던 것을 재편집한 교재인 것처럼 1999년 5월 10일 부산 소재 경남중학교 인근의 극동유도관에서 구두홍보하여 경남중학교 학생 3명에게 교재를 판매 하는 등 1999년 4월 27일부터 같은 해 5월 13일까지 14명의 소비자에게 위와 같은 방법으로 교재를 판매함(사건번호 9910부사1502. 2000. 3. 11. 의결).

심 결 례

시외전화 이용실적과 관계없이 일반소비자를 대상으로 '082선택기' 72,362대, 'ARC' 981,497대를 무상임대방식으로 보급한 (주)데이콤의 행위에 대하여 전화기 및 통신기기는 소비자가 구입하는 것이 일반적인 거래관행이라는 점에 비추어 볼 때 부당하거나 과다한 이익제공행위로 인정됨(사건번호 9702경촉0267. 1997. 11. 3. 의결)

용·어·해·설

부당한 이익에 의한 고객유인

정상적인 거래관행에 비추어 부당하거나 과대한 이익을 제공 또는 제공할 제의를 하여 경쟁사업자의 고객을 자기와 거래하도록 유인하는 행위

위계에 의한 고객유인

제9호의 규정에 의한 부당한 표시·광고 외의 방법으로 자기가 공급하는 상품 또는 용역의 내용이나 거래조건이나 기타 거래에 관한 사항에 관하여, 실제보다 또는 경쟁사업자의 것보다 현저히 우량 또는 유리한 것으로 고객을 오인시키거나 경쟁사업자의 것이 실제보다 또는 자기의 것보다 현저히 불량 또는 불리한 것으로 고객을 오인시켜 경쟁사업자의 고객을 자기와 거래하도록 유인하는 행위

기타의 부당한 고객유인

경쟁사업자와 그 고객의 거래에 대하여 계약 성립의 저지, 계약 불이행의 유인 등의 방법으로 거래를 부당하게 방해함으로써 경쟁사업자의 고객을 자기와 거래하도록 유인하는 행위

⑤ 거래강제(공정거래법 제3조 제1항 제3호 후단)

끼워팔기 행위는 일반적으로 여러 가지 제품을 생산·공급하는 사업자가 자사제품 중 시장에서 인기 좋은 제품을 공급하면서, 경쟁사업자의 제품보다 인기가 낮은 자사제품을 일정비율로 끼워서 공급함으로써 공정한 경쟁질서를 저해하는 행위를 말한다.

사원들에게 판매목표량을 부과하고 목표미달 시 그 차액을 월급에서 공제하거나 인사고과에 반영하는 경우 등 강제성이 인정되어야 한다.

심 결 례

(주)웹젠은 온라인게임 뮤(MU)를 개발하여 판매하던 중 새로운 온라인 게임인 선(SUN)을 출시한 이후, 게임비 결제 방식을 다양화한다는 명목으로 기존의 뮤 개별정량제를 없애고 뮤와 선을 통합한 통합정량제 상품(끼워팔기)을 출시하였음(사건번호 2007서경0843, 2007. 11. 26. 의결).

심 결 례

LG텔레콤은 계열사를 대상으로 019 가입 확대를 위한 캠페인(L-프로젝트)을 실시하면서 임직원별 목표량을 설정하여 임직원 추천 가입신청서에 추천인명(임직원명), 추천인 사번 등을 기재토록 하고, 총무팀이 '임직원 추천 가입수량' 및 '목표달성률'을 매일 집계하여 각 사업부서 책임자에게 통보하는 등의 실적관리를 한 결과, 임직원의 94.7%가 참여하여 당초 목표량의 101.2%에 달하는 14,820명의 가입자를 유치하였음(사건번호 2001독점2260, 2007. 11. 26. 의결).

용·어·해·설

끼워팔기(Tying)
거래상대방에 대하여 자기의 상품 또는 용역을 공급하면서 정상적인 거래관행에 비추어 부당하게 다른 상품 또는 용역을 자기 또는 자기가 지정하는 사업자로부터 구입하도록 하는 행위

사원판매
부당하게 자기 또는 계열회사의 임직원으로 하여금 자기 또는 계열회사의 상품이나 용역을 구입 또는 판매하도록 강제하는 행위

기타의 거래강제
정상적인 거래관행에 비추어 부당한 조건 등 불이익을 거래상대방에게 제시하여 자기 또는 자기가 지정하는 사업자와 거래하도록 강제하는 행위

⑥ 거래상 지위남용(공정거래법 제3조 제1항 제4호)

거래과정에서 거래상 지위를 이용하여 일방당사자가 타방당사자의 자유의사를 구속하여 원하지 않는 상품을 구입하게 한다거나, 일방적으로 거래상대방에게만 불이익이 되는 거래조건을 설정 또는 변경하거나, 임직원의 임면관계를 간섭하는 등 거래상대방에게 불이익을 강제하여 경쟁자와의 경쟁에서 불리하게 되어 시장에서의 자유롭고 공정한 경쟁을 저해하게 된다.

심 결 례

태평양은 1989년 5월부터 제주중앙특약점을 통하여 라네즈 등 자신의 제품을 소매점인 여래화장품에 공급하여 오던 중, 1999년 7월~8월 기간 중에 위 소매점 운영자가 신병으로 타인에게 매장의 판매관리를 위임하면서 동 기간 중 위 소매점의 피심인 제품에 대한 구매량과 구매비율이 크게 낮아지자 1999년 7월 동 소매점에게 인기제품인 '아이오페'의 공급조건으로 '아이오페' 제품과 기타 브랜드 제품을 합계한 매출액이 월 300만 원이 되도록 요구하였고, 소매점이 이를 거부하자 '아이오페'의 공급을 중단(사건번호 9911경촉1585, 2000. 9. 29. 의결).

용•어•해•설

구입강제
거래상대방이 구입할 의사가 없는 상품 또는 용역을 구입하도록 강제하는 행위

이익제공강요
거래상대방에게 자기를 위하여 금전·물품·용역 기타의 경제상 이익을 제공하도록 강요하는 행위

판매목표강제
자기가 공급하는 상품 또는 용역과 관련하여 거래상대방의 거래에 관한 목표를 제시하고 이를 달성하도록 강제하는 행위

불이익제공
가목 내지 다목에 해당하는 행위 외의 방법으로 거래상대방에게 불이익이 되도록 거래조건을 설정 또는 변경하거나 그 이행과정에서 불이익을 주는 행위

경영간섭
거래상대방의 임직원을 선임·해임함에 있어서 지시 또는 승인을 얻게 하거나 거래상대방의 생산품목·시설규모·생산량·거래내용을 제한함으로써 경영활동을 간섭하는 행위

⑦ 구속조건부거래(공정거래법 제3조 제1항 제5호 전단)

부당하게 거래상대방이 자기 또는 계열회사의 경쟁사업자와 거래하지 아니하는 조건으로 거래하는 행위, 즉 제조업체나 유력한 유통업자가 대리점에게 자기 경쟁자의 제품을 취급하지 말 것을 조건으로 물품을 공급하거나 거래하는 행위를 말한다. 이에 따라 경쟁사업자가 유통경로를 이용할 수 없게 되고, 그 결과 경쟁에서 불리한 위치에 서거나 시장에서 퇴출하는 결과를 초래하며, 특히 행위자가 독과점사업자나 시장점유율이 높은 유력한 사업자인 경우는 경쟁사업자들은 대체 거래선 확보가 매우 곤란하여 경쟁에서 매우 불리하게 된다.

심 결 례

(주)석수와 퓨리스가 분할되기 전 회사인 (주)진로는 2004년 8월 대리점과 3년간 대리점계약을 체결하면서 동 대리점이 타사의 먹는 샘물을 취급하여 진로의 매출이 감소할 경우에 위약금 부과 및 대리점 계약을 해지할 수 있도록 규정하였고, 2006년 (주)석수와 퓨리스 설립 후 동 대리점이 타사 샘물을 취급하자 위약금 지급 및 시정을 요구하고, 이를 불이행하자 2007년 6일 대리점 계약해지를 통보(사건번호 2007서경2089. 2008. 7. 28. 의결)

용·어·해·설

배타조건부거래
부당하게 거래상대방이 자기 또는 계열회사의 경쟁사업자와 거래하지 아니하는 조건으로 그 거래상대방과 거래하는 행위

거래지역 또는 거래상대방의 제한
상품 또는 용역을 거래함에 있어서 그 거래상대방의 거래지역 또는 거래상대방을 부당하게 구속하는 조건으로 거래하는 행위

⑧ 사업활동방해(공정거래법 제3조 제1항 제5호 후단)

사업활동방해는 사업자가 정당한 노력에 의해서 제품을 생산하고 그 제품의 가격·품질·서비스 등을 위주로 경쟁을 하여야 함에도 불구하고 생산수단의 확보과정이나 기존거래의 종료과정에서 부당한 방법을 사용하여 거래상대방의 사업활동을 방해하는 사업자의 행위를 규제하는 것이다.

심 결 례

에스케이텔레콤(주)은 제조사가 직접 유통시키는 PDA폰에 대하여 정당한 이유 없이 영업승인번호의 발급을 거부하는 방법 등으로 동 PDA폰의 개통을 거절함으로써 다른 사업자의 사업활동을 방해(사건번호 2008지식2535. 2009. 2. 3. 의결).

용·어·해·설

기술의 부당이용
다른 사업자의 기술을 부당하게 이용하여 다른 사업자의 사업활동을 심히 곤란하게 할 정도로 방해하는 행위

인력의 부당유인·채용
다른 사업자의 인력을 부당하게 유인·채용하여 다른 사업자의 사업활동을 심히 곤란하게 할 정도로 방해하는 행위

거래처 이전 방해
다른 사업자의 거래처 이전을 부당하게 방해하여 다른 사업자의 사업활동을 심히 곤란하게 할 정도로 방해하는 행위

기타의 사업활동방해
기타의 부당한 방법으로 다른 사업자의 사업활동을 심히 곤란하게 할 정도로 방해하는 행위

⑨ 부당한 자금·자산·인력의 지원(공정거래법 제3조 제1항 제7호)

부당한 자금·자산·인력의 지원(부당내부거래)은 부당하게 특수관계인이나 또는 다른 회사에 대하여 자금(가지급금·대여금), 자산(부동산·유가증권·무체재산권), 인력을 제공하거나 현저히 유리한 조건으로 거래하여 당해 특수관계인 또는 다른 회사를 지원하는 행위를 말한다.

심 결 례

동양종합금융증권(주)은 직접 또는 간접적으로 계열회사인 동양캐피탈 주식회사의 전환사채원리금을 조기상환하는 방법으로, 동양캐피탈 주식회사에 과다한 경제상의 이익을 제공함으로써 동양캐피탈 주식회사를 부당하게 지원함(사건번호 2008조사1857. 2008. 11. 24. 의결).

용·어·해·설

부당한 자금지원

부당하게 특수관계인 또는 다른 회사에 대하여 가지급금·대여금 등 자금을 현저히 낮거나 높은 대가로 제공 또는 거래하거나, 현저한 규모로 제공 또는 거래하여 과다한 경제상 이익을 제공함으로써 특수관계인 또는 다른 회사를 지원하는 행위

부당한 자산지원

부당하게 특수관계인 또는 다른 회사에 대하여 부동산·유가증권·무체재산권 등 자산을 현저히 낮거나 높은 대가로 제공 또는 거래하거나, 현저한 규모로 제공 또는 거래하여 과다한 경제상 이익을 제공함으로써 특수관계인 또는 다른 회사를 지원하는 행위

부당한 인력지원

부당하게 특수관계인 또는 다른 회사에 대하여 인력을 현저히 낮거나 높은 대가로 제공하거나, 현저한 규모로 제공하여 과다한 경제상 이익을 제공함으로써 특수관계인 또는 다른 회사를 지원하는 행위

Chapter 05

규제와 소비자

01 시장과 정부규제

1) 정부규제란

자유주의 시장경제체제를 채택하고 있는 우리의 모든 경제·사회생활은 시장원리를 중심으로 움직인다. 기본적으로 시장경제체제는 생산자와 소비자의 교환을 근간으로 하지만, 고도로 복잡·다원화되어 있는 현대사회를 살아가는 우리는 이 둘 간의 관계만으로 바람직한 시장결과를 기대하기는 어렵다. 자유로운 계약과 교환의 결과가 매우 복잡하게 나타나고, 이로 말미암은 다양한 부작용들이 나타나기 때문이다. 따라서 현대사회 환경에 걸맞는 효율적이고 정의로운 시장체제를 구축하여야만 우리가 원하는 바람직한 결과를 창출해 낼 수 있을 것이며, 이를 위하여 원활한 교환을 위한 시스템과 법칙 등을 규정할 공신력있는 조직의 존재가 요구된다. 이것이 바로 정부다.

기본적으로 시장경제체제가 모든 경제시스템 중 가장 효율적이라는 사실에 대해 이의를 제기할 사람은 많지 않을 것이다. 그러나 이것이 시장경제체제가 완벽한 체제라는 의미는 아니다. 시장경제체제는 현존하는 가장 효율적인 시스템이기는 하지만 시스템 운용 결과가 항상 바람직하게 나타나는 것은 아니다. 대표적인 것으로 지적되는 것이 형평성이나 사회정의 등의 불완전성이다. 이러한 불완전성에서 말미암은 여러 사회문제들을 보완하기 위한 여러 방법 중 하나가 바로 정부의 시장개입이다. 일반적으로 정부가 시장에 개입하는 방법에는 여러 가지가 있다. 시장을 구성하는 경제주체의 하나로서 시장원칙에 역행하지 않도록 자연스럽게 개입하기도 하고, 자유로운 거래가 이루어질 수 있도록 환경을 조성하는 등의 방법으로 지원정책을 펴기도 한다.

그러나 일반적으로 정부가 시장의 부작용을 교정하기 위하여 시장에 개입하는 가장 손쉬운 방법은 공권력을 이용한 규제정책을 이용하는 것이다. 규제정책은 보통 부작용의 원인을 파악하여 근본적으로 발생을 막거나, 시장의 결과를 예측하여 결과에 대한 보상을 변화시킴으로써 문제가 발생할 유인을 제거하는 방식을 채택한다. 이러한 방법은 정부가 시장에 개입할 수 있는 다른 어떠한 수단들에 비해서 가장 단기간에 효과를 볼 수 있을 뿐만 아니라 비용대비 효과가 매우 탁월하다. 이러한 정부의 규제는 뒤에 좀 더 자세히 살펴보도록 하겠다.

정부의 규제에 대해 논하기 전에 먼저 정부개입에 대한 정의를 알아보는 것이 순서일 것이다. 먼저 최병선(최병선, 1992)은 바람직한 경제사회질서의 구현을 위해 정부가 시장에 개입하여 기업과 개인의 행위를 제약하는 것이라 정의함으로써 그 목적이 확실해야 하고, 자유로운 활동을 제약한다는 특성을 명확히 하였다. OECD는 정부가 기업이나 일반 국민에게 의무를 부과하는 다양한 형태의 수단이라고 정의함으로써 그 목적과는 상관없이 의무를 부과한다는 형태에만 초점을 맞추어 설명하여 최병선에 비해 더욱 넓은 정의를 내리고 있다. 이러한 정부개입의 정의와 함께 알아보아야 할 개념은 규제에 대한 것이다. Moran은 개인 혹은 조직의 자유재량을 규칙에 의해 제한하는 것이라 정의한다. Cambell(1999)에 따르면 규제는 규정제정(legislation), 집행(enforcement), 제재(judgement)의 세 가지 요소로 구성되는 제재활동이라 하였다.

이러한 정부의 개입의 정의와 규제의 정의를 조합하여 볼 때, 결국 정부규제라는 것은 특정한 목적을 위하여 정부가 시장의 자유로운 재량활동에 규칙을 정하여 제한하는 활동으로서 규제사항을 제정하고 집행하여 제재를 가하는 제반활동을 의미한다고 정리해 볼 수 있다.

이 외에도 학자들은 정부규제에 대해 다양한 정의를 내리고 있는데, 공통적으로 찾아볼 수 있는 것은 정부라는 공적주체가 시장이라는 사적주체에 제제를 가하는 행위를 포함한다는 점이다. 이를 협의의, 전통적 의미의 정부규제로 볼 수 있다.

그러나 최근의 정부규제는 이러한 전통적 의미뿐 아니라 더욱 폭넓게 정의되는데, 민간의 자율규제(private self-regulation), 정부 내의 내부규제(government self-regulation), 피규제자의 규제자에 대한 포획(capture)현상 등을 모두 포괄하는 개념으로 설명한다. 먼저 자율규제란 업자를 회원으로 하는 단체인 자율규제기구(SRO : Self-regulatory Organization)가 회원 상호 간의 합의에 근거하여 회원들에 대하여 자율적으로 행하는 규제로 정의할 수 있다. 두 번째로 행정부의 내부규제란 인사, 조직, 재정운영의 효율성 향상을 목적으로 행정기관 내부적으로 적용되는 규제로서, 공무원의 의사결정이나 행동에 일정한 제한을 가하는 행위나 공무원이 따라야 할 행동지침이나 원리를 제시하는 규제를 의미한다. 마지막으로 포획현상이란 해당 산업의 규제에 대한 요구에 따라 규제가 행해지지만, 시간이 흐름에 따라 규제 당국이 규제하고자 했던 산업에 포획된다는 가설이다. 즉, 정치적 의사결정은 사회 구성원 모두와 관련된 일이지만, 그 결과에 직접적으로 영향을 받는 집단이 존재하기 때문에 그러한 그룹만이 정치적 결정과정에 고려되는 포획현상이 나타난다는 가설이다. 이는 결과적으로 공익에 위배될 수 있고, 투표를 통한 민주정치과정의 강제성은 수많은 대리인 문제들을 야기한다는 문제점을 내포한다.

표 5-1 공적규제와 자율규제의 비교

구 분	공적규제	자율규제
규제근거	법령	자율규약(법령에 의한 위임가능)
규제범위	법령에 명시된 부문	법령 및 도덕적·윤리적 부문에 대한 광범위한 규제가능
유연성	시장환경 변화에 유연한 대처 곤란 경직화·획일화 우려	신축성 및 탄력성 확보 용이
실효성	공권력에 의한 강제력 확보	자발성에 의존 공적규제에 비하여 구속력 저하
규제비용	규제기관의 운영유지에 따른 공공비용의 증대	피규제자가 규제비용을 분담하여 규제비용 최소화
기 타	규제의 엄격성 및 구속력 확보용이 규제의 신뢰도 양호	시장운영 및 관행에 대한 전문성 보유 비회원사에 대한 규제곤란

자료 : 김준호(2007)

시장의 효율성을 신뢰하는 시장주의자들은 정부의 시장개입을 반대하면서 작은 정부론을 주장한다. 그렇다고 그들이 시장의 불완전성을 부정하는 것은 아니다. 특별한 영역에 있어서는 규제의 형태이든, 지원의 형태이든 정부의 시장개입의 필요성을 지지하기도 한다. 그러나 자유로운 시장체제를 신봉할수록 정부의 공권력을 이용한 직접적인 규제방식보다는 민간에 의한 자율규제 등의 친시장적 수단을 이용하도록 권고한다.

2) 정부규제의 타당성과 한계

그렇다면 어떠한 경우에 이러한 정부의 시장개입이 정당하고 효과적인 방법인 것으로 이해될 수 있을까? 우리가 정부규제를 살펴보기 전에 우선적으로 선행되어야 할 것은 정부의 시장개입에의 타당성에 대한 고찰일 것이다. 정부규제는 그 정의상 필연적으로 시장경제체제의 가장 근원적인 활동인 '자유'에의 제약을 수반하기 때문이다. 헌법상 자유 시장경제체제를 채택하고 있는 우리나라의 경우 정부규제는 폭넓게 보자면 헌법에 위배될 수 있는 측면을 지니고 있기 때문에 이에 대한 고찰이 매우 중요하다. 정부개입의 타당성에 대한 고찰은 그 원인을 살펴보는 데에서 시작해야 할 것이다.

정부의 시장개입의 타당성에 대한 이론은 여러 가지가 있지만, 시장의 실패에서 그 원인을 찾는 것이 가장 대표적인 이론이다. 시장실패란 자유로운 시장활동을 지속한 결과가 공공이 원하는 바람직한 결과를 만들어 내지 못한 상황을 의미한다. 즉, 각 경제주체가 효율성과 합리성에 의거하여 활동을 하였음에도 불구하고, 그 결과는 바람직하지 못한 상태이다. 이러한 시장실패가 일어나면 정부는 공공의 이익을 위하여 시장에 개입하게 되는데, 이러한 시장실패는 정부개입의 필요조건이기는 하지만 충분조건은 아니다. 즉, 정부가 시장에 개입할 때에는 시장실패가 일어나고 있을 가능성이 높지만, 시장실패가 일어났다고 하여 정부의 개입이 정당화되기 어렵다는 의미이다.

이는 정부의 개입이 시장시스템의 왜곡을 수반하기 때문에 이로 인한 부작용이 일어나는 경우 더욱 그러하다. 정부개입의 부작용이 너무 커 시장실패의 상황보다 더욱 좋지 않게 작용할 경우 정부개입은 그 타당성을 잃게 된다. 이러한 상황을 우리는 정부실패라고 하며, 시장활동의 결과가 바람직하지 못하여 이를 해결하기 위한 방안으로 정부가 시장에 개입하였으나 원하는 결과를 얻어내지 못하는 상황으로 정리해 볼 수 있다. 결국 정부가 시장에 개입하는 경우는 시장실패가 명확하게 존재하는 상태에서 정부개입으로 인한 교정효과가 확실하다고 판단될 경우에만 정당화될 수 있다. 더욱 쉽게 풀이하자면 시장실패의 부작용보다 정부실패의 부작용이 더 작을 때 개입이 타당성을 가진다.

(1) 정부규제의 타당성 : 시장실패이론

정부개입에 대한 원인을 시장실패의 상황으로 설명한 이론을 시장실패이론이라고 한다. 이는 규범적 측면의 정부규제이론이라는 의미로 다른 용어로는 정부규제의 규범이론이라고 한다. 경제학에서는 시장실패의 상황을 크게 네 가지로 나누어 설명하고 있는데 불완전경쟁, 공공재, 외부성, 정보의 비대칭성이 그것이다.

① 불완전경쟁

불완전경쟁이란 시장경제체제가 상정하고 있는 완전한 경쟁이 이루어지지 못하고 있는 상황을 의미하는데 독점이나 과점 등의 상황이 이에 속한다. 독점이란 한 산업에 유일한 생산자가 존재하는 상태로서 다수의 생산자가 존재하는 완전경쟁 상태에 비하여 사회적 자원의 손실이 생기게 된다(그림 5-1). 따라서 경쟁당국(우리나라의 경우 공정거래위원회)은 이러한 독점으로 인한 시장의 비효율성이 생기는 경우 독점이윤을 강제적으로 재분배하여 비효율성을 완화하고자 한다.

그러나 모든 독점이 비효율적인 것은 아니다. 보통 한 기업이 생산량을 증가시키면 그에 상응하는 비용도 함께 증가하는 것이 일반적이다. 다시 말하면 생산량이 많아지면 한 단위를 추가적으로 더 생산하는 데에 드는 비용이 늘어나므로 효율성이 저해된다는 의미이다. 그러나 특정산업의 경우 생산량을 늘릴수록 한 단위 더 생산하는 데 드는 비용이 줄어드는 규모의 경제가 실현되는 경우가 있다. 이때는 투입하는 비용에 비해 생산해 내는 재화의 양이 더 많아지는 수확체증의 법칙이 나타나게 된다. 이러한 경우 오히려 한 기업이 독점하여 생산하는 것이 시장전체의 비용 절감의 효율성에 있어 유리하다. 이를 자연독점이라 칭하고, 대부분은 정부에 의해 독점 공급된다. 그러나 경제성장으로 인하여 경제규모가 확대되면서 이러한 규모의 경제효과가 상쇄되고 있다. 따라서 최근에는 이러한 자연독점의 영역에서조차 경쟁을 도입하여 독점을 줄여나가는 추세이다.

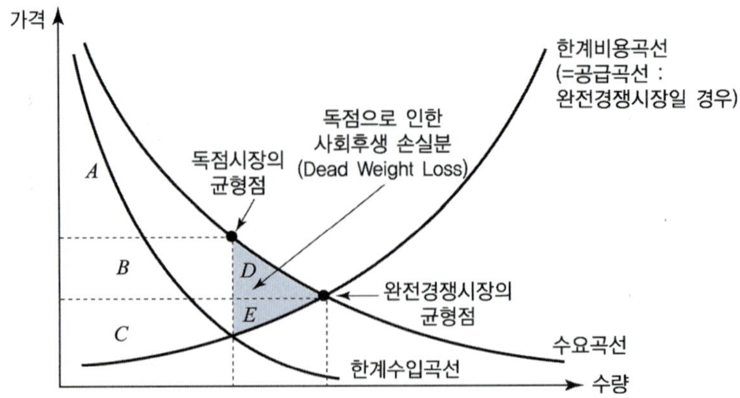

구 분	완전경쟁시장	독점시장
가격과 한계비용의 관계	가격=한계비용	가격 〉한계비용 (자원배분이 비효율적)
시장균형의 평가	독점시장에 비해 가격은 낮고, 생산량은 많음	완전경쟁시장에 비해 가격은 높고, 생산량은 적음
사회후생	소비자잉여=A+B+D 생산자잉여=C+E 총잉여=A+B+C+D+E	소비자잉여=A 생산자잉여=B+C 총잉여=A+B+C
평 가	완전경쟁시장에서 독점시장으로 시장구조가 변화하자 D+E만큼의 사회후생 손실분이 나타남	

그림 5-1 독점의 비효율성-Deadweight Loss

경쟁당국의 경쟁정책으로 인하여 현대사회에서 독점구조의 산업을 찾아내는 것은 생각보다 쉽지 않다. 대부분의 산업은 과점의 형태를 띠고 있는데 현실적으로 모든 과점시장을 규제하는 것은 불가능할 뿐만 아니라 비효율적이다. 따라서 대부분의 국가에서는 과점산업들 중 담합을 통하여 독점시장의 비효율성을 초래하는 산업에 대하여만 규제를 실시하고 있다.

② 공공재

시장실패가 일어나는 두 번째 영역은 공공재의 공급이 일어나는 분야이다. 공공재란 비배제성(non-excludibility)과 비경합성(non-rivalry)이 높은 재화와 서비스를 의미한다. 일반적인 재화는 생산자가 특정한 소비자에게 재화나 서비스를 판매하면 특정 소비자에게 소유권이 귀속되어야 한다. 그래야만 소비자는 소유권을 획득하기 위하여 비용을 지불하고, 생산자도 소유권을 이전해줌으로써 수입을 얻을 수 있는 것이다. 그러나 공공재의 경우는 이러한 기본적인 재화의 흐름이 일어나지 않는다.

NOTE 5-1

● 시장실패의 교정이론 ① : 공유지의 비극

좋은 목초지가 있다. 목초지를 사용하는 데에는 특별한 비용이 들지 않는다. 따라서 근처에 존재하는 모든 목축업자들은 좋은 목초지에 소를 몰고 나온다. 시간이 지나면 결국 이 목초지는 황무지로 변할 수밖에 없다. 이것이 바로 공유지의 비극현상이다.
각 개인이 사회 전체의 최적소비량을 무시한 채, 개인적인 최적소비량으로만 소비하려고 할 때 발생되는 개인적 합리성과 집단적 합리성 간의 딜레마이다. 결국 이러한 딜레마상황은 공공재의 경우와 마찬가지로 정부의 간섭과 규제를 정당화한다.

구 분	배제가능	배제불가
경합적	• 사적재화 - 비용을 지불하고 독점적 소유권을 이전받는 일반적인 재화를 통칭함 - 민간기업이 생산함 - 시장에 의해 배분됨 - 판매를 통하여 재원을 조달함 (예 : 혼잡한 유료도로, 냉장고, 아이스크림 등)	• 공유재 - 누구나 사용할 수 있으나 수량이 한정적이기 때문에 소비가 혼잡함 - 주인이 없어 남들이 소비하기 전에 먼저 소비하려는 심리가 확산되어 자원의 남획 발생(공유의 비극) (예 : 목초지, 바닷속 물고기 등)
비경합적	• 요금재 - 외부성이 존재 - 주로 민간기업이 생산함 - 자연독점 발생가능 - 판매를 통하여 재원을 조달함 (예 : 한산한 유료도로, 케이블TV 등)	• 공공재 - 배제비용이 높음 - 정부가 직접 생산하거나 정부와의 계약에 의한 민간기업이 생산 - 공공예산을 통해 배분 - 조세수입을 통하여 재원조달 (예 : 한산한 무료도로, 국방, 치안, 기술지식 등)

즉, 생산자의 입장에서 소비자에게 재화나 서비스를 판매할 때 다른 소비자를 배제할 수 없으므로 대금을 받을 수가 없고(비배제성), 소비자의 입장에서도 개인이 사용하고 있는 재화나 서비스를 동시에 다른 소비자도 사용할 수 있으므로 대가를 지불할 유인이 사라지게 된다(비경합성). 이러한 경우 일반적으로는 시장에서 공급되어야 하는 재화나 서비스임에도 불구하고 생산자는 생산을 하려 하지 않고, 소비자는 대가 없이 재화와 서비스를 획득하려고 하기 때문에 과소공급과 과대소비가 이루어지는 특성을 보인다. 따라서 이러한 공공재가 공급되어야 하는 분야에 있어서는 수요와 공급이 원활하게 이루어지지 않으므로 시장의 실패가 일어나는 것이다.

공공재의 대표적인 예로서 정부의 녹지조성을 들 수 있다. 보다 나은 삶을 영위하기 위하여 소비자는 녹지가 필요하다. 그러나 생산자의 입장에서 녹지를 조성하여 판매하는 것은 불가능에 가깝다. 녹지를 조성하여 사용권을 판매한다고 하더라도 구매하지 않은 소비자의 맑은 공기를 마시는 행위를 제재할 방법이 없으므로 소비자는 대가를 지불하려 하지 않을 것이고, 생산자는 이윤을 낼 수가 없기 때문에 생산하지 않을 것이다. 따라서 정부가 나서서 이러한 재화는 공급을 해줘야 하는 상황이 만들어진다.

③ 외부성

시장실패의 그 세 번째 영역은 외부성(externality)이다. 외부성이란 경제주체의 경제행위가 다른 경제주체에게 경제적으로 중요한 영향을 주나 이에 대한 보상이 이루어지지 않는 현상을 의미한다. 외부성이 있는 경우에는 생산이 사회적으로 바람직한 수준보다 과대 또는 과소 생산되는 특성을 보이는데, 그 효과의 위해성 여부에 따라 양의 외부효과와 부의 외부효과로 나뉜다. 전자는 나의 경제활동의 결과가 다른 경제주체에게 이로운 영향을 주는 경우이고, 후자는 나의 경제활동의 결과가 다른 경제주체에게 악영향을 주는 경우이다. 예를 들어, 한 IT기업에서 상품으로 개발한 소프트웨어가 다른 회사의 응용 프로그램들을 개발하는 데 바탕이 되는 경우나, 토지개발회사에서 오지지역을 개발하자 인근 생태계가 파괴되는 결과를 초래하는 경우 등이 있다.

NOTE 5-2

● 시장실패의 교정이론 ② : 코즈정리(Coase Theorem)

코즈정리는 재산권(property rights)이 명확히 정의되어 있고, 재산권 행사를 위한 거래비용(transaction cost)이 낮다면, 외부성이 존재한다 하더라도 당사자 간의 협상을 통해 최적생산량에 도달할 수 있다는 이론이다.
따라서 정부는 재산권의 명확한 확정과 이를 행사할 수 있는 거래비용의 절감이라는 환경을 조성해 주면 시장실패는 일어나지 않게 된다.
코즈정리가 경제학에 있어 큰 반향을 일으켰던 이유는 그동안 정부의 개입을 통해서만 외부효과로 인한 비효율을 억제할 수 있다고 믿었던 학계에 합리적인 반론을 제기했고 소유권 내지 재산권의 역할을 재조명할 수 있었기 때문이다.
그러나 코즈정리가 현실적으로 적용되는 데는 한계가 있다. 환경오염과 같이 다수의 사람들이 외부효과에 관련되어 있는 경우 책임소재를 밝히거나 피해금액을 측정하는 것은 매우 어렵다. 이런 이유로 협상비용이 매우 크고 경우에 따라서는 더 많은 보상을 받기 위한 전략적 행위로 인해 코즈정리가 현실적으로 적용되기 어렵다.

④ 불완전한 정보

시장실패의 네 번째는 현대의 소비자문제와 가장 직접적으로 관련이 있는 정보의 영역이다. 전통경제학은 모든 경제주체에게 완전한 정보가 주어졌다는 사실을 기본으로 가정하고 있다. 그러나 실제 시장에서 이러한 일은 거의 일어나지 않기 때문에 이에 기인한 여러 문제들이 나타나게 된다. 학술적으로 정보의 비대칭성이란 거래에 있어 가장 중요한 정보의 일부가 거래 일당사자에는 알려져 있으나, 다른 당사자에는 알려져 있지 않은 상황을 의미한다. 이러한 정보비대칭성에서 야기되는 문제들은 크게 역선택(adverse selection)의 문제와 도덕적 해이(moral hazard), 주인-대리인 문제(principal-agent problem) 등의 형태로 정리해 볼 수 있다.

먼저 역선택은 일방의 숨겨진 속성에 대한 비대칭적 정보로 인하여 시장실패가 발생하는 경우를 의미하며, 중고차시장에서 소비자가 품질이 좋지 않은 제품을 구매할 수밖에 없는 상황에서 그 예를 찾아볼 수 있다. 모든 판매자는 자신이 판매하는 제품의 품질에 상응하거나, 품질에 비해 더 높은 가격을 받으려 할 것이다. 그러나 소비자는 제품의 품질에 대한 정보가 전혀 없기 때문에 시장에 나와있는 전체 제품의 평균가격을 지불하려고 할 것이다. 따라서 평균가격보다 높은 품질의 제품은 시장에서 사라지고 평균가격보다 낮은 품질의 제품만 시장에서 거래되는 상황이 일어난다. 이를 역선택이라고 한다.

도덕적 해이란 일방의 숨겨진 행동에 대한 비대칭적 정보로 인하여 시장실패가 발생하는 것을 의미하는데, 보험시장에서 일단 보험에 가입한 소비자는 자신의 주의의무를 다하지 않는 상황에서 그 예를 찾아볼 수 있다. 보험회사는 보험상품을 설계하기 전, 전체적인 사고발생률과 사고비용에 근거하여 보험료를 산출한 제품을 출시한다. 그러나 보험회사의 정보는 사람들이 보험에 가입하기 이전의 정보일 뿐이다. 일단 어떤 사람이 보험에 가입하게 되면, 사고비용을 본인이 부담하던 때와 같은 수준의 주의를 기울이지 않을 것이기 때문에 사고에 대한 위험성이 높아질 수밖에 없다. 이것이 바로 도덕적 해이 현상이다.

마지막으로 주인-대리인 문제는 주인-대리인 간의 목표가 다르고, 대리인의 행동에 대한 정보를 얻을 수 없어 발생하는 문제이다. 이는 노동시장에서 고용주-관리인-근로자들의 관계에서 그 예를 쉽게 찾아볼 수 있다. 노동시장에서 고용주가 근로자들을 고용하는 이유는 생산성을 높여 이윤을 창출하기 위해서이다. 그러나 고용주는 근로자들을 일일이 관리할 수가 없기 때문에 이를 관리할 감독관을 두게 된다. 감독관은 원래대로라면 고용주의 이익을 수호하기 위해 행동해야 하지만, 감독관 본인의 소득이나 여가 등 고용주의 이익과는 전혀 상관없는 목표에 도달하기 위한 행동을 하게 된다. 이를 주인-대리인 문제라고 한다.

(2) 정부규제의 한계 : 정부실패이론

지금까지 시장실패이론, 즉 시장의 자연스러운 순환활동에 맡겨두었더니 건전하지 못한 방향으로의 부작용이 생기게 된다는 이론을 살펴보았다. 이러한 시장실패가 존재할 때 정부가 선택하는 가장 쉬운 방법은 시장에 직접 개입하여 여러 가지 교정효과를 노리는 것이다. 그러나 정부의 시장개입이 언제나 좋은 결과만을 창출하는 것은 아니기 때문에, 정부의 시장개입에 대한 부작용에 대한 고찰도 매우 중요하다. 이러한 정부의 시장개입 실패를 여러 원인과 유형으로 살펴보는 이론이 정부실패이론이다. 이는 시장실패에 대응되는 이론이며, 정부개입의 불필요성을 주장하는 학자들에 의해 발전되어 왔다.

① 정부개입의 수요·공급의 특성

시민들이 정부가 시장에 개입하는 것을 원하는 상황을 정부개입에 대한 수요라고 본다면 이러한 정부개입에 대한 수요는 몇 가지 특징적인 부분이 있다. 먼저 시장실패에 대한 일반적인 인식이 고조될 경우 수요가 늘어난다. 예를 들어, 극심한 환경오염으로 인해 환경보호가 사회적 이슈로 떠오르는 경우, 혹은 위험한 제품생산으로 인한 피해가 보고되어 안전의식이 고취되는 경우 등 자유로운 시장활동의 결과가 사회적으로 바람직한 결과만을 창출하는 것은 아니라는 인식이 퍼지게 되면 정부의 시장개입에 대한 시민들의 요구가 높아진다.

둘째, 이익집단들이 정치적으로 조직화될 경우 각 집단의 권익을 높이기 위한 활동이 많아지게 된다. 이렇게 정치적 조직화가 심화되면 입법, 제도도입·철폐, 규제도입·완화 등에 있어 정부조직의 압력단체로서 활동하게 된다. 따라서 정치적 조직화가 심화될수록 정부개입에 대한 수요가 늘어나게 될 것이다.

셋째, 모든 정치적 활동에 수반되는 보상구조에 왜곡이 생길 경우 정부개입의 수요가 높아지게 된다. 각종 시장실패나 사회문제를 해결하는 과정에는 언제나 보상구조가 존재하게 된다. 이러한 보상구조가 제대로 작동한다면 문제를 실질적으로 해결하려는 책임자에게 보상이 돌아가야 하는 것이 당연하다. 그러나 정책집행에는 책임을 지지 않으면서 정책의 문제점만을 공개하여 해결책을 입법화시키려는 정치인, 공무원에게 보상이 돌아가는 경우가 있다. 따라서 이렇게 보상구조에 왜곡이 생기게 되면 인기를 얻기 위한 행정이나 정치를 펼침으로써 불필요한 정부개입을 늘리게 된다.

넷째, 정치인들의 높은 시간 할인율에 의한 정부개입 수요의 증가이다. 시간할인이란 미래에 실현될 편익의 현재적 가치를 시간의 효과를 고려하여 측정하는 절차를 의미한다. 일반적으로 정치인들은 임기가 영원하지 않기 때문에 미래에 생길 비용이나 편익 등은 고려하지 않고 현재에 생기는 비용이나 편익에 집착하는 경향이 있다. 따라서 장기적 시각으로 결정되어야 할 국가정책이 단기적으로 운용되어 비효율적인 정책들이 나타나고 이는 결국 또 다른 정부개입을 파생시키는 결과를 창출하게 된다.

마지막 수요의 특징은 정부개입으로 인한 편익과 비용 간의 절연으로 인한 정부개입 수요의 증가를 들 수 있다. 편익과 비용 간의 절연이란 정부의 행위로 인하여 편익을 얻는 집단과 비용을 부담하는 집단이 서로 다른 현상을 의미한다. 정부의 정책으로 인한 편익은 특정집단에 집중되지만 이에 소요되는 비용은 납세자인 일반대중에게 분산된다. 뿐만 아니라 정치적 권력은 투표권이 있는 국민전체로부터 나오지만 정부예산의 대다수는 극소수의 고액납세자에게 국한되어 재분배정책이 자주 나타나게 되는 것이다. 이상의 이유로 인해 특정집단에 편중되는 불공평하거나 비효율적인 정부활동에 대한 수요가 증가하게 된다.

이상에서 정부개입의 수요의 특징을 알아보았다. 이와 반대로 정부서비스를 공급하는 정부에게도 몇 가지 특별한 점들이 있다. 첫째, 정부가 생산해 내는 정부서비스는 정의 자체가 어렵기 때문에 이를 측정해 내기가 매우 곤란하다. 둘째, 정부서비스는 다른 경쟁공급자가 존재하지 않는, 오로지 정부에 의한 독점생산이기 때문에 정부산출물의 품질에 대한 평가가 어렵다는 특성을 보인다. 셋째, 생산기술상의 불확실성이다. 일반적으로 정부서비스를 생산하는 데에 사용되는 기술은 일반 대중에게 공개되지 않으며 공개된 기술도 불확실한 경우가 많다. 따라서 관료들은 비효율적인 생산방법을 채택함으로써 예산을 늘리는 등 사적 이익을 위해 행동하려는 유인이 존재하게 된다. 넷째, 정부활동의 목적이 이미 달성되었거나 더 이상 불필요하다고 판단되는 경우에도 정부활동을 종결시킬 만한 수단이 없다는 것이다.

지금까지 살펴본 정부개입의 수요와 공급의 특성으로 인해 각종 정부실패가 나타나게 된다.

② 정부실패의 원인과 유형

앞서 본 정부활동의 수요측면과 공급측면의 특성은 각종 정부실패를 야기한다. 이러한 정부의 시장개입이 부작용을 야기하는 원인을 곧 정부실패의 유형으로 정리해 볼 수 있다. 정부실패의 첫 번째 원인·유형은 비용과 수입 간의 절연이다. 시장의 활동에는 언제나 그 활동에 대한 비용과 수익이 생기기 마련이다. 따라서 시장시스템하에서는 최소의 비용으로 최대의 수익을 얻으려는 효율성이 중요한 이슈로 작용한다. 그러나 정부활동은 경제활동의 결과로 얻어지는 수입이 아닌 세금을 통해 필요한 재원을 마련하기 때문에 시장에서의 '가격'과 같이 비용과 수입을 연결하는 연결고리가 없다. 따라서 정부활동은 효율성을 추구하지 않는 결과가 일어난다. 이는 대부분 과도한 비용을 투입하는 문제와 적절한 수준보다 더 많은 정부의 활동을 야기한다.

둘째, 내부성으로서 이는 앞서 살펴본 시장실패의 외부성에 반대되는 개념이다. 시장조직은 언제나 최소비용으로 최대효과를 추구하기 때문에 가장 효율적인 형태로 조직된다. 그렇지 않으면 자유시장에서 도태될 가능성이 높기 때문이다.

그러나 정부조직은 이러한 효율성을 추구하는 것이 아니라 정치인들이나 시민들에게 보여지는 면이 중요시되기 때문에 그 조직을 유지하는 데에 드는 비용을 부풀림으로써 비효율을 유발하는 경향이 있다. 각 정부부처 간 예산의 극대화, 최신기술에의 집착, 정보의 획득과 통제 등을 통하면 더욱 보여지는 면이 부각되기 때문에 정부조직이 이러한 상황하에 놓여 있을 때 더욱 나타나기 쉽다.

셋째, 정부의 시장개입이 한계점을 갖는 이유로 정부가 시장에 개입함으로써 나타나는 파생적 외부성을 제기할 수 있다. 자유로운 시장시스템이 작용한 결과가 사회적으로 반드시 좋은 결과만을 창출하지는 않기 때문에 이 경우 정부는 시장에 개입하여 여러 가지 활동을 하게 된다. 정부의 시장개입은 당초의 목적을 달성한다 할지라도 시장활동을 왜곡시켜 정부활동에 따른 외부효과가 필연적으로 나타나게 된다. 시장에서 불법으로 유통되는 영화파일의 저작권을 보호하기 위하여 자료공유사이트에서 영화파일 다운로드 시 저작료를 지불하도록 규제하면, 자료공유산업이 쇠퇴되는 결과를 초래하는 것을 예로 들 수 있다.

넷째, 정부정책으로 인한 사회적 부의 분배가 불공평하게 분배되는 경우 나타나는 문제이다. 이는 보통 특정한 계층의 권력과 특혜의 형태로 그 불공평성이 표출되게 되는데, 자연스러운 시장활동의 결과로 인한 불공평성이 아니라 정부의 인위적인 분배의 결과로 나타나는 현상이기 때문에 사회적 반발이 더욱 크게 나타나는 경향이 있다.

3) 정부규제의 접근방법

학자들이 정부규제를 연구하는 이유는 다양하다. 일반적으로 정부의 소비자관련 정책은 규제의 형태를 띠는 경우가 많은데, 다른 형태의 정책보다 효과가 더 즉각적이고 크게 나타나기 때문이다. 따라서 다양한 형태의 정부규제의 방법과 형태를 분류하고 그 효과와 사용상황 등을 연구한다면 좀 더 효율적인 정책수립에 도움을 줄 수 있다. 또한 해당 정책결정자들에게 효율적이고 효과적인 정책을 제안할 수도 있기 때문에 실질적으로는 행정학적 규제디자인 측면까지 고려한 연구가 필요하다. 그러나 그러한 기술적인 부분까지 다루는 것은 본서의 영역을 벗어난 것으로 판단하여 학술적 접근법을 기준으로 정부규제를 고찰해 보고자 한다.

(1) 정부규제의 경제학적 접근

경제학에서 정부규제의 타당성을 논하는 이론의 대표적인 것은 공익이론이다. 공익이론이란 공공의 이익을 위해서는 정부가 시장에 개입하여 교정할 수 있다는 당위성을 기본으로 한 이론으로, 앞서 살펴보았던 시장실패이론과 그 맥락을 함께한다. 시장실패가 일어나는 영역에서는 공익이 실현되기가 어렵기 때문에 정부가 나서서 시장을 교정하고자 한다는 것이다. 그러나 이러한 공익이론은 정부조직이 공공의 선을 위해서만 움직인다는 다소 비현실적인 가정을 바탕으로 한다.

따라서 경제학에서는 정부도 사익을 위해 움직일 수 있다는 전제하에 정부가 시장에 개입하게 되는 과정을 설명하는 가설이 몇 가지 제시되었다. 이러한 바탕의 가설들을 사익이론이라 한다. 사익이론은 규제를 실증적 측면에서 검증한 가설로서 하나의 이론으로 완성되기에는 이론적 고찰이 부족한 한계점을 가지고 있으나, 현실에 대하여 높은 설명력을 갖는 가설이다.

사익이론의 대표적인 이론은 포획이론으로, 처음에는 공익을 추구하기 위하여 시작했던 정부의 시장에 대한 규제가 시간이 흐름에 따라 피규제자에 의해 포획된다는 이론이다. 포획이론이 제시된 이후 여러 학자들은 규제를 설명하기 위한 여러 가설들을 제시하였다. 정부규제를 경제학적으로 고찰한 대표적인 학자들로 Stigler, Peltzmen 등을 들 수 있다. 먼저 Stigler는 규제를 하나의 재화로 파악하여 규제가 수요자에게 어떻게 수요가 되는지 수요측면에서 설명한 가설을 제시하였다. 이 과정에서 강력한 힘을 가진 수요자인 이익집단들의 니즈에 맞는 형태로 변형되어 공급되는 것으로 설명하였다. Peltzmen은 모든 규제는 규제를 만들어 공급하는 규제자의 효용을 극대화시키는 방향으로 생산된다는 가설을 발표하였는데, 결국 정치가집단으로 이루어진 규제자에게 많은 표를 줄 수 있는 집단과의 연계를 통해 규제자의 효용이 극대화되는 방향으로 규제가 이루어진다고 보았다.

(2) 정부규제의 정치경제학적 접근

정부의 규제는 경제학적 접근에 정치학적 접근법을 접목하면 설명력이 더욱 높아진다. 애초에 정치와 경제를 완전히 구별해서 설명한다는 것 자체가 무리가 있기 때문이다.

표 5-2 Wilson의 정치상황 이론

	비용분산	비용집중
편익 분산	• 대중정치 – 규제로 인한 비용과 편익이 쌍방 모두에게 분산되어 있어 규제를 강력하게 요구하거나 반대하는 집단이 존재하지 않음 – 공익단체에 의해 필요성이 제기되며 정부개입을 주창하는 여론형성이 중요 – 이념적 반대를 극복해야 함	• 기업가적정치 – 규제로 인한 비용이 소수의 동질적 집단에게 집중되어 있기 때문에 피해집단이 이익집단화하여 정부를 포획하려는 현상이 나타남 – 이에 대응하는 수혜집단은 분산되어 있기 때문에 활동이 미약하여 집단행동의 딜레마가 나타남 – 사회적 분위기와 정치적 계기형성이 필요하고, 규제입법은 내용이 엄격
편익 집중	• 고객정치 – 정부규제로 인한 비용은 상대적으로 작고 이질적인 불특정다수인에게 부담되나 편익이 크며 동질적인 소수인에 귀속되는 상황 – 수혜자인 피규제산업은 잘 조직되어 있어 규제에 깊이 관여할 수 있고 규제도입과정에서 로비가 나타날 수 있음	• 이익집단정치 – 규제의 비용과 편익이 매우 크며, 모두 소수의 동질적 집단에 국한되기 때문에 쌍방이 모두 조직화와 정치행동의 유인을 강하게 가짐 – 조직적 힘을 바탕으로 서로의 이익확보를 위해 첨예하게 대립 – 일반국민이 집단행동의 딜레마에 빠지게 되어 공익은 거의 무시됨 – 일방이 규제기관을 포획할 가능성은 미약함

규제를 정치경제학적 측면으로 접근한 대표적인 학자는 Wilson이다. 그는 정치상황에 따라 규제를 설명하고자 하였는데, 규제로 인한 편익과 비용의 집중도에 따라 규제를 네 가지 정치상황으로 분류하고, 각 상황에 있어 규제자집단과 피규제자집단이 어떻게 활동하고, 어떠한 특성이 있는지를 규제의 과정측면으로 설명하고자 하였다.

Wilson의 접근법 외에도 정치경제학적 시각의 규제문제는 집단행동의 딜레마라는 가설을 통해 규제상황에 존재하는 여러 가지 상황을 설명한다. 집단행동의 딜레마를 통하면 시장에 공익을 위한 규제에 비해 사익을 위한 규제가 더 많이 공급되는 이유를 설명할 수 있다. 공익을 위한 규제가 도입되기 위해서는 규제자에게 공익의 필요성에 대해 역설하고, 규제가 도입된 후에 어떠한 형태로든 규제자에게 보상해 줄 수 있는 공익을 대표하는 대리인이 필요하다. 그러나 규제의 편익이 집단구성원 모두에게 소급되는 영역에서는 이러한 대리인의 등장이 쉽지 않다. 이에 규제도입이 모두에게 이익이 되기는 하나 모두가 무임승차를 하려고만 할 뿐, 아무도 나서서 일을 처리하고자 하지 않는 집단행동의 딜레마가 나타나는 것이다.

이뿐만이 아니다. 규제는 정치적 산물로서 주인-대리인의 문제가 나타날 수 있는 대표적 영역이다. 실질적으로는 국민인 피규제자가 주인이고, 정부인 규제자가 대리인임에도 불구하고 대리인이 주인을 지배하는 결과가 나타나기도 한다. 이에 따라 대리인은 주인의 이익을 위해 규제를 도입해야 하지만 실질적으로는 대리인의 이익(정치적 지지 등)에 따라 규제를 도입하거나 철폐하는 일이 발생할 수 있는 것이다.

(3) 정부규제의 행정학적 접근 : 규제유형화를 중심으로

국무조정실(2000)은 정부규제를 행정학적으로 분류하여 유형화하였다. 정부규제를 유형화하는 이유는 정부의 규제개혁 노력과 그 맥락을 함께한다. 즉, 향후 정부규제를 도입하거나 완화하는 데 있어 분석의 편의를 도모하고, 파생될 수 있는 효과를 사전에 제시함으로써 효율적이고 효과적인 규제행정을 제시하기 위해서이다. 정부규제의 유형은 분류법에 따라 다양하게 제시가능하다. 그러나 학술적으로 가장 광범위하게 사용되고 있고, 규제개혁을 추진하는 데에 있어 편의성을 도모하기에 가장 유용한 방법은 그 대상에 따른 분류방법인 경제적 규제와 사회적 규제로 분류하는 방법이다.

경제적 규제는 기업의 본원적인 활동에 제제를 가하는 규제로서 규제의 논리를 시장에 대한 불신에서 찾을 수 있다. 이는 시장경쟁을 제약하는 특성을 지닐 뿐만 아니라 피규제산업에 포획되는 포획현상이 빈번하게 나타나는 규제이기도 하다. 따라서 정부가 시장에 개입하기 위해서는 확실한 문제의식이 제시되지 않으면 안 된다. 경제적 규제를 세부적으로 분류하면 기업의 진입이나 퇴출에 제제를 가하는 진입규제, 각종 가격이나 요금체계 등에 직접적으로 제제를 가하는 가격규제, 생산량, 투입량 등 자원투입과 배분에 제제를 가하는 물량규제, 제품이나 서비스의 품질에 일정 수준을 요구하는 품질규제 등으로 분류 가능하다.

사회적 규제는 기업의 사회적 책임에 관련된 규제로서, 환경오염, 산업재해, 소비자안전, 근로자에 대한 차별 등과 같이 기업의 사회적 역할이나 책임과 직접적으로 관련되는 기업행동에의 제약을 의미한다.

표 5-3 경제적 규제와 사회적 규제의 비교

구 분	경제적 규제	사회적 규제
이론적 근거	시장에의 불신	시장실패
시장경쟁	직접관련 없음	시장경쟁 제약
정치경제학적 속성	규제기관의 포획현상 빈번	경제적 파급효과가 큼 정치·경제·사회 환경에 따라 좌우
정치과정	피규제산업-소비자-정부의 문제	공익단체와 언론이 관련된 고도의 정치적 과정

사회적 규제의 논리는 시장실패이론에 두고 있기 때문에 규제 자체의 정당성은 인정되지만 그 방법과 수준상의 문제가 중요한 문제로 지목되며, 고도의 정치성을 지니고 있는 규제영역이다. 사회적 규제는 사회적 문제를 야기할 수 있는 분야의 원인을 규명하여 그 원인 자체의 투입기준을 설정하는 투입기준규제, 피규제자가 궁극적으로 도달해야 할 성과에 기준을 제시하는 성과기준규제, 시장기능을 활용하여 사회적으로 달성해야 할 기업의 행위를 유인하는 시장유인적 규제로 분류할 수 있다.

대상에 따른 분류방법에는 상기한 두 가지 규제 외에도 행정적 규제가 있는데, 인사, 조직, 재정운영의 효율성 향상을 목적으로 행정기관 내부적으로 적용되는 규제로서 공무원의 의사결정이나 행동에 일정한 제한을 가하거나 공무원이 따라야 할 행동지침이나 원리 등을 제시하는 규제를 의미한다. 행정규제는 행정기관의 문제점을 드러내는 의의만 있을 뿐이어서 논의 자체의 의미가 적다.

정부규제를 유형화하고 이해하는 데 유익한 또 하나의 방식은 규제방식에 따른 분류법인 사전규제와 사후규제로의 분류이다. 사전규제는 어떤 문제의 발생을 예견하여 그 문제를 일으킬 수 있는 행동이나 여건의 발생을 사전적으로 차단하거나 배제함으로써 문제의 발생을 예방하거나 최소화하려는 의도에서 가해지는 일체의 규제를 의미한다. 사후규제는 문제를 발생시킬 수 있는 소지가 있는 행동이 취해지는 시점에서 규제하거나 문제가 발생한 이후에 사후적으로 처벌을 가함으로써 그것이 사전적으로 문제의 발생을 예방하거나 최소화하는 효과를 거둘 수 있을 것으로 기대하는 규제이다.

02 소비자관련 규제와 규제개혁

1) 소비자관련 규제

정부의 여러 규제정책 중 소비자관련 규제는 주로 안전과 정보 분야에 있어 그 필요성이 대두된다. 특히 정보의 비대칭성에서 기인한 소비자의 비합리적 선택활동을 소비자문제의 근본원인으로 본다면 정보문제를 해결하기 위한 강력한 국가정책이 필요하기 때문이다. 뿐만 아니라 안전 분야에 있어서는 소비생활에만 국한되는 문제가 아니라 국민생활의 질 전반에 걸친 문제이기 때문에 이에 대한 부분은 더욱 강화되는 경향이 있는 것이 사실이다.

소비자관련 규제를 앞서 살펴본 규제의 제 이론에 적용시켜 보면 시장실패이론에 적용시켜 볼 수 있다. 그중에서도 특히 사업자와 소비자 간 정보의 비대칭성 문제, 소비자의 안전에 있어서 외부성의 문제 등을 들 수 있을 것이다. 특히 정보의 비대칭성 문제는 소비자문제를 야기하는 근본적 원인으로 지적되는 경우가 많다. 일반적으로 기업은 소비자에 비해 상품이나 서비스의 정보를 더 많이 보유하고 있기 때문에 소비자에게 불리한 정보는 감출 수 있는 여지가 있다. 더구나 기업의 특성에 대해 소비자들이 알 수 있는 영역이 매우 제한적이기 때문에 도덕적 해이 문제도 발생 가능하다. 반면 소비자는 스스로 정보를 탐색하여 획득할 시간적 여유도 부족할 뿐만 아니라, 획득한 정보라 할지라도 이를 해석할 수 있는 전문성이 부족하기 때문에 역선택의 문제에 직면하게 된다. 따라서 정부는 소비자가 합리적인 선택을 할 수 있도록 다양한 정보를 수집하여 알기 쉽게 노출시킴으로써, 소비자가 정보에 용이하게 접근하여 활용할 수 있는 정책을 펴게 된다. 이러한 정부의 정보정책은 대부분 규제의 형식이 아닌 지원의 형식을 갖춘 정책이지만, 표시·광고의 공정화에 관한 법률 등에서 볼 수 있듯, 그 폐해가 매우 심각하다고 여겨지는 행위에 대해서는 규제의 형식을 통한 제제를 가하고 있다.

앞서 제시한 규제의 정치경제학적 이론의 대표격인 Wilson의 정치상황이론에 적용시켜 보면 소비자관련 규제는, 규제로 인한 규제비용이 피규제자 집단에 집중되고, 이로 인한 편익은 소비자집단에 분산되는 기업가적정치상황에 해당한다. 이와 같은 상황에서는 비용을 부담하게 되는 피규제자집단이 이익집단화되어 규제로 인한 비용을 지출함으로써 규제를 본인들에게 유리한 방향으로 변형하거나 완화시키고자 할 것이다. 게다가 정부는 주인인 소비자의 이익을 대변하는 대리인에 해당함에도 불구하고 본인들의 이익에 따라 규제를 도입·철폐하고자 하는 경향이 있다. 이러한 상황에서는 정부가 기업에 포획될 가능성이 매우 높다. 따라서 정부는 이러한 상황적 특성을 미리 파악하여 피규제자 집단에 포획되지 않도록 주의하고, 공익인 소비자의 이익을 대변하려는 노력을 해야 할 것이다.

표 5-4 소비자관련 법령의 현황

분 야	법률명
소비자 일반 (9개)	소비자기본법, 소비자분쟁해결기준, 소비자생활협동조합법, 제조물책임법, 여신전문금융업법, 주세법, 담배사업법, 증권관련 집단소송법, 유사수신행위의 규제에 관한 법률
소비자교육 (2개)	학교보건법, 학원의 설립·운영 및 과외교습에 관한 법률
법률서비스 (2개)	변호사법, 법무사법
문화·체육관련 (3개)	체육시설의 설치·이용에 관한 법률, 영화 및 비디오물의 진흥에 관한 법률, 저작권법
농·축산물 (5개)	농산물품질관리법, 축산물가공처리법, 농약관리법, 가축전염병예방법, 동물보호법
안전·시설 (5개)	전자거래기본법, 품질경영 및 공산품안전관리법, 전기용품안전 관리법, 도시가스사업법, 승강기시설 안전관리법
정보·통신 (5개)	정보통신망 이용촉진 및 정보보호 등에 관한 법률, 통신비밀보호법, 전자서명법, 온라인디지털콘텐츠산업발전법, 전기통신사업법
식·의약품 (9개)	식품위생법, 공중위생관리법, 화장품법, 국민건강보험법, 약사법, 의료법, 국민건강증진법, 응급의료에 관한 법률, 장사 등에 관한 법률
환경 (2개)	대기환경보전법, 먹는물관리법
운송·레저 (6개)	자동차관리법, 여객자동차 운수사업법, 항공안전 및 보안에 관한 법률, 자동차손해배상 보장법, 수산물품질관리법, 수상레저안전법
특수거래 (5개)	방문판매 등에 관한 법률, 할부거래에 관한 법률, 약관의 규제에 관한 법률, 표시·광고의 공정화에 관한 법률, 전자상거래 등에서의 소비자보호에 관한 법률

소비자관련 정부의 규제정책은 소비자문제의 특성과 경제 대내외적 상황을 고려한 방향설정이 매우 중요하다. 장기적으로 보았을 때, 시장경제원리를 통한 국가경쟁력의 강화와 기업환경의 개선으로 집약할 수 있는데, 이를 위해서는 적절한 정보제공이 필수적일 것이다. 정보제공이 적절하게 이루어지지 않을 때 정보불안정성과 비대칭성에 기인하는 시장의 실패가 발생하고 정부개입이 합리화되어 규제정책이 힘을 발휘하게 되는 것이다. 이를 보완하기 위하여 시장경제 활성화를 위한 정보제공의 장을 마련하고, 자율규제체제의 보완·정비를 통한 기업환경을 개선하고, 국제적 기준에 맞는 규제정비를 통한 국가경쟁력을 제고하는 방향으로 규제정책의 방향을 설정해야 할 것이다.

2) 규제개혁

규제개혁이란 규제의 완화와 폐지를 포함하여 정책목표의 달성 수단으로 정부규제에 대한 품질향상 과정을 의미한다. 규제제도가 달성하고자 하는 정책목표의 적정성에 대한 평가를 포함하여 정책목표 달성에 동원되는 규제수단의 유효성, 경제성, 준수율, 투명성 등을 평가하여 비규제적 정책대안을 도입하거나, 규제수단을 사용하더라도 규제준수비용을 완화, 규제의 투명성 제고, 불필요한 규제절차의 폐지 또는 간소화를 포함하는 보다 유연하고 시장친화적인 대안을 도입하는 과정이다.

정부에서 이러한 규제를 개혁함으로써 얻을 수 있는 기대효과는 기업의 규제준수부담의 감소, 국민불편의 해소를 통한 기업경쟁력 강화, 국민편익의 증진 등을 들 수 있다. 이러한 규제개혁의 기준에는 여러 가지를 제시할 수 있으나, 학문적 분류체계로는 사회적 규제와 경제적 규제를 통한 분류가 가장 광범위하게 사용된다. 이러한 분류는 규제개혁의 준거로 활용 가능하여 작업의 편의성을 진작시키는 효과가 있다. 먼저 사회적 규제란 기업의 사회적 행동에 대한 규제로, 국민의 삶의 질을 향상시키고 인간의 기본권을 신장하며 경제적 약자의 보호와 사회적 형평을 확보하는 데 그 목표를 두고 있다. 반면 경제적 규제란 기업의 본원적 활동에 관한 규제로서 소비자를 보호하거나 생산자를 보호하는 등에 목적을 두고 있다.

규제완화를 통한 규제개혁 작업의 기본적인 방향은 경제적 규제는 완화하고,

인간의 삶의 질과 밀접한 관련이 있는 사회적 규제는 유지하는 것이다. 물론 이에 대해서는 학자들 간, 실무자들 간의 이견이 있을 수 있으나 그 목적적 측면에서 보았을 때, 정부의 규제가 필요한 영역까지 규제를 철폐하거나 완화한다면 국민 생활의 질적 하락을 야기할 수도 있기 때문이다. 일반적으로 소비자보호와 관련된 규제는 사회적 규제에 속하는 경우가 많다. 앞서 살펴본 포획이론에서 따르면, 집단의 특성상 이익집단으로서의 힘을 발휘할 수 없는 소비자집단에 경제적으로 유리한 규제들은 피규제자집단에 포획되어 규제완화의 대상으로 전락할 가능성이 농후하다. 따라서 소비자관련 규제 중 꼭 필요한 영역에 있어서는 규제완화의 논리가 적용될 수 없는 것이다.

국무총리실의 규제개혁 종합연구(2007)에 따르면, 소비자보호부문 규제개혁의 원칙은 시장경제원리의 강화, 기업의 경쟁력 제고 및 기업환경 개선으로 정리할 수 있다. 이에 따른 규제개혁의 방향은 소비자에 대한 적정수준의 정보제공 강화, 자율규제의 확대와 관련 협회의 위상제고, 자율규제에 따른 엄격한 처벌 적용과 법률 간 통합 적용을 통해 규제를 단순화하고 명확성을 확보하는 것이다. 기본적으로 소비자문제는 기업이 자율적으로 피해 예방책과 구제책을 마련하여 실행하는 것이 가장 효율적이다. 미국의 사업자자율규제 조직인 BBB의 예에서 볼 수 있듯, 업종별 사업자단체가 자율규제기구를 조직하여 운영하면 소비자, 기업, 정부 모두에게 바람직한 결과를 창출할 수 있다.

3) 소비자관련 규제개혁 사례

(1) 규제완화와 소비자

① 자율안전확인제도 도입[1)]

공산품 안전규제란 각종 공산품으로 인한 위해를 방지하고 해당 공산품의 안전성 향상을 도모하여 소비자에게 해당 제품의 위해성 정보를 제공하여 안정성을 높이기 위한 정부의 규제를 의미한다. 이론상으로 합리적인 소비자라면 제품의 안전에 대한 비용과 위험의 정도를 파악하여 가장 효율적이라고 판단되는 수준에서 구매결정을 하라는 것이다. 이론대로라면 정부의 규제가 없다고 하더라도 합리적인 수준에서의 소비행위가 이루어질 것이다. 그러나 현실 시장에서는 소비자가 합리적인 판단을 내릴만한 충분한 정보가 제공되지 않거나, 제공된다 하더라

1) 김주찬(2008), 규제영향분석 사례연구-소비자 안전규제를 중심으로, 2008년도 한국규제학회 춘계학술대회 발표논문집에서 발췌 정리함

도 소비자가 이를 해석할 만한 전문성이 부족하다. 따라서 안전 분야에 있어서는 정부의 규제 필요성이 제기되고 있는 것이다.

그러나 우리나라의 공산품 안전규제는 안전인증, 자율안전확인, 안전품질표시제도에 의해 관리되는 사전규제가 주를 이룬다. 안전인증제도는 대상 공산품의 제조업자 또는 외국 제조업자가 출고 전 또는 통관 전에 안전인증기관으로부터 제품검사와 공장심사를 하여 공산품에 대한 안전성을 증명하는 안전인증을 받는 제도이다. 그러나 일부 대상 품목의 경우 과도한 규제라는 지적과 함께 통상마찰을 야기할 우려가 있고, 그 결과도 효과적이지 못한 것으로 평가되고 있다. 따라서 공산품의 구조 재질 및 사용방법 등으로 인하여 소비자의 신체에 위해를 초래할 우려가 있는 공산품 중 제품검사만으로도 그 위해를 방지할 수 있다고 인정되는 공산품에 대한 자율안전확인제도를 2006년 도입하였다. 자율안전확인제도란 제조업자 또는 수입업자가 시험·검사를 받아 당해 공산품이 안전기준을 준수한 것임을 스스로 확인하여 신고 한 후, 해당 제품에 자율안전확인표시를 하도록 하고, 사후 안전기준에 부적합한 제품에 대하여 판매중지, 개선, 수거, 파기를 명할 수 있도록 하는 제도이다.

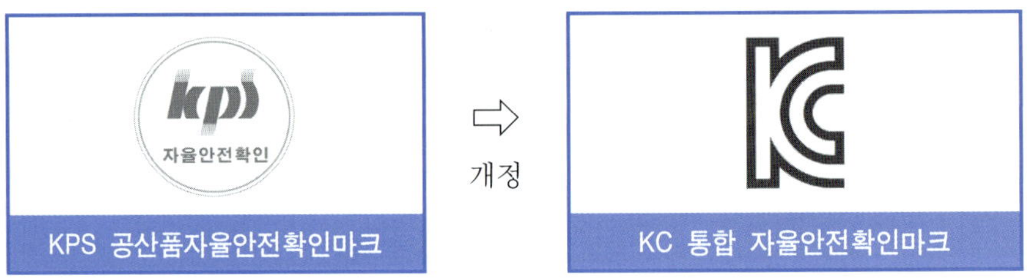

자율안전확인 인증대상품목

등산용 로프, 스포츠용 구명복, 벽지 및 종이장판지, 보온·보냉용기, 쇼핑카트, 물안경, 스노보드, 스케이트보드, 스키용구, 아동용 2단침대, 어린이용 귀금속액세서리, 완구, 유아용 삼륜차, 유아용 의자, 유아용 캐리어, 이륜자전거, 일회용 기저귀, 자동차용 정지표시판, 침대매트리스, 학용품, 헬스기구, 휴대용 레이저용품, 휴대용 사다리, 양탄자, 유아용 및 접촉성 섬유제품, 건전지, 부동액, 생활화학가정용품, 식탁용품 및 주방용품, 연질염화비닐호스, 자동차용 브레이크액, 자동차용 안전유리, 자동차용 앞면창유리세정액, 자동차용 타이어, 합성수지제 주방용품 및 일반용품, 빙삭기, 자동차용 휴대용잭, 물탱크, 미끄럼방지타일, 고령자용 보행보조차, 고령자용 보행차, 고령자용 지팡이, 디지털도어록, 롤러스케이트, 롤러스포츠 보호장구, 바퀴운동화, 반사안전조끼

* 47개 품목, 2009년 말 현재

그림 5-2 공산품자율안전확인제도 현황

이러한 자율안전확인제도의 도입이 소비자후생에 미치는 영향을 분석해 보면, 해당 제품의 안전성은 크게 강화되는 데에 비하여 기업의 투자비용은 크지 않기 때문에 가격상승에 미치는 영향이 적다. 따라서 규제개혁으로 인한 비용부담은 적고, 혜택은 늘어나는 결과를 예측할 수 있다. 또한 그동안 사전적으로 규제해 오던 기존 제도를 사후규제로 전환함으로써 시장의 왜곡 및 정부실패의 가능성을 현저하게 감소시키고, 외국과의 교역에서의 통찰마찰도 상쇄할 수 있는 효과를 기대할 수 있을 것이다.

NOTE 5-3

● 신문기사 : 정부, 불량제품 제조자 언론공개 자료

정부가 기업에 대한 규제와 간섭은 최소화하는 대신 불법·불량제품 근절을 위해 상습 제조자를 언론에 공개하는 등 제품안전에 대한 사업자의 책임을 강화하기로 했다. 지식경제부 기술표준원은 24일 이 같은 내용을 골자로 하는 '제품안전 강화대책'을 발표했다. 이번에 발표된 안전대책의 가장 큰 특징은 기업규제는 합리적으로 완화하고 제품안전에 대한 사업자의 책임은 더욱 강화하는 '자율적 안전관리제도'로의 개편이다.

이를 위해 정부는 그동안 안전인증 대상 품목으로 관리해 오던 247개 전기용품을 148종으로 통합·조정하고, 95종에 대해서는 '자율안전확인제도'를 도입해 제품시험 합격시 공장심사와 정기검사를 면제해 주기로 했다. 공산품의 경우는 안전인증 대상 18종을 10종으로 축소하고, 자율안전확인품목을 47종에서 60종으로 확대할 예정이다. 이를 통해 정부는 전기용품과 공산품에서 각각 60억 원과 6억 원의 인증비용 절감효과를 거둘 것으로 전망했다.

아울러 기업이 스스로 제품의 안전성을 확인하고 결과에 책임을 지는 '공급자적 합성확인제도'도 2012년부터 도입된다. 정부는 이번 '자율적 안전관리제도'의 정착을 위해 불법·불량 제품은 즉시 수거해 파기하고 상습적인 제조업자 및 판매자는 언론에 공개할 수 있도록 법적 근거를 마련 중이다. 또 어린이용품의 안전성을 높이기 위해 유해물질이 함유된 생활화학제품 등의 어린이 보호포장 안전기준을 강화하고 중금속이나 환경호르몬이 함유된 어린이용 의류·완구·문구 등은 유통을 차단할 계획이다. 이와 함께 해외에서의 불법·불량제품 수입을 차단하기 위해 기존 18개의 세관장 확인물품에 ▲아동용 2단침대 ▲유아용 삼륜차 ▲유아용 캐리어 ▲일회용 기저귀 ▲물휴지를 추가 지정키로 했다.

지경부 측은 "이번 제품안전 강화대책 추진을 위해 제품안전기본법을 국회에 제출했으며 전기용품안전관리법 개정안도 국회 상임위원회 의결을 거쳐 공포될 예정"이라고 밝혔다.

자료 : 뉴시스, 2009년 2월 24일

② 소비자경품규제 폐지[2)]

공거래위원회는 경제활성화를 위해 범정부적으로 추진하는 규제완화 방침에 부응하여 기업의 창의적인 마케팅활동을 촉진하고, 소비자선택의 폭을 넓히기 위하여 경품고시를 개정하도록 하였다. 그동안 기업이 소비자에게 경품을 제공할 경우 그 범위와 금액에 한도를 두는 규제를 시행해왔는데, 이는 독점규제 및 공정거래에 관한 법률 제23조 제1항 제3호 경품류 제공에 관한 불공정거래행위의 유형 및 기준에 규정되어 있었다. 즉, 상품거래가액의 10%를 초과하는 경품지급, 경품가액의 합계액이 예상매출액의 1%를 초과 제공하거나 경품가액이 500만 원을 초과하여 제공하는 행위를 금지하고, 상품을 구입해야만 응모할 수 있는 소비자경품 제공 시 일정 한도 내에서 제공하도록 해왔다.

그러나 공정거래위원회는 2009년 7월 1일부로 이러한 규제가 자유로운 시장활동에 저해를 가한다고 판단하여 폐지하도록 하였다. 경품류를 해당 범위 이내에서만 제공하도록 제한하는 규정은 기업의 자유로운 마케팅활동을 억제하여 소비자 이익에 반하는 행위가 될 수 있다. 경품류의 제공은 상품을 통하여 일종의 가격할인을 꾀하는 마케팅기법 중 하나로서, 해당 상품금액의 범위에 제제를 가하는 것은 기업의 자유로운 시장활동을 억압하는, 일종의 경제적 규제의 형태로 파악할 수 있다. 또한 경품가액이 커지는 것은 그만큼 판매업자가 비용을 부담한다는 의미로서, 사업자는 경품지급으로 인한 총비용이 증가하더라도 판매가 그것보다 더 늘어나면 수익이 더욱 증가할 것으로 예상하기 때문에 비용상승을 감수하는 것이다.

따라서 그동안 본 규제의 목적으로 거론되던 미풍양속, 미성년자의 건전한 성장, 기만적인 협상방법 등의 사유로 규제를 하는 것은 적절하지 못하다. 다만 상품이 아닌 소비자현상경품 제공의 경우 사행심을 조장할 우려가 있는 것으로 판단하여 현행 규정을 유지하도록 하였다.

또한 도서정가제의 원활한 시행을 고려한 문화부의 요청에 따라 재판매가격 유지행위가 허용되는 간행물에 부수되는 경품에 대해서는 출판문화산업진흥법 개정 등 별도의 대안이 마련될 수 있도록 2010년 6월 30일까지 1년간 종전고시를 적용하는 등의 유예기간을 두었다. 이는 해당 규제의 철폐로 인한 부작용인 중소형 서점의 경쟁력 약화 등에 대한 충격완화를 위한 것이다. 즉, 정부의 규제완화는 그 사유가 명백하다 할지라도 해당 규제로 인하여 피해를 받는 집단이 생기므로

2) 공정거래위원회 보도자료, 한국경제연구원 규제개혁 종합연구 등에서 발췌 정리함

적절한 충격완화 장치를 두어야 함을 알 수 있는 사례라 하겠다.

(2) 규제강화와 소비자 : 국제환경규제의 강화[3)]

최근 지구온난화에 따른 자연재해들이 지구촌 곳곳에서 등장하고 있다. 지구온난화란 이산화탄소, 메탄, 아산화질소 등 온실가스가 과거에 비해 증가하면서 지구 표면 온도가 상승하는 현상으로서 1972년 로마클럽 보고서에서 처음으로 그 위험성이 지적되었다. 또한 1985년 세계기상기구(WMO)와 국제연합환경계획(UNEP)에서는 이산화탄소가 지구온난화의 주 원인임을 공식적으로 선언하기도 했다. 이렇게 공식적으로 지구온난화에 대한 우려가 선진국을 중심으로 전파되면서 국제환경규제는 점차 강화되고 있는 추세이다. 더욱이 계속적인 고유가 상황은 기존의 석유 등 화석연료를 기반으로 한 산업구조의 변화를 필요로 하고 있으며, 향후 나타나게 될 화석연료 에너지 고갈에 따른 에너지 위기에 대응하기 위한 저탄소 대체에너지 등의 개발이 매우 중요한 당면과제로 지적되고 있다.

또한 이러한 환경의 변화는 소비자의 소비생활에도 큰 영향을 주고 있는데, 녹색소비 혹은 지속가능한 소비의 필요성을 주장하는 소비자의식이 강화되어 이를 중심으로 한 미래소비자운동이 강화되고 있다. 지속가능한 소비란 미래세대의 요구를 희생시키지 않고 현세대의 욕구를 충족시키는 소비를 의미한다. 1994년의 오슬로 심포지엄에서는 '기초적인 필요에 부응한 상품과 용역의 사용으로 생활의 질을 향상하되 동시에 자연자원의 사용을 최소화하고 독성물질과 폐기물 방출 및 오염을 줄여 다음 세대의 필요를 위태롭게 하지 않는 소비'라고 정의했다.

지속가능소비전략의 기본원칙은 사전예방원칙, 공동책임원칙, 오염자부담의 원칙 세 가지로 제시된다. 먼저 사전예방원칙이란, 환경오염이 발생한 후에 대응하고 처리하는 것이 아니라 환경오염을 미리 예상하고 방지하는 것을 의미한다. 두 번째로 공동책임원칙은 정부, 기업, 소비자가 공동으로 협조하고 참여하는 원칙이다. 마지막으로 오염자부담의 원칙이란 환경을 파괴한 사람이 파괴한 몫만큼 부담하는 것으로서 공급측면에 대한 대규모 투자를 요구하게 된다.

이러한 측면으로서 세계기상기구와 국제연합환경계획이 1988년 기후변화 문제에 대처하고자 공동설립한 IPCC(Intergovernmental Panel on Climate Change)에서는 1990년 이래 매 5~6년 간격으로 기후변화 보고서를 발간하고 있다. 최근 발간된 4차 보고서에 따르면 현재 기온과 해상 온도의 증가, 빙하의 융해, 해수면

3) 이덕승(2007), 지속가능한 소비사회를 위한 제언, 제1차 한국미래소비자포럼 자료집에서 발췌 정리함

표 5-5 국제환경규제의 강화 : 유럽연합의 주요 환경규제 지침

지침명	발 효	해당분야	주요내용
WEEE 전기전자제품 폐기지침	03.2.13	전자제품	가전제품별 재사용 및 리사이클 비율(60~80%)준수(06년)
RoHs 유해화학물질 제한지침	03.1.13	전자제품	납, 수은, 카드뮴, 6가크롬 등이 포함된 제품 판매금지(06년)
ELV 폐차처리지침	00.9.18	자동차	차량중량의 85% 리사이클, 80% 회수/재이용(06년)
REACH 유해화학물질 등록평가 승인제도	07.6.1	산업전분야	연간 1톤 이상 기존화학물질의 등록 의무화

상승은 매우 명확한 것으로 판명되었다. 이에 IPCC는 화석연료 보조금을 감소하고, 화석연료에 대한 세제 상향조정, 탄소부담금의 부과, 신재생 에너지 이용의 의무화를 제시하였다. 뿐만 아니라 폐기물 및 폐수관리개선을 위한 재정 인센티브, 재생에너지에 대한 인센티브제공이나 의무 부과, 폐기물 관리 규제 강화 등을 제안하였다.

Chapter

안전과 소비자 06

01 안전규제의 근거

경제학은 복잡한 경제사회적 현상들을 설명하고 그 작동 원리를 규명하기 위해 현실을 단순화하여, 즉 가정을 많이 하기 때문에 현실을 잘 설명하기 못한다는 지적을 받기도 한다. 경제 모형 정립 시 흔하게 등장하는 "소비자는 합리적이다."이라는 가정 역시 실제 생활 속 소비자를 잘 반영하지는 못하고 있다. 경제학에서 소비자를 합리적으로 보는 이유는 냉철한 판단을 내릴 수 있는 이성적인 존재라는 것에 기초하고 있으나 현실의 소비자는 상황에 따라 합리성과 비합리성 양면을 지니고 있어 위험에 노출될 경우 신체적, 재산상의 피해를 입을 가능성이 있다.

이로 인해 소비자에게 있어 안전하여야 한다는 것은 무엇보다도 중요하다. 소비자가 생명이나 신체상의 피해를 입지 않고 안전해야 할 권리는 경제체제 속에서 소비자가 향유해야 하는 인간의 가장 기본적인 권리이며, 기본적인 생존을 위한 욕구이다.

소비자의 안전에 관한 권리는 1962년 미국의 케네디 대통령이 의회에 보낸 소비자의 이익보호에 관한 특별교서에서 밝힌 '소비자의 4대 권리' 중 하나이며 건강과 생명의 피해 및 위험으로부터 안전함을 보장받을 권리가 있음을 밝힌 이래 거래의 기본적인 이념으로 받아들여지고 있다.[1)]

1) 문정숙(2007), 시장과 소비자문제, 형설출판사, p. 208.

우리나라 소비자기본법 제4조 제1호에서도 소비자는 스스로의 안전과 권익을 위하여 모든 물품 및 용역으로 인한 생명, 신체 및 재산상의 위해로부터 보호받을 권리를 가진다고 밝힘으로써 안전에 대한 권리를 소비자의 8대 권리 중 가장 우선적으로 규정하고 있다.

한편 완전경쟁시장의 효율적인 자원배분은 확실성에 기초를 두고 있으나, 현실적으로 소비자가 소비하려는 상품의 가격이나 품질에 관한 완벽한 정보를 갖는다는 것은 거의 불가능하다. 뿐만 아니라 생산자(기업) 역시 엄격한 연구개발과 심사를 거쳐 시장에 제품을 유통시키더라도 자신의 제품이 100% 완벽한 제품이라고 확신할 수 없을 것이다. 따라서 현실적으로 존재할 수밖에 없는 제품정보에 대한 불확실성(불완전성)이 소비자와 생산자 모두에게 존재하게 된다. 다만 생산의 주체인 생산자가 소비자보다 제품에 대한 품질정보를 더 많이 획득할 수 있는 비대칭적 상황에 직면하게 된다.

다시 말해 소비자가 시장에서 판매되는 제품의 품질에 대한 정보를 획득할 수 없는 반면 생산자는 소비자보다 더 많은 정보를 소유하게 되는 정보의 비대칭적 상황은 생산자로 하여금 자신의 제품 품질을 숨기려고 하는 유인을 제공하게 된다.

이렇듯 구매자가 제품의 품질을 확인할 수 있는 방법이 없어 동일 품목의 모든 제품이 동일한 가격에 판매됨으로써 고품질(good-quality)의 제품이 저품질(low-quality)의 제품과 구별될 수 없다면 저품질 제품의 판매자는 자신의 제품 품질을 숨기려하므로 시장에는 저품질 제품만 남게 된다. 이를 우리는 '레몬의 문제(lemons problem)'라고 부른다.[2)]

이처럼 합리성과 비합리성을 동시에 지닌 인간의 양면성과 함께 안전은 생존을 위한 기본적인 욕구이자 소비자의 권리이기 때문에, 그리고 불확실한 현실에서 기인하는 레몬의 문제 등으로 인하여 사회적 제도를 통해 안전은 확보되어야 한다.

한편 Greer(1993)는 다음의 이유들 때문에 안전을 시장의 기능에 맡겼을 경우 소비자의 보다 높은 수준의 소비자안전이 보장되기 어렵다고 보았다.[3)]

① Morality(도덕성)

위에 설명한 대로 소비자가 생명과 신체의 위해로부터 보호받아야 한다는 도덕적 판단이 경제적 논리보다 우위에 있기 때문이다. 소비자 개인이 원치 않아도

2) 최은희(2007), 소비자안전정책에 있어 사후규제가 사전규제에 미치는 영향, 박사논문, 숙명여대, pp. 9-10; Choi, Sook Hee(1999), Analysis of the automobile extended warranties' market, Ph. D Dissertation, Cornell University, pp. 6-7. 재인용함

3) 문정숙(2007), 전게서, pp. 210-211; Greer. D. F. (1993), Business, Government and Society, 3rd ed., Macmillan. pp. 412-41. 재인용함

따라야 하는, 자동차 안전벨트, 헬멧 사용 등에 관련된 소비자관련 규제들에서 그 예를 찾아볼 수 있다.

② Equity(형평성)

자유시장은 보다 위험한 제품은 가격을 낮추고 보다 안전한 제품에 대해서는 가격을 높이는 기능을 한다. 이것은 제품의 안전에 있어 저소득층의 소비자를 불리하게 만드는 것으로 보이게 한다. 그러나 형평성은 소득분배가 관계가 없을 때조차도 문제가 될 수 있다. 가축에 DES(diethylstilbestol)를 사용하면 생산량이 늘며 가격은 떨어질 수 있다. 그러나 발암의 가능성을 높일 수 있다.

③ 정보의 부족(무지)

소비자는 모든 제품에 관한 지식과 정보를 모두 가질 수가 없다. 특히 상품의 위험성에 대해서조차도 상당부분 무지함을 가질 때가 많다. 또한 개인이 의약품이나 모든 제품의 안전성에 관한 지식과 정보를 수집하고 검사하여야 할 경우 사회적 비용의 엄청난 증가를 가져올 것이다.

④ 외부성

위험한 제품에 대해 소비자가 자발적인 노출이 아니라 제3자에 의해 자신도 모르게 피해를 입을 수 있다. 자동차 사고의 경우, 위험하고 부실한 부품이 장착된 제품을 사용하면서 소비자 스스로도 알지 못하는 사이 타인에게 피해를 입히며 그 비용은 단지 개인에게만 부과되는 것이 아니라 사회 전체적인 비용을 유발할 수 있다.

02 안전의 접근방법

1) 안전의 경제학적 접근

(1) 안전의 한계분석[4)]

비용측면을 고려하지 않고 안전수준만을 고려한다면, 그림 6-1에서 보는 것처럼 안전에 투입되는 자원의 증가는 생산비 증가로 이어져 시장에 공급되는 제품

4) 최은희(2007), 전게논문, pp. 12-15.

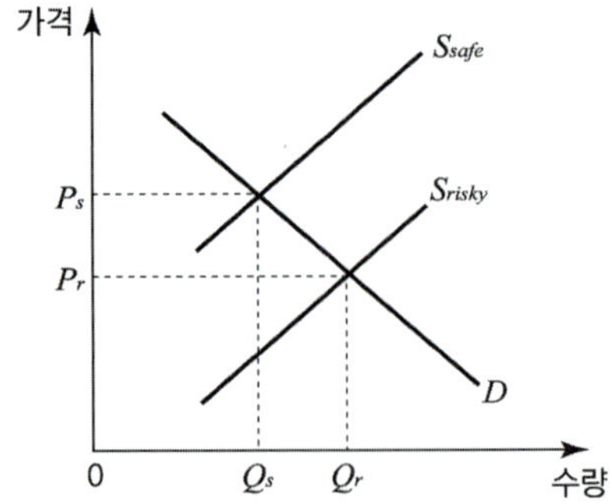

그림 6-1 제품의 안전 정도에 따른 시장균형

은 감소($S_{safe} < S_{risky}$)되고, 제품의 가격은 상승($P_s > P_r$)하게 된다. 이는 오히려 소비자가 선택할 수 있는 폭을 축소시켜 후생을 감소시키는 결과를 가져올 수 있다.

나아가 소비자들이 합리적이고 시장이 완전경쟁시장이라면 안전수준 및 제품 안전에 대한 정보를 시장에 맡겨도 효율적인 결과를 가져올 것이다.

시장의 논리(수요·공급 법칙)에 따라 안전수준을 결정한다면 절대적 수준의 안전 보장은 확보될 수 없다고 하더라도, 안전수준에 관한 효율적 혹은 최적의 균형점은 찾을 수 있다.

그림 6-2에서 보는 것처럼, 생산자 입장에서는 사적 한계이익(MB_P)과 사적 한계비용(MC_S)이 만나는 점인 Q_P^*수준에서 안전수준을 결정하는 것이 효율적인 안전수준이다. 반면 사회적 차원에서의 효율적인 안전수준은 사회적 한계이익(MB_S)과 사회적 한계비용(MC_S)이 만나는 점인 Q_S^* 수준이다. 이렇듯 제품을 직접 생산하는 생산자와 사회후생까지 고려하는 정책당국 간에는 서로 직면하는 효율적인 안전수준이 상이($Q_P^* < Q_S^*$)하기 때문에 시장에 의해 안전수준이 결정된다면 사회적으로 효율적인 안전수준보다 적게 공급되게 된다.

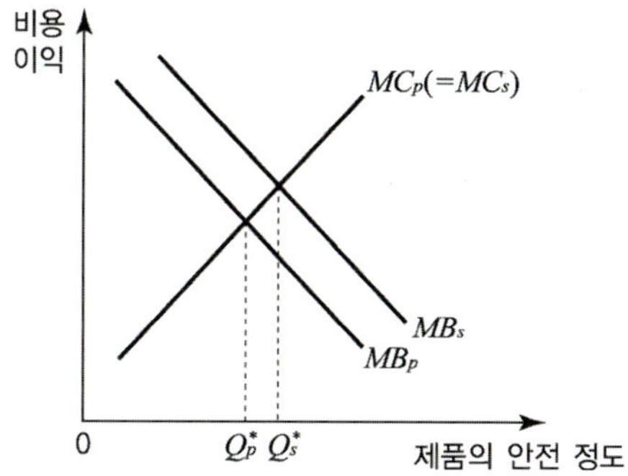

그림 6-2 안전의 한계이익과 한계비용

그러나 사회적으로 효율적이라고 할 수 있는 안전수준 Q_S^*가 사회적으로 달성 가능한 최고의 안전수준이거나 위험이 전혀 존재하지 않는 상황을 의미하는 것은 아니다.

한편 불확실성과 비대칭성이 존재하는 현실의 시장에서 기업은 비용 추가적인 안전에 자원을 할당하려는 유인은 훨씬 덜할 것이며, 제품안전에 대한 정보생산 역시 정보의 공공재적 특징(비경합성과 비배제성)으로 인해 사회적으로 효율적인 수준보다 과소 공급됨으로써 비효율적인 결과를 초래할 수 있다.

따라서 효율성을 고려해 사회후생을 극대화시키기 위해서는 사회적 적정수준의 안전이 공급될 수 있는 여건과 제품의 품질에 대한 정보가 원활하게 유통될 수 있는 시장여건을 마련해 주는 것이 중요하다.

이렇듯 소비자의 기본권리인 안전을 시장기능에 일임한다면 시장실패를 가져올 가능성이 크므로, 사회적으로 적정한(효율적인) 소비자안전수준의 확보를 위해서는 안전에 대한 정부의 개입이 요구된다.

(2) 불확실성하에서의 소비자선택[5)]

경제학에서 소비자는 매우 이성적이고 치밀하며 빈틈이 없는 존재로 비춰지기 때문에 경제학 분야에서 아웃사이더(outsider)이다. 이는 '소비자는 합리적인 존재다.'라는 가정에서 기인한다고 할 수 있다.

Green은 합리성을 선호체계와 일치하는 행동으로 정의하였다. 이는 일관성 있는 행동을 의미하는 것으로, 소비자가 자신이 선택한 결과를 정확하게 예측할 수 있는 확실한 상황에서는 가능하다.

5) Peter Asch(1988), Consu-mer Safety Regulation, Oxford University Press, pp. 35-38.

표 6-1 불확실성하에서의 소비자선택

자동차 모델	선택에 의한 결과	
	e	e′
X	x(제품작동)	x′(제품실패)
Y	y(제품작동)	y′(제품실패)

따라서 확실성하에서 소비자는 합리적으로 행동하기 때문에 그 결과를 확실히 알 수 있다.

그렇다면 불확실한 상황에서 소비자는 어떠한 선택을 할 것인가?

불확실성하에서의 소비자는 자신이 선택해야 하는 대안은 알고 있으나, 그 대안을 선택함에 따르는 결과가 발생할 가능성을 알 수 없다.

예를 들어, 제품선택으로부터 어떠한 결과가 발생할지 모르는 불확실한 상황, 표 6-1에서 소비자가 두 자동차 모델(X, Y) 가운데 하나를 선택해야 한다고 하자.

선택한 X모델이 제대로 작동하면 그 결과는 e이고, 제대로 작동하지 않으면 그 결과는 e′이다. Y모델을 선택했을 때도 마찬가지로 제대로 작동하면 그 결과는 e이고, 제대로 작동하지 않으면 그 결과는 e′이다. 그러나 소비자는 불확실성으로 인해 자신의 자동차 모델 선택에 의한 결과가 어떨지는 알 수 없다. 과연 합리적 소비자라면 이러한 상황에서 어떤 선택을 하겠는가?

합리적 소비자가 X와 Y 사이를 선택하는 방법은 제품선택에 의한 결과(e, e′)가 달성될 가능성(확률)에 달려 있으나, 이를 알 수 없으므로 가능성(확률)이 얼마인지에 대한 소비자의 신념에 따라 달라진다.

2) 법경제학적 접근

시장에서 거래되는 제품의 안전사고, 즉 소비자가 시장에서 구입한 제품을 이용하다가 사고가 발생했을 때 거래 당사자 가운데 누가 얼마만큼의 책임을 질 것인가의 문제가 제조물책임원칙의 문제이다. 제조물책임원칙은 사고손해를 최소화시키기보다는 사고손해금액을 배분하는 기준으로, 어떠한 책임원칙을 도입할 것인가는 정책당국과 입법부의 몫이다. 그리고 정책당국에 의해 채택된 책임원칙은

제품사고 관련 소송 시 법원이 사고피해비용의 배분을 결정할 때 판단하고 적용하는 기준이 된다.[6)]

제품사고손해에 대한 소비자 부담 몫을 s^c, 제품사고손해에 대한 기업 부담 몫을 s^p로 표시($s^c \geq 0$, $s^p \geq 0$이고, $s^c + s^p = 1$)하면, 사고손해를 거래당사자인 소비자와 기업 중 어느 쪽에서 부담하느냐에 따라 다음과 같이 정의할 수 있다.[7)]

① 소비자절대책임

소비자절대책임(absolute consumer liability)은 위험한 제품에 의한 사고피해에 대한 배상과 관련하여 아무런 법적 구속이 없을 때, 사고의 모든 책임을 소비자가 전적으로 부담하는 경우이다. 이를 매수자의 위험부담(caveat emptor)이라 한다. 즉, 제품사고손해에 대하여 $s^c = 1$; $s^p = 0$이다. 따라서 사고의 원인이 생산과정이나 판매과정의 하자에서 기인하여 기업이 주의를 기울이면 방지할 수 있는 사고로 기업이 최소비용회피자가 되는 경우일지라도 발생한 모든 사고의 책임을 소비자가 부담한다.

② 기업절대책임

기업절대책임(absolute enterprise liability)은 소비자절대책임과 달리 모든 제품사고에 대한 책임을 기업이 부담하는 것으로, 제품사고피해에 대하여 $s^c = 0$; $s^p = 1$이다. 이는 생산과정의 하자에 의한 것이든 아니면 소비자의 소비과정의 과실에 의한 것이든, 제조자가 최소비용회피자인 경우의 사고든 아니면 소비자가 최소비용회피자인 경우의 사고든 모든 사고의 책임을 기업이 진다. 매도자의 위험부담(caveat venditor)원칙이라고 하기도 한다.

③ 과실책임원칙

과실책임원칙(negligence rule)은 소비자가 주의를 기울기는 것이 효율적인지 또는 생산의 주체인 기업이 주의를 하는 것이 더 효율적인지를 판단하여 적정수준(법적의무)의 주의를 기울이지 않은 당사자에게 사고피해의 책임을 묻는 것으로, 일반적으로 제품생산의 주체인 기업이 주의를 기울기는 것이 더 효율적인 것으로 보고 기업이 기울인 주의수준의 정도에 따라 사고손해의 부담 여부가 달라진다. 즉, 기업이 제품생산과정에서 법원의 판단에 준하는 노력(적정주의수준 또는 효율적 주의수준)을 기울였다면 과실이 없는 것으로 법원이 판단함으로써

6) 이종인(2006), 제조물책임과 제품안전성의 경제학, 한국학술정보, pp. 74-75.

7) 박세일(2003), 법경제학, 법문사, pp. 338-339. 최은희(2007), 전게논문, pp. 38-41.

$s^c = 1$; $s^p = 0$이고, 제품생산과정에서 기업이 법원의 판단에 준하는 노력을 기울이지 않았다면 법원은 기업에 과실이 있는 것으로 판단할 것이므로 $s^c = 0$; $s^p = 1$이다.

NOTE 6-1

● 적정주의수준(efficient care level)의 도출

안전규제의 주요 목적 가운데 하나는 사회적 사고총비용(social cost)을 최소화하는 것으로, 이는 사고비용(accident cost)과 사고회피비용(cost of care)의 합을 최소화하는 것이다. 그리고 사고총비용 최소화를 결과하는 적정의 주의수준을 찾을 수 있다면, 이때의 주의수준을 과실책임원칙에서 법원의 과실판단 기준으로 정함으로써 안전사고로 인한 사회적 비용을 최소화시킬 수 있을 것이다.

예를 들어, 주의수준(X)에 따라 주의비용(cost of care)과 사고의 확률($p(X)$)이 변한다고 가정하자. 그리고 주의비용은 주의의 정도가 높아짐에 따라 일정한 비율로 증가하며, 주의로부터 얻는 이익은 증가하되 그 증가율 자체는 감소한다고 가정하다. 또한 사고회피비용은 주의의 한계비용(W)과 주의수준의 곱, 사고비용은 사고의 확률과 사고피해(L)의 곱으로 표현하자. 즉, 사고회피비용 = WX, 사고비용 = $p(X)L$으로 표현하자.

따라서 사고총비용(SC) = 사고회피비용 + 사고비용 = $WX+p(X)L$이 된다. 이 사고총비용을 최소화시키는 주의수준(X)을 구하기 위해서는 SC를 X에 대해 미분하여 그 결과를 0으로 놓고, 그 조건을 만족하는 X를 구하면 된다.

즉, $dSC/dX = 0 = W + (dp/dX)L$이 성립하는 주의수준 X가 SC를 최소화시키는 적정수준의 주의수준(X^*)이다.

이를 그림으로 표현하면 아래와 같다.

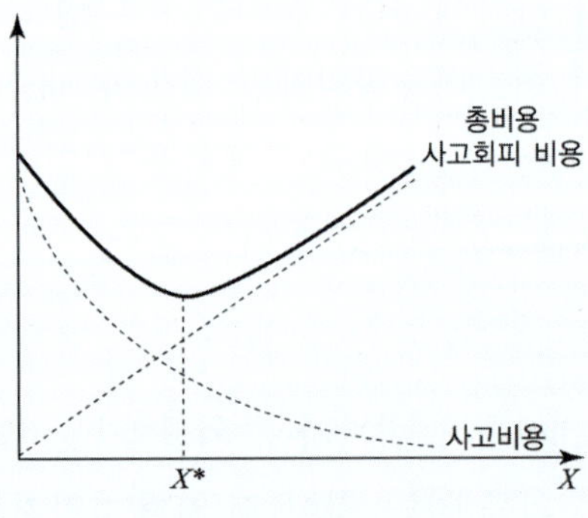

사고총비용의 최소화

과실책임원칙하에서 기업이 기울인 주의수준(X)이 법원의 과실판단 기준인 법적 주의수준보다 작다면 기업이 모든 사고피해를 부담하고, 기업의 주의수준이 법적 주의수준 이상인 경우에는 사고책임을 부담하지 않는다. 만약 법원의 과실판단 기준이 법적 주의수준이 위에서 도출한 사회적 적정주의수준(X^*)과 일치한다면 사고총비용을 최소화시킬 수 있을 것이다. 따라서 사회적으로 적정한 수준의 주의수준(X^*)을 찾아내는 것이 무엇보다도 중요하다.

자료 : 박세일(2003), 법경제학, pp. 290~294

④ 무과실책임

무과실책임(strict liability)은 생산과정의 원인에 의한 모든 사고의 피해, 즉 제품결함으로 인한 모든 사고피해에 대해서만 책임을 기업이 부담하는 것이다. 즉, 생산과정의 원인에 의한 사고피해에 대해서는 $s^c = 0$; $s^p = 1$이고, 생산과정의 원인에 의한 것이 아닌 사고피해에 대해서는 $s^c = 1$; $s^p = 0$이다. 다시 말해 생산과정상의 원인에 기인하는 모든 사고에 대하여 제조자가 책임을 지게 된다. 그 생산과정의 하자발생에 제조업자의 과실이 있었는지 없었는지, 상당한 주의를 하였는지 안 하였는지는 문제 삼지 않는다. 물론 생산과정의 하자는 없는데 오로지 소비과정의 잘못으로 인한 사고는 소비자가 책임져야 한다.

03 안전규제와 소비자후생

1) 안전규제에 대한 반응

정책당국이 안전규제를 도입하는 가장 큰 이유는 규제의 도입을 통해 소비자(사용자)의 행위 수준에 영향을 미쳐 안전사고를 예방하거나 감소시키는 것이다. 자동차 안전벨트 착용의무화는 가장 전형적인 안전규제로, 안전벨트 착용 운전자 또는 탑승자의 치명적 위험(부상이나 사망의 가능성)을 감소시켜 교통사고 비용을 줄이는 효과가 있는 반면 비용도 유발한다. 즉, 안전벨트 착용에 소요되는 시간과 안전벨트 착용하고 있는 동안의 불편함이 수반되는 비용이다.

일반적으로 안전벨트 착용 효과 측정 시 탑승자의 위험만을 반영한다. 우리나라 교통안전공단에 따르면 교통사고 발생 시 안전벨트를 매지 않을 경우 앞좌석 탑승자는 치사율 2배, 뒷좌석 탑승자 치사율 3.8배, 차 밖으로 튕겨질 위험성은 2.2배, 앞좌석 승객이 다칠 위험은 51.3배나 높다고 한다. 또한 2001년과 2002년 '안전띠 매기' 범국민 캠페인 후 안전띠 착용률이 98%까지 올랐으며 사망자는 전년대비 각 21% 감소하였다고 한다.[8)]

그러나 이에 더하여 안전벨트 착용은 외부성을 유발하여 예상하지 못했던 결과를 가져오기도 했다.

8) 뉴시스(2009.10.19), '교통안전공단, 「벨트운동」, 추진으로 사망자를 줄인다,' 에서 발췌함

제품안전규제의 일반적 접근방식은 안전을 강화하는 방식으로 생산기술을 바꾸는 것이다. 그러나 안전이 강화된 제품사용으로 제품 사용자의 행동이 변화한다면 그 이득이 기대수준보다 감소할 수 있다. 안전규제가 합리적인 제품사용자의 인센티브 구조를 바꾸기 때문이다. 안전벨트 착용의무화를 예로 들면, 안전벨트 착용 운전자는 안전벨트 착용이 사고로 인한 부상이나 사망가능성을 감소시켜 주기 때문에 속도를 더 내고 주의 운전을 하지 않을 가능성이 높다. 이는 교통사고 증가로 이어지고, 특히 안전벨트 착용 혜택을 누리지 못하는 보행자들의 경우 사고 확률이 높아지게 된다.

Peltzman(1975)은 경험적 연구를 통해 안전벨트 규제시행으로 교통사고 사망률은 감소했으나 사고 건수는 증가하였음을 보였고, 안전벨트 규제의 순효과는 운전자의 사망률은 거의 변화가 없으나 오히려 보행자의 사망률이 높아진 것으로 나타났다. 그 이유는 운전자는 안전운전의 수준을 결정할 때 안전운전의 이득과 비용을 고려하여 천천히 안전운전함으로써 얻는 이득과 천천히 운전함으로써 발생하는 비용을 비교하게 되는데, 안전벨트는 사고를 당했을 때 부상이나 사망의 가능성을 낮춰 주기 때문에 과속의 유인요소가 되어 사고건수를 증가시킨 것이다.[9)]

Peltzman의 연구는 안전규제가 사용자의 행위에 따른 사회적 결과뿐만 아니라 인센티브 구조의 변화를 가져와 행위수준에 영향을 미침을 보여 주는 대표적인 사례이다. 그림 6-3은 Peltzman의 연구결과를 도식화한 것이다. 직선 OA는 안전벨트 규제가 도입되기 이전 운전속도와 운전자의 사망위험 간의 관계를 나타내고, 직선 OBC는 안전벨트 규제 도입 이후 운전속도와 운전자의 사망위험 간의 관계를 나타낸다. 점 A는 안전벨트 규제 도입 전 안전벨트 착용을 하지 않았을 때 운전자의 운전속도와 사망 확률이며, 점 B는 안전벨트 규제 도입 후 안전벨트를 착용하고 행위수준, 즉 운전속도를 변화시키기 않은 운전자의 운전속도와 사망 확률이다. 그렇지만 안전벨트를 착용한 운전자의 한계이득은 감소할 것이므로 점 C까지 운전속도를 높일 것이다. 따라서 안전벨트의 사고위험 감소 효과는 기대수준보다 축소되게 된다.

그림 6-3에서 점 B에서 점 C로의 이동은 경제원리에 따른 것으로, 그림 6-4는 감속 운전에 따른 운전자의 한계이득과 한계비용을 나타낸다. 설명의 단순화를 위해 감속 운전의 한계비용이 단위시간당 불변한다고 하면 그림에서처럼 수평인 한계비용곡선에 직면하게 된다.

9) Sam Peltzman(1975), "The Effects of Automobile Safety Regulation," Journ-al of Political Economy, Vol. 83, No.4, pp. 677-725.

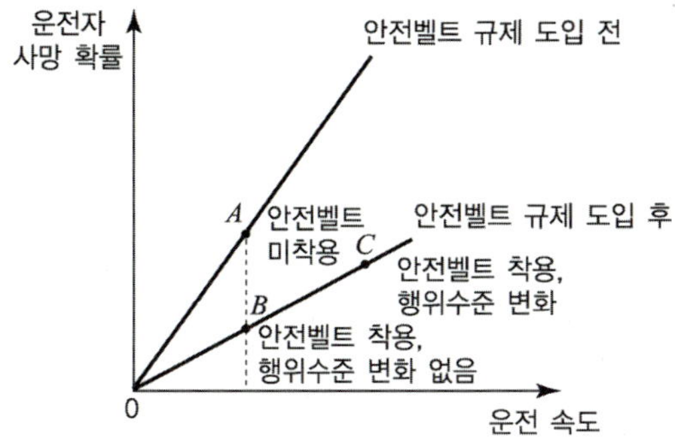

그림 6-3 안전벨트 규제와 운전속도

한편 안전벨트 규제 도입 전의 운전자는 MB_0과 같은 모양의 한계이득곡선에 직면한다. 하지만 안전벨트 규제 도입 후 벨트 착용으로 인한 불편함 등으로 운전의 한계이득(MB_1)은 감소한다. 따라서 안전규제의 도입은 한계이득곡선을 좌측으로 이동시키고 운전속도의 균형점도 좌측으로 이동하여 운전속도는 빨라지게 된다.

Vicusi(2005)는 또한 의약품 및 부동액과 같은 위험물질 용기 뚜껑의 안전마개 의무화는 어린이의 접근이 어려운 위치에 약품을 놓으려는 부모의 이득을 감소시켰을 뿐만 아니라 부모에게 잘못된 안전의식을 심어 주었을지 모른다며, 안전장치에 대한 일부 소비자의 오인이 안전에 대한 주의정도를 감소시키는 이러한 현상에 대해 완화효과(lulling effect)란 용어를 사용했다.[10]

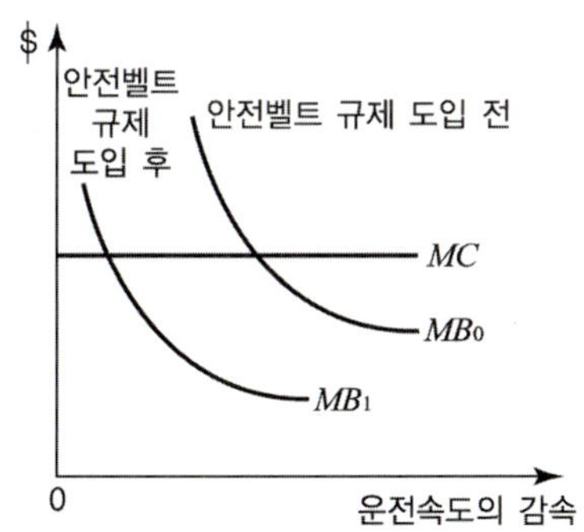

그림 6-4 운전속도의 선택

10) W. KiP Viscusi(2005), Economics of Regulation and Antitrust, MIT press, pp. 798-804.

이처럼 안전규제는 소비자와 상호작용하여 소비자의 인센티브 구조에 영향을 미쳐 행위수준을 변화시킴으로써 규제당국이 기대했던 수준보다 더 낮은 수준의 효과를 가져 올 수 있다. 따라서 규제를 도입할 때에는 규제의 직접적인 효과와 함께 그 규제가 사람들의 인센티브 구조에 영향을 미쳐 간접적으로 어떤 예측하지 못했던 효과를 나타낼지도 반드시 고려해야 한다. 규제가 사람들의 인센티브 구조를 변화시킨다면 사람들의 행동이나 행위수준도 변하게 된다.[11)]

2) 안전규제의 효과

소비자의 위험에 대한 잘못된 인식은 안전규제 도입의 당위성을 제공하며 이로 인해 도입된 안전규제가 소비자후생을 증대시키는 것은 명백하다. 그러나 이러한 안전규제는 소비자의 인센티브 구조에 영향을 미쳐 안전규제의 영향력이 규제 옹호자들이 생각했던 것보다는 작다고 보는 견해가 지배적이다.[12)]

안전규제의 효과가 기대수준과 정확히 일치하지 않을지라도 규제당국의 각종 안전규제의 궁극적인 목표는 소비자후생, 나아가 사회후생을 증대(개선)시키는 것이다. 그러나 안전규제의 효과, 즉 소비자후생이나 사회후생의 개선정도를 직접적으로 측정하는 것은 어렵기 때문에 안전규제 시행 전후의 사고·사망률을 변화를 통해 안전규제의 효과를 간접적으로 측정할 수 있다.

미국을 포함한 선진국들은 모든 가정용품에 안전마개를 의무화하여 어린이 중독사고율 45% 이상 감소시켰으며, 우리나라도 어린이 독극물 사고의 경우 어린이 보호용 안전마개만으로 67%까지 예방이 가능한 것으로 보고 되었다.[13)]

04 안전정책과 소비자

1) 안전기준

앞에서 설명한 안전의 접근방법 중 법경제학적 분석은 구입한 제품의 안전에 문제가 있거나 결함이 있는 경우 사후적으로 누구에게 책임을 물을 것인가에 관

11) 맨큐/김경환·김종석 역(2007), 맨큐의 경제학, 교보문고, pp. 9-10.
12) Peter Asch(1988), 전게서, pp. 147-148.
13) 뉴시스(2004.7.27), '국회, 어린이 중독하고 예방법 개정안 발의'에서 발췌함 연합뉴스(2004.5.3), '어린이 독극물사고, 뚜껑만 관리해도 예방'에서 발췌함

한 것이었다. 반면 사전적으로는 제품의 안전기준 혹은 품질기준을 설정하여 기준에 불합격한 경우에 그 제조·판매를 금지하는 방법을 취할 수 있다.[14)]

특히 기술적으로 복잡한 수많은 제품이 홍수처럼 쏟아져 나오는 현대 생활 속에서 소비자들이 제품의 특성을 올바르게 파악하는 것은 불가능하다. 이에 정부는 소비자들이 제품의 위해에 대해 충분히 이해하기 어렵고 인체의 건강, 생명, 재산에 대해 중대한 피해를 야기할 가능성이 높은 제품에 대해 안전기준이나 품질기준을 설정하고, 그 기준에 부합하는 제품만 생산되어 시장에 유통될 수 있도록 허가하는 방식을 사용하고 있다.

이러한 안전기준은 식품, 의약품, 화장품, 의료기구, 완구, 전기용품 등의 품목에서 많이 사용되며, 이를 규정하고 있는 관계법들로는 식품위생법, 약사법, 농산물품질관리법, 전기용품 안전관리법, 품질경영 및 공산품안전관리법 등이 있다.

그러나 안전기준을 설정함에 있어 어느 정도 수준의 안전성을 확보하는 것이 적정한가를 결정하는 것은 상당히 어려우며, 사회적으로 바람직한 수준과 현재의 기술수준을 고려하여 안전기준을 설정해야 하는 정책결정 상황에서 기술적 정보를 상대적으로 많이 소유한 산업계에 의존해야 하는 경우에는 불합리하게 낮은 기준에서 안전기준이 설정될 가능성이 존재하는 등의 문제점이 있다.[15)]

2) 리콜제도[16)]

리콜(recall)은 제품이 제조된 후 제품의 결함으로 소비자의 생명·신체 및 재산상의 피해가 발생하거나 발생 가능성이 있는 경우, 기업 스스로 또는 정부의 강제명령에 의해 제품의 결함 관련 사실을 소비자에게 알리고 해당 제품을 신속하게 회수하여 파기, 수리, 교환 또는 환불 등의 적절한 조치를 취함으로써 안전과 관련된 사고와 소비자 피해를 사전에 예방함과 동시에 결함제품으로 인한 피해 확산을 방지하기 위한 소비자보호제도이다. 이는 가능한 한 빨리 위해·위험 요인을 제거하거나 시정함으로써 소비자에게 실질적으로 발생하는 위해나 잠재적인 위험을 제거하기 위한 것이다.

또한 리콜제도는 제조자가 자사제품에 대한 안전성 결함사실을 생산과정이나 제품의 최종 출하단계에서 미처 발견하지 못하고, 이미 시중에 유통된 제품 가운데서 결함을 발견한 경우, 당해 결함제품 전체에 대한 시정을 위하여 제품의 결함

14) 권오승(1994), 소비자보호법, 법무사, pp. 79-80.

15) 최병선(2001), 정부규제론, 법문사, pp. 543-546.

16) 최은희(2007), 전게논문, pp. 17-27

내용을 구매자인 유통, 판매업자 및 소비자에게 매스컴이나 우편 등의 방법으로 알리고, 결함제품을 시장이나 소비자로부터 거두어 들여 결함이 없는 제품으로 교환해 주거나 수리, 환불해 줌으로써 소비자의 안전을 확보하는 데 그 목적이 있다.

일반적으로 리콜은 강제여부에 따라 자발적 리콜과 리콜명령으로 구분된다. 자발적 리콜은 기업이 자사 제품의 결함으로 소비자의 안전에 위해를 끼치거나 끼칠 우려가 있는 경우 해당 제품에 대해 스스로 수거, 파기 또는 수리·교환·환급 등의 시정조치를 취하는 것을 말하며, 정부 명령에 의하지 않고 기업 스스로 취하는 시정 조치이기 때문에 잠재적으로 소비자에 대한 회사의 이미지와 신뢰를 향상시키는 데 기여할 수 있다. 반면 리콜명령은 결함이 확인된 제품으로부터 소비자의 안전을 확보하기 위해 정부가 공식적인 절차를 거쳐 해당 기업에게 리콜을 실시하도록 명령하는 제도로, 리콜명령 제도는 시행 자체보다는 기업의 자발적인 리콜을 유도하는 법적인 유도장치로서의 의미가 더 크다.

우리나라는 1991년 2월 자동차의 각종 매연으로부터 대기환경을 보전하기 위하여 대기환경보전법 제52조에 의해 자동차의 배출가스가 허용기준을 초과하는 경우 당해 사업자에게 결함을 시정할 수 있도록 함으로써 최초로 리콜제도가 도입되었다. 이후 개별법령에 의해 해당 품목의 리콜이 실시되고 있다(표 6-2).

1996년 이후 자동차뿐만 아니라 개별법령에 의한 품목별 리콜범위가 확대됨에 따라 리콜 건수는 매년 증가하고 있다. 특히 제조물책임법이 시행된 2002년부터는 리콜이 급증하여 100건을 넘어섰으며, 2003년을 제외하고는 100건 이상을 유지하고 있다.

표 6-2 우리나라의 품목별 리콜제도

품목 구분	모든 물품 및 용역	식 품	자동차		공산품		축산물
					안전인증 전기용품	안전검사 공산품	
주관 부처	물품·용역을 주관하는 중앙행정기관 (지자체위임)	보건 복지부 (지자체위임)	건설 교통부	환경부	산업 자원부 (지자체위임)	산업 자원부 (지자체위임)	농림부 (지자체위임)
근거법	소비자 기본법	식품 위생법	자동차 관리법	대기환경 보전법	전기용품 안전 관리법	품질 경영 및 공산품안전 관리법	축산물 가공 처리법
요 건	소비자의 생명, 신체 및 재산상의 안전에 현저한 위해를 끼치거나 끼칠 우려가 있는 경우	식품위생상 위해발생 또는 위해 발생가능성이 있는 경우	안전기준 부적합 또는 안전운행에 지장을 주는 결함이 있는 경우	제작차 배출가스 허용기준을 위반한 경우	안전기준 부적합 또는 안전인증 표시기준의 위반	안전검사를 받지 않았거나 안전검사에 불합격한 공산품	공중위생상 위해가 발생하였거나 발생할 우려가 있는 축산물
리콜 유형	강제, 자발	강제, 자발	강제, 자발	강제, 자발	강제	강제	강제, 자발
리콜 방법	수리, 교환, 환급, 파기, 제공금지	회수, 폐기, 성분·배합비율 등의 변경	제작결함의 시정	배출결함의 시정	개선, 파기, 수거, 교환, 환불, 수리	시정, 파기, 수거, 교환, 환불, 수리	압류, 폐기, 축산물의 원료제조방법, 성분·배합비율 변경
리콜 주체	제조자 또는 유통업자	영업자	자동차 제작자 등	자동차 제작자	전기용품 제조업자 또는 수입업자, 판매업자	안전검사 의무자, 판매업자 및 영업자	영업자
리콜명령 위반의 벌칙	3년 이하의 징역 또는 5천만 원 이하의 벌금	3년 이하의 징역 또는 2천만 원 이하의 벌금, 병과	1년 이하의 징역, 3백만 원 이하의 벌금	5년 이하의 징역 또는 3천만 원 이하의 벌금	1천만 원 이하의 벌금	2년 이하의 징역 또는 1천만 원 이하의 벌금	3년 이하의 징역 또는 5천만 원 이하의 벌금
시행 시기	'96.4	'96.12	'92.9	'91.2	'00.7	'98.1	'00.4

자료 : 법제처, 종합법령정보센터(http://www.law.go.kr).

표 6-3 연도별 리콜 실적

(단위 : 건)

연 도	1992	1993	1994	1995	1996	1997	1998	1999	2000	2001	2002	2003	2004	2005	2006
리콜실적	2	2	–	13	4	13	32	49	41	66	103	74	168	194	134

3) 제조물책임

사후적 규제란 어떤 문제가 일어난 이후 처벌을 가하는 것으로, 이러한 사후적 처벌에 의해 사전적으로 문제의 발생을 예방하거나 최소화하는 효과를 거둘 수 있을 것이라고 기대하는 규제를 말한다. 다시 말해 사후적 안전규제는 안전관련 사고피해 발생 이후를 규제하는 것으로 피해자의 소송에 대한 위협(소송 가능성)이 잠재적 가해자로 하여금 기대사회피해(expected social damages)를 내부화시킴으로써 사회적으로 바람직한 적정수준의 노력을 기울이도록 유도한다.

대표적인 사후규제인 제조물책임(Product Liability)은 안전상의 제품결함에 의해 소비자 또는 제3자의 생명, 신체, 재산 등에 손해가 발생했을 경우 그 결함제품의 생산자나 판매자(기업)에게 피해에 대한 손해배상 책임을 지게 하는 것이다. 따라서 생산자나 판매자(기업)로 하여금 사후 손해배상책임 발생가능성을 검토하게 함으로써 제품의 생산부터 판매에 이르는 모든 과정에서 안전성을 최우선적으로 고려하는 활동을 전개하도록 유도하여 궁극적으로 제품의 안전성을 강화하고자 하는 것이다.

1964년 처음으로 제조물책임법을 도입한 미국에 비하면 다소 늦은 감이 있지만, 우리나라의 제조물책임법은 2000년 도입되어, 2년여의 유예기간을 거쳐 2002년 7월부터 시행되고 있다.

Chapter 07 표시와 소비자

01 소비자정보

1) 정보와 소비자문제

소비자의 본질적인 문제는 소비자정보에서 상당 부분 찾을 수 있다고 설명하였다. 시장에서 생산자(혹은 판매자)와 소비자(혹은 구매자), 보험회사와 보험가입자, 고용인과 피고용인 등의 관계에서는 정보의 비대칭적인 문제가 존재한다. 이러한 상황은 경제행위주체의 감추어진 특성 때문에 발생하게 된다(이준구, 2004).

감추어진 특성은 보통 Akerof 교수의 논문에서 인용할 수 있다. 즉, 중고차시장에서 자동차를 팔려고 하는 사람은 그동안 자동차에 대한 문제점, 사고내역 등 자세한 내용을 알고 있으나 중고자동차를 사려고 하는 사람은 그 자동차에 관한 정보에 있어서 팔려는 사람만큼 제대로 잘 알 수 없다. 이때의 시장에서는 중고차를 팔려는 사람과 사려는 사람과의 비대칭적 정보의 차이가 존재한다. 따라서 이러한 정보의 격차는 흠 있는 불량품의 중고차를 구매자가 평가하는 가치보다 높은 가격에 구입하도록 만든다.

만약 사려는 사람이 그 자동차의 유형과 문제점에 대한 정보가 충분하다면 평가가치와 지불가격에 큰 문제가 없을 것이다. 그러나 이러한 중고시장에서 정보의 비대칭적 상황은 같은 유형과 연식의 중고차를 가진 다른 판매자들에게도 영향을 미친다. 시장에서 점차 결함을 적게 가진 중고자동차들은 제값을 받기 어려워지게 되므로 더 나쁜 중고자동차들(Lemon)이 시장에 범람하게 될 것이다. 즉, 질 좋은 중고차를 팔려는 사람의 자동차가격이 Lemon보다는 더 높아야 함에도 불구하고 시장에서는 거래가 잘 이루어지지 않게 되어 시장실패가 일어나게 된다. 이러한 상황이 계속되면 중고차시장에는 가격은 더 떨어지게 되며 점점 더 질 나쁜 자동차들이 많아져 소비자들은 자신이 원하는 품질보다 낮은 품질의 제품을 선택하게 되는 '**역선택(Adverse Selection)**'에 직면하게 된다(이준구, 2004).

역선택은 감추어진 특성 때문에 발생하게 된다. 특히 보험시장에서 많이 논의되는 문제이며, 은행의 대출, 노동시장 등에서 감추어진 특성으로 종종 발견되는 현상이다. 보험회사가 건강보험 상품을 개발하여 판매할 때 보험회사가 원하는 보험가입자(피보험자)는 건강한 가입자일 것이다. 그러나 잠재적 질병과 건강상의 문제를 가지고 있는 사람들이 가입을 더 원하게 될 것이며, 이로 인해 보험료의 지급이 증가할 것이다. 이는 보험프리미엄을 증가시키고 건강상의 문제가 더 많은 사람들만 가입을 하도록 할 것이다. 이때 보험회사는 '역선택'을 하기 쉬운 상황이 된다.

보험회사가 보험가입자의 감추어진 행동으로 정보를 가지고 있지 못할 때 보험가입자는 바람직하지 않은 행동을 하게 된다. 예를 들면, 보험에 가입한 가입자가 그 보험금을 믿고 화재예방을 위한 노력을 게을리 할 때 **도덕적 해이(Moral Hazard)**가 발생할 수 있다. 시장에서 소비자가 상품정보를 제대로 가지고 있지 않은 점을 이용하여 기업이 일시적으로 자신이 생산하는 제품의 품질을 낮추어 비용을 낮추는 시도를 하는 것도 도덕적 해이의 한 예가 된다(이준구, 2004).

정보의 소비자문제는 특히 정보가 공공재처럼 어떤 한 사람이 상품정보를 가지고 있다고 해서 다른 사람이 그 상품정보를 갖는 데 영향을 주지 못한다는 특성에서 야기된다. 즉, 소비자정보는 다른 사람의 소비가능성이 줄어들지 않음을 의미하는 **비경합성(non-rivaly)**과, 정보취득에 가격을 지불하지 않았다고 해서 그 사람을 배제시킬 수 없는 **비배타성(non-exclusiveness)**의 특성을 보여 준다. 따라서 소비자정보의 공공재적 특징은 정보생산자로 하여금 충분한 정보를 생산할 유인을 제거하여 소비자정보가 과소공급되게 된다.

이렇게 소비자정보의 공공재적 특성으로 인한 시장실패의 소비자문제 해결은 정확한 정보의 제공에 있다. 소비자에게 양질의 정확한 정보를 제공하는 수단으로서 소비자에게 정보를 제공하는 상품테스트와 가격, 품질비교 등에 관한 정보를 다루고 있는 'Consumer Reports'와 같은 잡지, 정보시장에서 소비자의 탐색비용을 줄여줄 수 있는 가격비교사이트 등은 좋은 예가 될 것이다.

그러나 정보통신기술과 대중매체의 다양화로 표현될 수 있는 정보화시대에서 소비자는 정보의 홍수 속에서 살고 있다고 해도 과언이 아니다. 이에 정보의 과소공급 문제보다 넘쳐나는 정보 속에서 진실된 정보를 가려내고 판단하는 문제가 새로운 소비자정보 문제로 대두되고 있다.

Maynes(1976)는 가격과 품질과의 관계에서 소비자정보의 중요성을 강조하며 소비자에게 가장 바람직한 가이드라인인 '**소비자정보곡선(Consumer Informat-ion Frontier)**'을 소개하였다. 즉, 가격은 낮을수록, 품질은 높을수록 소비자에게 유리하다는 것을 우상향하는 소비자정보곡선을 통해 보여 주고 있다. 시장에서 소비자들은 가격이 높고 품질이 낮은 제품(C)을 구매할 수도 있으며, 한편 가격이 높고 품질이 좋은 제품(D)을 구매할 수도 있다. 소비자들은 그래프 상에서 다양한 모든 선택이 가능하나, 가격은 낮고 품질이 높은 제품을 가장 선호할 것이다. 상품정보를 충분히 갖고 있는 소비자는 소비자정보곡선상의 A점에서 구매할 것이며, 품질과 가격에 대한 충분한 정보를 소유하지 않은 소비자는 소비자정보곡선상의 점보다 더 높은 점(B)에서 구매하게 될 것이다. 이는 B점에서 구매한 소비자가 A점에서 구매한 소비자보다 더 높은 가격을 지불했음을 의미한다. 두 소비자가 지불한 가격의 차이($P_b - P_a$)는 상품에 관한 정보가 없었기에 B점의 구매 소비자가 A점의 소비자보다 더 지불한 가격이 되는 것이다. 즉, B점의 소비자가 더 지불한 가격($P_b - P_a$)은 소비자정보부족으로 지불해야 하는 대가에 해당한다.

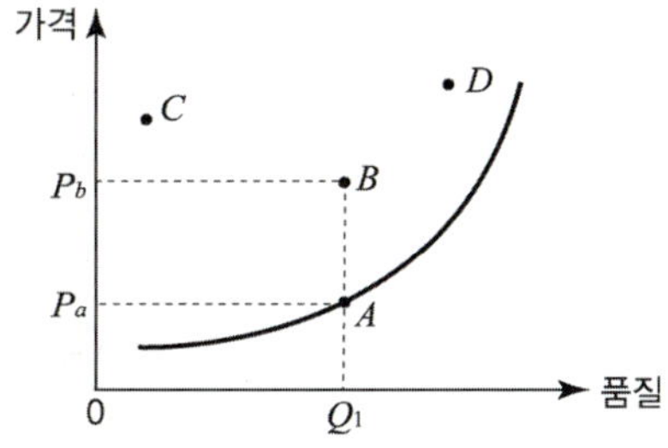

그림 7-1 소비자정보곡선(Consumer Information Frontier)

2) 소비자무지와 비효율성

만약 소비자가 무지하여 상품이 가지고 있는 특성보다 더 높게 혹은 더 낮게 평가하였을 경우 비효율성(후생손실)이 발생하며, 때로는 소비자가 상품가격보다 더 많은 비용을 지불하게 된다. 또한 소비자가 무지하면 기업은 경쟁하지 않고 마케팅전략만으로 소비자를 설득하기 쉬워진다. 소비자의 무지는 상품 품질이나 가격을 통한 기업 간 경쟁보다는 비가격경쟁을 유도하거나 경쟁을 통한 상품의 품질향상과 가격인하를 기대하기 힘들게 한다.

소비자무지에 더하여 시장구조가 독점적 구조 혹은 카르텔로 인한 가격담합이 이루어진 경우에는 소비자에게 품질과 가격에 대한 정보를 제대로 제공하려는 유인은 감소될 것이다. 거래에 있어서도 소비자가 무지하면 허위·과장광고가 증가할 것이고, 결과적으로 소비자에게 거래비용과 탐색비용을 증가시킴으로써 자원 역시 비효율적으로 배분되어 사회적 손실이 발생하게 될 것이다.

그림 7-2는 소비자가 상품을 정확하게 평가하지 못하고 과대평가 혹은 과소평가함으로써 야기될 수 있는 비효율을 나타낸다. 먼저 (a)의 그림에서 DD곡선은 소비자가 상품을 정확하게 평가하고 있을 경우의 수요곡선, $D'D'$곡선은 소비자의 상품에 대한 과대평가에서 기인하는 수요곡선이다. P_0의 가격에서 소비자들이 정확하게 상품을 평가할 수 있다면 Q_1만큼 소비할 것이나 과대평가로 인해 Q_2만큼 소비하게 된다. 따라서 $(Q_2 - Q_1)$만큼의 과대수요가 발생하게 된다. 삼각형 ABC는 소비자의 과대평가에 의한 과대수요로 발생하는 손실이다. 반면 (b)의 그림은 소비자가 상품을 과소평가함으로 해서 발생하는 손실을 나타낸다. (a)에서와는 달리 $D'D'$곡선은 소비자의 상품에 대한 과소평가로 인한 수요곡선이다. P_0의 가격에서 소비자는 상품을 과소평가하여 Q'_2만큼 소비하게 된다. 따라서 $(Q'_2 - Q_1)$만큼의 과소수요가 발생하며 삼각형 GHE만큼의 손실이 발생한다. 다시 말해 소비자들이 상품을 정확하게 평가하지 못함으로써 과대수요나 과소수요가 발생하며 소비자후생 손실을 유발하기 때문에 소비자가 상품을 정확하게 평가할 수 있는 정보의 제공이 중요하다(Greer, 1993).

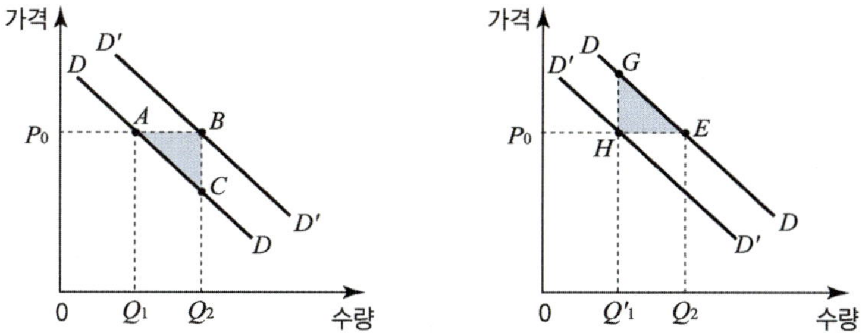

(a) Error of commission (b) Error of ommission

그림 7-2 소비자무지에 따른 손실

특히 소비자가 관여도가 높아 상품에 대한 정보를 많이 가지고 있는 경우, 예를 들어 전문가적인 수준이라면 기업은 소비자가 원하는 상품정보를 더 전문적으로 제공하여야 하며 가격, 특수기능, 보증 등보다 정보제공적 측면의 광고를 하게 될 것이다. 전문동호인들에 관한 잡지에 기재되는 산악용 자전거, 마라톤 전용운동화, 낚싯대 등의 상품광고가 그 예이다. 즉, 전문소비자를 표적으로 하는 기업의 행동은 더욱 정보지향적일 수밖에 없을 것이다.

3) 소비자정보정책

(1) 표준화 및 정보공개정책

시장에서 정보로 인한 소비자문제를 해결하기 위해, 즉 시장실패를 교정하기 위한 정부의 정책은 소비자에게 정확하고 진실된 정보를 제공하는 것에 초점이 맞추어진다.

소비자정보제공을 위해 표시, 광고 등과 관련된 법률, 시행령 및 하위법령(고시, 지침, 예규) 등을 규정하고 있으며, 약관 및 보증과 관련된 규정 등을 마련하고 있다. 특히 표준화정책과 정보공개정책 등은 소비자가 보다 쉽게 정보를 파악하고 비교할 수 있도록 함으로써 소비자의 구매의사결정에 도움을 주기 위한 정책들이다.

표 7-1 소비자정보정책

표준화정책	식품 및 약품 등에서 표시기준 단위가격제 보증에 대한 표준 표시와 관련한 정책
정보공개정책	성분공개 유효기간 표시 에너지효율등급제 소비자피해보상규정 안전에 관한 표시, 인증 등 중요정보 고시(광고) 약관제정, 가격표시 원산지표시 유전자재조합표시 품질인증 섬유혼용률 표시

(2) 중요정보 고시

중요정보 고시제란 소비자가 합리적 상품선택을 할 수 있도록 필요한 정보제공을 확대하기 위하여 마련한 소비자정보제공 정책 중의 하나이다. 소비자의 구매선택 시 꼭 필요한 중요정보를 소비자에게 제공하도록 표시·광고사항과 표시·광고의 방법을 업종별로 고시하도록 하고 있으며, 사업자가 의무적으로 제공하여야 하는 제도이다. 자세한 내용은 '제8장 광고와 소비자'에서 설명할 것이다.

02 표시와 소비자

1) 표시의 의의

일반적인 표시라 함은 사업자가 상품자체에 부착시켜 놓은 물체 또는 그 제품의 포장이나 사용설명서에 기재해 놓은 그 제품의 내용에 관한 중요한 사항을 말한다[1]. '표시·광고의 공정화에 관한 법률'상에서의 **표시의 정의**는 '상품에 관한 정보를 소비자에게 알리기 위해 상품의 용기나 포장, 혹은 사업장 등의 게시물

1) 방민석 외(2005), '국무조정실 연구용역 보고서'에서 재인용함

또는 상품권, 회원권, 분양권 등에 관해 그 권리를 나타내는 증서에 쓰거나 붙인 문자나 도형 등 상품의 특성을 나타내는 것'을 말한다. 박성용(2004)은 표시의 개념을 협의와 광의의 개념으로 구분하여 설명하고 있다. 일반적으로 사업장 등에 설치한 표지판이나 사업자가 자신이 제공하는 상품이나 용역에 대하여 제공하는 모든 정보행위를 의미할 때는 광의의 개념으로 분류하였으며, 제품의 용기나 포장 등에 붙여진 표시는 협의의 개념으로 설명하고 있다. 주로 표시관련 개별법은 협의의 표시개념을 포함한다고 하였다.

이러한 표시는 소비자의 구매선택에 중요한 정보가 되며, 사업자에게는 소비자 구매유인 수단으로 기능하기도 한다. 따라서 올바르고 적정한 표시제도는 소비자에게 유용한 정보제공의 역할을 할 수 있으며, 사업자에게는 상품판매의 기회를 최대한 보장해 주기도 한다. 소비자가 상품정보를 제대로 이해해서 올바른 선택을 하게 되면 기업 간 경쟁을 촉진시킬 수도 있으며, 가격과 품질의 경쟁을 유도할 수 있다(최숙희, 2002). 그러나 소비자에게 제공되는 정보는 소비자정보의 공공재적 성격으로 인해 무임승차자의 문제가 있으며, 바람직한 상품정보의 양이 제공되지 못하는 일반적인 문제점도 가지고 있다.

표시의 기능은 법률에서 규정하고 있는 부당한 표시행위 기준에 위반하는 사업자의 표시행위를 규제함으로써 발생하는 기능과, 법률에서 반드시 표시하여야 할 사항을 준수함으로써 발생하는 기능으로 살펴볼 수 있다(박성용, 2004). 표시행위를 규제함으로써 공정한 경쟁의 유지와 확보, 소비자의 생명·신체상의 안전성을 확보할 수 있는 기능과, 강제적인 표시제도를 시행함으로써 거래 조건의 적정성 및 안전성의 확보와 품질의 식별 등의 기능을 할 수 있다.

표시의 종류에는 그 내용에 따라 다음과 같은 다섯 가지 종류로 나누어 설명할 수 있다[2].

- 사람의 신체나 생명의 안전성을 확보하기 위해 당해 상품의 취급상의 주의사항이나 사용방법을 규제하는 **안전표시**(약사법, 식품위생법, 독물 및 극물에 관한 법률 등)
- 상품의 품질이나 규격이 법소정의 기준에 부합하는지 여부를 나타내는 **규격표시**(공업표준화법, 공산품품질관리법, 전기용품안전관리법 등)

2) 방민석 외(2005), '국무조정실 연구용역 보고서' pp. 6-7.

표 7-2 표시의 종류

구분			내용
표시내용	안전표시		상품의 취급상의 주의사항이나 사용방법 표시
	규격표시		상품의 품질·규격의 법적 기준 부합여부 표시
	자격표시		특정 계량상품의 성질·체적·농도·밀도 등 표시
	가격표시		상품이나 용역의 가격 및 대가 표시
	부당표시		사업자의 부당한 표시행위 방지
강제성	강제표시		
	임의표시	인증표시	제3기관을 통한 제품 인증 표시
		자가표시	제품에 대해 일정한 범위 내에서 사업자가 표시

- 특정한 계량상품의 성질·체적·농도·밀도 등을 나타나는 **자격표시**(전기공사법, 건설업법, 도로운송사업법, 관광사업법 등)
- 상품이나 용역의 가격 및 대가를 나타내는 **가격표시**(물가안정법, 자동차운수사업법, 숙박업법, 창고업법 등)
- 사업자의 부당한 표시행위로부터 소비자의 권익을 보호하고 공정한 경쟁을 확보하기 위한 **부당표시**(표시·광고법, 소비자법, 약사법, 상표법, 의장법 등)로 구분할 수 있다.

표시는 그 강제성의 유무에 따라 강제표시와 임의표시로 구분할 수 있으며, 임의표시는 다시 인증표시와 자가표시로 구분할 수 있다.

2) 부당한 표시

소비자에게 잘못된 상품정보를 표시하여 소비자에게 오인과 피해를 줄 수 있는 부당한 표시는 정부규제의 대상이 된다. 먼저 '표시·광고의 공정화에 관한 법률'에서는 사업자 등은 소비자를 속이거나 소비자로 하여금 잘못 알게 할 우려가 있는 표시·광고 행위로서 공정한 거래질서를 저해할 우려가 있는 다음의 행위를 하거나 다른 사업자 등으로 하여금 이를 행하지 못하도록 금지하고 있다.

부당한 표시의 개념은 ① 허위·과장의 표시, ② 기만적인 표시·광고, ③ 부당하게 비교하는 표시·광고, ④ 비방적인 표시·광고로 규정하고 있다.

그러나 이종민과 김지선(2002)의 연구에서는 상호배타성(mutual exclusive -ness)의 모호함을 문제점으로 들어 부당한 표시·광고의 유형을 설명하였다. 한편 방민석 외 2인(2005)은 부당한 표시·광고에 대한 규제는 공정거래법상의 불공정거래행위에 대한 규제와 마찬가지로 사전 예방적 기능을 가지며, 부당한 표시·광고행위의 규제는 사업자와 소비자 간의 '정보의 비대칭성'에서 비롯되는 힘의 불균형을 시정하여 소비자문제를 해결해야 하며 거시적인 관점에서 접근할 필요가 있다고 주장하고 있다. 이러한 규제는 소비자에게 진실되고 충실한 정보를 전달하도록 함으로써 올바른 상품선택과 구매결정을 가능하게 하고, 사업자 간에는 가격과 품질·서비스에 의한 바람직한 능률경쟁을 가능하게 한다.

'표시·광고의 공정화에 관한 법률 시행령'에서는 부당한 표시의 내용을 다음과 같이 규정하고 있다.

- **허위·과장의 표시** : 사실과 다르게 표시하거나 사실을 지나치게 부풀려 표시하는 것
- **기만적인 표시** : 사실을 은폐하거나 축소하는 등의 방법으로 표시하는 것
- **부당·비교 표시** : 비교대상 및 기준을 명시하지 아니하거나 객관적인 근거 없이 자기 또는 자기의 상품이나 용역을 다른 사업자 또는 사업자 단체나 다른 사업자 등의 상품 등과 비교하여 우량 또는 유리하다고 표시하는 것
- **비방표시** : 다른 사업자 등 또는 다른 사업자 등의 상품 등에 관하여 객관적인 근거가 없는 내용으로 표시하여 비방하거나 불리한 사실만을 표시하여 비방하는 것

표 7-3 부당표시의 법률적 내용

구 분	내 용
허위·과장의 표시	다르게 표시하거나 사실을 지나치게 부풀려 표시
기만적인 표시	사실을 은폐하거나 축소하는 등의 방법으로 표시
부당하게 비교하는 표시	비교대상 및 기준을 명시하지 아니하거나 객관적인 근거 없이 자기 또는 자기의 상품이나 용역을 다른 사업자 또는 사업자 단체나 다른 사업자 등의 상품 등과 비교하여 우량 또는 유리하다고 표시
비방적인 표시	다른 사업자 등 또는 다른 사업자 등의 상품 등에 관하여 객관적인 근거가 없는 내용으로 표시하여 비방하거나 불리한 사실만을 표시하여 비방

한편 박성용(2004)은 부당표시의 판단기준 및 행위의 유형을 다음과 같이 설명하고 있다[3].

- **표시내용의 진실성** : 표시내용 전체의 진실성뿐만 아니라 부분적으로 진실한 표시행위
- **표시내용의 한정성** : 꼭 알려야 할 표시정보가 제공되지 않는 표시행위. 예를 들면 안전성에 관한 사항, 특정한 거래조건 등
- **정보이용의 용이성** : 소비자가 쉽게 이해할 수 없는 표시행위. 예를 들면, 글씨가 너무 작다거나, 잘 보이지 않는 곳에 표시한다거나, 표시내용이 너무 어렵거나, 바탕색과 비슷한 글자색으로 표시하여 잘 알아보기 힘든 표시행위 등
- **표시내용의 변조가능성** : 표시내용을 변조하거나 변경한 표시행위

3) 표시관련 행정기구 및 법규

(1) 행정기구

표시에 관련된 일반적인 규제사항을 담당하는 기관으로는 먼저 공정거래위원회를 들 수 있다. 공정거래위원회는 우리나라 표시와 광고규제에 관한 가장 일반적이고 포괄적인 규제기관으로 공정거래질서의 확립뿐만 아니라 소비자의 합리적 선택을 위해서 그동안 개별법으로 산재해 있던 표시관련 법규를 1999년 '표시·광고의 공정화에 관한 법률'로 제정·시행하였다.

① 공정거래위원회

공정거래위원회에서 소비자관련 업무를 담당하고 있는 **소비자정책국**은 소비자정책과, **소비자안전정보과**, 특수거래과, 약관심사과, 전자거래팀이 있다. 이 중 표시관련 업무는 주로 소비자안전정보과에서 담당하고 있으며, 표시광고규제의 대표적인 법률인 '표시광고의 공정화에 관한 법률'의 집행 및 법령을 운용하고 표시관련 자율규약의 심사 및 관리업무를 담당하고 있다. 한편 소비자정책국의 전자거래팀은 '전자상거래 등에서의 소비자보호에 관한 법률'에 의하여 통신판매업자의 표시·광고법 위반사항에 대하여 직권조사 및 시정조치를 담당한다. 이 밖에 약관심사과에서는 '약관의 규제에 의한 법률'에 근거하여 표준약관의 표시와 관련된 규정을 관리하고 있다(www.ftc.go.kr).

3) 박성용(2004), '부당한 표시행위 규제기준 제정에 관한 연구', pp. 21-23.

② 지식경제부

공산품과 관련된 표시부분에 관한 대표적인 규제기관으로서는 지식경제부가 있다. 지식경제부의 표시관련 업무를 살펴보면, 먼저 에너지관리과에서 담당하는 에너지소비효율등급표시가 있으며, 석유산업과에서는 석유류 가격표시를 주관하고 있으며, 수출입관련 원산지 표시는 '대외무역관리규정(고시)'에 의하여 수출입과에서 담당한다. 그리고 공산품가격표시요령 및 정책은 유통물류과에서 담당하고 있다.

2007년 3월 개정된 지식경제부의 소관법령인 '품질경영 및 공산품안전관리법'에 의하면 공산품의 품질표시가 **권고사항**에서 **의무사항**으로 바뀌었고, 어린이보호포장 또한 신고·표시가 **의무화**되었다. 또한 개정 전에는 포함되어 있지 않던 자율안전 확인제도를 신설하여 자율안전 확인마크를 부여하고 있다. 뿐만 아니라 예전의 검마크와 안전마크는 **KC마크**로 바뀌었다(www.mke.go.kr).

공산품 표시 업무 중 공산품 품질인증은 지식경제부의 **기술표준원**에서 주로 담당하고 있으며, 특히 기술표준원 **제품안전정책국** 내의 **생활제품안전과**는 공산품의 품질표시 및 인증업무의 주무부서이다. 또한 전기통신제품안전과에서는 전기용품 안전인증에 관한 세부범위를 지정하거나 안전인증기관을 관리하는 업무를 담당하고 있으며, 신기술인증지원과에서는 신기술제품에 관련한 품질인증업무를 담당한다(www.ats.go.kr).

③ 보건복지부·식품의약품안전청

'식품위생법'과 '건강기능식품에 관한 법률' 등에 근거하여 식품·영양 표시 및 건강기능식품, 약품·화장품·의료기기 및 의료기관에 관한 일반적인 표시에 관한 규제사항은 보건복지부 및 식품의약품안전청에서 주로 다루고 있다. 특히 식품의약품안전청의 **식품안전정책과**에서는 식품위생법을 기준으로 '식품 등의 표시기준'에 근거하여 식품표시관련 사항을 운용하고 있을 뿐만 아니라 표시기준을 제정·개정한다. **식품관리과**에서는 식품표시 사항들을 사후 관리·감독하고 있다. 특히 유전자재조합기술을 활용하여 재배·육성된 농·축·수산물 등의 원료로 하여 제조·가공된 식품이나 식품첨가물에 관한 표시부분을 관장하기도 한다(www.kfda.go.kr).

④ 농림수산식품부

'농산물 품질관리법'에 의하여 농림수산식품부의 **소비안전정책과**에서는 농산물소비자보호정책을 총괄하며, 농산물의 품질안전성관리 및 유전자변형농산물 표시관리와 원산지표시제를 운용하고 있다. 특히 **국립농산물품질관리원**에서는 농산물에 관한 친환경인증 및 우수농산물인증, 이력추적관리제도, 원산지표시 등의 업무를 주관하고 있다. 또한 지리적 특성을 가진 농산물 및 가공품의 지리적 표시를 등록·보호함으로써 소비자에게 농산물의 정보를 제공하고 있다. 지리적 표시의 예를 들어보면 보성녹차, 하동녹차, 쿠바의 하바나 시가, 코냑 등 특정지역의 지리적인 특성에 기인한 농산물 혹은 그 가공품을 표현하는 명칭을 말한다.

농림부는 양곡과 인삼에 관한 표시업무도 함께하고 있으며, 유전자조작농산물(GMO)표시는 '농산물품질관리법'에 의거하여 시행되고 있다. 특히 GMO표시제도는 기존의 표시대상이었던 콩, 콩나물, 옥수수, 감자 등의 4개 품목이 2007년 6월 이후부터 식품의약품안전청장이 식용으로 적합하다고 인정한 품목으로 확대 적용하고 있다(www.mifaff.go.kr).

(2) 관련 법률

우리나라의 부당한 표시와 관련된 대표적인 법률은 공정거래위원회의 '**표시·광고의 공정화에 관한 법률**'이다. 표시·광고법은 소비자기본법, 약관의 규제에 관한 법률 등과 같이 표시를 규제하는 **일반법**이며, 현재 표시관련 사항을 규제하는 법률은 식품위생법, 약사법 등 개별법으로서 산재되어 있다. 공정거래위원회는 표시·광고법 이외에 시행령 및 16개의 고시나 지침 등의 하위법령을 가지고 있다. 예를 들면, 부당한 표시·광고 행위의 유형 및 기준, 비교표시·광고에 관한 심사지침, 소비자안전에 관한 표시·광고 심사지침, 은행 등의 금융상품 표시·광고에 관한 심사지침, 중요한 표시·광고사항 고시, 통신판매 표시·광고에 관한 심사지침 등이 있다. 다음은 표시와 관련한 법규들을 소개한 것이다(표 7-4).

표 7-4 각 부처별 표시관련 주요법규

주무부처	근거법령
기획재정부	보험업법, 소비자기본법, 예금자보호법, 유사수신행위의 규제에 관한 법률, 주세법(시행령), 물가안정에 관한 법률 등
공정거래위원회	표시·광고의 공정화에 관한 법률, 방문판매 등에 관한 법률, 약관의 규제에 관한 법률, 전자상거래 등에서의 소비자보호에 관한법률, 가맹사업거래의 공정화에 관한 법률 등
지식경제부	전기용품 안전관리법, 품질경영 및 공산품안전관리법, 상표법, 에너지이용합리화법, 산업표준화법, 대외무역법(원산지표시) 고압가스 안전관리법(용기표시), 계량에 관한 법률, 중소기업진흥 및 제품구매촉진에 관한 시행규칙, 중소기업협동조합법, 디자인 보호법, 실용실안 법률 등
보건복지부	건강기능식품에 관한 법률, 국민건강증진법, 보건의료기본법, 식품위생법, 약사법(시행규칙), 의료기기법, 의료법, 화장품법, 마약류 관리에 관한 법률, 장사 등에 관한 법률 등
농림수산식품부	농산물품질관리법, 농산물 가공산업육성법, 양곡관리법, 축산물가공 처리법, 친환경농업육성법, 인삼산업법, 사료관리법, 비료관리법, 농약관리법 등
문화체육관광부	음란·비디오물 및 게임물에 관한 법률, 영화진흥법, 저작권법, 청소년보호법 등
환경부	먹는물관리법, 환경기술개발 및 지원에 관한 법률 등
금융감독원	은행법, 자산유동화에 관한 법률 등

자료 : 각 부처의 법령을 토대로 작성하였음

4) 표시제도의 이해

(1) 식품·영양표시제도

① 식품표시

식품, 식품첨가물 등의 표시에 관련한 사항은 '식품위생법' 제10조의 규정에 의하여 규정하고 있다. 이러한 기준 제정의 목적은 소비자에게 정확한 식품정보를 제공하며 식품안전을 도모하고 공정한 거래를 확보함에 있다. '**식품 등의 표시기준**'에서는 제2조 용어의 정의에서 제품명, 식품의 유형, 유통기한, 품질유지기한, 영양소 등에 관하여 정의를 내리고 있으며, 표시의 대상은 동 고시 제3조에서 식품 또는 식품첨가물, 방사선으로 조사 처리한 식품, 수입식품 등에 관하여 그 대상을 삼고 있다. 또한 표시사항(제4조)이나 표시방법(제5조) 등에 관하여서도 자세히 규정하고 있으며, 식품 등의 세부표시기준에서는 식품제조업자가 따라야 할

강제적인 표시규제사항들을 담고 있다. 식품 등의 **표시사항**에 대한 구체적인 내용들을 살펴보면 다음과 같다.

- 제품명
- 식품의 유형
- 업소명 및 소재지
- 제조년월일
- 유통기한 또는 품질유지기한
- 내용량
- 원재료명 및 함량
- 성분명 및 함량
- 영양성분
- 기타 식품 등의 세부표시기준에서 정하는 사항

표시의 방법(제5조)은 제품명 및 내용량은 주 표시면에 표시하여야 하며, 소비자가 쉽게 알아볼 수 있도록 일정장소에 일괄 표시하여야 한다. 또한 소비자에게 판매하는 제품의 최소판매단위별 용기·포장에 표시하여야 하며, 소비자가 쉽게 알아볼 수 있도록 바탕색과 구별되는 색상으로 표시해야 하며 규정한 활자의 크기로 표시하여야 한다. 수입식품의 경우 상표법에 의하여 등록된 상표는 외국어를 한글표시활자보다 크게 표시할 수 있으며 활자의 크기 등을 상세히 규정하고 있다.

- **유통기한** : 제품의 제조일로부터 소비자에게 판매가 허용되는 기한을 말한다.
- **품질유지기한** : 식품의 특성에 맞는 적절한 보존방법이나 기준에 따라 보관할 경우 해당 식품 고유의 품질이 유지될 수 있는 기한을 말한다.
- **예 시**
  - 유통기한 표시 : '○○년 ○○월○○까지', 또는 '○○○○.○○.○○까지', '제조일로부터 ○○년까지' 등
  - 품질유지기한 표시 : '○○년 ○○월○○', '○○○○.○○.○○' 등
  - 필요한 보존조건의 경우 : '냉동보관' 또는 '냉장보관'으로 표시

유통기한이나 품질유지기한이 서로 다른 제품을 함께 포장하였을 경우에는 그중 가장 짧은 유통기한 또는 품질유지기한을 표시하여야 한다.

② 영양표시

영양표시에는 영양성분표시, 영양강조표시가 있다. 영양강조표시에는 영양소 함량강조표시와 영양소 비교강조표시가 있다. 영양성분표시를 자세히 살펴보면 다음과 같다. 영양성분표시에는 열량, 탄수화물(당류), 단백질, 지방(포화지방과 트랜스지방 포함), 콜레스테롤, 나트륨 등 함량과 열량을 표시하여야 한다. 표시 단위는 소비자가 1회에 섭취하는 경우에는 한 포장당 함유된 값으로 표시하여야 하며, 용기·포장에 소비자에게 제공하는 횟수를 표시한 경우에는 1인 분량당 혹은 1회 분량당 함유된 값으로 표시하여야 한다. 열량의 경우 킬로칼로리(kcal)로 표시하여야 하며, 영양성분의 표시함량을 나타낼 경우에는 탄수화물 및 단백질은 1g당 4kcal를, 지방은 1g당 9kcal를 각각 곱한 값의 합으로 산출한다.

- **영양성분표시(nutrition information)** : 제품의 일정량에 함유된 영양소의 함량 및 영양소 기준치에 대한 비율 등을 표시하는 것을 말한다.
- **영양소 함량강조표시(nutrition content claim)** : 식품에 포함된 영양소를 '저', '무', '고' 함유 용어를 사용하여 소비자에게 영양소를 강조하는 표시이다. '무' 또는 '저' 의 강조표시는 해당영양소의 함량을 낮추거나 제거한 경우에만 사용할 수 있다.
- **영양소 비교강조표시** : '덜', '더', '감소', '라이트', '강화', '첨가' 용어를 사용하는 것으로서 다른 제품과 영양소를 비교 표시하는 것을 말한다. 영양소 함량의 차이를 다른 제품의 표준값과 비교하여 백분율 또는 절댓값으로 표시할 수 있다. 즉, 다른 제품의 표준값과 비교하여 열량 및 대량영양소의 경우는 최소 25% 이상의 차이가 있어야 하며, 미량영양소의 경우는 최소 일일권장량의 10% 이상의 차이가 있어야 한다.

③ 건강기능식품표시

건강기능식품에 대한 수요가 최근 매우 증가하여 2004년부터 '건강기능식품에 관한 법률'이 제정·시행되고 있다. 건강기능식품이란 인체에 유용한 기능성을 가진 원료나 성분을 사용하여 정제, 캡슐, 분말, 과립, 액상, 환 등의 형태로 제조·가공한 식품을 말한다. 미국에서는 보통 건강기능식품을 식이보충제(dietary supplement)로 부르며, 건강식품(health food)에는 자연식품(natural foods), 유기식품(organic foods), 다이어트식품(diet foods), 식이보충제(dietary supplement foods) 등이 있다(김진아, 2005).

건강기능식품이라는 표시는 주 표시면에 '건강기능식품'이라는 문구 또는 건강기능식품을 나타내는 도안을 주 표시면에 표시하여야 한다.

- **기능정보표시** : 제품의 일정량에 함유된 기능성분 또는 지표성분의 함유정도와 기능성표시 등을 말한다.
- **기능성분표시** : 해당 제품의 대표적인 기능성분 또는 기능성원료의 지표성분과 그 함량을 표시하는 것을 말하며, 기능성분의 함량은 1회 분량당 함유된 값으로 표시하여야 한다.
- **기능성표시** : 건강기능식품에 관한 법률 제3조 제2호에서 규정한 기능성에 관한 표시를 말한다. 이 경우 기능성표시에는 영양소기능표시·기타기능표시 및 질병발생위험감소표시를 포함한다.

건강기능식품의 경우 기능정보표시 내용에서 기능성표시를 하고자 하는 경우에는 점선 안에 표시를 하여야 한다. 예를 들면, 체중감량이라든지, 혈액순환개선 등의 기능성 내용을 표시하여야 한다.

① 영양·기능정보

② 1회분량

③ 1회분량당	함 량	④ %영양소기준치
⑤ 열량	150kcal	
⑥ 탄수화물	23g	7%
⑦ 단백질	2g	3%
⑧ 지방	6g	11%
⑨ 나트륨	55mg	2%
⑩ 비타민 C	11mg	20%
⑪ 칼슘	20mg	7%
⑫ 기능성분 또는 지표성분	0mg	

⑬ ※%영양소기준치 : 1일 영양소기준치에 대한 비율

그림 7-3 영양·기능정보표시(예시)

기타 건강기능식품의 세부표시기준은 '건강기능식품의 표시기준'(제6조의 세부표시기준 및 방법 11항)에 따르면 조사 처리한 건강기능식품에 사용하는 조사식품 마크 및 우수건강기능식품제조기준(GMP)적용업소의 마크 또한 사용할 수 있다.

건강기능식품에 관하여 그 기능성 표시·광고에 대한 심의를 할 경우 '건강기능식품표시 및 광고심의기준'에 의하여(건강기능식품에 관한 법률 제16조) 기능성 표시·광고에 대한 심의를 받아야 하는 대상과 기준, 방법 및 절차 등을 규정하고 있다.

(2) 원산지표시제도

원산지표시제도는 농산물이 생산된 곳에 대한 소비자에게 정확한 정보의 제공과 공정한 거래질서를 확립함과 동시에 국내 생산농업인을 보호하기 위한 제도이다. 국내 농산물과 농산물가공품은 '농산물품질관리법'에 의하여 규제되고 있으며, 수출입 농산물의 원산지 표시제도는 '대외무역법'의 대외무역관리규정(고시)를 근거로 운영되고 있다.

원산지란 농산물이 생산 또는 채취된 국가 또는 지역을 말한다(농산물품질관리법 제2조 6). 국제적 거래에 있어서의 원산지는 일반적으로 그 물품이 생산된 정치적 실체를 지닌 국가를 의미하며 국내적으로는 지역 또는 지방을 의미한다고 할 수 있다(www.naqs.go.kr).

원산지표시는 국산농산물일 경우에는 '국산' 혹은 그 농산물을 생산한 '시·도명, 시·군명'으로 표시하고 있으며, 수입농산물일 경우에는 '수입국명 또는 국명산', 'Made in 국명', 'Product of 국명'으로 표시한다. 또한 국내가공품일 경우에는 가공품에 사용된 '원료농산물의 원산지'를 표시하도록 하고 있다. 원산지표시대상 품목은 2007년 4월부터 대폭 확대 운영되고 있다.

(3) 품질인증제도

품질인증제도(Quality Certification System)는 생산자가 규격 또는 사양에 적합한 품질의 제품 또는 서비스를 공급함에 있어서 공신력 있는 정부나 기관에서 보증하고 특정마크를 부여하는 제도이다.

① 농산물인증

현재 국립농산물품질관리원에서 관리하고 있는 대표적인 품질인증제도는 친환경인증, 우수농산물인증, 이력추적관리제도, 지리적 표시 등이 있다.

- **친환경농산물 인증** : 친환경농산물 인증은 환경을 보전하고 소비자에게 보다 안전한 농산물을 공급하기 유익한 제도이다. 친환경농산물 인증 표시는 합성농약, 화학 비료, 항생·항균제 등 화학자재를 사용하지 않거나 이의 사용을 최소화하여 생산한 농산물임을 의미한다. 친환경농산물은 생산방법과 사용자재에 따라 유기농산물, 무농약농산물, 저농약농산물로 나누어진다(www.naqs.go.kr). 유기농산물과 무농약농산물 표시는 2015년까지, 저농약농산물 표시제는 2010년까지 시행될 것으로 계획되어 있다.
- **전통식품 품질인증** : 전통식품 품질인증은 국산농산물을 주원료로 하여 제조·가공되는 우수 전통식품에 대하여 정부가 품질을 보증하는 제도이다. 생산자에게는 고품질의 제품 생산을 유도하고, 소비자에게는 질 좋은 우리 전통식품을 공급하는 데 그 목적이 있다. 품질인증 대상 품목은 국산농산물을 주원료로 제조·가공되고 예로부터 전승되어 오는 우리 고유의 맛·향 및 색을 내는 전통 식품의 개발과 그 계승·발전을 위해 필요하다고 인정하는 품목이고, 농림부장관이 따로 지정하고 있다(www.naqs.go.kr).

② 공산품안전인증

공산품과 관련한 품질인증은 주로 지식경제부의 소속기관인 **기술표준원**에서 담당하고 있다. 전기용품의 안전인증은 '전기용품안전관리법'에 의하여 운용하고 있으며, 전기제품을 제외한 일반 공산품은 '**품질경영 및 공산품안전관리법**'에 의하여 안전인증 표시 및 제도를 운용하고 있다. 2007년 3월부터 '품질경영 및 공산품안전관리법'이 개정되어 제품검사를 제품인증으로 바꾸었으며 품질표시가 권고사항에서 **의무사항**으로 개정되었고, 안전인증, 자율안전제도, 안전품질표시제, 어린이보호포장제가 도입되었다.

자율안전확인제도는 기업의 자율성을 확대한 것으로서 제조(수입)자가 출고 또는 통관 전에 모델별로 지정된 시험 검사기관에서 안전성 시험·검사를 하여 공산품의 안전기준에 적합한 것임을 확인한 후, 안전인증기관에 신고하여 자율안전확인마크를 제품에 표시하는 것을 말한다.

표 7-5 인증별 공산품종류

분 야	안전인증대상 공산품(14품목)
섬 유	가(假)속눈썹[가(假)속눈썹용 접착제를 포함한다]
화 학	자동차용 재생타이어(트레드고무를 포함한다)
금 속	가정용 압력냄비 및 압력솥, 휴대용 예초기의 날
생활용품	가스라이터, 물놀이기구, 비비탄총, 어린이놀이기구, 자동차용 어린이보호장치
기 계	승강기시설 안전관리법 제2조 제1호에 따른 승강기를 구성하는 주요 부품 [조속기(調速機), 비상정지장치, 완충기, 상승과속방지장치용 브레이크, 승강장문잠금장치만 해당된다]
분 야	**자율안전확인대상 공산품(47품목)**
섬 유	등산용 로프, 스포츠용 구명복, 유아용 섬유제품
화 학	건전지(충전지를 포함한다), 부동액, 생활화학가정용품, 자동차용 브레이크액, 자동차용 안전유리, 자동차용 앞면창유리세정액, 자동차용 타이어, 유아보호용품(합성수지제 주방용품 및 일반용품)
기 계	빙삭기, 자동차용 휴대용잭
토 건	미끄럼 방지타일
생활용품	고령자용 보행보조차, 고령자용 보행차, 디지털도어록, 롤러스케이트, 롤러스포츠보호장구, 바퀴운동화, 벽지 및 종이장판지, 쇼핑카트, 스노보드, 스케이트보드, 스키용구, 아동용 2단침대, 어린이용 장신구, 완구, 유아용 삼륜차, 유아용 의자, 유아용 캐리어, 이륜자전거, 일회용 기저귀, 학용품(크레용·크레파스, 문구용품, 문구용 찰흙을 포함한다), 헬스기구, 휴대용 레이저용품, 휴대용 사다리, 모터 달린 보드, 물휴지(물티슈), 보행기, 승차용 안전모(승차용 눈보호구를 포함한다), 운동용 안전모, 유모차, 유아용 침대, 인라인롤러스케이트, 킥보드, 온열시트
분 야	**안전·품질표시대상 공산품(30품목)**
섬 유	가정용 섬유제품(접촉성 섬유제품을 포함한다), 양탄자
화 학	가죽제품, 농업용 합성수지제 필름(식품용 기구 및 용기·포장은 제외한다), 습기제거제, 화장비누, 화장지, 연질염화비닐호스, 토건 물탱크
생활용품	가구, 가정용 공구, 간이빨래걸이, 면봉, 보안경, 선글라스, 안경테, 텐트, 고령자용 지팡이, 물안경, 반사안전조끼, 보온·보냉용기(식품용 기구 및 용기·포장을 제외한다), 자동차용 정지표시판, 침대 매트리스, 우산·양산, 고령자용 목욕의자, 고령자용 신발, 시각장애인용 지팡이, 고령자용 위치추적기, 고령자용 휠체어테이블, 스테인리스 수세미
분 야	**어린이보호포장대상 공산품(7품목)**
	광택제, 방향제, 부동액, 세정제, 얼룩제거제, 자동차용앞면 창유리 세정액, 접착제

그리고 법정 외의 위해제품에 대해서는 리콜권고 및 공표를 할 수 있는 제도를 도입하였다. 또한 동법은 **어린이보호포장**을 의무화하는 제도를 도입하였는데, 이 제도는 어린이보호를 위하여 포장하였음을 안전인증기관에 신고한 후, 어린이보호포장마크를 제품에 표시하는 제도를 말한다.

안전인증제도란 제조자가 출고 또는 통관 전에 모델별로 안전인증기관으로부터 안전인증을 획득하여 안전인증마크를 제품에 표시하여야 한다. 신체에 안전위해의 우려가 있는 품목은 자율안전확인을, 사용 시 주의를 기울이면 안전성이 확보될 수 있는 품목은 **안전·품질표시**를 의무적으로 해야 한다.

2009년 10월 안전인증 공산품은 14개, 자율안전확인 대상은 47개, 안전·품질표시품목은 30개, 어린이보호포장은 7개 품목이 지정되어 있다.

가장 중요한 변화 중의 하나는 그동안 사용되어 오던 아래의 13개 법정강제 인증마크를 **KC마크 하나로 통합** 운영한다는 것이다. 소비자혼란과 기업부담을 줄이고 국가이미지제고를 위해 국가표준심의회에서 계속 국가통합인증을 추진할 계획이다.

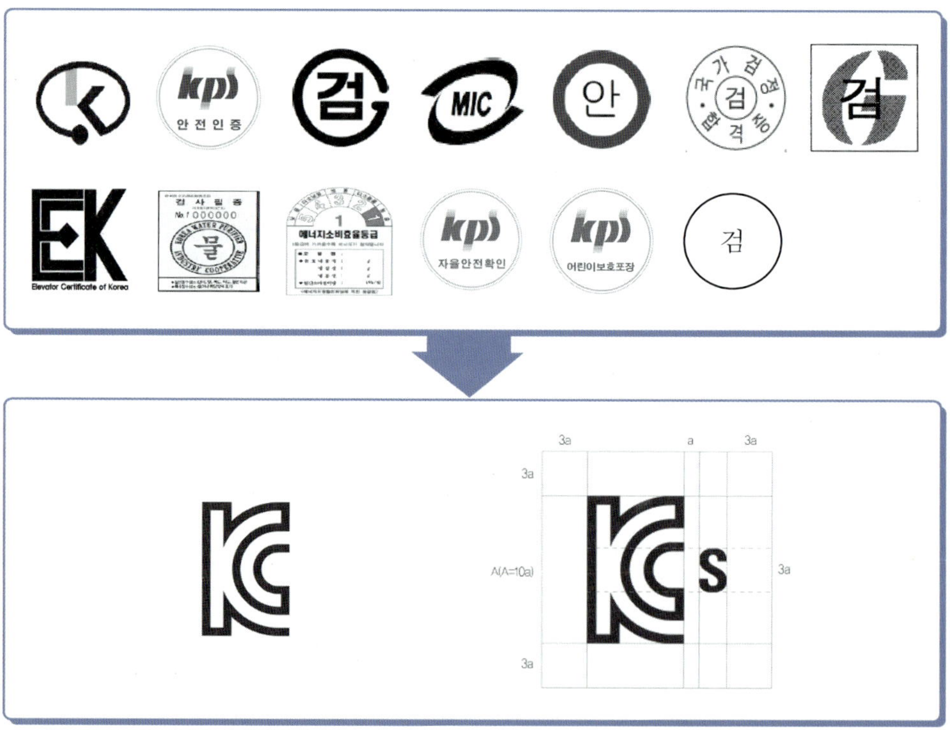

그림 7-4 국가통합인증마크(KC : Korea Certification)

(4) 등급제도

① 에너지소비효율 등급

지식경제부는 에너지소비효율관리를 위하여 에너지소비의 효율향상과 부화관리 등 수요측면 관리를 통한 에너지의 효율적 배분을 도모하는 에너지 수요관리의 방법을 모색하고 있다. 즉, 절약형 제품의 보급을 위하여 에너지소비를 저감하는 방법으로서 에너지소비효율등급표시, 고효율기자재인증제도, 에너지절약마크제도, 건물에너지 효율등급인증제도 등을 운영하고 있다.

에너지소비효율 등급표시는 '에너지이용합리화법' 제17조 및 '효율관리기자재의 운영에 관한 규정'에 의하여 등급표시 라벨을 제품에 부착하여 소비자선택을 도우며, 최저효율기준 미달제품은 생산·판매를 금지하는 제도로서 생산·판매되는 대상품목 전체에 적용되는 의무적 제도이다. 대상제품으로는 냉장고, 에어컨, 가정용 가스보일러 등 에너지 사용량이 많은 제품 등이다. 자동차의 경우에는 '자동차의 에너지 소비효율 및 등급표시에 관한 규정'에 의해 시행되고 있다.

② 쇠고기 품질등급 표시제도

쇠고기 품질등급은 축산법시행규칙 제32조 제3항에 의한 '축산물등급판정세부기준'(농림부고시)에 의해 육질등급과 육량등급으로 구분하여 판정한다. 육질의 등급은 고기의 질을 근내지방도, 육색, 조직감, 성숙도에 따라 1^{++}, 1^{+}, 1, 2, 3등급으로 판정한다. 육량등급은 도체에서 얻을 수 있는 고기량을 도체중량, 등지방두께, 등심단면적을 종합하여 A, B, C등급으로 판정한다(표 7-6).

표 7-6 소도체 등급표시

구 분		육질등급					
		1^{++}등급	1^{+}등급	1등급	2등급	3등급	등외(D)
육량등급	A등급	1^{++}A	1^{+}A	1A	2A	3A	
	B등급	1^{++}B	1^{+}B	1B	2B	3B	
	C등급	1^{++}C	1^{+}C	1C	2C	3C	
	등외(D)						

자료 : www.apgs.co.kr

(5) 지리적 표시제도

지리적 표시는 특정 지역의 명칭을 의미하며, 지리적 표시 보호제도는 특정 농식품이 당해 원산지 지역과 밀접한 관련이 있음을 보증하는 것이다. 지리적 표시제는 이미 명성을 가진 기존 농식품을 보호하기 위한 것이며 새로운 농식품에 적용되는 것은 아니다.

세계적으로 유명한 지리적 표시로는 보르도의 포도주, 샹파뉴의 발포성 포도주, 스카치 위스키, 켄터키 위스키, 코냑 브랜디, 까망베르 치즈, 파르마 치즈, 다르질링 홍차, 바이에른 맥주, 하바나 시가 등이 있으며, 우리나라의 경우에는 이천 쌀, 여주 쌀, 나주 배, 순창 고추장, 상주 곶감, 진영 단감, 하동·보성 녹차, 남해·고흥 유자, 돌산 갓김치, 양양 송이버섯, 영광 굴비, 영덕 대게, 완도 김, 기장 미역, 흑산도 홍어 등이 그 예이다. 또한 강화 화문석, 이천 도자기, 담양 죽제품 등 비식품에도 다수의 지리적 표시가 있다.

우리나라에서는 1999년에 지리적 표시 보호제를 도입하였으며 2006년 말까지 33개의 지리적 표시가 등록되어 있다. 이러한 지리적 표시는 세계무역기구 무역관련 지적재산권협정에 따라 국제적으로 지적 재산으로 인정되어 보호받고 있다(www.naqs.go.kr).

NOTE 7-1

● 법정 강제 인증제도 현황(2009.10 기준)

구 분	관련부처	대상분야	관련 법률	대상품목	인증마크
안 전	지식경제부	전기용품	전기용품안전관리법	전선/전원코드 등	KC
		공산품(안전인증)	품질경영및공산품안전관리법	유모차 등	KC
		공산품 (자율안전확인)	품질경영및공산품안전관리법	등산용로프 등	KC
		공산품 (어린이보호포장)	품질경영및공산품안전관리법	광택제, 방향제 등	KC
		승강기	승강기제조및관리에관한법률	승강기부품 등	KC
		가스용품	액화석유가스의안전관리및사업법	가스레인지 등	KC
		고압가스용기	고압가스안전관리법	안전밸브 등	KC
		열사용기자재 압력용기	에너지이용합리화법	1, 2종 압력용기	–
		항공기부품	항공우주산업개발촉진법	고정익비행기 등	–
	국토해양부	자동차	자동차관리법	동력전달장치 등	–
		항공기	항공법	항공기 등	–
		기계식주차장	주차장법	기계식주차장치 등	–
		내화구조	건축법	건축용 벽체 등	–
		건설기계	건설기계관리법	불도저 등	–
	방송통신위원회	무선설비기기	전파법	무전기기류 등	
		전자파장해기기	전파법	정보기기류 등	KC
		전기통신기자재	전기통신기본법	유선단말기 등	
	국토해양부	선박	선박안전법	구명정 등	–
	노동부	유해/위험기기	산업안전보건법	프레스/전단기 등	KC
		방호장치 및 보호구	산업안전보건법	방호장치/안전모 등	–
	문화체육관광부	무대시설	공연법	조명시설 등	–

(계속)

구 분	관련부처	대상분야	관련 법률	대상품목	인증마크
안 전	농림수산식품부/검역원	축산물 HACCP	축산물가공처리법	도축장	–
	소방방재청	소방용품	소방시설설치유지및안전관리에관한법률	소화기, 방염재 등	KC
품 질	지식경제부	계량기	계량에관한법률	전기계기 등	KC
		에너지효율	에너지이용합리화법	형광램프 등	KC
	환경부	정수기	먹는물관리법	정수기구조/재질 등	KC
	국토해양부	바닥충격음 차단성능 인정	주택법	공동주택 바닥슬라브	–
		주택성능등급인정	주택법	공동주택	–
환 경	환경부	환경측정기기	환경기술개발및지원에관한법률	대기배출가스측정기 등(형식승인)	–
		환경측정기기	환경기술개발및지원에관한법률	대기배출가스측정기 등(정도검사)	–
		환경측정기기	환경기술개발및지원에관한법률	대기배출가스측정기 등(검정)	–
		자동차소음	소음진동규제법	자동차주행소음 등	–
		자동차배출가스	대기환경보전법	자동차배출가스 등(정밀)	
		자동차배출가스	대기환경보전법	자동차결함확인검사	
	국토해양부	안전설비	해양오염방지법	해양오염방지설비 등	–
보 건	식약청	의약품	약사법	의약품/마약류 등	–
		화장품	화장품법	기능성화장품, 신원료심사	–
		식품 HACCP	식품위생법	지정대상 고시품목	HACCP
		의약품제조및품질관리기준(의약품 GSP)	약사법	의약품제조업자	–
10개 부처 39개 분야			29개 법령		

● 법정 임의 인증제도 현황(2007.12.31)

구 분	관련부처	인증제도	인증기관	근거법률	대상품목	인증마크
안 전	노동부	S마크제도	한국산업안전공단	산업안전보건법	산업용기계 및 설비	
	지식경제부	전기용품 안전인증	산업기술시험원 등 3개 기관	전기용품 안전관리법	강제전기용품 안전인증대상 품목이외제품	
	농림수산식품부	축산물 HACCP	국립수의과학검역원	축산물 가공처리법	축산물가공품	–
	소방방재청	소방용기계기구 성능시험	소방방재청 (한국소방검정공사)	소방시설유지및 안전관리에관한법률	예비전원, 표시 등	
	해양경찰청	수상레저기구	해양경찰청	수상레저안전법	모터보트 등	–
품 질	보건복지가족부	보건제품 품질인증	한국보건산업진흥원	한국보건산업진흥원법	보건제품	
	지식경제부	한국산업규격표시 인증(KS마크)	한국표준협회 한국식품연구원	산업표준화법	공산품, 가공식품	
		품질경영체제인증 (ISO9001)	35개 ISO9001인증기관	품질경영및 공산품안전관리법	품질경영시스템	
		신뢰성인증 (R마크)	기술표준원	부품소재전문 기업육성등에 관한특별조치법	부품 및 소재	
		품질표준설비 인증	기술표준원	유통산업발전법	파레트 등	
		품질경쟁력 우수기업인증	한국표준협회	품질경영및 공산품안전관리법	제조업, 건설업 등	
	행정안전부	행정업무용 다기능사무기기	행정자치부	전자정부구현을 위한행정업무등의 전자화촉진에 관한법률	행정업무용 다기능사무기기	–
		행정업무용 S/W	행정자치부	전자정부구현을 위한행정업무등의 전자화촉진에 관한법률	행정업무용 S/W	
	국토해양부	도시철도용품 품질인증	건교부	도시철도법	도시철도차체 및설비용품등	

(계속)

구 분	관련부처	인증제도	인증기관	근거법률	대상품목	인증마크
품 질	국토 해양부	철도용품 품질인증	한국철도기술 연구원	철도안전법	철도용품(시설 차량전기용품)	
		철강구조물 제작공장인증	건교부	건설기술 관리법	철강구조물	–
		건설폐기물	한국건설기술 연구원	건설폐기물의재활용 촉진에관한법률	순환골재	–
	농림수산 식품부	수산물품질 위생인증	국립수산물 품질검사원	수산물품질 관리법	수산물 및 수산물가공품	
		수산전통식품 품질인증	해수부	수산물품질 관리법	수산전통식품	
	방위 사업청	국방품질경영 시스템인증	국방기술 품질원	방위사업법	품질경영 시스템	–
	중기청	중소기업 우수제품 마크(GQ마크)	중소기업청	중소기업진흥및 제품구매촉진에 관한법률	우수중소 기업제품	
		성능인증	중소기업청	중소기업진흥및 제품구매촉진에 관한법률	중소기업제품	
		싱글PPM 품질 인증	대한상공회의소	중소기업기술 혁신촉진법	제조업체	
	산림청	임산물 품질인증	국립산림 과학원	임업 및 산촌진흥촉진에 관한법률	임산물	
	소방 방재청	소방용기계기구 우수품질인증	소방방재청(한국 소방검정공사)	소방시설유지및 안전관리에관한법률	소방용기계	
	기획 재정부	기술평가인증	기술신용 보증기금	기술신용 보증기금법	제조업체	
	농림수산 식품부	농산물 품질인증	국립농산물 품질관리원	농산물품질 관리법	품질우수 농축산물	
		친환경농산물 인증	국립농산물품질 관리원 및 친환경 농산물인증기관	친환경농업 육성법	친환경농산물	
		전통식품인증	농림부	농산물가공 산업 육성법	전통식품	
		특산물인증	국립농산물품질 관리원	농산물가공 산업 육성법	특산물	
		우수농산물품질 인증(GAP)	민간인증기관	농산물품질 관리법		

(계속)

구 분	관련부처	인증제도	인증기관	근거법률	대상품목	인증마크
신기술	농림수산식품부	신기술농업기계	농림부	농업기계화촉진법		
	지식경제부	신제품인증(NEP마크)	기술표준원	산업발전법	신제품	
		전력신기술	지식경제부	전력기술관리법	신제품, 신기술	–
	교육과학기술부	신기술인증(NET마크)	한국산업기술진흥협회	기술개발촉진법	신기술	
	방송통신위원회	신제품인증(NEP마크)	정보통신연구관리단	정보화촉진기본법	신제품	
	국토해양부	신기술인증(NET마크)	건설교통기술평가원	건설기술관리법	신기술	
	환경부	신기술인증(NET마크)	환경관리공단	환경기술개발및지원법률	신기술	
환 경	지식경제부	환경경영체제인증(ISO14000)	28개 ISO14000 인증기관	환경친화적산업구조로의전환촉진에관한법률	환경경영시스템	KSA
		우수재활용제품품질인증(GR마크)	기술표준원	자원의절약과재활용촉진에관한법	일반폐지 등 재활용제품	
	환경부	환경마크	친환경상품진흥원	환경기술개발 및 지원법률	생산/소비과정에 저오염, 자원절약제품	
		환경성적표지제도	친환경상품진흥원	〃	제품의 환경영향	
		RPF품질규격인증	환경자원공사	자원의절약과재활용촉진에관한법률	폐플라스틱고형연료재활용제품	–
		배출가스저감장치및저공해엔진	환경부	수도권대기환경특별법	경유자동차	–
	국토해양부/환경부	친환경건축물인증	대한주택공사 등 4개	건축법	친환경건축물인증	
에너지	지식경제부	고효율에너지기자재인증	에너지관리공단	에너지이용합리화법	고효율유도전동기 등	

(계속)

구 분	관련부처	인증제도	인증기관	근거법률	대상품목	인증마크
에너지	지식 경제부	신·재생에너지 설비인증	〃	신·재생에너지 개발보급 및 이용보급촉진법	태양열온수기 등	
		건물에너지 효율등급인증	산자부	에너지이용 합리화법	18세대 이상 공동주택	
소프트 웨어	방송 통신 위원회	GS인증	정보통신 기술협회	소프트웨어 산업진흥법	IT 소프트웨어	
		정보보호시스템 평가인증	국가정보원 (IT보안인증 사무국)	정보화촉진 기본법	보안제품	–
		정보보호 관리체제인증	한국정보 보호진흥원	정보통신망이용 촉진및정보보호 등에관한법률	정보통신서비스 제공업자	
	지식 경제부	ES인증	기술표준원	산업발전법	산업용 소프트웨어	
		eTrust인증	전자거래진흥원	전자거래기본법	인터넷으로 상거래하는 품목	
	행정 안전부	행정정보보호용 시스템 선정	행정자치부	전자정부법	소프트웨어	–
서비스 / 디자인	지식 경제부	서비스품질 우수기업인증	기술표준원	품질경영 및 공산품 안전관리법	유통서비스업 등	
		우수산업디자인 마크(GD)	한국디자인 진흥원	산업디자인 진흥법	제품/포장 디자인 등	
단체 인증	지식 경제부	우수단체표준 인증제도	한국전기공업 협동조합 등 13개 단체	산업표준화법	전기제품 등	
보 건	식약청	식품 HACCP	식품의약품안전청	식품위생법	지정대상 비고시 식품	–
		GMP	식품의약품안전청	건강기능식품에 관한 법률	우수 건강기능식품 제조업소	
17개 부처 59개 분야			43개 법령			

● 민간자율 인증제도 현황(2007.12.31)

인증제도	인증기관	근거법률	대상품목	인증마크
산업별 전문 시스템인증 (QS9000)	8개 QS9000 인증기관	민간인증 (법적근거 없음)	자동차관련부품 및 서비스업	KSA KAB
품질보증제도 (Q마크)	한국생활환경 시험연구원 등 6개 민간기관	〃	생활용품 전반	
K마크제도	산업기술시험원	〃	공작기계/산업기계 /의료기기 등	
HS마크	한국생활환경 시험연구원	〃	위생과 안전성이 요구되는 품목	
제품안전성 (S마크)	한국화학시험 연구원	〃	항균, 살균 등 안전성이 요구되는 제품	
귀금속 및 보석상품의 품질보증	한국귀금속 보석감정원	〃	금, 은, 백금, 화이트골드	
건마크	한국건자재 시험연구원	〃	건자재 관련 모든 제품	
홀마크	한국귀금속보석 기술협회	〃	금, 은, 백금, 합금	
GH마크	한국보건 산업진흥원	〃	식품, 의약품, 화장품, 의료기기	
우수품질인증	한국보건 산업진흥원	〃	식품, 의약품, 화장품, 의료기기	HT
HB마크	한국공기 청정협회	〃	장판, 마루	친환경건축자재 (HB마크)
CA마크	한국공기 청정협회	〃	공기청정기	실내공기청정기 (CA마크)
상하수도용품인증	한국상하 수도협회	〃	수도용 역류 방지용 밸브 등	
건축설비인증	한국설비 기술협회	〃	온수 세정식 변좌 등	

(계속)

인증제도	인증기관	근거법률	대상품목	인증마크
아스콘인증	한국아스콘공업 협동조합연합회	민간인증 (법적근거 없음)	내유동성아스팔트 혼합물	
자판기인증	한국자동판매기 공업협회	〃	슬러시, 커피복합 자판기	
조리기계인증	한국상업용 조리기계 공업협동조합	〃	전기식기건조 소독장	
염화비닐관인증	한국염화비닐 관공업 협동조합	〃	하수도용경질 염화비닐 이음관	
명품마크	한국의류시험 연구원	〃	신사복, 숙녀복 등	
위생가공마크	한국의류시험 연구원	〃	의류, 섬유제품 등	
원적외선마크	한국의류시험 연구원	〃	의류, 기타 가공품	
자외선차단마크	한국의류시험 연구원	〃	신사복, 숙녀복 등	
향가공마크	한국의류시험 연구원	〃	섬유제품, 공산품 등	
골드다운마크	한국의류시험 연구원	〃	오리털의복 등	
항균마크	한국의류시험 연구원	〃	가정용 합성 세제 등	
EQ마크	한국의류시험 연구원	〃	섬유 및 피혁 가공제품 등	
HS마크	한국생활환경 시험연구원	〃	플라스틱 및 목재제품 등	
가구인증	대한가구공업 협동조합연합회	〃	신발장 붙박이장	
계측기기인증	한국계량계측 기기공업협동조합	〃	프로세스 제어반	
SF마크	FITI시험연구원	〃	의류, 문구류, 사무용품 등	

(계속)

인증제도	인증기관	근거법률	대상품목	인증마크
ST마크	한국완구공업 협동조합	민간인증 (법적근거 없음)	완구류	
전자기장 환경인증	한국전기전자 시험연구원	〃	전기용품	
전자파(EMC) 환경인증	한국전기제품 안전진흥원	〃	전기용품	
TTA인증	한국정보통 신기술협회	〃	정보통신기기	
광촉매인증	한국광촉매협회	〃	광촉매용액등	
KOSHA 18001 인증	한국산업 안전공단	〃	전사업장	
ER마크	한국화장품 공업협동조합	〃	화장품	–
건강보조식품 인증	한국건강기능 식품협회	〃	건강보조식품	–
명품브랜드인증	한국표준협회	〃	공산품	
으뜸상품인증	한국표준협회	〃	공산품	
미세먼지인증	한국화학시험연구원	〃	공산품	–
미생물인증	서울대학교 미생물연구원	〃	공산품	–
세라믹소재 신뢰성평가인증	요업(세라믹) 기술원	〃	요업용품	–
국산의류인증 마크	한국섬유산업 연합회	〃	의류	
SCS인증	한국소프트웨어 저작권협회	〃	소프트웨어	
자일리톨 함량인증	대한치과의사협회	〃	껌 등	–
교육용컨텐즈 품질인증	한국교육학술 정보원	〃	소프트웨어	

(계속)

인증제도	인증기관	근거법률	대상품목	인증마크
FI품질인증	한국원적외선응용평가연구원	〃	핸드폰 등	
Wellbix인증	연세대학교 학술과학 기술연구소	〃	공산품	
우수 e러닝 콘텐츠 품질인증	한국사이버 교육학회	〃	교육자료	
디자인품질인증	한국능률협회	〃	공산품	
태극마크	한국귀금속센터	〃	금, 은, 보석	
우수종합건강 진단센터	종합건강 관리학회	〃	병원	
절연성능인증	한국전기연구원	〃	고압전기제품	
온도상승성능인증	한국전기연구원	〃	고압전기제품	–
단락성능인증	한국전기연구원	〃	고압전기제품	–
개폐성능인증	한국전기연구원	〃	고압전기제품	–
ASP인증	IT렌털산업협회	〃	ERP 등 소프트웨어	
LPG안전관리 우수판매업소인증	한국가스 안전공사	〃	LPG가스 판매점	
관광기념상품인증	한국관광공사	〃	관광기념상품	
콜센터품질인증	한국텔레마케팅 협회	〃	콜센터운영 기업	
민간임의인증 60개				

Chapter 08

광고와 소비자

01 광고의 기본 개념

1) 광고의 정의

광고는 현대 자본주의 시장에서 매우 중요한 역할을 하며 소비자 주변에 홍수를 이룰 정도로 많은 광고가 쏟아지고 있다. 본 장에서는 소비자와 광고와의 관계에서 주로 소비자의 관점에서 광고와 관련된 내용들을 고찰하려 한다. 먼저 일반적인 광고의 정의에 관해 살펴보면 다음과 같다.

미국 마케팅학회(American Marketing Association)는 "광고란 광고주가 유료형식으로 제공하는 아이디어, 상품 또는 서비스의 비대인적 제시 및 촉진이다."라고 정의하고 있으며, 한국광고학회(1994)는 "광고주가 청중을 설득하거나 영향력을 미치기 위해 대중매체를 이용하는 유료의 비대면적인 의사전달형태"라고 정의한다(이두희, 2000).

따라서 일반적으로 광고란 **지불된 형태, 비대인적 매체, 광고 주체**라는 개념이 포함된다고 할 수 있다("Advertising is paid nonpersonal communication from an identified sponsor using mass media persuade or influence an audience"). 한편 최근에는 광고의 이러한 정의가 갖고 있는 시대적 환경에 따른 한계성으로부터 보다 확대된 개념으로 광고를 정의하려는 경향이 있다. 이두희(2000)는 광고를 "확인 광고주가 교환을 창출하거나 유지하기 위해 다양한 매체를 이용하여 주로 유료로 행하는 일방 또는 상호작용적 마케팅 커뮤니케이션"이라고 정의하고 있다. 이 정의는 광고의 궁극적인 목적은 교환(exchange)을 창출하거나 유지하는 데 있으며 교환은 비즈니스상의 거래(transaction)를 포함하는 포괄적인 개념이다. 또한 교환을 촉진하거나 유지하기 위한 다양한 방법들을 포괄하며, 광고는 다양한 매체를 이용하여 일방 또는 상호작용적(interactive)으로 행해짐을 강조하고 있다(p. 11~13).

광고에 관한 규제법인 '표시·광고의 공정화에 관한 법률'에서 광고의 정의는 동법 제2조 제2호에서 '광고라 함은 사업자 등이 상품 등에 관한 사항을 정기간행물, 인터넷신문, 방송, 전기통신, 그 밖에 대통령령이 정하는 방법으로 소비자에게 널리 알리거나 제시하는 것을 말한다.

정보화사회가 진행됨에 따라 광고의 방법이 다양해지고 교묘해져 기업의 공고나, 홍보 혹은 인터넷상에서의 진화된 여러 방법 등에 대해 과연 어디까지 광고로 보아야 할 것인지에 대한 논란이 많다. 앞장에서 '소비자의 개념'에 대해 설명한 것과 같은 논리이다. 이러한 이유들로 광고의 정의를 내리는 것에 많은 어려움이 있어 이에 대한 연구가 필요한 시점이다.

2) 광고의 기능

먼저 광고의 긍정적인 면을 살펴보면, 광고가 소비자에게 제품정보를 제공한다는 점을 들 수 있다. 또한 소비자의 상위욕구를 충족하는 데에 기여한다는 점, 광고로 인해 제품판매가 늘어나면, 즉 시장에서 그 제품에 대해 수요가 창출되면 상품의 가격이 하락할 것이라는 점과 대량생산 촉진으로 소비자의 후생이 증대될 것이라는 점을 들 수 있다.

한편 광고의 부정적인 측면은 물질 및 소비주의를 조장하고 비윤리적, 때로는 어린이나 판단능력이 약한 소비자에게 무차별광고 이후의 무책임함이라든지, 그리고 광고비의 과다지출로 인한 소비자 부담의 증가 등을 들 수 있다.

광고의 기능 및 역할은 기업과 사회에서 다음과 같은 역할을 한다.

(1) 광고의 마케팅적 기능

마케팅은 생산된 재화와 서비스를 소비자의 욕구충족을 위해 소비자에게 전달하는 과정이다. 일반적으로 마케팅의 수단으로는 4P's(Product, Pricing, Promo-tion, Place)가 있다. 광고는 이러한 마케팅적인 요소들에 대해 촉진적인 역할을 수행한다. 새로운 제품에 대한 정보전달이나 제품을 차별화하기 위한 판촉의 기능을 수행하며 제품 자체를 물질적 제품(physical product)에서 상징적 제품(symbolic product)으로 가치를 부가적으로 확장시키기도 한다. 광고는 판매력을 증가시키며 협상의 상당부분을 생략 가능케 한다. 또한 가격면에서도 광고는 제품의 가격유지의 역할을 수행하기도 한다. 광고 자체가 판로확보를 하기도 하며 판매의 일부분을 담당하기도 한다.

(2) 광고의 사회적 기능

광고는 생산된 제품에 대하여 유행을 창조하기도 하며 소비자에게 적합한 가치관을 갖도록 교육을 시키기도 하며, 사회단체 활동이나 사회 마케팅(social marketing)을 통하여 바람직한 가치관에 대한 사회화(socialization)의 역할도 수행한다. 제품에 대한 사용방법이나 제품 간의 비교를 가능하게 하는 정보를 제공하기도 한다. 또한 언론기관의 주요한 재정적 원천으로서의 사회적 기능도 담당한다.

(3) 광고의 문화적 기능

광고의 문화적 역할은 제품의 소비·교환을 촉진하는 궁극적인 역할뿐만 아니라 그 사회의 문화의 척도를 표현하거나 창출하는 역할도 수행한다. 또한 광고는 문화권 간의 대화창구 역할도 하며 새로운 소비문화를 촉진하기도 한다.

(4) 광고의 경제적 기능

광고의 경제적 논의의 출발은 두 가지 측면에서 이해될 수 있다. 광고는 상품의 속성 및 기업에 관한 여러 가지 정보를 제공하는 **정보적 기능**과 광고는 제품차별화기능으로서 소비자에게 구매를 설득시키는 힘을 가지고 있다는 **시장지배력(Market Power)**을 강조하는 두 개의 학파가 있다.

① 정보학파(information)

광고가 정보전달의 효과가 있다고 보는 것으로 광고를 통해 정보가 전달되면 소비자들의 가격 민감도가 높아지며 상품의 수요탄력성 및 가격탄력성이 높아진다고 본다. 이렇게 광고가 가격, 브랜드, 품질 등에 대해 정보를 제공하게 되면 소비자들의 지식이 높아져 소비자의 탐색비용(search cost)을 낮추어 주며, 기업은 증가된 정보의 양 때문에 기업의 진입(entry)이 쉬워지게 된다. 이렇게 증가된 기업의 수는 경쟁을 촉진시키며, 효율적인 기업만이 살아남게 되며 효율적인 기업의 상품가격은 낮아진다. 또한 기술개발에도 더 많은 노력을 기울이게 될 것이다. 소비자에게 유리하다.

② 시장지배력학파(market power)

광고가 계속되면 소비자들에게 광고를 인지시킨 결과 제품의 차별화를 가져오게 되고 가격에 덜 민감하도록 소비자들을 설득한다. 상표충성도가 높아져 제품과 서비스를 차별화시켜서 가격탄력성이 떨어지게 되며 이렇게 가격민감도도 낮아지면 기업의 시장지배력을 증가하게 된다. 증가된 시장지배력은 다른 기업의 시장 진입을 어렵게 하며 광고한 기업의 집중도(독점력)는 높아지게 된다. 상품가격은 올라가게 되며 기술혁신의 가능성은 낮아질 수 있다. 소비자로서는 광고된 상품 혹은 기업에 의존적인 관계를 갖게 된다.

이러한 광고에 대한 두 학파의 논의 외에도 광고의 경제적 기능은 자원배분제도에 영향을 미치며 수요를 창출한다는 것이다.

표 8-1 광고의 경제적 기능

구 분	광고 = 정보	광고 = 시장지배력
특 성	정보전달	제품차별화
가격탄력성	높아짐	낮아짐
진입장벽	쉬워짐	어려워짐
경 쟁	경쟁적	독점력 커짐
가 격	떨어짐	올라감
기술혁신	가능성 높아짐	가능성 낮아짐
이 윤	알 수 없음	높아짐

그러나 현재의 시장은 엄청난 단순히 소비자의 상표충성도나 시장의 지배력이 높다고 해서 경쟁기술개발을 게을리 할 수 없는 상황이다. 이러한 경쟁적 상황은 소비자가 원하는 소비자중심의 제품개발을 요구하고 있다.

또한 상품의 특성에 따라 광고를 차별화할 수 있는데, Nelson은 상품을 탐색상품(search goods)과 경험상품(experience goods)으로 나누어 설명하고 있다. 탐색상품이란 구매 전 충분한 정보가 요구되는 상품으로, 정보의 역할이 중요하고 정보를 많이 전달할 수 있는 인쇄매체를 이용한 광고가 적합하며 광고의 효과가 직접적으로 나타난다. 한편 경험상품은 상품의 효용이 정보로 전달되기 어려운 상품으로 소비자들이 광고 정보만 가지고 의사결정을 할 수 없는 상품을 말하며, 제품의 속성보다는 반복광고를 통해 이미지를 차별화시키기 때문에 그 효과가 간접적으로 나타난다. 경험상품의 반복광고는 친근감과 상표충성도(brand loyalty)를 가져올 수 있으며 이미지 조성을 위해서는 TV나 고급잡지와 같은 매체를 이용하는 것이 적합하다(한민희·장대련, 2000).

02 부당한 광고

'표시·광고의 공정화에 관한 법률'(이하 **표시광고법**)은 상품 또는 용역에 관한 표시·광고에 있어서 소비자를 속이거나 소비자로 하여금 잘못 알게 하는 부당한 표시·광고를 방지하고 소비자에게 바르고 유용한 정보의 제공을 촉진함으로써 공정한 거래질서를 확립하고 소비자를 보호함을 목적으로 한다. 앞에서도 살펴본 바와 같이 우리나라에서는 광고규제의 대상이 '**부당한**' 광고에 대해 규제하고 있다. '표시·광고의 공정화에 관한 법률'에서는 부당한 광고에 대해 사업자 등은 소비자를 속이거나 소비자로 하여금 잘못 알게 할 우려가 있는 표시·광고행위로서 공정한 거래질서를 저해할 우려가 있는 다음의, ① **허위·과장**의 광고, ② **기만**적인 광고, ③ **부당하게 비교**하는 광고, ④ **비방적인 광고행위**를 하거나 다른 사업자 등으로 하여금 이를 행하게 하여서는 아니 된다고 규정하고 있다. 만약 사업자 등이 동법 제3조 제1항의 규정에 위반하여 부당한 광고행위를 하였을 경우에는 (제7조) 당해 사업자 등에 대하여 ① 당해 위반행위의 중지, ② 시정명령을 받은 사실의 공표, ③ 정정광고, ④ 기타, 위반행위의 시정을 위하여 필요한 조치를 명할 수 있다고 밝히고 있다.

1) 허위·과장의 광고

동법시행령 제3조 제1항에서 허위·과장의 광고는 사실과 다르게 표시·광고하거나 사실을 지나치게 부풀려 표시·광고하는 것을 허위·과장의 광고로 규정하고 있다.

허위·과장광고는 상품, 용역의 재료, 성분, 품질, 규격, 함량, 원산지, 제조원, 제조방법, 효능, 기타의 거래내용이나 가격, 수량 등의 거래조건에 관하여 사실과 다르게 또는 과장하여 광고하거나 객관적으로 인정된 근거 없이 경쟁사업자의 것에 비추어 자기의 것이 우량 또는 유리하다고 광고하는 행위를 말한다. 허위광고는

심 결 례

허위·과장 광고의 심결례

(주)인터파크의 부당한 광고행위에 대한 건–사건번호 2006소정4828

1. 사건개요

피심인은 2006년 1월부터 같은 해 10월 30일 기간 중 중앙일간지를 통하여 자신이 판매하는 기획여행 상품을 광고함에 있어 신문광고 내용 하단부에 "추가경비 없음(단, 개별 선택관광은 제외)" 이라고 기재하였다. 그러나 피심인은 '방콕/파타야 5일' 등 일부 여행상품의 경우 중앙일간지에 기재한 상품가격 외에 '공항세, 전쟁보험료, 관광진흥기금, 유류할증료' 명목으로 10만 원을 추가로 지급받은 사실이 있다.

또한, 피심인은 필리핀 중남부에 소재한 '세부(Cebu)' 지역을 관광시키는 여행상품 '천혜의 섬 [iii] 세부 4일+발 마사지' 의 경우 '아일랜드 호핑투어' 에 소요되는 비용($80)을 여행객들로 하여금 현지에서 추가로 지급하도록 한 사실이 있다.

2. 결 론

피심인은 법 제3조 제1항 제1호에서 규정하고 있는 허위·과장의 광고행위로 인정되므로 법 제7조의 규정을 적용하여 피심인은 기획여행상품을 광고함에 있어서, 광고에 기재된 금액 이외에 소비자가 별도로 부담하여야 할 추가비용이 있음에도 불구하고 사실과 다르게 "추가비용 없음" 이라고 광고함으로써 마치 광고상에 제시된 가격만 지불하면 해당 기획여행을 할 수 있는 것처럼 소비자를 오인시킬 우려가 있는 허위·과장의 광고행위로 판단하였다.

사실과 다르거나 근거가 없는 내용을 주장하는 행위이다. 한편 과장광고는 광고의 내용이 심하게 과장되어 있어 소비자를 속일 수 있는 광고로서 허풍(puffery)과는 다른 개념이다. 허풍은 제품의 질을 단순한 과장(more exaggeration), 혹은 단지 판매원의 의견의 표현으로서 이해되며 이때 소비자는 오인의 여지가 없으며, 해를 입지 않을 경우에 적용된다(Jef I. Richards, 1990, p. 19).

예를 들면, 'Budweiser is the King of Beers : 버드와이저는 맥주의 왕이다'라든지 우리나라 TV에서 방영되는 시몬스침대의 광고에서 보듯이 옆의 사람에게 방해받지 않을 정도로 "흔들림이 없는 편안함" 이라는 침대 광고는 보는 사람이 유머러스함을 느끼게 된다. 소비자는 광고를 보면서 오인이라든지 심각한 해를 입히는 광고가 아님을 소비자 스스로가 알 수 있는 광고이다. 또한 허위·과장광고의 가장 많이 사용되는 표현으로는 "세계 제일의 우리~", "국내 유일한 제품은~", "~보다 더 좋은 제품은 없습니다"라는 표현 등을 사용하며 "한국 유일의 미국 FDA 품질인정" 등의 표현으로 성능, 효능, 공인, 특허, 추천 등 다양한 부분에서 소비자에게 허위·과장광고를 하고 있다(문정숙, 1990).

2) 기만광고

(1) 기만광고의 일반적 개념

표시광고법 제3조 제2항은 기만적인 표시광고에 대해 사실을 은폐하거나 축소하는 등의 방법으로 표시광고를 하는 것이라 말한다. 이때 사실의 은폐란 소비자가 그 사실을 안다면 상품선택에 중요한 영향을 받을 사항을 생략하거나 숨기는 것을 말하는 것으로 광고주의 고의성이 없었다고 하더라도 소비자오인성이 있으면 기만광고로 인정된다.

기만광고는 허위광고, 과장광고, 오도광고, 부당광고 등의 용어들과 비슷한 개념으로 사용되고 있다. 허위광고주장(Claim) 자체가 사실이 아닌 경우는 허위성을 판단하는 것이 문자상으로도 사실인지에 더 많은 비중을 두고 표현의 사실 여부를 따지는 것에 중점을 두게 된다.

허풍(Puffery)광고란 상품 품질에 대한 단순한 확대라고 정의할 수 있으며 상품에 대한 올바른 선택을 그르치게 하거나 입증할 수 없는 성질을 칭찬하는 광고라고 할 수 있다. 소비자들은 이러한 허풍의 광고주장에 의존하여 구매결정을 내리지 않을 경우를 의미하며 허풍 혹은 과장광고는 소비자가 그 광고의 과장성을 어떻게 받아들이느냐에 따라 대다수의 소비자들이 인지하는 정도에 따라 과장성의 법적규제가 정해지며(예 : Bud is the king of beers) 광고주장이 과장적이나 소비자는 이를 재미있게 받아들이며 어떠한 오해나 기만의 여지가 없다. 그 예로는 테팔의 다리미가 지나가면 모든 것들이 반듯하게 펴지는 유머러스한 광고를 들 수 있다.

한편 **기만광고**는 전달된 의미가 광고의 주장과는 상관없이 상품에 대한 사실과 다를 때 사용하는 개념이며 소비자가 어떻게 믿느냐, 인지하느냐에 더 많은 비중을 둔다. 즉, 소비자의 믿음에 광고가 어떻게 영향을 미쳤는가가 더 중요한 개념이다. 기만성(Deceptiveness)은 기만의 잠재성을 포함한 의미이며 반드시 소비자의 기만을 전제로 하고 있지 않다는 의미에서 기만보다는 폭넓은 개념이다(Preston & Richards, 1986). 기만광고의 개념을 보다 더 잘 파악하기 위하여 표 8-2를 살펴보자.

표에 나타난 바와 같이 광고주장이 사실이라고 하더라도 소비자가 사전적으로 원하던 것과 광고를 본 후 사후적으로 획득·인지된 이후 그 믿음에 차이가 존재하며 사업자의 적극적인 주장과 중요정보의 미공개가 입증된다면 기만이 존재한다고 주장한다. 특히 FTC의 경우 허위보다는 기만성이 법적 기준이 되며, 소비자의 인지 여부 및 입증이 중요하여 그에 대한 조사와 연구를 중요 문제로 삼는다.

기만광고는 일반적으로 여러 학자들에 의해 여러 의견들이 주장되어 왔으나 현

표 8-2 기만광고의 개념관계

구 분	truth(진실)	false(허위)
deceptiveness (기만성)	• 타이레놀은 아스피린을 함유하지 않는다. • 소비자 : 아스피린의 어떠한 부작용도 갖고 있지 않다고 받아들인다.	• 명시적으로 허위광고이며 기만적인 광고로 직접광고규제의 대상이 된다. (예 : 가그린은 감기예방 및 치료약이다.)
not deceptiveness	바람직한 광고이다.	허풍(Puffering)광고이다.

자료 : 양원근(1996), 재인용

재 우리나라의 '표시·광고의 공정화' 법률에서 기만광고의 판단은 '소비자의 오인성'에 많은 비중을 두고 있다. 기만광고의 일반적 개념을 Cohen(1974)의 기만을 발견하는 기준인 다음의 다섯 가지 경우를 먼저 살펴보자(문정숙, 1990).

① 광고내용(claim)이 거짓일 경우

예를 들어, 한 신용카드회사가 광고에서 분실 혹은 도난당한 카드주인에게 $175,000만큼의 책임을 질 수 있다는 주장은 Truth-in-Lending Act에서 그 책임한 도액이 $50임을 정하고 있음에 비추어 볼 때 그 광고내용은 거짓이 됨이 틀림없다.

② 광고내용의 일부분은 사실이고 일부분은 거짓일 경우

FTC는 J. B. William사의 Geritol과 FemIron에 대해 중지제재명령(cease-and desist order)을 내렸다. 그 이유는 위의 두 제품 모두 철을 주성분으로 하는 약품으로 피로를 치료하는 약이라고 광고하였기 때문이다. 피로란 철분부족으로 인한 증상이 아니며 또한 철분의 부족은 일반적으로 피로란 증상을 수반하지도 않는다.

③ 광고내용이 불충분한 정보로 이루어진 경우

광고는 표현되어진 내용뿐만 아니라 표현(혹은 표시)되지 않은 이유로도 오도될 수 있다. 이러한 정보의 부족은 소비자의 재정적인 문제에 관한 것뿐만 아니라 건강과 안전상의 위험을 야기하기도 한다. 광고가 어떤 제품의 성능의 한계성을 말하지 않는 것이 불충분한 정보제공으로 결정된다면 그것은 오도광고가 될 수 있다. 중지 혹은 제재명령은 이러한 한계점들의 선언적 개시(affirmative disclosure)를 요구함으로써 기만광고로부터 소비자를 효과적으로 보호할 수 있다. 예를 들어, 수영보조기구의 제조자는 그 제품광고에서 그 기구는 생명보호기가 아니라 적당한 지도 없이 수영을 못하는 사람들에 의해 사용될 수 없고 어떤 경우이든 얕은 물에서 사용되어야 한다는 표시를 의무적으로 하여야 한다.

④ 광고내용은 사실일지 모르나 증거내용은 거짓이다

FTC는 "제품의 판매를 유도하기 위해 보여 주거나 제품의 어떤 측면 또는 제품 특성에 대한 거짓증명을 통해 즉 시험, 실험, 전시 등을 통해서 거짓증거로 광고하는 행위"를 금지해 왔다. 예를 들어, Colgate-Palmolive사의 Baggies라는 식품 포장용 비닐(wrap)은 경쟁사의 제품보다 신선하게 보존할 수 있다고 광고하였다. 실제로 그것이 사실일지라도 경쟁업체의 제품보다 우수하다는 것을 증명하기는 어렵다. 왜냐하면 식품의 부패를 방지하는 것은 온도, 습도, 보관 장소, 보관방법 등의 많은 요인들이 작용하기 때문이다. 광고내용은 백(bag)을 물속에서 흔드는 동안 경쟁업체의 제품에 물이 들어가도록 했기 때문에 기만적인 광고로 동의명령(consent order)조치를 받았다.

⑤ 광고내용이 문자상으로나 기술적으로는 사실이나 함축적인 허위를 나타낼 경우

"광고란 하나의 문장이 아니라 전체적인 구성의미에 의해 판단되어야 한다.", "구성단위들이 문자 그대로 또는 기술적으로 허위진술이 아니더라도 거짓진술이 될 수 있다.", "기만이란 직접적인 허위진술이라기보다는 풍자에 의한 것이라 할 수 있다."라는 표현에서 그 의미를 알 수 있다고 하겠다. 예를 들어, Old Gold는 그것의 담배광고에서 그들의 담배가 자극물질을 조금 덜 함유하고 있다고 지적한 Reader's Digest의 기사에 바탕을 둔 것이다. 그러나 Reader's Digest의 기사는 분명히 수치의 차이를 보여 주는 비교표에서 Old Gold가 테스트에서 가장 낮은 수치를 기록했지만, 수치의 차이는 통계적으로 무의미(insignificant)한 것이라고 밝혔다. 회사 측에서는 잡지에 실제로 기록되었던 것을 광고했음을 주장했으나 재판관은 허위광고라는 고소사실을 인정했고, "회사 측은 계속해서 광고했다… Reader's Digest로부터의 열거가 아니라 공공서비스를 위해 그 내용을 언급한 것처럼"했다고 그 이유를 밝혔다.

문정숙(1990)의 논문에 의하면, Aaker(1975)는 기만을 문자상으로는 진실이나 광고의 전체적인 인상이 진실이 아닌 경우, 애매모호한 표현, 미개시(未開示, misleading silence), 물질적 비진실성(materiality of the falsehood), mock-up, 사용의 허위 그리고 허풍광고(puffery) 등으로 분류하였다. 특히 Stern & Evaldi(1984)는 과대선전에 대해서 특별한 사실(facts)의 기술 없이 막연하고 일반적으로 '주관적인 의견', '최고의', '과장된 표현' 등으로 제품을 찬양하는 용어의 사용이라고 정의하고 있다. 현대의 광고에서는 이러한 과대선전이 일반화되어 있으며, 이러한 과대선전의 사용은 합리적인 이유에 의해서 FTC와 법정 등에서 인정하고 있다. 즉, 구매자가 의사결정을 할 때 판매자의 자기제품이나 품질에 대한 긍정적인 의사표현에만 의존하지 않는다고 생각하며, 이는 구매자위험부담의 논리를 적용한 것이다. Gardner(1975)는 소비자가 적절한 지식을 가지고 있다고 하더라도 광고가 정상적으로 기대할 수 있는 것과는 다른 인상 혹은 신념을 소비자에게 남

긴다면, 그리고 그러한 인상이나 신념이 실질적으로 진실이 아니며 잠재적으로 소비자를 오도한다면 기만은 존재한다고 하였다. Gardner(1975)는 이후 다음과 같은 정의를 다시 내렸다(Gardner, 1976). 세분된 시장 내에 있는 '평균적인 소비자(average consumer)'가 충분한 지식을 가지고 있다 하더라도 광고가 세분된 시장 내에 있는 평균적인 소비자에게 정상적으로 기대할 수 있는 평균적인 소비자라는 표현은 제품의 현재 소비자나 미래의 소비자는 그 제품과 무관한 다른 소비자보다 그 제품의 광고를 보다 잘 이해하고 있을 것이라는 가정이 내포되어 있기 때문이다.

학자들의 기만에 관한 정의는, 광고주장이 문자상으로 허위일 경우와, 광고의 내용이 사실일지라도 신념과 지각의 차이에서 인지적 구조를 변화시킬 수 있다는 사실과 소비자들이 기만광고라고 생각하는 광고물에 대해서는 쉽게 오도되지 않기 때문에 기만의 정의는 주관적이라고 할 수 있다. 그러나 Amstrong, Gurol & Russ(1979) 등은 의사결정과정에서 기만적인 것이 별로 중요하지 않거나 심각한 부분적 결과를 야기하지 않는다면 실제로 기만이 존재할 수 없다고 주장하였다. 끝으로, 기만광고에 관한 연구에서 자주 사용되어지는 '오도적'이라는 내용과의 관계를 살펴보면, 몇몇 학자들(Jacoby & Small 1975; Russo, Metcalf & Stephens 1981)은 '기만적'인 광고와 '오도적'인 광고를 약간의 다른 개념으로 파악하고 있다. Jacoby & Small(1975)은 불법적인 광고를 정의하는 데 있어서 FDA의 기준은 '오도적'이라는 차이로 설명했다. '기만적'이란 말은 수신자(receiver)를 현혹하기 위해서 메시지 원천(message source)의 고의적 행위를 함축하고 있으나, '오도적'이란 말은 보다 넓은 영역을 갖고 있다고 하였다. 그 이유는 원천효과(source effect)뿐만 아니라 소비자 자신의 지각과 사고과정에 의해 소비자를 오해하기 때문이다. '기만적'이라는 것과 '오도적'이란 용어는 1938년 Wheeler-Lea수정안 이후 광고의 해석에 있어 물질적이라는 면(in a material respect)에서 상호 교환적으로 사용되어 왔다고 볼 수 있다(Preston, 1976). 이렇게 광고의 기만성을 규정하는 것은 매우 힘들고 어렵다. 기만성을 판단하기 위해서는 시장에서 소비자가 어떻게 받아들였는지에 대한 소비자조사가 함께 병행되어야만 한다(문정숙, 1990, 재인용).

이 외에도 부당광고의 구성요건은 **진실성**(허위성), **소비자오인성**(부당성), **경쟁저해성**이 있으며(공정거래위원회 소비자정보팀, 2007), 광고의 허위성을 인정하기 위해서는 **소비자의 지식수준**과 광고의 **전체적 인상**이 고려되어야 한다.

(2) FTC의 기만광고개념

FTC에 의해 행해지는 광고규제활동의 대부분은 기만적인 광고규제에 해당되며 Wheeler-Lea수정법이 제정된 후 "불공정 또는 기만적인 행위 및 관행"이라는 실제적인 요건규정이 삽입된 후 FTC는 광고의 경쟁성 침해보다는 광고가 기만적이라는 점만을 입증하면 되었다(内田耕作, 1982). 기만적인 광고는 우선 FTC에 의한 광고의 허위성인정이 전제되며 이때 소비자가 실제로 기만된 사실을 입증할 필요는 없으며 광고가 기만하는 경향 및 힘(tendency or capacity to deceive)을 갖고 있다는 것만을 입증하면 되었다. 이로 인해 소비자의 손해여부 및 광고주가 사전에 허위성을 인지하고 있는지 기만할 의도가 있었는지의 여부는 문제되지 않는다. FTC의 광고의 허위성 인정에 관한 문제는 소비자의 지식수준과 전체적인 인상(general impression)에서 찾아볼 수 있다. 소비자의 지식수준은 보통의 구매자(average purchaser)의 지식수준을 기준으로 하여 1937년 Standard Education Society의 판결 이후 상당히 낮은 지식수준을 일반적 기준으로 하고 있다. 또한 예외적으로 광고의 소구 대상이 특정한 자(예 : 어린이)일 경우에는 그들의 지식수준을 기준으로 하였다. 광고를 접한 대부분의 청중이 문제의식을 갖는다고 할 수 없으며 기준이었던 합리적인 인간과는 다르다. 즉, 최저의 지성을 그 기준으로 함을 의미하며 일본의 공정거래위원회의 법적 해석 또한 비슷하다.

표준적 지식수준인 고졸의 일반적 가정주부(이 주부는 전문지식은 없고 쇼핑경험이 없는 사람)가 오후 5시경 시장에서의 쇼핑 시(이 상태는 조금은 부주의해진 상태이고 조금만 싸도 물건을 쉽게 구입하는 때) 이때 실수를 유도할 수 있는 것은 부당한 표시로 볼 수 있다.

또한 광고의 의미를 파악하는 데에 있어서 중요한 것은 광고를 주의 깊게 연구하는 것이 아니라 광고가 주는 **전체적인 인상**을 기준으로 하여야 한다. 따라서 공중을 기만할 가능성 및 경향만 있으면 규제가 가능하다. 광고물의 해석 시 고려되어야 할 사항은 다음과 같다. 부분적으로는 진실하지만 광고의 전체적인 표시는 오도된 경우, 애매모호한 경우, 광고물의 설명이 없으면 의미를 알 수 없는 경우, 이차적 의미에 의해 기만당할 가능성이 있는 경우, 중요한 사항의 생략, 조건이나 제한의 내용을 나타낼 경우 실제로 이해할 수 있는 광고의 의미가 진실인가 허위인가의 여부를 확정해야 할 경우, FTC는 진실여부를 입증할 증거가 필요하며 최근이 허위의 입증에 소요되는 시간소비 및 비용부담은 FTC의 커다란 부담이 되고 있다. 또한 거래허풍(trade puffery)을 입증하기 어려운 주장, 예를 들어 주관적인 심정에 관한 주장이라거나 미래의 사실, 과학, 불충분한 지식에 관한 주장 등에 관해서도 논의되어야 한다. FTC의 '기만'에 관한 정책의 변화는 FTC의 1980부터 1984까지 발표되었던 세 번의 정책기준(policy statement)을 통해서 알 수 있다. 그동안 기만에 관한 FTC의 정의는 많은 도전을 받아왔다. FTC는 "소비자에게 손해를 입히며 어떤 상황하에서 합리적으로 행동하는 소비자를 오도하기 쉬운(likely to mislead) 관행이나 거짓표현(misrepresentation), 생략(omission) 등이 존재하면 기만"이라고 규정하였다. 즉, 기만의 가능성(probability of deception)에 대해서는 "기만할 경향이나 능력(tendency or capacity to mislead)"을 "소비자가 기만되기 쉬운(likely to mislead)"의 개념으로, 소비자의 특성(characteristics of consumer)에 대해서는 예전의 "상당한 수(substantial number)"에서 "합리성(reasonableness)"으로, 소비자의 손상(consumer injury)이라는 측면에서는 "실질적인 면(in a material way)"에서 "소비자에게 손해를 입히는(to the consumer's determent)"의 개념으로 바뀌었다.

새로운 정의는 또한 많은 문제점이 있으나 법적 해석에 있어 보다 적절한 적용을 기대할 수 있으며 판례에서 현신의 시장과 정책의 방향을 가능할 수 있을 것이다.

이상의 앞에서 언급한 내용에 따라 기만광고에 관한 조작적인 정의(operational definition)를 내려 보면 아래와 같이 요약할 수 있다.

- 광고주장이 사실과 다르며, 애매한 표현이나 생략 등으로 충분한 정보를 제공하지 않으며, 광고에서 사용되는 증거내용(예 : mock-up)이 허위이며, 소비자가 합리적으로 행동하는 상황하에 소비자를 오도하기 쉬운 광고와, 광고내용은 합리적인 사실이나 광고의 전체인상이 허위인 경우에 광고의 기만성이 있다고 할 수 있다.
- 특히 광고주장에서 비교대상을 생략하거나(deleted comparative), 통계적인 수치를 그래프로 나타낼 때의 허위, 유일하다는 주장(uniqueness claim), 실질적인 주장을 회피한 단어사용(hedge words), 과대선전(puffery), 삼단논법상의 주장으로 제품사용을 유도하는 광고(illicit syllogism) 등은 소비자를 오도시킬 수 있는 기만광고의 예들이라 하겠다. 따라서 이와 같은 광고에 있어서 기만은 규제의 대상이 되며 그 필요성이 인정된다.

심 결 례

기만광고

(주)메트로신문사의 부당한 광고행위에 대한 건-사건번호 2003광고3512

1. 사건개요

피심인은 자사발행 무료일간지인 〈METRO〉를 통하여 2003.10.20에 다음과 같이 광고를 한 사실이 있다.

표시·광고 게재내역

주요 표시·광고내용	광고 매체	광고일자 (횟수)	광고 비용
압도적 우위 열독률, 광고효과도 으뜸 지난 7월 한국리서치가 조사한 주요일간지의 열독률 비교조사에서도 메트로신문이 31.6%(어제 열독신문), 31.2%(오늘 열독신문)로 압도적인 우위를 보여 주고 있음을 알 수 있다.	메트로	2003.10.20	없음

광고에서 언급한 리서치는 (주)메트로가 한국리서치에 의뢰하여 수도권의 지하철 이용객 1,000명을 대상으로 한 것으로, 무료 종합일간지가 주로 수도권 지역을 중심으로 지하철 역 앞에서 무료로 배포되는 점, 일반국민들 중 지하철을 이용하지 않는 사람들도 많은 점을 고려할 때, 무료 종합일간지 간의 열독률 비교자료로서는 타당하나 중앙일간지를 포함한 전체 일간지 간의 열독률 비교자료로서는 타당하다고 볼 수 없다.

좀 더 구체적으로 살펴보면, 위 리서치에서는 메트로의 열독률이 조선일보 등 주요 유료 종합일간지보다도 높게 나왔으나, 한국리서치에서 자체적으로 실시하는 Media Index의 2003년 3차 조사결과에 의하면, 메트로신문의 어제 열독률은 2.0%로 조선일보(14.3%), 중앙일보(13.5%) 등의 주요 중앙일간지보다 훨씬 낮고, 더데일리포커스(1.6%)보다 약간 높게 나타나 위 리서치와는 상당히 다른 결과를 보였다.

2. 결 론

피심인은 자사 신문을 광고하면서 조사대상이 한정되어 우리나라의 일반적인 일간지 구독경향을 제대로 반영한 것으로 볼 수 없는 리서치 결과를 토대로 자신의 신문 열독률이 다른 일간지의 열독률보다 압도적으로 높은 것처럼 소비자를 오인시킬 우려가 있는 기만광고로 판단하였다.

미국의 기만광고에 관한 대표적인 법률은 연방거래위원회 법이다. Federal Trade Commission Act(FTC법)는 경쟁촉진뿐만 아니라 소비자보호를 목적으로 한 법이다. 1914년 제정 당시 제5조는 "불공정 경쟁방법(Unfair methods of Competition)"만을 금지하였지만 1938년 Wheeler-Lea Amendment Act는 "불공정하거나 기만적인 행위나 관행(Unfair or Deceptive Acts or Practices in Commerce)"으로 FTC의 권한을 확대하였다. 또한 이 법률은 FTC에 식품, 의약품 및 화장품의 허위광고를 규제할 수 있는 법적 권한을 명시적으로 부여하였다.

그러나 점차 연방거래위원회는 반경쟁적이지도 않고 기만적이지도 않지만 소비자에게는 불공정한(unfair) 사업활동에 대해서도 적극적으로 규제하기 시작하였다. 즉, 기만적인 행위나 관행뿐 아니라 불공정한 행위나 관행이 점차 강력하게 규제되기 시작하였다는 의미이다. 즉, 소비자에게 적정한 정보가 제공되지 않는 점, 광고주의 태도, 혹은 기만적인 개념으로는 포착될 수 없는 행위나 관행까지도 문제 삼기 시작한 것이다(內田耕作, 1982).

3) 부당 비교광고(동법 제3조 제4항, 부당하게 비교하는 표시 · 광고)

표시·광고의 공정화에 관한 법률 시행령 제3조 제3항에서의 부당 비교광고는 비교대상 및 기준을 명시하지 아니하거나 객관적인 근거 없이 자기 또는 자기의 상품이나 용역(이하 "상품 등"이라 한다)을 다른 사업자 또는 사업자단체(이하 "사업자 등"이라 한다)나 다른 사업자 등의 상품 등과 비교하여 우량 또는 유리하다고 표시·광고하는 것으로 정의하고 있다.

비교광고의 **타당성**은 소비자들의 구매의사를 결정할 때 보다 많은 정보, 보다 유용한 정보를 제공한다는 점과 상품 간의 경쟁을 촉진하며 소비자의 관심을 높일 수 있다는 점이다. 그러나 비교광고는 경쟁상품들의 비교내용이 명확하지 않으면 오히려 소비자의 판단을 흐리게 할 수 있으며 시장환경을 어지럽히는 결과를 가져오는 **단점**도 있다. 한편 비교광고에 대한 각국의 입장은 유럽연합의 경우는 자료가 정확하고 입증할 수 있다면 비교광고를 허용하며, 영국은 명예훼손이 된다면 비교광고를 금지하고 있다. 프랑스는 비교광고 시 비난하지 않는다면 광고가 가능하다(유중곤, 2002 재인용).

비교(표시)광고에 관한 심사지침의 내용은 다음과 같다.

(1) 일반원칙

- 비교광고는 소비자에게 사업자나 상품에 관한 유용하고 정확한 정보제공을 목적으로 행하는 것이어야 하며, 소비자를 속이거나 소비자로 하여금 잘못 알게 할 우려가 없도록 하여야 한다.
- 비교광고는 그 비교대상 및 비교기준이 명확하여야 하며 비교내용 및 비교방법이 적정하여야 한다.
- 비교광고는 법령에 의한 시험·조사기관이나 사업자와 독립적으로 경영되는 시험·조사기관에서 학술적 또는 산업계 등에서 일반적으로 인정된 방법 등 객관적이고 타당한 방법으로 실시한 시험·조사 결과에 의하여 실증된 사실에 근거하여야 한다.

(2) 비교대상

비교대상과 관련하여 동일 시장에서 주된 경쟁관계에 있는 사업자의 상품으로서 자기의 상품과 동종 또는 가장 유사한 상품을 자기의 상품과 비교하는 경우에는 부당하게 비교하는 표시·광고에 해당되지 않는다.

비교대상이 부당한 예는 거래통념상 동등한 것으로 인정되지 아니하는 다른 사업자의 상품과 비교하여 광고하는 경우와 동일 시장에서 자기와 유사한 지위에 있는 다른 사업자가 존재함에도 불구하고 소비자 인지도, 시장점유율 등이 미미한 사업자의 상품과 비교하는 광고이다.

(3) 비교기준

비교기준과 관련하여 가격, 성능, 품질, 판매량, 서비스내용 등의 비교기준이 자기의 상품과 다른 사업자의 상품 간에 동일하며, 비교기준이 적정하고 합리적으로 설정된 경우에는 부당하게 비교하는 광고에 해당되지 않는다.

부당비교 기준이 부당한 예는 서로 다른 조건, 기간, 환경 등 동일하지 아니한 기준에 의하여 비교하는 경우와 표시·광고에 나타나지 아니한 사항이 당해 표시·광고상 비교기준과 불가분의 직접적 관계에 있어 소비자의 선택에 중대한 영향을 미치는 사항임에도 불구하고, 이를 명시하지 아니하고 비교하는 광고이다.

(4) 비교내용

비교내용과 관련하여 비교내용이 진실되고 소비자의 상품선택을 위하여 유용한 경우에는 부당하게 비교하는 표시·광고에 해당되지 않는다.

비교내용이 부당한 예는 자기 상품에 대해서 허위·과장된 성능, 품질 등을 제시하거나 아니면 다른 사업자의 상품에 대해서 허위·과장된 성능, 품질 등을 제시하여 비교하여 광고하는 경우와 비교사항의 내용상 차이가 객관적으로 의미가 없거나 아주 근소하여 성능이나 품질 등에 미치는 영향이 미미한데도 불구하고 그 차이가 성능이나 품질 등에 중대한 영향을 미치는 것처럼 비교하여 광고하는 경우이다.

(5) 비교방법

공정하게 비교가 이루어지고, 시험·조사 결과를 인용할 때 그 내용을 정확하게 인용하는 경우에는 부당하게 비교하는 표시·광고에 해당되지 않는다.

비교방법이 부당한 예는 특정항목, 특정조건 등에서의 비교결과를 근거로 전체적인 우수성을 주장하며 비교하여 광고하는 경우와 시험·조사를 왜곡하여 자기의 상품이 우수한 것처럼 비교하여 광고하는 경우이다.

(6) 비방적인 광고와의 관계

광고의 내용이 다른 사업자 또는 다른 사업자의 상품과 비교하는 형식을 갖추고 있으나, 자기 또는 자기 상품의 우수성을 알리기 위하여 소비자에게 정보를 제공하는 것이라기보다는 다른 사업자 또는 다른 사업자의 상품에 관한 단점을 부각시킴으로써 다른 사업자 또는 다른 사업자의 상품이 실제보다 현저히 열등 또는 불리한 것처럼 소비자가 오인할 수 있도록 광고하는 경우에는 이를 비방적인 광고로 본다. 따라서 비록 사실에 기초한 비교하는 형식의 광고라고 하여도 다른 사업자 및 다른 사업자의 상품에 대한 중대한 이미지 훼손에 이르는 등 광고의 전체 내용이 전달하는 바가 다른 사업자 또는 다른 사업자의 상품이 실제보다 현저히 열등 또는 불리한 것처럼 소비자가 오인할 수 있도록 한다면 이는 비방적인 광고에 해당된다.

부당 비교광고

(주)엘지데이콤의 부당한 광고행위에 대한 건-2006서소2744

1. 사건개요

피심인은 2006년 7월부터 8월까지 잡지(AB ROAD)광고를 통하여 자신의 로밍콜렉트콜에 대해서 광고하면서 다음과 같이 피심인에게만 필수적으로 발생하게 되는 현지 발신요금이 마치 신고인에게도 발생하는 것처럼 광고하여 비교내용이 적정하지 않은 부당한 비교광고행위를 하였다.

다 음

로밍폰에서 전화걸기, 부담되시죠? 이제 로밍폰에서도 콜렉트콜 하세요!!
로밍콜렉트콜이란 휴대폰을 로밍해 가신 고객이 한국으로 전화할 때 최대 53%까지 저렴하게 통화하실 수 있는 경제적인 서비스입니다.

국 가	SKT 로밍	로밍콜렉트콜	요금절감효과
중 국	1,686(원/분)	900(원/분)	47%
일 본	1,933(원/분)	900(원/분)	53%
미 국	1,274(원/분)	900(원/분)	29%

※ 국가에 따라 현지 통화요금이 발생할 수 있습니다. 환율 및 사업자에 따라 로밍요금이 변경될 수 있습니다.

2. 결 론

피심인은 잡지를 통하여 자사의 로밍콜렉트콜에 대해서 경쟁사업자의 상품과 함께 비교광고를 하면서 자신에게만 현지 통화요금이 발생함에도 "현지 통화요금이 발생할 수 있습니다." 라고 비교대상 및 비교내용이 적정치 않게 비교광고함으로써 피심인의 상품이 경쟁사업자의 상품에 비하여 현저히 저렴한 것처럼 소비자를 오인시킬 우려가 있는 부당한 비교 광고행위로 판단하였다. 또한 공정거래위원회는 '표시·광고의 공정화에 관한 법률' 을 위반하여 공정거래위원회로부터 시정명령을 받았다는 사실을 중앙일간지(全版)에 게재할 것을 명령하였다.

4) 비방광고(동법 제3조 제4항, 비방적인 표시·광고)

비방광고는 다른 사업자 등 또는 다른 사업자 등의 상품 등에 관하여 객관적인 근거가 없는 내용으로 표시·광고하여 비방하거나 불리한 사실만을 표시·광고하여 비방하는 것을 말한다.

비방광고

(주)백세주의 부당한 광고행위에 대한 건-2002광고1400

1. 사건개요

2002.7.8.부터 2002.10.15.까지의 기간 중 전단지 및 중앙일간지 등을 통하여 자기제품인 신선백세주(약주)제품을 취급할 대리점을 모집하는 광고를 하면서 신문광고에서는 "100% 쌀로 빚은 술이 백세주의 진품입니다." "백세주의 진품은 저희 신선 백세주처럼 100% 쌀로만 빚어야 됩니다." 라고 표현하였고, 전단지 광고에서는 자기제품과 경쟁사인 국순당 백세주 제품과 비교광고를 통하여 다음과 같이 주원료에 대하여 국순당 백세주는 "밀가루 66%" 라고 표현한 사실이 있다.

다 음

신선 백세주와 국순당 백세주의 비교

구 분	신규 신선 백세주	기존 국순당 백세주
가 격	2,020원	2,123원
주원료	일반쌀 100%	밀가루 66%
알코올 도수	13%, 15%	13%
맛	감치는 깊은 맛	
대리점보증금	1,000~3,000만 원	

2. 결론 : 소비자 오인성 판단

① 국순당 백세주의 주원료가 **'밀가루 66%' 라는 표현**

피심인의 주장은 국순당 백세주가 '이조흑주' 라는 술을 만들어 시판하면서 밀가루를 100% 사용하였기 때문에 현재 국순당 백세주의 용기(병) 상표표시에 '전분 66%' 라 되어 있는 표시는 백세주의 전신인 이조흑주를 아는 사람은 전분을 밀가루로 추정하게 될 수밖에 없다고 주장하였다. 또한 전분이라 함은 밀을 포함한 잡곡가루를 뜻하며, 경쟁사인 국순당이 국세청에 제출한 주류제조방법신고서 등은 기업의 기밀로 취급되어 공개되지 않기 때문에 피심인이나 일반 소비자는 전분이 옥수수전분이라고 정확히 알기 쉽지 않았다고 주장하였다.

이에 **공정위**는 국어대사전에 의하면 '전분' 을 '녹말' 이라고 정의를 내리고 있으며, 피심인의 경쟁사인 국순당이 국세청에 제출한 주류제조방법신고서를 보면 제품 주원료에 찹쌀과 옥수수전분이 기재되어 있고, 백세주 제품표시 라벨에 '원료 : 찹쌀 34%, 전분 66% 등' 으로 표시되어 있는 점으로 볼 때, 국순당 백세주의 원료 중 전분은 옥수수전분으로 판단된다. 더구나 국순당 백세주 제품의 주원료는 전분 66% 이외에 찹쌀 34%, 구기자 등이라고 용기에 표시하고 있음에도 피심인은 찹쌀은 언급하지 않은 채 전분만을, 그것도 전분을 밀가루라고 잘못 표현한 것은 경쟁사 제품이 좋지 않은 재료를 사용한 것처럼 소비자를 오인시킬 우려가 있다고 판단된다.

또한 주류제품의 경우 사용원료를 해당 제품용기 등에 표시하도록 되어 있으며, 원료이름은 해당 회사에 문의하면 알려주고 있는 사항이므로 피심인의 주장은 객관성이 없거나 그 타당성을 인정하기 어렵다. 따라서 피심인의 위 행위는 다른 사업자 등의 상품 등에 대하여 객관적인 근거가 없는 내용으로 광고하여 비방하거나 불리한 사실만을 광고한 비방적인 광고행위로 인정된다.

② "백세주의 진품은 저희 **신선 백세주처럼 100% 쌀로만 빚어야 됩니다**"의 **표현**
피심인의 신선 백세주가 100% 쌀(백미)을 주원료로 하였음은 국세청(거창세무서)에 제출한 주류(약주)제조방법 기술검토내역서 자료를 근거하여 볼 때 사실로 인정된다. 그러나 술의 독특한 맛을 내기 위하여 제조업체는 자기의 고유한 원료, 원료배합방법 및 기술 등을 사용하게 마련이므로 백세주의 원료가 쌀 100%라고 하여 그 품질과 맛이 우수하다고 할 수 없을 것이며, 더구나 백세주는 100%의 쌀로만 제조하여야만 된다는 객관적인 근거가 있는 것도 아니며, 제조공법 등에 특별한 기술이 필요하여 특허기술 등을 인정받아 제조하는 술이 아니므로 백세주 원료가 100% 쌀로 제조되어야만 진품이라고 볼 만한 개관적 근거가 있는 것도 아니다. 그럼에도 불구하고 피심인은 객관적 근거 없이 이 같은 광고를 행함으로써 이 광고를 접하는 소비자는 이미 시중에 백세주 브랜드로 널리 알려진 (주)국순당 백세주 제품은 좋지 않은 원료를 사용하고 제품의 품질이 나쁜 것처럼 사실과 다르게 소비자를 오인시킬 우려가 있다고 판단된다. 따라서 피심인의 행위는 다른 사업자 등의 상품 등에 관하여 객관적인 근거가 없는 내용으로 광고하여 비방하거나 불리한 사실만을 광고한 비방적인 광고행위로 판단하였다.

03 광고관련 행정기구 및 법규

1) 개 관

우리나라의 부당한 표시와 광고관련 규제는 공정거래위원회와 농림수산식품부, 보건복지부, 방송통신위원회, 지식경제부, 문화체육관광부, 기획제정부 등에서 주로 규제하며, 허위·과장광고를 규제하는 가장 대표적이고 일반적인 법률은 '표시·광고의 공정화에 관한 법률'이다.

표시광고법은 소비자기본법, 약관의 규제에 관한 법률 등과 같이 광고를 규제하는 **일반법**이며, 현재 표시관련 사항을 규제하는 법률은 약 90여 개로서 식품위생법, 약사법 등 개별법에 산재되어 있다. 공정거래위원회는 표시광고법 이외에 시행령 및 16개의 고시나 지침 등의 하위법령을 가지고 있다. 예를 들면, 부당한 표시·광고 행위의 유형 및 기준, 비교표시·광고에 관한 심사지침, 소비자안전에 관한 표시광고 심사지침, 은행 등의 금융상품 표시·광고에 관한 심사지침, 중요한 표시·광고사항 고시, 통신판매 표시·광고에 관한 심사지침 등이 있다.

공정거래위원회는 표시·광고 규제 총괄기관으로서 각 부처의 표시광고 규제 현황을 종합적으로 파악하고 효율적인 규제체계를 수립한다. 표시·광고는 규제의 주체에 따라 법에 의한 타율규제의 형식을 지닌 **정부규제(행정규제)**와 사업자나 광고매체 등이 스스로 시행하는 자율규제로 구분할 수 있다. 자율규제는 현재 운영 중인 자율심의기구의 현황은 표 8-7과 같으며 표시·광고 자율규약 현황은 표 8-8과 같다.

우리나라의 **광고규제**는 방송의 경우는 방송위원회의 '방송위원회법'을 근거로 방송광고자율심의기구에서 위탁받아 사전심의를 하고 있고 홈쇼핑에 방송 중인 광고는 프로그램으로 간주함으로 사전심의 대상이 되지 않아 방송위원회에서 사후규제를 하고 있다.

인쇄매체의 경우는 대부분이 사후규제이며 대부분의 매체사의 자율적 기준과 신문윤리위원회 등에서 윤리적인 면을 심의하고 있으나 강제력은 없다.

옥외광고의 경우는 행정자치부에 의해 규제받고 있으며 정부부처의 광고는 심의대상이 아니다. 담배광고의 경우는 방송광고가 허용되지 않으며 신문이나 잡지에만 신제품출시 이후 제한적인 광고만이 허용되고 있다. 술의 경우는 알코올 도수 17° 이상은 광고할 수 없다. 공정거래위원회는 부당광고에 대해서 규제하지만 방송광고물의 경우 부당광고뿐만 아니라 윤리성과 언어에 대해서도 규제하고 있다.

2) 표시광고법 주요내용

(1) 중요정보 고시(동법 제4조)

중요정보 고시제란 소비자가 합리적 상품선택을 하는 데 필요한 정보제공을 확대하기 위하여 소비자의 구매선택에 영향을 미칠 수 있는 중요한 표시·광고사항(이하 "중요정보")과 표시·광고의 방법을 업종별로 고시하고 이를 사업자의 표시·광고 시에 의무적으로 포함하도록 하는 제도이다. **중요정보의 고시대상**은 그 사항이 표시·광고에 포함되지 아니할 경우 ① 소비자의 피해가 빈번히 발생하고 있는 사항, ② 소비자가 상품 등의 중대한 결함 또는 기능상의 한계 등을 정확히 알지 못하게 되고 그 알지 못한 사정이 구매선택의 판단에 결정적인 영향을 미치게 되는 사항, ③ 소비자의 생명·신체상의 위해가 발생할 가능성이 있는 경우, ④ 기타 소비자의 합리적인 선택을 현저히 그르칠 가능성이 있거나 공정한 거래질서를 현저히 저해하는 경우로서 다른 법령에서 표시·광고를 의무화하고 있지 아니한 사항으로 규정하고 있다. 현재 **4개 분야**, **25개 업종**에 관하여 중요정보고시제를 시행하고 있다(표 8-3, 표 8-4). 4개 분야는 유전자변형물질 분야, 상품권 분야, 자격증분야, 소비자안전 분야에 있어서 중요정보항목을 고시하여야 하며, 업종은 학습교재업종, 체육시설운영업종, 건강기능식품업종, 체형·피부관리 서비스업종, 결혼정보업종 등에 소비자가 꼭 알아야 할 중요한 정보들을 밝히도록 규정하고 있다.

표 8-3 개정 업종별 중요정보

대분류	중분류	소분류
분 야	유전자변형물질 분야	• 식품제조·판매업 • 농·수산물 생산·판매업
	상품권 분야	–
	자격증 분야	–
	소비자안전 분야	• 전기용품 제조·판매업 • 어린이용품 제조·판매업
업 종	제조업	• 가구업종 • 건강기능식품·특수영양 업종 • 완구업종 • 의류업종 • 장의업종
	도매 및 소매업	• 귀금속·보석 업종 • 자동차부품 업종 • 주방용품 업종 • 중고차매매업종(신설)
	부동산업 및 임대업	• 건축물 분양업종 • 공동주택 업종 • 렌털서비스업종 • 토지 분양업종

(계속)

대분류	중분류	소분류
업 종	운수업	• 화물자동차운수업종
	출판, 영상, 방송통신 및 정보서비스업	• 전화정보서비스 업종 • 학습교재 업종
	전문, 과학 및 기술 서비스업	• 사진현상 및 촬영업종 • 체형·피부관리 서비스 업종
	교육 서비스업	• 해외연수 프로그램 업종(신설) • 학원운영 업종
	예술, 스포츠 및 여가관련 서비스업	• 여행업종 • 체육시설 운영 업종
	협회 및 단체, 수리 및 기타 개인 서비스업	• 산후조리원 운영 업종 • 상조업종(신설)
	기타	• 할인카드 회원권 운영업종

자료 : 공정거래위원회 소비자안전정보과(2009)

표 8-4 업종별 중요정보내용(25개 업종 중 선별)

구 분	업 종	중요정보사항	신설 사유
1	상조업종 (표시·광고)	• 중도해약환급금에 대한 환급기준 및 환급시기 • 구체적인 제공물품 및 서비스 내용(수의, 관, 차량, 서비스 인력)(광고사항에는 포함 안 됨) • 총 고객환급의무액, 상조 관련 자산 및 이와 관련하여 공인회계사의 회계감사(검토)를 받았는지 여부 • 고객불입금에 대한 관리방법(사업자가 소비자피해보상을 위해 별도로 은행법 제2조 제1항 제2호 및 같은 법 제5조에 따른 금융기관에 예치한 금액이 있는지 여부 및 그 비율)	• 최근 상조에 가입하는 소비자가 급격하게 증가하고 있고, 이로 인한 피해도 증가할 것으로 예상되므로 기존의 장의업종과 별도로 상조업종을 신설 • 상조업의 경우에는 회원으로 가입한 이후 오랜 시간이 경과한 이후에 서비스를 제공받으므로 총 고객환급의무액, 상조 관련 자산 및 고객불입금 관리방법 등에 대해 소비자가 알아야 할 필요성이 큼(소비자피해 예방을 위해 TV광고의 영향력을 고려하여 상조업종에 한하여 2분 미만의 TV광고에 대해 규제할 수 있도록 개정하고, 2분 이상의 TV광고에 대해서도 중요정보고시사항 표시방법을 신설)

(계속)

구 분	업 종	중요정보사항	신설 사유
2	중고차 매매업종 (광고)	• 중고자동차 성능·상태기록부에 기재된 사항(자동차관리법 시행규칙 제120조 제1항 별지 제82조 서식) • 자동차매매사원이 소속된 자동차매매업자 상호 및 주소, 전화번호 • 중고자동차 제시신고 번호(자동차관리법 시행규칙 제121조 제2항에 의거 자동차매매사업조합이 부여) 및 해당 자동차매매사업조합 명, 전화번호	• 인터넷을 통한 중고차 매매 광고가 증가하면서 소비자를 유인하기 위한 허위 중고차 매물이 급증하는 등 소비자 피해 발생이 우려되므로 정확한 정보를 기재하도록 하여 소비자에게 구매정보를 제공하고 허위 매물의 광고를 규제할 필요가 있음
3	해외연수 프로그램 업종 (표시·광고)	• 제공되는 서비스의 구체적 내용과 요금체계 • 계약 중도해지 시 환불기준	• 현재 해외 연수 프로그램이 증가하면서 소비자 피해가 증가하고 있으며 개별법상 규제도 거의 이루어지지 않는 실정이므로 소비자에게 중요한 정보를 제공할 필요가 있음

자료 : 공정거래위원회 소비자안전정보과(2009)

(2) 광고내용실증제(동법 제5조)

광고내용실증제란 사업자 등은 자기가 행한 광고의 내용이 사실과 관련된 사항임을 실증하도록 하는 제도이다. 특히 광고의 내용이 **인체에 직접적으로 영향을 미친다는 내용인 경우**(예 : 건강보조식품에 있어서 "담즙분비 촉진효과" 등의 표현)이거나, **안전 또는 환경과 관련된 내용인 경우**(예 : 과다섭취 시 건강에 부작용이 있을 수 있는 비만해소용 식품에 있어서, "실험결과 부작용 전혀 없음" 등의 표현), 또는 광고가 **성능, 효능, 품질에 관한 내용인 경우**(예 : 내연기관용 윤활유에 있어서, "연료절감 10%" 등의 표현)와 **기타 소비자의 구매선택 및 거래질서에 중대한 영향을 미치는 내용인 경우**에는 이를 실증할 수 있도록 규정하고 있다. 공정거래위원회는 부당한 표시·광고의 우려가 있어 실증이 필요하다고 인정되는 경우 당해 사업자에게 실증자료의 제출을 요청할 수 있고, 동 요청을 받은 사업자는 15일 이내에 실증자료를 제출하여야 하여야 한다.

(3) 임시중지명령제(동법 제8조)

임시중지명령제는 소비자 또는 경쟁사업자에게 중대한 피해를 줄 우려가 있는 부당한 표시·광고에 대하여는 공정거래위원회의 정식절차에 의한 시정조치를 하기 전까지 이를 일시 중지시킬 수 있도록 규정하는 제도이다. 공정거래위원회의 시정조치는 준사법적 절차를 거치기 때문에 심사개시 후 최종적으로 시정조치하기까지 보통 2~3개월이 소요되므로 그때까지 부당한 표시·광고를 방치하는 경우 소비자가 경쟁사업자에 중대한 피해가 발생할 수 있기 때문에 동 제도를 도입하였다. 임시중지명령을 요청할 수 있는 기관은 소비자단체, 정보통신윤리위원회, 한국간행물윤리위원회, 한국소비자보호원, 한국신문윤리위원회 및 한국광고자율심의기구 등이 있다.

표 8-5 우리나라의 광고관련 법규

부 처	법 규
기획재정부	예금자보험법(제30조 제2항), 보험업법시행규칙(제26조), 유사수신행위의 규제에 관한 법률(제26조), 증권거래법시행규칙(제14조 제3항), 담배사업법(제25조 제2항),
공정거래위원회	소비자기본법, 표시광고의 공정화에 관한 법률, 가맹사업거래의 공정화 법률/시행령, 방문판매법(제21조)
지식경제부	계량에 관한 법률, 산업표준화법(제11조~13조), 에너지이용합리화법(제17조)
보건복지부	식품위생법, 건강기능식품에 관한 법률(제18조, 22조, 26조), 의료기기법(제23조, 24조), 마약류관리에 관한법률, 보건의료기본법(제14조), 약사법(제55조, 63조/시행규칙), 화장품 법(제12조)
농림수산식품부	농산물품질관리법(제28조), 농약관리법(제22조), 동물용 의약품등 취급규칙(제44조), 양곡관리법
방송통신위원회	방송법(제32조), 정보통신망이용촉진 및 정보보호 등에 관한 법률(제50조)
문화체육관광부	공연법(제5조), 영화진흥법(제29조), 청소년보호법(제20조)
환경부	먹는물관리법(제31, 32조)
금융위원회	대부업의 등록 및 금융이용자 보호에 관한 법률(제9조)
행정안전부	옥외물광고물 관리법 등

표 8-6 광고규제의 내용과 근거법령 예

소관부처	근거법령	규제내용
보건 복지부	건강기능식품에 관한법률	• 허위·과대의 표시·광고 금지(질병의 예방 및 치료에 효능·효과가 있거나 의약품으로 오인·혼동할 우려가 있는 내용의 표시광고 금지, 사실과 다르거나 과장된표시광고 금지) • 우수건강기능식품제조기준적용업소로 지정받지 아니한 자가 그 명칭이나 유사한 내용 표시·광고 금지
	식품위생법	• 식품 등의 명칭·제조방법 및 품질에 관하여는 허위표시 또는 과대광고 금지
	약사법	• 의약품 등의 명칭·제조방법·효능이나 성능에 관하여 허위 또는 과대한 광고, 의약품등의 효능이나 성능에 관하여 암시적 기사·사진·도안 기타 암시적 방법에 의한 광고 등 금지
	의료기기법	• 의료기기의 명칭·제조방법·성능이나 효능 및 효과 또는 그 원리에 관한 거짓 또는 과대광고 등의 금지
	화장품법	• 용기·포장 또는 첨부문서에 의학적 효능·효과 등이 있는 것으로 오인될 우려가 있는 표시 또는 광고 • 기능성화장품의 안전성·유효성에 관한 심사를 받은 범위를 초과하거나 심사결과와 다른 내용의 표시 또는 광고 • 기능성화장품이 아닌 것으로서 기능성화장품으로 오인될 우려가 있는 표시 또는 광고 • 기타 소비자를 기만하거나 오인시킬 우려가 있는 표시 또는 광고 금지
	의료법	• 의료인 등의 기능, 법, 경력 등에 관한 허위과대 광고 금지 • 의료인의 기능, 진료방법에 대하여 부당비교, 비방 금지

표 8-7 현재 운영 중인 자율심의기구 현황

성 격	기구명	심의대상	심의기준
민간기구 (20개 회원 단체)	한국광고 자율심의 기구	• 지상파방송광고/라디오광고/종합유선방송 광고에 대해서는 사전 심의(방송위원회 위탁) • 인쇄매체에 대해서는 사후 규제(법적 구속력은 없음)	방송광고심의에 관한규정 광고자율심의규정
법정기구 (매체별 심의기구) (출판및인쇄진흥법)	한국간행물 윤리위원회	• 소설, 만화, 사진집 및 화보집 등에 수록된 상업적 광고선전물 및 특수일간신문, 일반주간신문, 특수주간신문, 잡지에 수록된 상업적 광고선전물에 대하여 사후 규제 • 공정위에 임시중지명령 요청 또는 발행인과 광고주에게 '주의환기' 조치	표시광고법 자체 광고 심의지침

(계속)

성 격	기구명	심의대상	심의기준
법정기구 (전기통신 사업법)	정보통신 윤리위원회	• 전기통신회선을 통하여 일반에게 공개되어 유통되는 정보 중 전기통신사업법 및 동법시행령이 정하는 정보	자체심의규정, 심의세칙
매체별 심의기구	한국신문 윤리위원회	• 신문광고에 대해 사후 심의 • 신문광고에 대해 독자불만 접수 처리 → 회원사인 신문사에 대해 주의, 경고, 정정, 취소, 사과 등의 조치	신문광고윤리강령신문광고윤리실천요강
업종별 심의기구	한국제약 협회	• 의약품광고(모든 매체)	약사법 의약품 대중광고 관리기준
	대한화장품 협회	• 인쇄매체를 통한 화장품광고에 대해 사업자가 자문을 원하는 경우 자문료를 받고 자문(적합, 조건부 적합, 부적합)제공	화장품광고 자문위원회 심의규정
	한국식품 공업협회	• 특수영양식품 중 식이섬유보충용식품, 식사 대용식품 중 체중조절용 식품관련 인쇄매체를 통한 광고에 대해 사전심의 • 심의 받지 않고 광고시 영업정지 등 행정처분	광고 사전심의 운영지침 (보건복지부 고시)
	대한건강 기능식품 협회	• 건강기능식품의 기능성 표시 및 광고에 대하여 사전심의(적합, 수정적합, 부적합) • 심의 받지 않고 표시광고시 영업정지 등 행정처분	건강기능식품에 관한법률 제16조 건강기능식품 표시 및 광고 심의기준
	금융투자 협회	• 금융투자회사에서 행하는 모든 광고	자체심의기준

자료 : 공정거래위원회 소비자안전정보과(2009. 10)

표 8-8 표시·광고 자율규약 현황

규약명칭	단체명	공정위심사일	활용여부
의류광고 자율규약	의류광고자율규약협의회	1983.10	미활용
화장품 표시광고에 관한 자율규약	대한화장품공업협회	1983.10(89개정)	〃
의약품 표시광고에 관한 자율규약	한국제약협회	1983.10	〃
식품 표시광고에 관한 자율규약	한국식품공업협회	1983.10	〃
유제품 표시광고에 관한 자율규약	한국유가공협회	1983.10(86개정)	〃

(계속)

규약명칭	단체명	공정위심사일	활용여부
가전제품의 표시광고에 관한 자율규약	전자공업진흥회	1985.12	〃
안경 표시광고 자율규약	대한안경사협회	1999.12.1	〃
침대의 표시광고 공정경쟁규약	한국침대협회	2001.10.11	활용
의약품 표시광고 규약	다국적의약산업협회	2006.2	활용
학원광고 자율규약	(사)한국학원총연합회	2009.6	활용
온라인 부동산광고 자율규약	(사)한국부동산정보협회	2009.9	활용

자료 : 공정거래위원회 소비자안전정보과(2009. 10)

(4) 사업자단체의 표시광고제한 행위의 금지(동법 제6조)

사업자단체가 구성사업자의 표시·광고를 금지 또는 제한하는 것은 일종의 담합행위로서 사업자의 자유로운 사업활동을 방해하여 공정한 경쟁을 저해하는 것이 되므로 사업자단체는 법령에 의하지 아니하고는 당해 사업자단체에 가입된 사업자에 대하여 표시·광고행위를 제한하는 행위를 하여서는 아니 됨을 규정하고 있다.

Chapter

유통과 소비자 09

01 유통의 기본개념

유통(distribution)은 생산과 소비를 연결시키기 위한 인간의 경제과정으로 생산자로부터 소비자에게 상품 및 서비스가 이전하는 활동에 의해서 그 효용이 높아지고 부가가치를 산출하는 활동이다.

유통은 크게 거래유통과 물적유통으로 나누어 설명된다. **거래유통**은 상품의 매매를 의미하며 도매업과 소매업이 주 담당자가 된다. **물적유통**은 상적유통에 따르는 상품의 운반, 보관 등의 활동으로 물류라고도 불리며 운송업과 창고업이 주 담당자가 된다. 그 밖에 기타분류로는 유통활동에서 발생하는 위험이나 필요한 자금융통, 거래대금 등의 이전을 도와주는 금융적 유통, 거래상품에 대한 정보를 제공하거나 물적유통의 정보를 원활하게 연결하여 고객서비스를 향상시키는 정보유통 등이 있다.

유통의 경제적 측면을 살펴보면 첫째, 제품이나 서비스가 생산자로부터 소비자에게 이르기까지 거치게 되는 유통경로를 통하여 시장에서의 총 거래수를 감소시킴으로써 사회 전체적으로 효과적이고 효율적인 교환활동을 수행할 수 있도록 도와준다. 둘째, 유통경로과정 안에서 도매상이 개입하여 소매상의 대량 보관기능을 부담함으로써 사회 전체적으로 상품의 보관총량을 감소시킨다. 셋째, 생산자는 규모의 경제를 실현하기 위하여 소품종 대량생산을 하는 반면 소비자는 다양한 제품라인을 요구함에 따라 발생되는 제품구색의 불일치를 완화시켜 준다. 넷째, 거래과정에서 제품, 가격, 구입단위, 지불조건 등을 표준화시켜 시장에서 거래를 용이하게 해주며, 다섯째, 생산자와 소비자 사이에 존재하는 지리적, 시간적, 정보적 장애를 극복하여 양자 간에 원활한 거래가 이루어지도록 한다. 여섯째, 소비자에게 재화나 서비스를 제공하는 것만이 아니라 소비자의 새로운 스타일을 창출하고 상품정보, 유행정보, 생활정보 등과 같은 무형적 가치를 제공함으로써 소비자의 만족과 효용을 높여 주는 역할을 한다.

1) 유통의 주체

유통업의 주체는 크게 도매업, 소매업 그리고 소비자로 구분할 수 있다.

먼저, **도매업**(wholasale)은 최종소비자에 대한 판매를 제외한 모든 거래활동을 말한다. 도매업은 생산자에게 소매업과 직거래에 따르는 생산자의 불편 및 비용을 제거하며, 상품보관에 따른 비용 및 재고부담을 절감시키며, 수요와 공급이 일치하도록 조절하는 역할을 한다. 또한 소매업에게는 상품을 대신 보관, 저장하거나 수집하여 수량을 분할함으로써 소매상에게 편의를 제공하는 역할을 담당한다.

소매업(retailing)은 최종소비자에게 재화와 서비스를 유통하는 것으로 정의할 수 있다. 특히, 소매업는 소비자재화 순환의 중심축으로 제조업자와 도매업자에게는 그들의 상품이 빠르게 유통될 수 있는 구조를 제공하기 위하여, 소비자에게는 그들의 니즈와 만나는, 혹은 니즈를 만들 수 있는 상품을 구입하기 위한 가능한 편리하고 즐거움을 얻는 쇼핑을 제공하기 위하여 유통시장에 존재한다. 이러한 이유로 소매업은 제조업자, 도매업자, 소비자에게 모두의 요청에 의해 요구되어지고 기대되어 왔으며 소비자구매패턴의 빠른 변화 및 산업 내 강한 경쟁상황 속에서 계속해서 발전하고 있다. 소매업은 또한 생산 및 공급업자에는 그들의 상품을 판매활동을 대신하며, 소비자의 정보를 제공하여 준다. 또한 소비자에게는 원하는 상품을 제공하며, 적절한 품목구성, 상품의 재고량 유지, 상품정보, 유행정보, 생활정보 등과 구매장소, 구매의 즐거움, 서비스 등을 제공한다.

소비자(consumer)는 소비를 하는 주체로서 유통의 최종단계에 위치하고 있다. 소비자의 수요증가는 유통시장규모 확대 그리고 생산활동의 증가로 이어져 유통시장의 중심이다. 소비자는 각자의 욕구를 충족시키기 위해 많은 상품과 서비스를 소비하는 주체로서 경제사회에 참여하게 된다. 경제학에서는 최소비용의 최대 효용만을 이용하는 합리적인 이성행위만을 행사하는 합리성을 가정하여 인간의 사고과정을 연구할 필요가 없도록 만들어져 설명하고 있으나, 현실의 소비자는 무의식적으로 감정에 이끌려 움직이며, 소비를 통해 자신의 본능을 표출하며 자신을 표현한다.

과거에 소비자는 기업들이 제공하는 제품과 서비스에 대해 단순히 '구매하는 사람' 정도로만 생각했었다. 하지만 언제부턴가 소비자는 자신들의 권리와 역할을 인식하고 목소리를 높이기 시작했다. 이제는 제조업체, 유통업체는 소비자의 목소리를 외면하고는 기업을 유지하기가 어려워졌다. 특히 인터넷과 전자상거래가 등장하면서 기업들 간의 경쟁이 치열해졌고, 기업들은 소비자의 욕구를 파악하여 그들에게 필요한 제품과 서비스를 만들어 내고 있다.

유통시장에서의 **소비자의 역할**을 살펴보면 다음과 같다

① 상품의 사용자 혹은 소비자

소비자기본법에 의하면 '소비자'라 함은 사업자가 제공하는 물품 또는 용역(시설물을 포함)을 소비생활을 위하여 사용(이용을 포함)하는 자 또는 생산활동을 위하여 사용하는 자로서 대통령령이 정하는 자를 말한다. 이러한 소비자의 가장 일차적이고 근본적인 역할의 모습은 생산과 소비를 연결시키는 유통시장 안에서 상품을 생산한 사업자가 제공하는 상품과 서비스를 소비생활을 위하여 구입하거나 사용하는 역할이다.

② 유통망

소비자가 유통기관의 이용자나 유통서비스를 받는 서비스 대상자의 의미를 넘어서 유통이 이루어지기 위한 필수적인 요소로서 역할을 수행하고 있다.

③ 상품의 개발자, 생산적 소비자

소비자는 소비는 물론 제품에 대한 관심을 가지고 적극적인 참여를 통하여 제품 개발과 유통과정에도 직접 참여하여 제품의 생산 및 개발을 하는 주체가 되기도 한다. 또한 소비자가 제품사용 후에 의견을 전하기에 앞서 개발 초기부터 소비자의 의견을 적극 수렴하여 상품을 개발하는 기업이 늘어나는 추세로 인하여 소비자는 소비자모니터링 활동, 제품리뷰 등에 참여하기도 하며, 자신에게 필요한

제품을 직접 만들어 상품화하는 크리슈머, 직접 제품을 사용한 뒤 적극적으로 제품홍보를 하는 트라이슈머, 주부의 시각으로 상품을 평가하고 홍보한다는 마담슈머 등 적극적인 소비자의 모습을 보여 준다.

④ 시장감시자

소비자는 안전한 상품과 제품 유통을 위한 파수꾼이자 감독관이다. 상품사용 후 온라인 사이트에 리뷰를 남기고 적극적인 제안을 하고 소비자가 자발적으로 시장감시자의 역할을 하는 사례가 늘고 있다. 대표적인 예로, 소비자들의 인터넷안티사이트를 들 수 있다. 안티의 대상은 제품에 대한 불만에서 불친절한 서비스, 과대광고와 A/S미비, 경제구조의 불균형을 가져오는 대기업에 대한 문제제기까지 다양하다. 안티사이트는 수많은 네티즌이 힘을 모아 인터넷상에서 서로의 불만을 공유하는 수준을 뛰어넘어 소비자 권리찾기 운동의 대대적 확산을 가져오는 계기가 되었으며, 전반적인 기업감시자의 역할을 수행하고 있다(조성진·김상국, 2002). 또한 〈불만제로〉, 〈소비자고발〉 등의 프로그램을 들 수 있다. 적극적인 시장감시자 소비자의 제보를 통해 유통시장에서의 비리를 밝혀 내고, 소비자의 주권을 찾아주는 소비자고발 프로그램과 같은 소비자들의 활동은 유통시장의 감시자로서의 역할을 자청하고 있다.

⑤ 유행창조자

유통시장에서 많이 팔리는 제품은 히트상품, 혹은 베스트셀러라고 불린다. 소비자는 유통시장을 통해 구입한 물건으로 소비문화 혹은 트렌드를 주도함으로써 시대를 이끌어간다. 몇 년 전 웰빙바람이 불어 웰빙과 관련된 제품이 셀 수 없을 만큼 쏟아졌다. 또 최근에는 글로벌 불황을 타고 실속을 차린 저렴한 제품들이 인기를 끌었다. 기업에 의해 트렌드가 창조되기도 하지만 기본적으로 소비자의 욕구에 의해 트렌드가 잡히고 이에 발맞추어 기업들이 트렌드에 맞는 제품을 생산하므로 유통시장의 소비자는 트렌드를 창조하는 역할을 담당하고 있다.

⑥ 마케터 혹은 정보제공자

일반적인 마케터(Marketer)는 판매용 상품이나 서비스를 제공하는 개인이나 단체 및 기구를 의미한다. 많은 소비자들이 특정 유통업체를 이용한 후 가족이나 가까운 이웃에게 만족, 불만족 등의 구전광고를 하는데, 그들의 표현방식에 따라 특정 제조업체, 유통업체는 잠재적인 소비자를 잃을 수도 얻을 수도 있게 된다. 이렇듯 소비자의 구전으로 인하여 상품이나 서비스의 평가를 받게 되는 모습은 유통시장에서의 소비자 모두는 개인마케터의 역할을 담당하고 있다.

앞에서 소비자의 역할 여섯 가지를 살펴본 결과 다양한 소비자가 존재함으로써 유통시장이 다양화되고 제품, 가격, 기능 등이 가지각색으로 발전함을 알 수 있다. 최근에는 프로슈머, 크리슈머 등의 말이 생겨날 정도로 소비자는 유통시장에서 단순히 구매자를 넘어 직·간접적으로 생산자의 역할까지 가담하고 있다. LG 싸이언이 심플한 디자인의 버튼 대신 터치방식의 휴대전화를 만들어 달라는 프로슈머들의 의견에 초콜릿폰을 출시하여 대박을 터뜨린 일화는 프로슈머의 대표적인 성공사례로 뽑힌다. 또한 인터넷을 기반으로 한 유통시장이 활발해지면서 소비자들이 UCC를 통해 직접 콘텐츠를 생산하고 유통하기도 하며 마트에 가면 소비자에게 잘 팔리는 상품들이 좋은 위치를 차지하고 있고, 소비자의 라이프스타일 변화에 따라 복합쇼핑몰도 증가추세에 있다. 이렇듯 소비자는 유통시장을 변화하게 하고 제품의 값을 매겨주고 기업의 성패를 좌우하게 하는 등 다양한 역할을 하고 있다.

소비자역할에 이어 유통시장에서의 **올바른 소비자의 자세**를 살펴보면 첫째, 소비자는 현명하고 합리적인 태도를 가져야 한다. 지금의 소비자는 더 이상 단순히 구매만 하는 사람이 아니다. 소비자의 무책임한 소비생활이나 비합리적인 소비행위는 기업에 영향을 미치게 되고 더 나아가 경기침체 및 국가경제의 위기를 초래한다. 이러한 문제는 또다시 소비자에게 영향을 미치게 될 것이다. 소비자가 스스로 현명하고 꼼꼼한 소비를 할 때, 제조업체, 유통업체 모두가 경각심을 가지고 상품에 신경을 쓰게 된다. 상품을 소비하는 소비자 자신이 상품이나 유통과정을 신경 쓰지 않는 소비를 한다면 이윤추구가 근본적인 목표인 제조업체, 유통업체들은 품질 이하의 상품이나 부당한 영업행위로 소비자를 우롱할 수도 있다. 그러므로 소비자는 이들의 최고 감시자로서 스스로 현명하고 합리적인 태도를 가져야 할 것이다. 둘째, 능동적인 소비자의 자세를 가져야 한다. 독점기업, 대기업의 가격횡포나 소비자문제가 발생했을 때 그냥 지나갈 것이 아니라 직접 참여해서 해결하려는 자세가 필요하다. 혼자서 문제해결이 어렵다면 소비자단체나 소비자원의 도움을 받을 수도 있을 것이다. 진정한 유통시장에서의 소비자역할은 소비자 이익과 권리실현을 위한 스스로의 영향력을 인식하고 소비선택의 중요성을 충분히 인지하여 합리적인 선택과 철저한 소비자책임의 실천자가 되는 것이다.

2) 유통과 소비자경제

1996년 이전의 유통산업의 성장률은 국내 경제의 성장률보다 낮았으며 국내 경제성장에 기여하는 정도도 4.78%에 불과하였다. 그러나 1996년 유통개방 이후 유통산업의 평균 성장률은 국내 경제 성장률을 상회하였으며 국내 경제에 기여율도 7.52%로 이전에 비해서 60% 정도 증가하였다. 많은 이견에도 불구하고 유통시장의 개방은 장기적으로 국내 유통산업 발전과 체질 강화에 큰 기여를 하였다.

유통산업에 중요역할을 담당하는 도·소매업은 2006년 기준 GDP에 6.0%, 총취업자의 16.0%를 차지하여 생산 비중에 비해 취업자 비중이 상당히 큰 업종으로 자리매김하고 있다. 도·소매업 종사자수는 2002년 262만 명을 정점으로 줄어들기 시작하여 2005년에는 244만 명으로 감소하였다. 이 기간 중 도매업 종사자수는 3만 명이 증가(83 ⇒ 86만 명)한 데 반해, 소매업 종사자수는 162만 명에서 142만 명으로 20만 명 감소하였다. 유통시장 개방 이후 유통산업의 구조는 대형마트, 전자상거래 등 새로운 업태로 확대되고, 재래시장 등 전통적 소규모상점들은 급격히 축소되는 등 구조의 변화가 일고 있다. 우리나라의 도·소매업은 미국과 일본에 비해 GDP 대비 비중은 크게 낮은 반면, 취업자 비중은 큰 차이가 없는 저생산성을 나타내고 있어 생산성 향상이 필요한 상황으로 인식되고 있다. 한국의 유통산업 고용은 가계 유휴 노동력도 어느 정도 포함하고 있어 이러한 현실을 반영할 경우 국내 유통산업의 노동생산성은 경쟁국가와 비교하였을 때 더욱 낮음으로 장기적으로 노동생산성 증대를 위해서 유통기업의 대형화는 불가피할 것으로 보인다(한국은행).

표 9-1 1996년 유통시장 개방 전후 5년간 성장 기여율의 변화

구 분	1989~1995	1996~2002
국내 유통산업의 평균 성장률	6.06%	4.20%
한국 경제의 성장률	7.86%	3.80%
국내 유통산업의 국내 경제 성장 평균 기여율	4.78%	7.52%

자료 : 한국은행(대한상공회의소 재인용)

(1) 물 가

유통산업은 생산과 소비의 중간에서 제조업의 경쟁력 제고와 소비자후생 증진에 중요한 역할을 담당한다. 새로운 시장을 창조하여 제조업의 기술혁신과 신제품 개발을 주도하고 대형마트·홈쇼핑과 같은 신업태의 등장과 유통단계의 축소 등 유통구조의 개선은 상품거래비용 하락을 통해 물가안정에 기여할 수 있다. 1990년대 들어와 매장신업태의 출현으로 가격경쟁이 심해지면 업태 간 가격차이가 발생하기 시작했다. 제조업체의 권장소비자 가격은 500ml 가 500원이고 2l 가 1,000원으로 할인점이 가장 낮은 가격에 판매 이러한 업태 간의 가격차이는 주로 가격파괴를 선도하는 대형마트에 의해서 일어났지만 업태별 방문고객의 특징으로 인한 서비스, 가격 차별화도 이러한 가격차이의 중요한 원인이 된다.

유통구조의 변화와 물가의 관계를 보면, 유통구조 규모화의 대표격인 대형마트가 1% 성장하면 소비자물가는 0.04% 하락하는 것으로 나타났다. 그러나 유통구조의 변화가 소비자가격을 인하하였음에도 불구하고 국내 물가안정기여도는 그렇게 크지 않다(이정희, 2007). 또한 국내 한 보고서에 의하면 유통산업 0.1% 추가 성장 시 소비자물가의 0.05%가 하락한다는 결과가 있지만 2005년도 후반 이후 유통업체 대형화를 통한 물가하락 효과는 점차 사라지고 있다고 한다(대한상의회, 2008). 그러나 신 유통업태 대형마트의 출현으로 인하여 최저가격보상제가 저가격의 상품을 확대시키는 역할로 인하여 물가에 어느 정도 영향을 끼쳤으며 자체브랜드인 PB상품을 확대하면서 다시 한 번 물가에 영향을 미치게 되었다.

유통산업이 소비자물가지수에 미치는 영향을 알아보기 위해 소매업태별 판매가격상승률의 크기와 변동방향을 비교해 보면, 2000년 이전에는 업태별로 차이가 크지 않았으나 2001년 이후 차별화가 진행되었음을 알 수 있다. 2001~2005년 중 재래매점의 가격상승률이 대형마트를 크게 하회하는 가운데 변동방향은 일치하며

표 9-2 유통업태 간 가격차이(국내 L사의 S생수를 기준으로)

(단위 : 원)

구 분		권장소비자가	할인점	백화점	편의점
생 수	500ml	500	310	350	700
	2l	1,000	660	700	1,200

2007년 1~5월 중에는 재래매점의 가격상승률은 백화점, 대형마트, 무점포판매 등의 상승과 달리 하락하면서 2003년 이후 가장 낮은 수준이다. 소매업 판매가격 상승률은 1996~2000년 중 3.6%에서 2001~2006년에는 1.3%로 크게 하락하였으며 업태별로는 재래매점이 -3.4%(3.7% ⇒ 0.3%)로 가장 크게 하락한 가운데 백화점(-1.1%, 3.0% ⇒ 1.9%), 대형마트(-1.1%, 3.3% ⇒ 2.2%) 등도 하락하였으나 편의점(2.4%, 3.0% ⇒ 5.4%)은 상승하였다(지경부, 2009). 도·소매업의 구조변화는 경쟁심화, 생산성향상, 유통단계 축소 등을 통해 물가안정에 기여하였으나 최근 대형마트 핵심경쟁력이 가격 중심에서 서비스로 전환하면서 최저가격보상제도와 같은 가격경쟁이 사라졌다. 재래매점의 경우 적절한 서비스 경쟁력 확보가 어려운 상태에서 가격경쟁력 확보 노력이 필요하다.

유통시장에서의 소매업태별 구조변화는 주로 고용과 물가경로를 통해 소비에 영향을 미치고 있는 것으로 분석된다. 대형마트의 등장, 확산 등 소매업의 구조변화는 고용감소를 통해 소비재 판매액 증가율을 하락시킨 반면, 물가안정 효과를 통해 소비재 판매액 증가율을 상승시킴으로써 전체적으로 2003~2005년 중 소비재 판매액 증가율을 0.15~0.34% 하락시켜 소비증가를 다소 둔화시키는 요인으로 작용하였다.

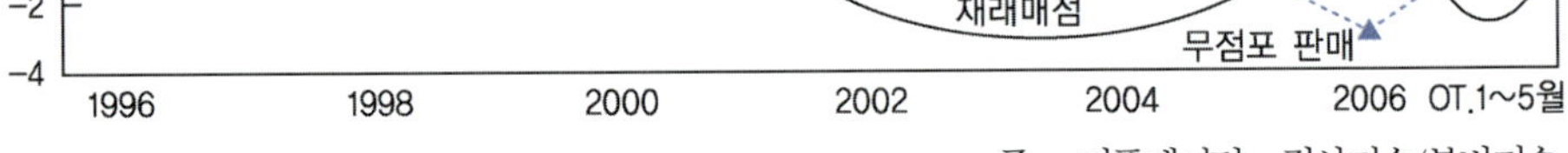

주 : 디플레이터=경상지수/불변지수

그림 9-1 소매업태별 가격상승률 추이

자료 : 통계청 '도소매 판매액지수'

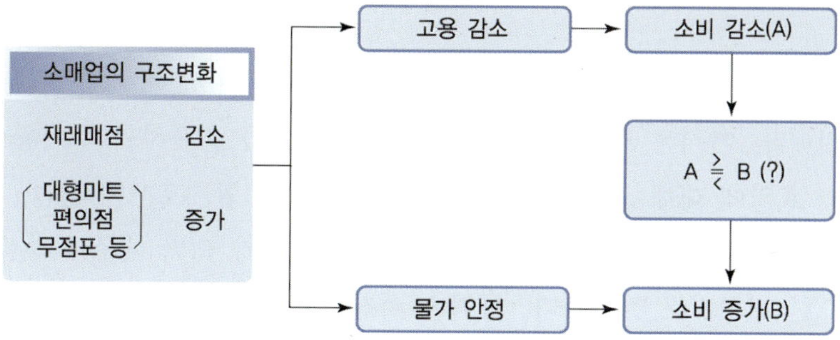

그림 9-2 소매업태별 고용과 물가의 구조변화
자료 : 대한상공회의소(2008)

유통시장 개방 이후 급격한 유통산업의 발전과 신업태의 등장은 유통구조의 변혁을 가져오게 되었으며, 특히 생계형에서 기업형 유통구조로 급속하게 전환되면서 제조업이 지배하던 유통의 주도권이 유통업체로 넘어오게 된 유통구조의 개혁은 제조업체와 유통업체 간의 직거래를 통해 유통단계가 축소되었으며, 기존의 희망소비자가가 아닌 유통업체가 정한 가격이 최종소비자가 되어 소비자에게 보다 낮은 가격으로 제품을 공급할 수 있게 되었다. 온라인쇼핑의 경우 판매액이 1% 증가하면 소비자물가는 0.014% 감소하며 또한 대형마트 판매액이 1% 증가하면 현재의 식료품 물가는 0.046%가 감소하는 것으로 나타나 식료품 물가하락에 영향을 주는 것으로 나타났다. 최근 대형마트는 중간벤더를 거치지 않고 상품선정에서부터 통관, 입점 등 전 과정을 직접 관리해 양질의 제품을 싼 가격에 소싱하는 글로벌소싱과 PB상품을 강화하고 있다. 또한 인터넷쇼핑몰업계도 오픈마켓과 병행수입 등을 통해 해외상품을 저렴한 가격에 소싱하는 움직임을 확대하고 있다. 대형마트와 인터넷쇼핑몰 업계의 이러한 노력이 향후 소비자 물가하락에 긍정적인 영향을 미칠 것으로 기대된다(이정희 외 3인, 2009). 유통시장에서 제조업체와 유통업체의 거래과정에서 서로가 협력을 통해 비용을 줄이면서 적절한 가격인하와 적절한 마진을 취한다면 제조업체, 유통업체, 소비자 모두 윈-윈(win-win)하는 결과를 얻을 수 있으며, 결국에는 제품의 가격하락으로 인한 전체 물가가 하락 또는 안정화를 이룰 수 있게 될 것이다.

(2) 가 격

유통시장에서 소비자의 소비결정권을 가장 크게 행사할 수 있는 것은 아마도 가격일 것이다. 가격은 소비자들이 제품이나 서비스를 소유하거나 이용함으로써 얻게 되는 효익에 대해 교환할 의사가 있는 가치들의 합계로서(여운승, 2007) 항상 소비자에게 알려져 있고 언제나 비교 가능한 단서가 되기 때문에 상품을 구입하는 중요한 기준으로 작용한다. 가격은 시장에서 제품의 수요와 공급이 일치하는 곳에서 결정되지만, 실제적으로는 생산자단계에서의 생산자가격이 여러 유통단계를 거치면서 각 단계마다 새로운 가격이 부과되어 최종단계인 소비단계에서 가격형성이 완료된다. 최종소비자가격이 유통경로에 의하여 결정되기 때문에 만약 제조업자들이 유통기관에 따라 다른 공급가격을 제시하여 편차가 크다면 최종소비자에게 판매되는 가격의 편차도 커져 제품의 신뢰성을 상실하게 된다.

표 9-3 유통업체의 가격전략

매일저가전략 (EDLP)	특별한 가격변동이 없는 'everyday low price' 전략
고가/저가전략 (high/low)	EDLP가격전략보다 높은 가격에 판매하면서 낮은 가격으로 할인판매를 하는 것을 의미
선도가격전략	핵심상품들을 정상마진 / 원가이하로 판매하여 고객을 점포로 끌어들인 뒤 정상적으로 마진이 더해진 다른 상품판매 유도
묶음가격전략	제품을 집단적으로 묶어서 가격을 제시하는 방법, 제품단위당 판매가격을 낮추기 / 인기 없는 상품 묶어 판매
단수가격전략 (odd pricing)	가격의 끝자리 수를 홀수로 남겨 상대적으로 저렴하게 느껴지도록 하는 방법
구속가격전략 (captive pricing)	완전 보완재의 경우 주 품목의 가격은 저렴하게, 부품목의 가격은 비싸게 책정
가격대의 설정	가격범위는 저가대, 중간대, 고가대 등의 3단계
단위가격전략 (unit pricing)	상품의 길이, 부피, 무게 등의 단위를 기준으로 가격을 표시하는 방법
유통가격전략	때, 장소, 사람에 따라 가격이 다르게 적용되는 전략

자료 : 김영신·서정희·송인숙 저(2007), 소비자와 시장환경, 시그마프레스.

유통업체의 가격전략은 동일한 상표가 서로 다른 유통경로를 거치면서 최종소비자에게 다른 가격으로 판매되는 경우인 상표 내 경쟁(intrabrand competition)과 동일한 유통경로 내에서 다른 상표가 가격경쟁을 하는 것은 상표 간 경쟁(interbrand competition)으로 구별되며, 다른 상표에 대한 가격 우위는 시장점유율의 확대로 연결된다.

우리나라 가격정보 종류는 소비자가 가장 쉽게 접하는 가격정보로는 판매가격, 권장소비자가격 및 공장도가 등으로 구분된다. **판매가격**은 판매업자가 일반소비자에게 판매하는 상품의 실제가격을 의미한다. 판매가격 표시제도는 1973년 5월 소매가격 표시제 실시로 시작되어 2002년 3월에는 표시대상을 전면적으로 확대(시 · 도지사 지정 시장 · 지역 추가 등)하여 소비자에게 보다 정확한 가격정보를 제공함으로써 합리적인 선택을 할 수 있노록 하고 있다. **공장도가**는 제조회사가 도·소매업자에게 거래한 가격(부가가치세 포함)으로 1998년 8월부터 모든 품목에 대해 공장도가 표시가 완전히 폐지됐다. **권장소비자가격** 등은 권장소비자가격, 희망소비자가격 등의 명칭 여하를 불문하고 제조업자가 유통업자와 소비자 사이의 거래에 참고할 목적으로 임의적으로 사업자가 표시하는 가격을 말한다. 권장소비자가격 표시여부는 제조업자의 의무사항이 아닌 임의사항으로 권장소비자가격이 현재 유통되는 대부분의 상품들은 일반적으로 실제 판매가격에 비해 권장소비자가격이 높게 표시되어 있으므로 1999년 9월, 적정가격 판단에 혼란으로 소비자의 합리적인 선택을 방해하여 소비자에게 손해를 끼칠 것으로 우려된다고 판단되는 12개 품목에 대해 권장소비자가격 표시를 금지하였다. **단위당 판매가격**은 상품의 가격을 단위당(예 : 1 *l* , 100g)으로 나타내어 표시하는 가격을 의미한다. 처음 15개 품목으로 시작하여 가장 최근 2009년 6월에는 단위당 가격표시 품목을 83개로 확대하였다. 같은 상품이라 하여도 다양한 포장단위로 제작 · 판매되고 있어 소비자가 보다 쉽게 가격비교를 할 수 있도록 시행되는 제도이다. **오픈프라이스**(open price system)는 제조사가 상품에 권장소비자가격을 표시하지 않는 제도로서 제조업자가 판매가격을 정하는 기존의 권장소비자가격제와 달리 최종 판매업자(유통업자)가 실제 판매가격을 제품에 표시하는 가격제도다.

쉬어가기

〉〉〉 오픈프라이스제-올림푸스 '디카' 똑같은 제품 18만 원 vs 38만 원

같은 값이면 다홍치마를 선호하는 소비자들은 '다른 값'으로 어떤 제품을 구매할까?

지난 3월 강변 테크노마트에서 올림푸스 디지털카메라 X-825를 38만 원에 구매한 대학생 최씨는 인터넷 검색을 통해 동일한 성능을 가진 18만 원대 디카를 발견했다. X-825와 FE-290 기종 둘 다 28mm 렌즈에 광학 4배 줌, 3.0형 LCD모니터로 최씨는 20여 만 원을 바가지 썼다는 생각에 화가 치밀었다.

고객센터에 문의하자 "가격을 정하는 건 판매자들 소관이다. 많이 알아보고 비교해서 사면 피해를 줄일 수 있다."는 뻔한 답변만 돌아왔다. 이어 "전자제품은 제품 버전과 판매 기간, 판매처 등에 따라 가격이 달라질 수 있다."고 덧붙였다. 또 올림푸스 마케팅 담당자는 "총판 대리점 체제로 제조업자가 아닌 판매업자가 가격을 결정하는 오픈 프라이스제여서 가격이 차이를 보일 수 있다."고 부연했다.

자료 : 소비자가 만드는 신문, 2008년 5월 8일

표 9-4 소비자가격표시제도 변화

연 도	내 용
1973년	소매가격표시제 실시
1979년	공장도가격표시제 실시
1990년	수입가격표시제 실시
1998년	공장도·수입가격표시제 폐지 판매가격표시제(Open Price System)로 일원화
1999년	권장소비자가격 표시 금지제(신사정장, VTR 등 12종) 실시 단위가격표시제(우유, 화장지 등) 도입
2000년	권장소비자가격 표시금지품목(10종) 단위가격표시(6종 추가)
2004년	권장소비자가격 표시금지품목(10종) 단위가격표시(12종 추가)
2010년	7월 권장소비자가격 표시제 사실상 전면 폐지

자료 : 지식경제부 유통물류과(2009)

표시제도의 변화에서도 알 수 있듯이 기존에는 사업자가 가격을 결정, 표시하던 상황에서 최근에는 판매자, 즉 유통업체가 가격을 결정, 표시하는 방향으로 변화하고 있다. 2006년 기준으로 1996년 대비 대형마트의 판매액은 960%, 편의점은 210% 늘어났으나, 슈퍼마켓은 13.4% 감소하였고, 기타 소매업은 3.8% 증가로 거의 정체된 것으로 나타났다. 이러한 변화는 기존 소매유통 가격체계를 무너뜨리고 가격결정권을 제조업체에서 유통업체로 이전시켰다. 이는 도매기능이 약화되고 제조업체의 전속 대리점 체계가 붕괴되어 제조업체의 유통채널 지배권이 대형유통업체로 이전되었으며 현재 가격결정은 유통업체에서 이루어지고 있음을 알 수 있다.

(3) 입점료

입점료(slotting allowance)는 제조업자들이 신제품 도입 시 광고나 가격할인을 하는 것보다 더 이득이 된다고 판단하는 경우 지불되는 제조업자와 유통업자 사이의 수직적 거래관행 중 하나이다.

우리나라의 유통부문은 대규모소매점의 입점료, 파견사원, 리베이트, 반품, 백화점 등의 특정매입 등의 거래관행이 존재하고 있다. 이러한 상거래 관행들은 유통업자와 납품업자 또는 거래선, 입점상인 간 원활한 거래의 시작과 지속을 위해 역사적으로 형성되어 온 것으로 일정한 합리성을 가지고 있다. 입점료는 오늘날 불공정거래행위로 논란의 대상이 되고 있으며 공정거래법의 거래상 지위남용으로 인한 이익제공강요행위로 불공정거래행위의 유형 및 기준으로 분류되고 있으나, 현재 도소매업을 포함한 유통시장은 매우 경쟁적이어서 독점화나 거래상 지위남용을 할 수 없는 구조이다. 또한 유통업자와 제조업자의 수직적 관계에서 대형유통업자의 경우 교섭력이 상대적으로 큰 것은 사실이나, 우리나라의 유통경로가 입점료를 거래관행으로 가지고 있는 대형유통업체외엔 상품을 팔 수 없는 것이 아니므로 반드시 유통업자에게 교섭력이 있다고 할 수 없다. 그러므로 입점료는 교섭력이 우월한 대형유통업체가 소규모 영세제조업체들에 강요하여 발생하는 불공정한 행위라기보다는 유통경로상의 경쟁에서보다 우월한 서비스경쟁력을 가진 업체들이 그 서비스의 대가를 회수하는 방법 중 하나라고 보는 것이 옳다. 따라서 이러한 거래관행의 존재는 경쟁을 억제하기보다 도리어 경쟁을 촉진하여 소비자에게도 이익이 된다.

특히 입점료는 소비자에게 신호의 기능과 선별기능을 통하여 소비자후생에 긍정적인 영향을 미친다. 첫째, 입점료는 입점료를 지불하는 제조업체의 상품이 여타 상품보다 우수하다는 것을 신호하는 역할을 가지고 있다. 광고를 통한 신호의 비용이 입점료보다 높거나 덜 효과적일 경우, 입점료는 우수한 상품을 생산 공급하는 제조업자에게 오히려 효과적인 대체수단이 될 수 있다. 소비자들은 입점료만큼의 비용을 지불할 것이 아니냐는 주장이 있으나 소비자는 이런 문제점이 대형유통업체에 존재한다고 생각할 경우 같은 상품이나 서비스를 파는 다른 유통경로에서 구입하는 것도 가능하고, 혹은 대형유통업체가 제공하는 품질인증을 받기 때문에 손해를 본다고 볼 수 없다. 광고가 상품의 정보제공에 긍정적인 영향을 하는 것처럼, 입점료도 지불한 제조업자의 상품선별을 용이케 하는 친경쟁적인 역할을 한다. 둘째, 입점료는 경쟁에서 보다 우월한 유통서비스경쟁력을 가진 업체들이 그 서비스의 대가를 회수하는 방법 가운데 하나이다. 이러한 거래관행의 존재는 경쟁을 촉진하며 소비자에게도 이익이 되는 경우가 보편적이다. 왜냐하면 입점료를 내고 소비자가 선호하는 대형유통업체에 입점하는 상품은 다른 조건이 일정하다면 대개 품질이 좋고 소비자가 선호하는 상품일 가능성이 높다. 품질이 좋지 않고 입점료 비용을 포함한 소비자가격은 입점료까지 지불하면서 상품을 판매할 경우 이윤 극대화 가능성이 낮기 때문이다. 따라서 백화점이나 할인점에 매장이나 매대를 마련하는 제조업자가 생산하는 상품은 여타 상품에 비해서 경쟁력이 높은 상품일 가능성이 높고, 이러한 가능성은 유통업자가 좋은 상품을 선별해내는 데 효과적인 역할을 할 수 있다. 그러므로 입점료의 품질에 대한 정보를 전달하려는 신호(signal)의 기능과 경쟁력 높은 상품을 선별하기 위한 선별(screen-ing)기능은 유통업자의 이익을 증대시킬 뿐 아니라 소비자가 선호하는 상품을 시장에 용이케 진출시키는 역할을 하여 소비자후생에 도움이 된다.

02 유통환경과 소비자

1) 유통환경의 변화

(1) 정치적 변화

① 유통정책

유통정책은 유통에 직접 간여하는 공공정책의 일환으로서 유통산업, 유통기구, 유통과정을 정책적으로 규정하고 통제하는 정책이다. 유통업은 자체로서 하나의 산업을 형성하고 있음과 동시에, 도시 및 주거환경 등 국민의 일상생활과 소비자들의 후생에 큰 영향을 미치고 있으므로 다양한 정책의 대상이 되고 있다(이재형, 2009).

현재 우리나라에서 유통정책을 담당하는 기관은 지식경제부소속의 산업경제실 유통물류과에서 담당하고 있으며 유통구조의 선진화 및 유통산업 발전시책의 수립·추진, 중소유통업 경쟁력 강화시책의 수립·추진, 프랜차이즈산업 육성 시책의 수립·추진, 유통산업 발전에 관한 법령·제도의 연구·개선 등의 주요업무를 담당하고 있다.

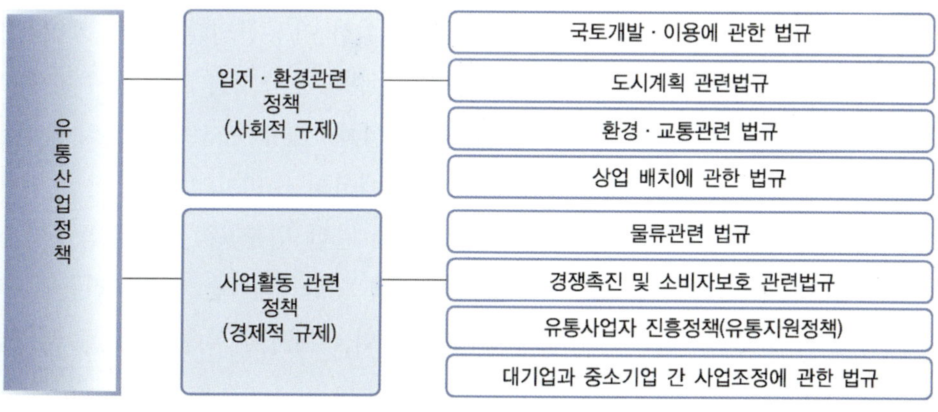

그림 9-3 유통정책의 분야

자료 : 이재형(2009)

② 각종법률

법규나 규제를 다루는 법률적 환경은 기업의 유통활동 및 유통산업에 영향을 미친다. 유통관련 법률은 1961년 '시장법' 제정 이후 1980년 '유통산업근대화촉진법' 제정, 1986년 '시장법' 폐지, '도소매진흥법' 제정, 1995년 '유통산업근대화촉진법'을 '유통산업합리화촉진법'으로 명칭을 변경하고 소관부처를 재정경제부에서 통상산업부로 변경, 1997년에는 유통산업과 관련된 법률의 두 축인 도소매진흥법과 유통산업합리화촉진법이 통·폐합되면서 현재 유통산업 전반에 걸쳐 중심이 되는 '유통산업발전법'[1]이 탄생되었다.

유통산업발전법의 제정을 계기로 우리나라 유통산업은 대내개방과 대외개방이 동시에 진행되었으며 1970년대 이후 주로 진흥정책에 초점을 맞춰 대형점과 외국 유통업의 진출을 규제하는 조정정책 채택, 1996년에는 유통산업발전법의 제정을 통해 허가제로 엄격한 규제하에 있던 대형소매점의 설립이 등록제로 자유화되었고, 그동안 금지되었던 외국 대형유통업체의 국내진출도 허용되었다. 이를 계기로 대형마트 등 국내의 대규모소매점이 급속히 늘어났으며, 다국적 거대유통기업의 국내진출도 본격화되어 유통개방은 비록 영세유통업의 급속한 위축 등과 같은 부작용도 있었지만, 국내유통업의 비약적 발전 등 전반적으로 성공적인 성과를 가져왔다고 평가되고 있다.

유통관련 법률은 크게 세 가지 측면에서 살펴볼 수 있다. 첫째, 유통산업전반에 대한 효율적 진흥과 균형 있는 발전을 꾀하기 위한 유통산업발전법과 재래시장 및 상점가 육성을 위한 특별법. 둘째, 유통과 관련하여 소비자 보호를 주된 목적으로 하는 법률(독점 규제 및 공정거래에 관한 법률, 표시·광고의 공정화에 관한 법률, 방문판매 등에 관한 법률, 전자상거래 등에서의 소비자 보호에 관한 법률, 가맹사업거래의 공정화에 관한 법률, 할부거래에 관한 법률 등). 셋째, 품목별 유통관련 법률(농수산물 유통 및 가격 안정에 관한 법률, 출판문화산업 진흥법, 화장품법, 품질 경영 및 공산품 안전 관리법, 약사법, 석유 및 석유대체연료 사업법 등)이다.

1) '유통산업발전법', 제1조(목적) 이 법은 유통산업의 효율적인 진흥과 균형있는 발전을 꾀하고, 건전한 상거래질서를 세움으로써 소비자를 보호하고 국민경제의 발전에 이바지함을 목적으로 한다.

표 9-5 유통산업 관련 법률의 구성

분 류	관련법규
유통산업 전반에 걸쳐 중심이 되는 법	• 유통산업발전법
물적 유통 관련 법률	• 유통단지개발촉진법 • 화물유통촉진법 • 건축법 • 화물자동차운수사업법
불공정 상거래 행위 금지 관련 법률	• 독점규제 및 공정거래에 관한 법
소비자 관련 법률	• 방문판매법
특정사업분야에 적용되는 법	• 농수산물유통 및 가격안정에 관한 법률 • 약사법 • 건강기능성 식품에 관한 법률 • 주세법 • 담배사업법
도시계획 및 환경 관련 법률	• 유통단지개발촉진법 (물류시설의 개발 및 운영에 관한 법률, 2007.7) • 국토의 계획 및 이용에 관한 법률 • 자원의 절약과 재활용 촉진에 관한 법 • 옥외광고물 등 관리법 • 개발제한구역의 지정 및 관리에 관한 특별조치법 • 도시교통정비촉진법 • 기발시설부담금에 관한 법률
중소기업의 구조개선 및 경영지원 관련 법률	• 재래시장육성 특별법

자료 : 한국경제연구원(2007)

표 9-6 유통산업 중 소비자보호에 관한 법률

범 위	법 명	주관부서	주요내용
소비자 보호	전자상거래 등에서의 소비자보호에 관한 법률	공정거래 위원회	• 전자상거래 및 통신판매 등에 의한 재화 또는 용역의 공정한 거래에 관한 사항을 규정 • 전자상거래 등에서의 소비자보호지침의 제정
	할부거래에 관한 법률	공정거래 위원회	• 할부거래의 표시 규정 • 매수인의 철회에 관한 규정
	독점 규제 및 공정거래에 관한 법률	공정거래 위원회	• 과도한 경제력 집중 방지에 관한 사항 • 불공정거래행위 규제에 관한 사항
	가맹사업거래의 공정화에 관한 법률	공정거래 위원회	• 가맹사업거래의 기본원칙에 관한 규정 • 가맹사업거래의 공정화에 관한 규정 • 가맹사업거래의 분쟁조정에 관한 규정

(계속)

범 위	법 명	주관부서	주요내용
소비자 보호	방문판매 등에 관한 법률	공정거래 위원회	• 방문판매, 전화권유판매, 다단계판매, 계속거래 및 사업권유거래 등에 의한 재화 또는 용역의 공정한 거래에 관한 사항을 규정 • 방문판매 등에 대한 소비자의 권익 보호 • 방문판매 등의 시장 신뢰도 제고
	표시·광고의 공정화에 관한 법률	공정거래 위원회	• 부당한 표시·광고의 내용에 관한 규정 • 시정조치에 관한 규정

자료 : 산업자원부(2009)

(2) 경제적 변화

유통산업은 상품의 도·소매 및 이와 관련된 보관·배송 등과 이와 관련된 정보·용역의 제공 등을 목적으로 하는 산업을 말한다(유통산업발전법). 이 중 도·소매업은 통계청의 한국표준산업분류(KSIC)에 따르면 도매 및 상품중개업, 소매업, 자동차 및 차량연료 판매업으로 구분되고, 이 중 소매업은 백화점·대형마트·슈퍼마켓·체인화 편의점·무점포판매·재래매점으로 구분된다.

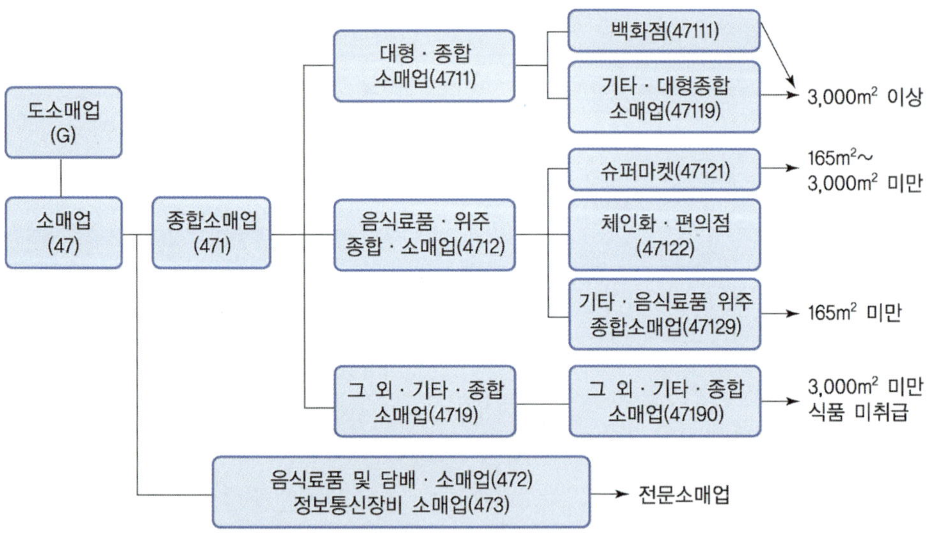

그림 9-4 소매업의 표준산업분류체계

자료 : 통계청(2009)

'유통산업발전법' 및 같은 법 시행령은 다양한 형태의 대규모점포를 규정하고 있는데, 대형마트는 다른 대규모 소매업태와 매장면적의 기준은 동일할지라도 판매 상품의 종류나 판매방식에 있어 다른 유통업태와 구별하고 있다.

유통산업은 제조업체와 소비자 사이에서 재화와 용역을 전달하는 산업으로 소득이나 소비성향에 의해 거시적으로 주어진 총공급과 총수요를 매개하는 것이 주된 기능으로 그 자체로서 새로운 수요창조 기능은 지니지 않고 있으나, 제조업체나 소비자에게 파급효과가 매우 큰 산업이다(이재형, 2009). 현재 유통산업은 시장개방과 함께 성장을 하였음에도 아직 선진국에 비해 낮은 생산성과 전체 시장규모가 정체상태임에도 불구하고 그 규모자체가 워낙 방대하므로 혁신적이고 새로운 형태의 다양한 업태, 사업방식이 끊임없이 출현하여 다양한 차원에서 복합적으로 동태적인 경쟁을 전개 중이다.

표 9-7 대규모점포의 업태 구분

업태종류	정 의
대형마트	• 매장면적이 3,000m^2 이상 • 식품·가전 및 생활용품을 중심으로 점원의 도움 없이 소매하는 집단
전문점	• 매장면적이 3,000m^2 이상 • 의류·가전 또는 가정용품 등 특정 품목에 특화
백화점	• 매장면적이 3,000m^2 이상 • 다양한 상품을 구매할 수 있도록 현대적 판매시설과 소비자 편익시설이 설치 • 직영의 비율이 30% 이상
쇼핑센터	• 매장면적이 3,000m^2 이상 • 다수의 대규모점포 또는 소매점포와 각종 편의시설이 일체적으로 설치 • 직영 또는 임대
기 타	• 위 업태 이외 점포의 집단(재래시장 등)

자료 : '유통산업발전법' 시행령 제3조 제1항

표 9-8 유통산업에서의 경쟁

형 태	예
업태 내 경쟁	이마트와 홈플러스의 경쟁 등
업태 간 경쟁	대형마트, 재래시장, 편의점, 동네슈퍼 간의 경쟁 등
지역 내 경쟁	특정 지역에 있어서의 대형마트 점포 간 경쟁 등
시스템 간 경쟁	프랜차이즈 간 경쟁, 기업그룹 간 경쟁 등
온라인과 오프라인의 경쟁	• 롯데닷컴, 롯데홈쇼핑 등과 롯데백화점의 경쟁 • 지마켓, 옥션 등과 백화점, 마트, 편의점의 경쟁 • 인터넷 쇼핑몰과 로드숍 옷가게의 경쟁

자료 : 이재형(2009)

표 9-9 유통산업과 부가가치 생산[2)]

(단위 : 십억 원, %)

구 분	2003	2004	2005	2006	2007	2008
실질GDP(A)	556,171	589,541	524,914	662,408	702,153	744,282
유통산업 부가가치 생산액(B)	53,669	57,728	61,973	66,430	71,122	76,072
유통산업 비중 (B/A)*100	9.6	9.8	9.9	10.0	10.1	10.2

자료 : 배상근, 한국경제연구원

또한 국내 유통산업은 1996년 우루과이 라운드 협상 타결로 시장개방 폭이 확대[3)]된 이후 전통적 재래시장·소규모 동네상점 등 지역소매점들에 비해 대형마트·전자상거래 등 새로운 기업형 업태[4)]가 점차 확대되고 있으며 2001년 대비 2006년의 소매 매출 증가액 36.2조 원 중 기업형 유통업태가 기여한 부분은 24.8조 원으로 증가액 중 68.5%의 비중을 차지하고 있다.

2) 유통산업의 명목규모는 2003~2012년 동안 매년 6.0% 수준의 실질 경제성장과 3.0% 수준의 물가상승률을 가정하여 전망한다.

3) 선진국들의 서비스시장 개방요구에 따라 1988년 7월부터 단계적인 개방을 추진하였으며, 1995년 매장면적 3,000㎡ 미만, 점포수 20개 이하까지만 허용했으나, 1996년부터는 점포수·매장면적 제한규정이 폐지됨에 따라, 까르푸 등 외국계 유통업체들이 국내에 진출하였다.

4) 유통업에 있어 **업태**란 고객이 편리하게 구매할 수 있도록 고객층이나 라이프스타일에 맞추어 상품을 구성하여 판매하는 방법인데, 유통산업에서 통상적으로 말하는 기업형 유통업태란 법이나 규정에 따라 분류되는 것은 아니고, 전통적인 재래시장 또는 소규모 개인상점 등 기존 소매점에 비해 기업이 판매가격, 판촉전략 등 영업방식에 있어서 차별화되고 체계적으로 운영하는 새로운 형태의 소매점을 말한다.

표 9-10 기업형 유통업태의 매출규모 변화 추이

(단위 : 조 원, %)

구 분	2001년 (A)	2002년	2003년	2004년	2005년	2006년 (B)	증가액 (B-A)
소매업 전체(a)	122.4	139.8	139.6	142.0	146.3	158.6	36.2
기업형 유통업태(b)	53	61.6	62.9	64.5	71.3	77.8	24.8
비율(b/a, %)	43.3	44.1	45.1	45.4	48.7	49.1	68.5

자료 : 통계청 '도·소매업통계조사보고서' 각 연도

표 9-11 유통업태별 시장규모

(2007년 기준)

구 분	총 계	기존업태(59.1%)		신업태(40.9%)			
		재래시장	백화점	대형마트	슈퍼마켓	편의점	무점포
매출액(조 원) (점유율%)	165.1 (100)	79.0 (47.8)	18.7 (11.3)	28.9 (17.5)	12.0 (7.3)	5.7 (3.5)	20.8 (12.6)
전년대비(%)	4.5	0.2	3.3	13.8	1.7	14.0	10.6

자료 : 체인스토어 협회(유통업체연감)

2007년 기준 소매유통시장의 총매출액은 165조 원으로 대형마트와 편의점 및 무점포 시장의 성장에 힘입어 전년대비 약 4.5% 성장하였다. 전체 소매유통시장 중 2000년 이후 각 유통업태별 시장규모 추이를 살펴보면 신업태로 분류되는 무점포 시장이 6.5배, 편의점 시장이 4배, 대형마트 시장이 2.8배, 슈퍼마켓이 약 1.9배 성장한 것으로 나타났다. 반면, 기존업태인 백화점의 시장규모는 지난 7년간 약 24.7% 신장하는 데 그쳤고 재래시장은 2001년부터 2004년까지는 신장세를 유지해 오다 2005년부터 전체 매출규모가 감소세로 전환되어 2007년에는 전년 대비 약 0.25% 신장하는 데 그쳤다.

한편, 표 9-12에서 보는 바와 같이 각 유통업태가 전체 소매유통시장에서 차지하는 매출비중 추이를 살펴보면 재래시장의 축소와 무점포 및 대형마트의 급격한 성장세가 두드러지게 나타났다.

표 9-12 소매유통시장 규모 및 유통업태 별 매출비중 추이

(단위 : 조 원)

연도별	전 체	기존업태		신업태				
		백화점	재래시장	대형마트	편의점	슈퍼마켓	홈쇼핑	온라인
2000년	117.6 (100%)	15.0 (12.8%)	81.3 (69.1%)	10.5 (8.9%)	1.4 (1.2%)	6.3 (5.3%)	2.5 (2.1%)	0.7 (0.6%)
2001년	118.0 (100%)	16.4 (13.9%)	71.5 (60.6%)	13.8 (11.7%)	2.0 (1.7%)	9.0 (7.6%)	3.7 (3.1%)	1.7 (1.4%)
2002년	136.6 (100%)	17.8 (13.0%)	78.7 (57.6%)	17.4 (12.7%)	2.8 (2.1%)	9.5 (7.0%)	5.6 (4.1%)	4.8 (3.5%)
2003년	146.5 (100%)	17.3 (11.8%)	84.0 (57.3%)	19.5 (13.3%)	3.6 (2.5%)	10.6 (7.2%)	4.9 (3.3%)	6.6 (4.5%)
2004년	151.4 (100%)	16.5 (10.9%)	85.0 (56.2%)	21.5 (14.2%)	4.2 (2.7%)	11.5 (7.6%)	4.5 (3.0%)	8.2 (5.4%)
2005년	151.7 (100%)	17.2 (11.3%)	79.6 (52.5%)	23.5 (15.5%)	4.6 (3.0%)	11.5 (7.6%)	4.9 (3.2%)	10.4 (6.9%)
2006년	157.9 (100%)	18.1 (11.5%)	78.8 (49.9%)	25.4 (16.1%)	5.0 (3.1%)	11.8 (7.5%)	5.2 (3.3%)	13.6 (8.6%)
2007년	165.1 (100%)	18.7 (11.3%)	79.0 (47.8%)	28.9 (17.5%)	5.7 (3.5%)	12.0 (7.3%)	6.0 (3.6%)	14.8 (9.0%)

자료 : 체인스토어 협회(유통업체연감)

통계청 자료에 따르면 백화점의 2009년 예상 매출액은 20조 4,000억 원이다. 2005년(17조 2,000억 원)과 비교하면 5년 동안 18.6% 성장에 그친 셈이다. 같은 기간에 대형마트는 38.3%, 편의점은 57.5%, 사이버쇼핑몰은 284.6%나 성장할 것으로 전망된다. 특히 온라인쇼핑몰은 2009년에는 20조 원의 매출액을 기록할 것으로 전망되며 2010년에는 백화점을 밀어내고 대형마트에 이어 2위의 유통채널이 될 것이다.

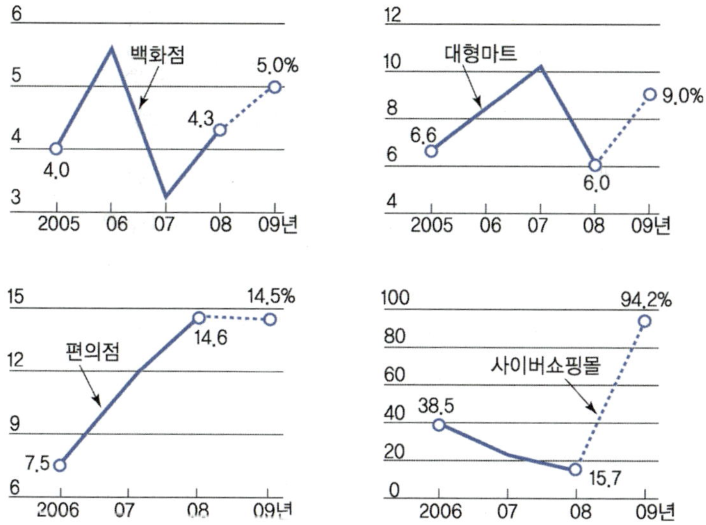

그림 9-5 유통업태별 매출 신장률[5)]

자료 : 통계청

(3) 사회적 변화

사회적 변화에 따라 유통시장, 소비자 모두 변화할 수 있는데 이러한 사회적 변화로 첫째, **고령화 사회**를 들 수 있다. 현대 사회는 그 어느 때보다 평균 수명이 높고 노년층이 커다란 인구 비중을 차지하는 고령화 사회의 특성을 나타내고 있다. 이러한 변화에 따라 기대 수명의 증가로 인한 장기 생활 설계가 필요하게 되었으며, 연령 계층에 따라 소비자 요구와 태도 및 행동이 변화되었고, 이에 대한 소비자시장과 마케팅 전략이 다양화되는 시장환경으로 변화되었다. 둘째, **교육수준의 향상**을 들 수 있다. 현대인들의 교육수준이 향상됨에 따라 사회계층이 상향적으로 변화되어 소비자들의 생활양식에 변화를 가져 왔으며, 정보를 획득, 식별, 평가, 이용하는 능력이 향상되었다. 따라서 소비자들은 보다 현명한 소비자로서 행동하게 되었고, 소비자 의식과 태도의 향상은 소비자 주권 의식의 향상을 가져오게 되었다. 셋째, **지역적 이동 증대**이다. 현대 사회는 지역 이동과 타 문화에 대한 심리적 수용성이 증대되고 산업이 국제화되어 다국적 기업이 많이 증가하였다. 또한 국내 기업들이 전국적으로 분포되어 지역 사회가 개발되고 발달되는 결과를 가져왔다. 따라서 현대 사회에서는 타 지역 발령이나 직업 및 교육 선택으로 인한 국내의 지역 간 이동뿐만 아니라, 이민을 포함하는 국가 간 이동이 자연스러

5) 백화점, 사이버몰·대형마트 약진에 생존 몸부림(http://news.chosun.com/site/data/html_dir/2009/06/14/2009061400693.html)

운 일이 되었다. 이 과정에서 소비자는 새로운 생활양식을 받아들이고 새로운 시장에서 새로운 상품과 서비스를 구입해야 하는 결과를 가져왔다. 또한, 대중 매체의 확산은 다른 지역에 사는 소비자들의 가치관이나 생활 모습을 비슷하게 만들었으며, 이러한 새롭고 유동적인 고객에 접근하는 광고 활동과 전국적인 체인점 등이 나타나게 되었다. 넷째, **소규모 가족화와 가족 형태의 다양화**이다. 현대 사회는 가족 구성원들의 구조와 고용 구조, 혼인 상태에 따라 독신 가족, 동거 가족, 자녀가 없는 맞벌이 부부 가족, 자녀가 있는 맞벌이 가족, 편부모 가족, 재혼 등으로 이루어진 혼합 가족 등이 등장하게 되었다. 이러한 소규모 가족과 다양한 가족 형태는 보육 상품 및 서비스, 주택 규모와 형태, 레저 상품 및 서비스, 가정 관리를 위한 상품(가정 기기 등)이나 서비스(파출부, 조리사, 청소 대행), 간편 식품이나 소포장 식품 등의 선택 문제를 야기시켰다. 마지막으로 다섯째, **소득의 안정과 향상**이다. 경제가 성장하고 발달함에 따라 오늘날 개인과 가족들의 소득이 증가되었다. 소득의 증가는 소비지출의 증가와 소비패턴을 변화시켜 다양한 상품과 서비스에 대한 소비요구를 증대시켰으며 상점과 상품 선택의 변화를 가져왔다. 자동차와 휴대전화가 더 이상 사치품이 아닌 필수품으로 인식되었으며, 레저활동이 다양화되고 국내외 관광상품의 구매가 증가되었다. 소득은 구매력으로서 이러한 소득의 증가로 소비자의 힘은 더욱 강해지게 되었다.

(4) 기술적 변화

유통산업은 **정보유통**[6]을 통하여 생산자와 소비자 간의 정보를 수집하고, 전달하여 상호 의사소통을 원활하게 하는 정보시스템의 개발로 인해 더욱 발전하고 있다. 정보화를 통한 유통의 변화는 3단계의 발전단계로 나눌 수 있다. 1단계는 POS 등의 발달에 따라 어떠한 상품이 얼마로, 어떤 상점의, 어떤 매장에서, 얼마나 팔리는지를 상세히 파악하는 단계이다. 여기에서는 개별 상품의 재고관리 등을 정확하게 할 수 있으며, 효율적·효과적인 상품구색전략을 구사할 수 있다. 2단계에서는 POS와 EDI가 결합됨에 따라 제조업자, 도매, 소매가 효과적으로 연동하여 ECR(Efficient Consumer Response : 효율적 소비자대응)이나 SCM(Supply Chain Mamagement : 공급체인관리)을 위한 기초가 형성된다. 3단계는 본격적인 정보화라고 해야 할 단계로 인터넷을 활용한 유통전략의 전개가 가능해진다. 여기에서는 거래하는 개별고객의 특성과 그 구매 이력이 쉽게 파악되며, 그런 의미

6) 정보유통 : 거래상품에 대한 정보를 제공하거나 물적유통의 각 기능 사이에 흐르는 정보를 원활하게 연결하여 고객에 대한 서비스를 향상시키는 활동

에서 고객관리가 철저하게 실현될 수 있다(오세조·김상덕, 2007).

정보기술의 발전은 유통업체와 제조업체의 업무효율성을 높여주었는데 대표적인 예로는 바코드 시스템, EDI(전자데이터 교환), POS(Point of Sale)시스템 보급에 이어 RFID(Radio Frequency Identification)의 사용을 들 수 있다.

EOS(Electronic Ordering System)는 발주자의 컴퓨터에서 직접 수주자의 컴퓨터에 데이터를 송신하는 시스템으로 과거 전화나 팩스로 받은 수주전표에 옮겨 적는 방법이 업그레이드 된 것이다. EOS를 이용함으로써 수주·발주업무가 정확하고 신속하게 이루어져 업무의 효율화와 정확한 상품보충이 가능해졌고 그와 동시에 페이퍼리스화에 따른 비용삭감도 이루어졌다. EDI(Electronic Data Interchage)는 전자문서교환시스템으로 거래업체 간에 상호합의 된 전자문서표준을 이용하여 인간의 조정을 최소화한 컴퓨터 간의 구조화된 데이터 전송을 의미한다. 상품의 나양화가 진전되고 수주·발주와 배송 등으로 인한 복수의 기업에 신속하게 대응할 수 있고 신규기업과도 원활하게 거래하기 위하여 어느 기업과도 쉽게 정보를 교환할 수 있는 시스템으로 개발되었으며 제조업자, 도매업, 소매업 사이에 엄청나게 많은 거래 데이터를 교환해야 하므로 제조업자코드와 상품코드 등 표준화가 가장 중요하다. 기존의 서류시스템은 소요시간이 많이 걸리고 부정확하며 노동량이 증가하였으나, EDI는 소요시간이 적고 정확하며 노동량의 감소를 가져올 수 있다. **Bar Code(바코드)**는 다양한 폭을 가진 바(Bar : 검은 막대)와 스페이스(Space : 흰 여백)의 배열패턴으로, 정보를 표현하는 부호(Code) 또는 부호체계로 문자나 숫자를 흑과 백의 막대모양 기호로 조합한 것으로, 제조국가, 회사 및 제품명, 가격 등 그 상품에 관한 정보를 포함한다. 바코드를 제품에 부착 또는 인쇄하여 유통시킴으로써 물류정보를 쉽고 빠르게 획득할 수 있으며 판매시점에서 바코드 해독기로 읽혀져 신속하고 정확한 판매정보 및 재고정보 관리 등 효율적인 물류관리 내지 재고관리를 도모한다. 현재 세계적으로 사용되는 코드로는 세계공통상품코드(Univer-sal Product Code), 한국공통상품코드(KAN), 일본공통상품코드(JAN), 유럽공통상품코드(EAN) 등이 있다(유통물류진흥원, 2009). **POS(Point of Sale)시스템**은 판매시점에서의 정보관리를 의미하는 것으로 어떤 상품이 언제, 누구에게, 얼마나 판매되었는지를 파악할 수 있도록 상품이 판매되는 시점에서 판매정보를 관리하는 시스템으로 유통기업이 수요예측, 재고관리 및 고객관리를 위한 필수 요소로 유통산업 정보화의 기본 인프라이다. **RFID(Radio-Frequency IDentification)**란 판독기 및 안테나를 통하여 대상물에 부착된 태그(Tag)에 기록된 정보를 서버급 컴퓨터를 이용해 판독하는 무선주파수 인식기술을 의미한다. 향후 유통·물류분야에서 바코드를 대체해 나갈 것으로 전망되며 RFID시스템을 통해 쇼핑시간 단축, 편리성 및 안전성 확대, 정확한 재고관리[7] 등 고객들의 쇼핑 환경 개선에 일조할 것으로 기대하고 있다.

(5) 미래유통 변화

향후에 유통업의 위상과 역할은 크게 확장될 것으로 예상된다. 과거에 유통산업은 내수 장치산업으로 인식되었으나 앞으로는 글로벌 지식서비스업으로 발전할 것으로 전망[8]되고 있다. 유통업의 범위를 제품의 도·소매업으로만 규정하던 것이 향후에는 금융 및 서비스의 유통으로도 확대되어야 할 것이다. 우리 경제가 제조업 중심의 성장전략만으로는 한계에 봉착한 상황에서 고용과 소득을 창출을 위해서는 유통업을 새로운 성장의 동력으로 인식하는 관점의 전환이 필요하다.

표 9-13 미래의 유통

2008년 현재(AS-IS)	5년 후 2014년 미래(TO-BE)
• 생산성, 효율성, 수익성 낮은 저부가가치 산업 – 특히 투자비용 대비 수익률 낮음(대다수 할인점의 수익성 매우 저조)	• 고부가가치화 – 유통업은 Hi-Tech 및 Hi-Touch 산업으로 부가가치 창출 잠재력 높음 – Wal-Mart는 연속 3년 미국기업 중 매출 순위 1위
• 산업의 종속성 – 제조업에 부속된 이차적 산업(secondary industry) 위상 – 전형적인 내수산업으로서 수출주도형 중화학공업 중심의 경제정책에서 소외 – 소비를 조장하고 저축을 감소시켜 투자와 외환보유고에 악영향을 미친다는 부정적 인식	• 경제성장의 견인차 – 제조업 공동화의 대안산업으로 부상 – 중소 제조업 및 지역경제 활성화 – 고용기회 창출 기대 – 수출산업으로서의 잠재력 강화 – 국가경제의 효율성과 경쟁력 향상 (수급조절 기능의 강화)
• 상품 도·소매업 중심의 미시적 영역 – 전통적인 유통산업(예 : 백화점, 할인점 등) 중심의 정책 – 농산물 및 제조업의 유통 기능 중시 – 산업 전반에 대한 전후방 파급효과 미흡	• 관련 산업의 혁신적 발전 주도 – 21세기의 산업발달은 유통혁신 기인 – 여러 산업에서의 고객지향적 Business Model은 Channel Business – 금융, 의료, 법률, 교육, 통신 등의 혁신과 발전도 유통 중심으로 진행

자료 : 지식경제부(2009)

7) RFID사례 '존 루이스'는 올 3월에 4개 매장의 남성 의류 분야에서 RFID 테스트를 진행하였는데, 직원들은 RFID를 사용하여 기존의 바코드 작업보다 20배나 신속하게 순환재고조사(cycle counting)를 수행할 수 있었다.

8) 2007년도 산업자원부의 지식서비스팀에서 발표한 '지식서비스산업 육성전략'에서도 유통·물류를 지식서비스업으로 분류하고 있다.

2) 소비자환경의 변화

(1) 소비자의 소비문화

소비자를 둘러싼 주변 환경은 빠르게 변화하고 있다. 특히 소비환경이라 할 수 있는 시장은 빠르게 변화하고 있으며 이 변화의 중심에 소비자가 위치해 있다. 예전에는 시장변화에 수동적으로 변화를 따라가는 객체였다면 이제는 소비자가 오히려 능동적으로 변화를 이끄는 주체로서의 역할에 무게 중심이 실리고 있다. 소비자들은 빠르게 변화하는 세상 속에서 그 변화에 적응하기도 하고 그 변화를 주도하기도 한다. **소비문화**란 소비생활과정에서 나타난 한 부류의 공통적인 현상으로서 넓은 의미의 문화적 관점에서 평가되고 이해된 재화나 서비스의 유형, 소비행위 유형, 소비에 대한 공통된 사고방식, 그리고 이들로 이루어진 소비생활양식을 의미한다. 유통시장은 생산과 소비를 연결하는 곳으로써 최종소비자들의 소비문화의 변화를 가장 잘 표현해 주는 곳이다. 본 장에서는 시대별 구분에 따른 소비자의 소비문화 변화를 살펴보고자 한다.

① 해방~1960년대

이 시기는 한국사회에서 가장 어려웠던 시기로서 산업화로 우리나라가 부흥하기 전의 암울한 시기였다. 이 시기에는 다른 무엇보다 스스로 생활을 유지하는 것에 관심이 많았으며 소비자에게 있어서 소비라는 개념은 자신의 생존과 관련된 것으로 생활을 영위하는 것이 매우 중요했다. 그래서 이때는 어떤 시대보다 의식주와 관련된 것을 필요한 만큼 구매해서 사용하는 것이 소비문화였다. 그리고 얼마 지나지 않아 6.25전쟁이 발발하고 당시 사람들의 소비문화는 꼭 생활에 필요한 것들, 예를 들면 라면, 설탕, 밀가루, 조미료 등 음식과 관련된 것들이나 광목, 나일론 등 생활과 관련된 것, 마지막으로 연탄과 같은 주거와 관련된 것들이 많이 소비되었다.

② 1970년대

이 시기는 경제적으로 큰 발전이 이루어진 시기이다. 이 시기에 시작된 새마을운동은 전 국민을 국가발전에 단결하도록 만들었다. 모든 국민들이 '잘 살아보자'를 외치며 국가발전이 나의 생활의 진보라 여겼던 시대이다. 이러한 결과로 도시화가 진전되고 생산의 기반을 마련하여 값싼 노동력과 어우러져 공업이 눈부시게 발전했다. 70년대는 도시화적인 측면에서 아파트라는 주거공간과 그 안의 전자제품을 대표적인 소비문화로 설명할 수 있다. 70년대 중반부터 아파트 건설 붐으로 많은 아파트가 건설되었고 이에 따라 소비자들도 아파트를 소비하게 되었으며 아파트 안에서 편리함을 추구할 수 있게 된 것은 전자제품의 도움을 많이 받게 됨을 의미한다. 70년대의 주요상품을 살펴보면 냉장고, TV, 전화에 대한 소비가 증가하였다. 생활 속의 편리함을 추구하였지만 여가시간을 활용하는 문화생활에 대한 소비는 그다지 많이 행해지지 않았다. 이 시대에는 성장만을 위해 노력하는 사회분위기에도 불구하고 문화를 향유하는 부문문화가 존재였고 문화를 이끄는 청년들이 주로 소비하는 제품은 청바지, 통기타, 생맥주, 소주 등이 있다. 생맥주나 소주는 현재까지도 사랑받는 제품이지만 당시 박정희 정권이 음주가무를 탄압하던 시절 맥주와 소주를 소비한다는 것은 모험적인 행동이라고 볼 수 있었다. 하지만 맥주나, 소주, 청바지의 소비는 사회에 자신만의 위치를 확고하게 만들어가며 일종의 소속감을 위한 소비를 보였다. 또한 70년대에는 전 세계적으로 펑크가 유행했던 시대로 펑크족은 그들의 소속감을 나타내기 위해 의류의 소비가 많았고, 보이는 것에 신경을 많이 쓰는 집단이었다. 그래서 소모적인 지출을 하는 소비문화를 보였다.

③ 1980년대

80년대에는 경제적 호황기로 표현할 수 있다. 1980년대에는 사회적 불안과 흉작이 겹쳐 마이너스 성장을 겪었으나 다행히 1981년에는 경제가 회복되고 60년대부터 진행되어 오던 경제개발 5개년 계획이 성공적으로 이루어졌다. 그 결과로 한국의 물가를 안정시키고 경상수지의 흑자전화, 투자재원의 자립화 등이 매우 훌륭한 결과를 만들어 냈다. 이렇듯 80년대는 풍부하고 여유로운 시대가 열렸다. 또한 80년대의 또 다른 특징은 50년대 중반에서부터 60년대 중반 사이에 태어난 베이비 붐 세대들이 적은 수의 자녀를 낳기 시작한 시기로 급격히 가구당 인구수가 줄어들었으며, 88년에는 올림픽을 개최함으로써 대한민국 고도소비문화를 확산시켰다. 80년대는 소비가 많이 이루어지던 시기로 컬러TV와 비디오플레이어, 자동차, 전자레인지, 세탁기 등 모두 여가나 생활의 편리함을 주는 상품들의 소비가 주를 이루게 되었다. 주로 가사노동과 관련한 제품의 소비가 많은 것으로 보면, 가사노동에 대한 부담이 줄어들었음을 알 수 있고, 그리하여 여가에 소모하는 시간과 비용이 증가하였음을 짐작할 수 있다.

④ 1990년대

90년대는 경제적인 측면에서는 다소 성장이 주춤하는 듯한 형태를 띠었지만 사회적인 변화에서는 80년대와 크게 달라지는 듯한 모습을 보인다. 그 첫 번째로는 국가 간 자본의 교류가 많아지고 문화의 교류 또한 증가하는 국제화를 들 수 있으며 두 번째로는 지금은 익숙하지만 286, 386컴퓨터의 등장으로 도스에서 윈도로 바뀌는 변화 등 PC의 등장인 정보화를 들 수 있다. 80년대와는 다르게 교통이나 교육에 소비하는 비중이 월등히 높아졌고, 식료품에 소비하는 비중이 낮아졌으며 이 시기 주요 상품으로는 에어컨, PC, 무선통신, 신용카드, 인터넷 등이 있다. 이 시기의 소비문화는 맹목적이거나 충동적인 소비가 이루어지는 형태를 보였으나 90년대 후반 IMF로 급격히 위축되었다. IMF를 맞이한 소비자들은 대량실업으로 인해 소비가 위축되고 충동적인 감성소비보다는 하나를 사더라도 꼭 이성적으로 따져보고 소비하는 이성소비를 하게 되었다.

⑤ 2000년대 이후

2000년대는 국제화가 점점 더 진전되고 정보화가 더욱더 이루어지는 시기이다.

이 시기 소비문화의 변화는 여러 가지로 뚜렷이 분류된다. 먼저 소비자의 기호가 정확해지고 그에 따라 맞춤 소비와 프로슈머화의 경향이 뚜렷해진다. 90년대까지 소비자에게 있어 소비란 만들어진 제품을 구매하여 사용한다는 의미였다. 그러나 2000년대로 넘어오면서 소비자는 자신이 가지고 싶은 또는 사용하고 싶은 물건이 만들어지기를 더 이상 기다리지 않는다. 소비자들은 자신이 직접 자신의 필요에 맞는 제품을 요구하고 그에 따라 맞춤 소비를 이루어냈다. 다음으로 이루어진 변화는 가치지향적 구매이다. 무엇보다 가치지향적인 소비가 가능한 이유는 그만큼 소비자가 정보화와 높아진 교육수준으로 인하여 가치를 비교할 수 있다는 전제가 있어야 가능하며 내구재를 소비하는 것도 중요하고, 더 나아가 서비스를 소비함으로써 그 가치를 매우 중요시한다는 것을 의미한다. 세 번째로는 개성을 중요시하는 소비자에 따른 상징욕구와 차별화의 욕구소비이다. 과거 유행만을 좇아가던 시대를 지나 이제는 개개인의 개성을 살려 남들과 다르게 보이고 싶어 하는 시대가 되었다. 이렇듯 2000년대는 소비자의 욕구를 상징욕구와 차별화욕구, 가치지향적 소비욕구 등의 특징을 바탕으로 유행을 따르는 대중적인 소비를 지나서 개성을 중요시하는 소품종의 소량생산에 맞는 소비문화로 넘어가는 과도기이다.

트렌드	내용
① 거품 기능과 차별화된 새로운 매력포인트 추구 (New Focal Point)	•구매력 회복으로 가격 이외의 차별적 효용을 추구 •인터페이스, 스타일 등 새로운 매력포인트를 보유한 상품이 인기
② 럭셔리 소비의 진화(Neo-Luxury)	•경기회복과 더불어 럭셔리 소비에 대한 억눌렸던 욕구가 분출 •VIP 시장과 VVIP 시장으로 럭셔리 시장의 분화가 가속
③ Fun은 소비생활의 기본(Funvergence)	•불황기의 Fun 마케팅이 일상적인 것으로 정착 •모든 영역에서 감성적, 감동적 Fun을 추구
④ 체험형 레저의 확산(Experience Leisure)	•체류형 생태관광 형태의 여행문화 정착, 연기된 해외여행이 증가 •취향별로 도심 속 체험문화 활성화
⑤ 육체와 정신 건강의 조화(Health Holism)	•불황 중 누적된 심리적 내상을 치유하기 위한 소비 증가 •육체와 정신의 균형 있는 건강을 추구
⑥ 親환경 高효율 소비의 부상(Green Benefit)	•親환경이라는 명분과 경제적 효율을 동시에 추구 •에너지 낭비를 최소화하는 에너지관리시스템에 대한 관심
⑦ '따뜻하고 감성적인 기술' 중시 (Digital Humanism)	•사용자의 감성적 체험과 혜택을 배려한 상품에 관심 •단순 기능 융복합에서 체험 서비스 융복합 방식으로 진화
⑧ 안전성을 검증하는 안심소비 확대 (Traceability)	•식품중심의 안정성 검증 트렌드가 강화 •IT와 연계되어 주거시설, 의류, 자동차 등으로 확산
⑨ 외모가 성공의 필수조건화 (Well-looking Spec)	•경제위기 중 전략적·목표지향적 외모관리 추세가 강화 •웰루킹 트렌드가 강화되고 연령 및 성별에 따라 세분화
⑩ '모르는' 자산관리에서 '아는' 자산관리로 (Financal Prosumer)	•전문가에게 전적으로 의존하는 '묻지마' 식 재테크를 지양 •자산관리에서 소비자 본인의 역할을 중시

그림 9-6 경제위기 이후 10대 신 소비트렌드

자료 : 삼성경제연구소(2009)

소비자의 소비생활은 특히 유통시장 개방으로 인하여 유통산업의 구조의 변화뿐 아니라 소비자의 구매패턴 변화에도 영향을 미쳤다. 구매패턴 변화의 가장 큰 특징은 저가격, 다양한 품목이 확보되어 있는 대형할인점을 찾는 소비자들이 급격히 증가했다는 점이다. 즉, 과거 백화점과 재래시장으로 양분되어 있었던 유통시장이 대형할인점의 등장으로 새롭게 변화되기 시작했으며 각각 품목별로 과거에 동네슈퍼에서 주로 구입하던 식료품은 대형할인점에서 구매하게 되었고 전자상가, 가구단지 등에서 구입하던 내구재 역시 대형할인점에서 구매하는 소비자가 늘어나고 있다(대한상공회의소, 2004)

(2) 소비자의 쇼핑환경

경제학 관점에서 **시장**이란 특정한 상품이나 서비스의 판매자와 구매자로 구성되며 공급과 수요 그리고 가격의 세 가지 핵심적인 요소를 포함하지만 사회학적인 관점에서의 **소비시장**은 소비행위에 있어서 한정된 자원으로 이익을 극대화하고자 하는 개인의 합리적인 선택뿐 아니라 합리적인 선택이 영향을 받게 되는 사회문화적인 구조, 집합적 유대의 의미 감정적인 것이나 의례적인 것, 일탈적인 것이나 관습적인 행동 이미지나 기호 등 비합리적인 요인에도 주목하는 것을 의미한다(slater & tonkiss 2001). 모든 소비행위는 구체적인 사회문화적인 환경에서 발생하며, 소비공간은 소비행위가 발생하는 특정상황이나 맥락을 제공하는 물리적인 환경이 된다. 이러한 소비공간은 단순히 물리적 장소라기보다는 소비행위자인 개인에게 다양한 방식으로 그 장소에 대한 특별한 감각 혹은 공존감을 제공하는 곳이다. 따라서 개인은 특정한 장소를 선호하게 되며 장소에 대한 일정한 취향을 갖게 된다. 즉, 소비공간은 개인의 소비를 촉발하는 간접적인 요인이라고 할 수 있는데, 소비공간의 선호가 소비행위와 연결되어 주관적인 정서를 형성하고 소비공간은 개인이 소비대상과 관계하는 방식에 영향을 미치기도 한다(Giddens, 1991). 특정 소비공간의 선택은 상품 및 서비스의 소비와 상호연관되어 있다.

근대적인 소비시장이자 소비공간으로 부상한 대표적인 유통산업으로는 70년의 역사를 가진 백화점을 들 수 있고, 1989년에 최초로 도입된 편의점, 1996년 유통개방 이후 급성장하고 있는 대형할인점, 인터넷 쇼핑몰 등이 있다. 2000년대 대표적인 소매점포인 대형할인점은 기존의 백화점 또는 소형규모의 할인점 같은 유통업태에서 경험하지 못한 저렴한 가격, 다양한 상품구색 등 쇼핑의 실용적 측면뿐 아니라 원스톱쇼핑 등 각종 향락적 측면을 동시에 즐길 수 있게 해주어 소비자의 구매품목과 구매장소에서의 큰 변화를 가져오게 했다. 위의 예에서 볼 수 있듯이 소비자의 쇼핑환경은 시대에 따라 장소에 따라 변화되어 왔다. 시대의 흐름에 따라 경기가 호황일 경우에는 백화점이 유통시장을 선도하였지만, 외환위기 등 경기위기를 겪으면서 소비자들은 실속형, 실용적 구매행동이 주요한 변화를 이끌었고, 저렴한 가격과 품질관리, 다양한 품목을 구비한 대형할인점을 선호하였다. 또한 정보기술의 발달로 인하여 출현한 소매업태인 인터넷 쇼핑몰은 저렴한 가격과 구매의 신속함과 편리함, 상품비교의 용이성, 정보의 다양성 등으로 인해 신세대나 직장인, 맞벌이 주부 등 시간절약형 소비를 선호하는 사람들에게 큰 호응을 얻으며 2005년도 이후 지속적으로 성장하는 새로운 소비공간으로 부상하게 되었다. 편의점 역시 기존의 식료품점에서 제공하지 못했던 편리함이나 쾌적함, 신속성, 상품구매의 다양성, 상품진열의 효율성 등을 무기로 젊은 세대나 직장인 30,

40대의 남성고객들의 틈새시장을 공략하며 크게 성장하였다. 그러나 이러한 새로운 업태들의 성장으로 인해 과거에 강세를 보였던 백화점, 재래시장, 중소 소매업태들은 상대적으로 약세를 보이거나 급속히 퇴락하는 현상을 보이게 되었다. 백화점은 외환위기 이후 지방은 중소백화점들이 모두 몰락하고 주요 3개사(롯데, 신세계, 현대)로 합병되었고 점포수와 매출액도 크게 감소하는 등 침체를 겪다가 2000년대 이후 점차 회복세를 보이며 고급시장 및 명품판매 위주의 전략으로 선회하고 있다. 재래시장이나 중소업체들은 이러한 대형유통점이나 새로운 소비공간의 확산 및 소비양식의 변화 등과 같은 외부적 요인뿐 아니라 시설의 노후화, 낙후된 경영기법, 취약한 조직력 등의 내부적 요인으로 경쟁력이 약화된 가운데 여러 가지 어려움을 겪고 있다고 할 수 있다(백인수 외, 2006). 이러한 쇼핑환경은 경제와 소비자의 변화에 따라 계속 진화하고 있다.

① 백화점

백화점[9]은 단일경영주체가 일정한 장소에서 시설을 갖추고 각종상품을 부문별로 진열하고 종합적으로 소매하는 산업활동을 말한다. 백화점은 크게 세 가지의 특징으로 설명할 수 있다. 첫째, 장치산업이다. 백화점 산업에서는 상권조사, 건축, 입점 등의 과정을 통해 신규출점이 이루어지며, 부지 확보와 건축에는 상당한 자금이 소요된다. 이러한 초기의 대규모 투자는 이미 진입한 업체에는 시장 선점의 이점으로 작용하나, 후발업체나 신규 진입업체에는 상당한 진입장벽으로 작용한다. 둘째, 규모의 경제산업이다. 백화점 산업에 있어서 일정 수준 이상의 다점포를 구축하게 되면 납품업자에 대한 구매력협상력(buying power)강화로 판매수수료율 인상이 가능하며, 공동관리를 통한 인건비, 판촉비 등 각종 비용을 절감할 수 있다. 셋째, 입지산업이다.

백화점은 통상 고객이 내점하여 소비행위가 이루어지는 유점포 소매업이므로 신규출점 시 상권별로 인구규모, 인구구성, 소득수준, 소비취향, 교통여건 등을 고려한 입지여건 분석이 상당히 중요하다. 백화점업은 상품구색과 고품격 서비스, 현대화된 대형판매시설을 통해 첨단 유행을 선도하는 업태로서 신규 출점 비용이 크고, 다점포화를 통해 시장지배력을 확대하기 위하여 상당한 자금력이 뒷받침되어야 하므로 대기업 위주로 시장구조가 형성되고 있으며, 일정 수준 이상의 다점포를 구축할 경우 납품업자에 대한 구매협상력 제고로 가격경쟁력의 차이가 발생

9) 1997년 제정된 유통산업발전법 시행령 제3조 제1항 관련[별표1]의 정의에 따르면, 백화점은 '매장면적의 합계가 3천 제곱미터 이상으로 다양한 상품을 구매할 수 있도록 현대적 판매시설과 소비자 편익시설이 설치된 점포로서 직영의 비율이 30% 이상인 점포집단'을 의미하며, 이러한 백화점은 대규모소매점업 고시 제2조 제1항에 따라 대규모소매업자에 해당한다.

하고 통합마케팅을 통한 인건비, 판촉비 등의 효율적 점포운영 등이 가능하게 되어 규모의 경제가 크게 나타나는 산업이다.

백화점의 거래유형은 주로 특정매입거래와 임대차거래가 주를 이루고, 비중이 작은 식품 등은 직매입거래 형태로 운영된다. **특정매입거래**는 백화점이 납품업자로부터 상품을 외상매입하여 판매하고 재고품은 반품하는 위·수탁거래 행태를 말한다. 특정매입거래는 세금계산서가 백화점 명의로 발부된다는 점에서 직매입거래와 유사하나, 판매활동 비용은 납품업자가 부담하며 반품도 허용된다는 점에서 직매입거래와 다르며 판매액에 따른 일정한 수수료만 백화점사업자에게 지급된다는 점에서 임대차거래 중 임대을 거래와 유사하다. **임대차거래**[10](임대갑 및 임대을)는 점포임차인이 백화점의 매장 일부를 임차하여 상품 등의 판매에 사용하고 백화점에게는 임차료를 지급하는 거래행태를 말한다. 이는 세금계산서 발행부터 매출인식·재고관리 등을 전적으로 임차인 자신의 명의와 계산으로 하나, 임대을의 경우에는 매출액의 일정비율을 수수료로 지급한다는 면에서는 특정매입거래와 유사하다. **직매입거래**는 백화점이 납품업자로부터 직접 상품을 매입하여 판매하는 거래형태를 말하며, 주로 식품부문이 해당되며 대형마트에서는 직매입거래가 상당 부분을 차지하나, 의류가 중심인 백화점에서 직매입거래의 비중은 작은 편이다.

쉬어가기

〉〉〉 갤러리아백화점 : 직매입 '고야드' 핸드백

"다른 백화점에는 없어요" – 갤러리아·롯데 등 해외브랜드 단독 직수입 경쟁

지난해부터, 국내 명품족들 사이에서 고야드 열풍을 일으켰다. 갤러리아는 지난해 프랑스 명품 가방 '고야드'를 직수입해 월평균 2억 원대 매출을 올리고 있다.

백화점마다 다른 곳에서는 찾아볼 수 없는 브랜드를 직접 찾아내 소개하는 데 열중하는 이유는 천편일률적인 브랜드에 대한 고객의 불만을 해소하고, 다른 백화점과의 차별화도 이루겠다는 의도 때문이다. 최근에는 직매입 단독브랜드를 편집매장에 입점시키는 데서 더 나아가 아예 독립매장으로 부각시키고 있다. 백화점 관계자는 "백화점들이 규모를 키워가는 데는 한계가 있고, 해외 브랜드를 직수입·판매하면 임대보다 수익률도 높일 수 있어, 단독 브랜드를 확대하는 데 사활을 걸고 있다." 고 설명했다.

백화점들도 전담 조직을 구성하는 등 직수입 브랜드 발굴 및 차별화에 가속도를 붙이고 있다. 신세계백화점은 지난해 말 직수입 브랜드를 발굴하기 위한 선진MD팀을 신설했고, 갤러리아는 이탈리아 밀라노에 지사를 개설했다. 롯데도 GF(글로벌패션)사업본부를 두고 훌라, 타스타스, 제라르다렐, 이탈리움 등의 해외 브랜드를 직접 소개하고 있다.

자료 : 한국일보, 2008년 3월 6일

10) 임대갑이란 매출액과 무관한 일정금액을 임차료로 지급하고 매장 일부를 임차하여 거래하는 형태(안경점, 약국 등)를 말하며, 임대을이란 매출액의 일정비율을 임차료로 지급할 것을 조건으로 매장 일부를 임차하여 거래하는 형태(푸드코트, 남성의류 등)를 말한다.

② 대형마트

대형마트는 일반적으로 유통산업발전법상 매장면적 3,000m^2(909평) 이상인 점포를 갖추고 대량구매, 대량진열, 저마진 고회전의 상품판매, 셀프서비스 등 유통·판매구조를 합리화시켜 통상적인 시중가격보다 저렴한 가격으로 소매점에서 취급하는 상품을 판매하는 대규모 점포를 의미한다. 대형마트는 다품목을 취급한다는 측면에서는 백화점과 동일하나, 고회전과 저비용 운영을 통해 저가로 판매한다는 점에서 차별성을 띠고 있으며, 이에 따라 소비계층의 성향도 차이가 있어 양자는 경쟁관계에 있으면서 별개의 시장으로 작용하는 특수한 상호관계에 있다. 또한, 단일의 대규모 점포에서 다양한 상품구성으로 대량구매를 원스톱쇼핑으로 유도한다는 측면에서 재래시장 등 일반 소매업과도 구분되고 있다. 대형마트는 기존의 백화점과 재래시장으로 양분된 단순한 업태구조에서 시간적, 공간적인 제한을 받지 않고 합리적인 가격에 one-stop shopping을 할 수 있는 새로운 업태를 콘셉트로 하여 소비자의 소비패턴을 충족시킬 수 있는 유통업체로 등장하였다.

전통적인 서구식 분류방식에 따르면 상품구색에 따라 Discount Store, Super Center, Hyper Market, 회원제 창고형, 카테고리 킬러 등으로 업태의 구분이 가능하나 이러한 서구식 대형마트는 국내에 도입되면서 한국적 실정에 맞도록 변형, 응용된 형태로 정착하게 되었다. 먼저 서구식에서는 상품구색에 따라 다양한 구분이 가능하나 국내의 대형마트는 식품, 생활용품, 의류 등을 모두 취급하는 대형종합 소매업 형태로 운영되어 유형 간 상품구색의 차이가 뚜렷하지 않고, 이용의 편리성을 추구하는 소비자의 이용행태에 따라 서구식처럼 도시 외곽이 아니라 인구 밀집지역인 대도시에 주로 입지하고 있는 것이 특징이다.

표 9-14 외국 대형마트와 국내 대형마트 차이

구 분	외국 대형마트	국내 대형마트
업 태	슈퍼센터나 카테고리 킬러 형식의 전문 대형마트로 전개	종합 대형마트 표방
상권입지	교통접근성, 공급확보 등이 용이한 도시외곽에 위치	아파트 밀집지역, 상권인구가 많은 대도시에 입지
상품구색	비 식료품에서 식료품을 추가하는 형태로 발전	식료품을 같이 도입, 생활용품 및 주방용품 비중이 높음
인테리어	창고형식의 단층구조	복층구조, 백화점식 인테리어

자료 : 공정거래위원회(2008)

쉬어가기

〉〉〉 다양한 PB상품

"PB상품 경쟁 중"-PB : 자사 브랜드 상품

대형마트 3사 자사 브랜드 현황

구 분		이마트	홈플러스	롯데마트
자사 브랜드		베스트 이마트 세이브	알뜰상품 좋은상품 프리미엄	와이즐렉 세이브 와이즐렉 와이즐렉 프라임
자사 브랜드 상품수		1,000여 개	4,850여 개	6,000여 개
매출 비중	2008년	23%	26%	19%
	2012년(목표)	35%	40%	30%

자료 : 각 업체

대형마트 3사는 10월 들어 일제히 대대적인 자사 브랜드(PL·PB) 상품 재정비에 들어갔다.
대형마트는 현재 전국에 360여 개. 업계 전문가들이 450개를 시장 포화 상태로 보는 것을 고려하면 4~5년 안에는 문을 닫는 대형마트들이 생겨날 것이라는 위기감이 대형 유통업체들 사이에 팽배해 있다. 이런 상황에 자사 브랜드 상품을 강화해 '수익성'과 '매출 증대'라는 두 마리 토끼를 잡고 위기 속 탈출구로 삼겠다는 전략을 펴고 있는 것이다. 대형마트들이 자사 브랜드 상품을 재정비하며 공통적으로 내세운 것은 가격과 품질에 따른 브랜드 세분화를 통한 브랜드 인지도 강화 전략이다. 경기 침체로 소비 양극화가 두드러지자 이 양쪽의 소비자를 동시에 잡겠다는 뜻이다.
신세계 이마트는 15일부터 기존의 고급형 자사 브랜드 제품 이름인 '베스트셀렉트'(BESTSELECT)를 '베스트'(BEST)로, 실속형은 '해피초이스'(HAPPYCHOICE)에서 '세이브'(SAVE)로, 이 중간급인 '이마트'(E-MART)는 그대로 유지시켜 3계층으로 나누는 전략을 선택했다
홈플러스의 자사 브랜드는 홈플러스 알뜰상품, 좋은상품, 프리미엄으로 나누어져 있으며 4,850여 개의 품목을 갖추고 있다. 여기에 친환경과 유기농을 강조한 자사 브랜드 상품을 모아 '웰빙 플러스' 라는 브랜드로 관리하고 있다.
롯데마트도 프리미엄급 자사 브랜드 제품으로 승부를 걸겠다고 나섰다. 롯데마트는 '제3세대 피비(PB)'를 내걸었다. 싼 값에만 의존하지 않는 맞춤형 자사 브랜드 품목을 강화하겠다는 설명이다.
무엇보다 대형마트 자사 브랜드들의 성공의 관건은 '신뢰도 구축'에 있다. 용량과 품질면에서 제조업체 브랜드(NB)를 뒤쫓아가거나 때로는 그에 미달하는 수준으로 소비자들에게 실망을 안겨왔기 때문이다. 대형마트 3사 모두 프리미엄급 제품 강화와 품질 개선을 내세운 이유가 여기에 있다. 대형마트들은 이번 자사 브랜드 상품 재정비로 무너진 소비자들의 신뢰를 되찾겠다는 의지를 보이고 있다. 대형마트들의 자사 브랜드 제품을 둘러싼 경쟁도 더욱 치열해질 전망이다.

※ PB(Private Brand) : Private Label이라고도 하는데, 대형유통업체가 제조업체와 제휴하여 독자 개발한 브랜드 상품을 지칭하며, 제조업체가 직접 개발하여 판매하는 제품인 NB(National Brand : 제조업자 브랜드)와 대비되는 개념이다.

자료 : 한겨레신문, 2009년 10월 15일

③ 무점포시장

무점포시장은 상시 운영되는 매장을 가진 점포를 두지 아니하고 상품을 판매하는 것으로 그 예로는 방문판매 및 가정 내 진열판매, 다단계판매, 전화권유판매, 카탈로그판매, TV홈쇼핑, 인터넷 멀티미디어 방송(IPTV)을 통한 상거래, 인터넷 쇼핑몰 또는 사이버몰 등 전자상거래, 온라인 오픈마켓 등 전자상거래중개, 이동통신기기를 이용한 판매, 자동판매기를 통한 판매 등이다.

무점포시장의 특징은 통신판매의 비대면 거래라는 특성상 소비자는 통신판매업자가 제공하는 상품정보, 구매고객의 구매·이용후기 등에 의존하여 상품구매를 하여야 하는 제한된 거래환경이며, 특히, 구매·이용후기는 상품구매를 위해 사이버몰을 이용한 다수 소비자가 해당 사이버몰을 이용하는 과정에서 소비자의 해당 사이버몰 이용여부, 상품의 선택 등을 판단하는 과정에서 결정적인 영향을 미치는 핵심적인 '소비자정보'의 하나에 해당한다.

TV홈쇼핑과 인터넷쇼핑으로 대표되는 무점포시장은 2007년 현재 시장규모는 20.8조 원 정도로 종합유선방송(케이블TV) 시청가구 및 인터넷 사용인구의 증가가 정체임에도 불구하고 쇼핑의 편의성 등으로 성장세는 지속되고 있다. 그 결과 2007년에는 전체 소매유통시장에서 차지하는 매출비중이 약 12.6%에 달함으로써 백화점(11.3%)을 추월, 재래시장과 대형마트에 이어 소매업태 중 3위를 차지하는 규모에 이르고 있다.

무점포시장에서 가장 빠른 속도로 성장하고 있는 오픈마켓은 다수의 판매자와 구매자가 온라인상에서 거래를 수행함에 있어서, 까다로운 입점 조건 없이 누구나(개인, 사업자, 기업) 판매자 및 구매자가 될 수 있는 시장 또는 그러한 시장의 운영 형식을 의미한다. 오픈마켓의 운영시장은 거래당사자인 판매업자와 소비자 간 통신판매가 이루어질 수 있도록 오픈마켓 운영자가 판매업자에게 자신의 인터넷사이트 내에 가상의 장터를 제공하여 그곳에서 판매가 이루어지도록 하고, 판매에 따른 부가적인 서비스를 제공함으로써 통신판매를 직접 중개하는 형태로 운영된다. 종합쇼핑몰 시장의 경우는 쇼핑몰 운영자가 판매자의 상품을 매입한 후 자신의 인터넷사이트에서 자신의 책임하에 소비자에게 직접 상품을 판매하는 형태로 운영된다. 오픈마켓의 거래당사자는 판매자와 구매자이고 상품배송은 판매자가 행한다. 오픈마켓 운영자의 수익원은 판매수수료이고, 오픈마켓 운영자는 소비자에게 통신판매와 관련한 책임이 없다는 사실을 약정하거나 미리 고지한 경우에는 통신판매와 관련하여 통신판매의 중개를 의뢰한 자의 고의 또는 과실로 소비자에게 발생한 재산상의 손해에 대하여 책임을 지지 않는다. 오픈마켓의 가장 큰 특징은 거래당사자인 판매자와 소비자를 직접 연결해 주는 중개장터의 역할을 하는 데 있으며, 판매자의 진입장벽이 낮아 유사상품을 취급하는 판매자 간 가격경쟁을 통해 소비자에게 저렴한 가격혜택과 양질의 상품을 구매할 수 있도록 해주는 특징이 있다. 또한, 오픈마켓은 판매자의 사기행위, 제품의 하자 등으로 인한 소비자피해를 줄이고 상품배송 및 대금결제과정에서 어느 한쪽의 약속불이행에 대한 거래사고를 예방하기 위하여 에스크로우(Escrow) 제도를 시행하고 있다.

또한 무점포판매의 한 종류인 **전화권유판매업**은 텔레마케팅[11)]의 일종으로서 텔레마케팅 산업이라 하면 전화권유판매 외에 통신판매, 콜센터 구축, 기술솔루션 제공 등을 포함하고 있다. 업계에서는 텔레마케팅산업 전체 시장에서 전화권유판매업이 차지하는 비중을 30% 규모로 추정하고 있다. 전화권유판매란 사업자가 선택하는 판매방식 중 하나이다. 전화권유판매업의 특징은 비대면 특수거래로서 소비자는 전적으로 판매원의 설명에 의존함에 따라 상품정보를 취득하는 데 한계가 있고 불시에 일방적인 권유에 따른 소비자의 냉정한 판단 곤란, 계약내용의 불명확성, 전화권유 당시의 상황에 대한 사후적 입증 곤란 등으로 소비자 피해가 불가피한 측면이 있다. 실적에 따른 수수료나 인센티브로 급여를 받는 판매원이 실적제고를 위해 과도한 영업을 할 수밖에 없고, 판매원들의 잦은 이동으로 부정한 판매기법이 타 사업자에 이전·확산됨으로써 유사한 피해들이 지속 유발되는 경향이 있다.

④ 편의점

편의점(CVS : Conveience Store)은 편의성을 파는 소매점으로 1960년대부터 70년대에 이르는 동안에 급속히 발달한 미국식 구멍가게 형태의 소매업태로서 슈퍼마켓의 보완책으로 생겨난 소매업태의 일종이다. 편의점은 제한된 종류와 구색의 상품만을 취급하여 상품을 신속하게 살 수 있는 곳이다. 넓은 공간 속에서 여기저기 찾아다니고 긴 줄에 서서 기다려야 하는 불편을 없애 소비자들이 신속하고 빠르게 상품을 구입할 수 있다. 편의점에서 취급되는 상품의 절반 이상은 구매 후 30분 이내에 소비되는 제품들이며 제한된 종류의 상품만을 취급하기 때문에 슈퍼마켓에 비해서 가격이 비싸다. 또한 식료품 위주로 고객과 대면하고 셀프판

11) 텔레마케팅은 인바운드와 아웃바운드로 구분되며, 인바운드란 고객으로부터 온 전화를 콜센터에서 받아서 처리하는 것, 즉 카탈로그에 의한 통신판매 시 전화 수주 또는 지원센터 등이 대표적이다. 반면, 콜센터로부터 고객에게 정보발신을 하는 것을 아웃바운드라 하며 전화권유판매업은 아웃바운드의 한 형태이다.

매하는 형태로 일반상품 이외에도 다양한 생활서비스 상품을 취급하면서 끊임없이 업태의 변신을 도모하고 있다. 자유롭고 다양한 소비자들이 늘어나면서 소비행동에 있어서도 개인적인 생활 편익을 보다 중요시하고 시간을 효율적으로 이용하려는 경향을 보인다. 편의점의 시장규모는 2007년 현재 약 5.7조 원 정도이며 8개의 사업자가 참여하고 있으나, 선발업체(세븐일레븐, 훼미리마트, GS25 등)의 점포수 확대로 이들 상위 3사가 2006년 말 현재 전체 시장의 73.6%를 차지하고 있는 과점적 시장구조로 형성되어 있다. 2001년 신규 출점 수가 연간 1,000개를 넘어선 이후 연 평균 1,200개 이상의 점포가 출점하여 2007년에는 1만 개의 점포를 돌파하기에 이르렀고, 최근 정유회사의 주유소 병설 편의점 확대와 기존 사업자의 점포 확대에 따라 시장 내 경쟁은 더욱 심화되고 있는 추세이다.

⑤ 프랜차이즈(가맹사업)

프랜차이즈란 가맹본부가 가맹점사업자로 하여금 자기의 상표·서비스표·상호·간판 그 밖의 영업표지를 사용하여 일정한 품질기준이나 영업방식에 따라 상품 또는 용역을 판매하도록 함과 아울러 이에 따른 경영 및 영업활동에 대한 지원·교육과 통제를 하며, 가맹점사업자는 영업표지의 사용과 경영 및 영업활동 등에 대한 지원·교육의 대가로 가맹본부에 가맹금을 지급하는 계속적인 거래관계를 말한다.

가맹사업의 특징은 가맹본부는 적은 자본으로 전국적인 유통망을 만들 수 있고 가맹점사업자가 인건비, 재고비용, 운영비 등을 부담하므로 유통망 유지비용이 절감되는 이점이 있는 반면, 가맹점사업자는 가맹본부의 기술력, 노하우와 명성, 그리고 경영전반에 대한 지도와 지원 아래 경영경험이 없이도 소자본으로 사업을 할 수 있고 가맹본부를 통해 효과적인 홍보를 할 수 있으며, 공동의 대량구매, 공동물류 등 운영경비를 대폭 절감할 수 있기 때문에 단시일 내에 투자효과를 거둘 수 있는 이점이 있다. 또한, 가맹사업은 서로 이해관계를 달리하는 자를 당사자로 하는 일반거래와는 달리 상대방을 통하여 자신의 단점을 보완하고 장점을 살려나가는 상호의존적인 면이 강한 사업방식으로 가맹본부와 다수의 가맹점사업자가 일종의 가맹사업조직을 형성하여 가맹사업의 유지·발전이라는 공동의 이해관계를 갖는 사업이라는 특수성을 갖고 있다.

⑥ 아울렛

아울렛(Outlet Store)은 백화점과 할인점의 중간 니치마켓[12](Nitch Market)으로서 원래 공장형 아울렛(Factoring Outlet)을 지칭하는 말로 제조업체의 과잉재고품을 공장 근처의 대형매장에서 처분하는 것에서 출발하였다. 대개 공장이나 물류센터에 위치하고 있어 중간 물류비와 유통단계를 생략하여 저가격으로 소비자를 직접 상대하는 불황 극복용 매장이라고 할 수 있다. 아울렛 산업은 80년대 미국에서 탄생한 이래 1990년대 일본에서 급속하게 성장한 유통업태로서 '유명브랜드의 재고상품을 1년 365일 내내 저렴한 가격으로 판매하는 소매업태'로 국내에서는 백화점과 대형마트를 뒤이은 새로운 유통 소매업태로 백화점, 할인점의 성장률이 둔화되면서 대형유통업체의 새로운 성장판으로 인식되고 있다. 미국의 경우 소비자의 가처분 소득 증가와 합리적 소비성향 그리고 쇼핑과 오락을 동시에 추구하는 소비욕구의 증가로 아울렛 산업이 크게 발달하게 되었다. 한국의 경우도 최근 경기침체에 따른 합리적 소비의식 증대, 자동차 확산, 주 5일 근무제의 확산 등으로 인해 성장 가능성이 높은 것으로 평가되고 있다.

아울렛은 크게 몰형 아울렛과 타운형 아울렛으로 구분된다. 몰형 아울렛은 백화점과 할인점의 장점을 결합한 형태로 하나의 수직 건물에서 백화점과 유사한 상품 카테고리를 가지고 할인점의 가격으로 상품을 판매하는 형태를 말하며, 뉴코아(아울렛 부문), 세이브존, 2001아울렛 등이 몰형 아울렛의 형태를 취하고 있다. 타운형 아울렛은 여러 브랜드의 매장들이 수평으로 펼쳐져 있는 아울렛으로 2003년부터 활발히 개점하고 있으나, 부동산 업체가 상가를 개발한 후 개인사업자에게 분양하는 형태를 띠고 있어 하나의 사업자가 전체적인 MD(Merchandising)[13]를 하는 몰형 아울렛과 구별된다.

12) 시장이 작거나 특화되어 있는 소규모 시장을 말하며, 틈새시장이라고도 한다.

13) MD(MerchanDising)란 유통분야 판매촉진활동의 일환으로 매장위치, 상품 진열 등을 계절변화 등에 따른 소비자의 선호 상품군 및 소비 트렌드 변화에 부합하도록 상품을 재구성하거나 납품업자의 매장위치를 변경하는 전반적 활동을 의미하며 통상적으로 1년에 2회[2~3월경의 MD를 S/S(Spring/Summer), 7~8월경의 MD를 F/W(Fall/Winter)] 실시한다. 이러한 MD로 인해 소비자가 선호하는 입점업체는 상대적으로 이익을 얻는 반면, 소비자에게 외면받는 입점업체는 선호하는 매장위치에서 제외될 수 있다.

| 용•어•해•설 |

다양한 형태의 소비자

아티젠(Artygen)

Arty와 Generation의 합성어로 상품의 기능적인 측면뿐 아니라 예술이 결합된 아트디자인을 선호하며 세련되고 예쁜 디자인의 수준을 넘어 디자이너 혹은 예술가가 주는 고유의 디자인과 퍼스낼러티(Personality)를 중시하는 소비자를 의미한다.

새로운 계층으로 아티젠이 부각되고 있어 백화점, 쇼핑몰 등에서는 새로운 소비계층인 아티젠을 겨냥한 다양한 마케팅에 나서고 있다.

블랙컨슈머(Black Consumer)

악성을 뜻하는 블랙(Black)과 소비자를 뜻하는 컨슈머(Consumer)를 합성한 용어로 고의적으로 악성 민원을 제기하는 소비자를 지칭한다. 이들의 가장 큰 문제점은 고의적으로 악성 민원을 제기하여 소비자불만에 대한 객관적인 토대를 무너뜨리고 있다는 것이다.

체리피커(Cherry Picker)

체리피커란 신 포도 대신 체리만 골라먹는 사람을 칭하는 말로서, 기업의 상품이나 서비스를 구매하지 않으면서 기업이 제공하는 혜택을 누리는 소비자를 말한다.

크리슈머(Cresumer)

자신에게 필요한 제품을 직접 만들어 소비하는 창조적인 소비자로서, DIY(Do it youself)문화에서 파생된 소비형태이다. 수동적 소비자가 아닌 소비자 스스로의 제품 창조역할이 부각된다.

포미족(For-me)

자신을 위한 소비에 적극적인 20~30대 여성을 칭하는 말로서, 단순히 허영의 상징인 '된장녀'와 달리 포미족은 소비를 자신에 대한 투자로 생각하고 소비 초점을 남과 구별되는 '차별화'에 맞춘다. 이와 더불어 합리적이라는 판단이 들면 돈 쓰기를 아까워하지 않는 특징을 갖고 있다.

몰링족(Malling)

대형 복합쇼핑몰에서 쇼핑, 놀이, 공연, 교육 등을 원스톱(one-stop)으로 해결하는 것을 뜻하는 '몰링(Malling)'을 즐기는 새로운 소비계층을 일컫는 말이다.

전 세계적으로 쇼핑시설과 함께 영화관, 공연장, 레스토랑 시설을 함께 갖추고 있는 복합쇼핑몰이 증가하고 있고, 소비자들이 쇼핑 자체를 단순히 물건을 사는 행위를 넘어서 하나의 즐거운 경험으로 여기면서 몰링족이 늘어나고 있는 추세이다. 미로처럼 얽혀 있는 몰을 마치 생쥐(rat)처럼 여기저기 돌아다니는 10~20대 남자를 '몰랫(mall rat)'이라 부르며, 쇼핑과 함께 몰 안에 있는 영화관이나 카페·이벤트 등을 이용하는 젊은 여성 부류를 '몰리(mallie)'라 한다. 몰 곳곳을 둘러보는 것을 운동으로 삼는 부류는 '몰워커(mall walker)'라고 부른다.

프로슈머(Prosumer)

소비자가 생산분야에 참여하는 소비형태로 상품후기나 입소문을 통해 그들의 영향력을 행사한다. 기업들은 이들을 활용한 입소문마케팅, 펌마케팅에 주력하고 있다.

스마트슈머(Smartsumer)

쓸 것은 쓰되 이를 통한 문화생활, 건강, 인테리어 등 부수적 효과까지 누리려는 일명 '똑똑한 소비자'들로 불린다.

트랜슈머(Transumer)

이동하면서 물건이나 서비스를 구매하는 사람으로, 원래 트랜슈머는 다국적 디자인 컨설팅 업체인 '피치' 사가 처음으로 정의한 용어로 공항의 대기시간을 쪼개 면세점 등에서 쇼핑하는 사람들을 일컫는 말이었다.

트레저 헌터(Treasure Hunter)

보물 사냥꾼. 가격 대비 최고의 가치를 주는 상품을 찾기 위해 끊임없이 정보를 탐색하는 소비자를 뜻한다. 이들은 기업 광고에는 별 신경을 쓰지 않으며, 대신 가격 비교 사이트를 통해 가격을 비교하고 얼리어답터들의 경험담을 들은 후 구입 여부를 신중히 결정한다. 트레저 헌터를 만족시키기 위해서는 모호하게 여러 기능을 갖춘 제품보다 똑 부러지는 상품이 좋다.

Chapter

10 금융과 소비자

01 금융시장과 자금흐름

금융이란 돈을 빌리고 빌려주는 행위, 다시 말해 '자금의 융통'을 말한다. 자금의 융통이 조직적으로 이루어지는 장소가 금융시장이다. 장소는 남대문시장과 같은 특정 지역을 의미하지 않는다. 자금의 수요와 공급이 유기적으로 이루어지는 추상적인 공간은 모두 시장이다. 자금의 융통을 위해서는 각종 청구권을 나타내는 증서의 교환이 필요하다. 이런 증서를 금융수단(financial instrument) 또는 금융자산(금융상품)이라 한다. 금융자산에는 예금증서, 채권, 주식, 파생상품을 들 수 있다.

금융시장은 자금이 융통되는 형태에 따라 직접금융시장과 간접금융시장으로 구분된다. 직접금융은 자금이 필요한 측이 자기명의로 발행한 기업어음(CP), 회사채, 주식을 교부하고 자금을 직접 조달하는 시장이다. 간접금융은 은행과 같은 금융중개기관(financial intermediaries)이 개입해 예금증서를 교부하고 자금을 조달해서 대출 등으로 자금을 운용하는 형태를 말한다. 또 금융시장은 금융상품의 만기에 따라 단기금융시장과 자본시장으로 나뉜다. 보통 1년 이내의 금융상품이 거래되는 시장을 단기금융시장, 1년 이상의 금융상품이 거래되는 시장을 자본시장이라고 한다. 다음으로 증권의 발행자가 부담하는 의무와 소유자가 누리는 권리를 기준으로 채무증서시장과 주식시장으로 구분한다. 채무증서에는 기업어음, 국공채, 회사채가 있으며 만기까지 이자지급과 원금상환을 약속하는 증서다. 주식은 기업의 순이익과 기업자산에 대한 일정한 몫에 대한 권리를 나타내는 증서다.

그림 10-1은 직·간접금융시장을 통해 자금이 이전되는 모습을 보여 주고 있다. 금융시장은 자금의 공급부문과 자금의 수요부문을 연결시켜 줌으로써 국민경제의 성장과 경제주체의 후생증진에 기여한다.

시장은 상품과 서비스의 수요와 공급을 조절함으로써 적정가격을 형성하고, 이를 통해 희소한 자원을 효율적으로 배분하는 기능을 수행한다. 금융시장도 마찬가지다. 금융시장에서는 금융자산을 매개로 자금의 융통이 이루어지며 이 과정에서 금융자산의 가격인 금리가 결정된다. 금융시장에서 결정되는 금리수준에 맞춰 소비자 또는 투자자는 소비규모를 기간 간 교환(inter-temporal exchange)함으로써 생애 후생을 높일 수 있다. 소비자와 투자자는 금융시장을 통해 기간 간 적절한 소비규모를 선택할 수 있으며, 나아가 위험을 수용하거나 회피하고 통제하는 여러 수단을 제공받는다.

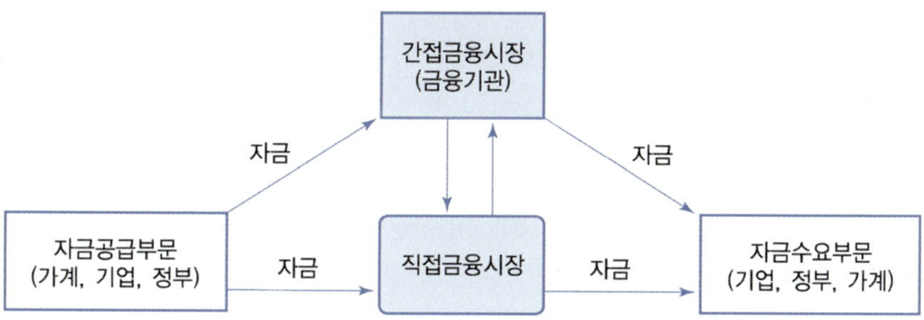

그림 10-1 금융시장과 자금흐름

자료 : 한국은행(2007), 우리나라의 금융제도

02 금융시장의 기능과 소비자

1) 금융시장의 기능

(1) 자원배분기능

금융시장은 소비주체인 가계부문에 여유자금의 운용 및 차입기회를 제공함으로써 시점 간 적절한 소비선택을 가능하게 하고 그 결과 소비자후생을 높인다. 또 투자수익성이 높은 기업부문에 자금을 공급하여 생산을 증가시키고 더 높은 소비자후생을 달성할 수 있도록 한다. 이를 금융시장의 자원배분기능이라 한다. 금융시장은 소비자로 하여금 현재의 자원을 미래로 이동시키거나 미래의 자원을 현재로 이동시킬 수 있는 수단을 제공한다.

먼저, 순수한 시점 간 소비선택에 관해 살펴보자. 갑과 을, 두 사람의 현재소비와 미래소비 간의 대체율에 차이가 있다면 서로 자금을 융통함으로써 두 사람 모두 후생을 증진시킬 수 있다. 예를 들어, 갑은 올해 소비를 100만 원 늘리고 싶어하는데 이를 위해 내년에 118만 원의 소비를 줄일 의향이 있다고 하자. 반면에 을은 내년에 소비를 110만 원으로 늘릴 수 있다면 현재 100만 원의 소비를 줄일 의향이 있다고 하자. 두 사람은 자금의 융통을 통해 서로의 후생을 높일 수 있다. 이를테면 갑은 최대 18% 이자율로 차입할 의향이 있고, 을은 최소 10% 이자율로 대출할 의향이 있다. 따라서 10 ~ 18% 이자율에서는 두 사람 모두 자금융통으로 이익을 볼 수 있다. 만일 15%로 결정됐다면 현재의 100만 원이 내년의 115만 원과 교환되는 셈이다. 갑은 차입으로 3만 원, 을은 대출로 5만 원의 이익을 얻는다. 두 사람의 한계대체율(현재소비와 미래소비 간의 교환비율)이 체감한다면 갑은 차입규모를 늘리면서 지급하고자 하는 최대 이자율을 낮추려 할 것이다. 반면에 을은 대출규모를 늘리면서 받으려 하는 최소 이자율을 높이려 할 것이다. 균형은 두 이자율이 같아질 때 성립한다. 두 사람 모두 현재소비와 미래소비를 더 이상 교환하고 싶은 의사가 없게 되는 자금규모에서 결정되는 이자율이 균형이자율이다. 금융시장에 현재소비와 미래소비를 교환하려는 사람들이 많다고 해도 원리는 동일하다. 각자의 자금수요와 공급이 합쳐져 시장수요와 시장공급을 이루고 이자율에 의해 수급이 조절될 것이다. 결국 시장은 이자율을 매개로 금융시장에 참가한 모두의 후생을 증가시킬 수 있다.

다음은 기업부문에 자금을 공급함으로써 자본을 축적하여 생산을 늘리고 이를 통한 시점 간 소비선택을 하는 과정에 대해 살펴보자. 현재소득보다 적게 소비하고 남은 자금은 기업에 투자함으로써 자본재로 축적되고 미래의 생산증가로부터 보상을 받을 수 있다. 기업이 제공하는 미래수입이 확실하다면 소비자는 투자수익률이 시장이자율보다 높은 한 기업에 투자자금을 제공한다. 이 경우 투자자의 시간선호와는 관계가 없다. 이러한 투자는 소비자의 생애예산선을 높이고 높아진 상태에서 소비자는 시점 간 소비규모를 적절히 선택할 수 있기 때문이다. 예를 들어, 어떤 사람이 은행에 100만 원을 예금하면 다음 해에 110만 원 받는데, 기업에 투자하면 115만 원을 돌려받는다고 하자. 소비자는 기업에 투자함으로써 일단 생애예산선을 높이고 이후 시점 간 소비규모를 선택하면 후생을 더 높일 수 있다. 경우에 따라서는 금융시장에서 일부 금액을 차입함으로써 현재소비와 미래소비의 규모를 모두 높일 수도 있다.

(2) 위험분산 및 전가기능

금융시장은 다양한 금융상품을 제공함으로써 투자자가 분산투자를 통해 투자위험을 줄일 수 있도록 한다. 분산투자(portfolio)는 수익률의 상관관계가 서로 작거나 마이너스인 투자대상에 자금을 적절히 배분함으로써 투자위험을 줄이는 방식이다. 아울러 금융시장에서는 각종 재난 시 손해발생 위험을 보험회사에 전가함으로써 소비자의 재산을 보호할 수 있다. 또한 파생상품과 같은 위험 헤지수단을 제공하여 투자위험을 위험선호도(risk preference)가 높은 다른 시장참가자에게 전가할 수 있도록 해준다. 이 같은 원리는 제4절에서 자세히 설명한다.

(3) 거래비용 감소 기능

금융시장은 금융거래와 관련해 발생하는 비용과 시간을 줄여준다. 금융거래와 관련해서 발생하는 비용은 거래의 상대방을 찾는 데 드는 시간과 비용은 물론 차입자의 채무상환능력과 관련한 정보, 금융상품의 가치를 평가하는 비용 등을 말한다. 금융시장에서는 모두가 모여 거래를 하므로 상대방을 찾기가 용이하고 또 금융상품의 가치는 시장에서 형성된 가격에 의해 쉽게 평가할 수 있다. 차입자의 신용에 관한 정보는 차입자가 발행한 채권의 금리와 주식가격에 반영되므로 투자자는 투자정보를 쉽게 획득할 수 있다. 금융시장의 정보생산기능이 활발하면 투자자의 의사결정이 촉진되고 차입자도 시장의 적절한 평가를 통해 소요자금을 원활히 조달할 수 있다. 금융시장이 발달할수록 금융자산의 가격에 반영되는 정보의 범위가 확대되고 정보의 전파속도도 빨라진다.

금융기관은 정보의 불확실성이 매우 높은 금융시장에서 이를 완화하고 거래비용을 낮추는 역할을 수행한다. 금융기관은 신용정보를 쉽게 획득할 수 있고 우월한 정보 분석능력을 갖추고 있다. 이를 바탕으로 정보의 비대칭성과 이에 따른 부작용을 줄일 수 있다. 또 금융기관은 자금차입자의 신용과 투자프로젝트의 적정성을 심사하며, 자금제공자를 대신해서 이들을 감시함으로써 각자 자금제공자를 감시하는 것보다 감시비용을 크게 줄일 수 있다.

(4) 유동성 제공과 시장규율기능

금융시장은 금융자산을 보유한 투자자에게 높은 유동성(liquidity)을 제공한다. 유동성은 손실 없이 돈으로 바꿀 수 있는 '환금성의 정도'를 뜻한다. 금융시장이 발달하면 다수의 금융기관과 시장참가자들이 활발하게 금융거래를 하므로 사람들은 언제든지 보유한 금융자산을 다시 팔아 투자한 돈을 돌려받을 수 있다. 반대로 금융시장이 발달하지 못하면 투자자들은 보유하고 있는 채권이나 주식을 만기가 되거나 기업이 청산될 때까지 보유하고 있어야 한다. 투자자는 유동성이 떨어지는 금융자산을 매입할 경우 동 자산을 현금으로 전환하는 데 따른 손실을 예상하여 일정한 보상, 즉 유동성 프리미엄(liquidity premium)을 요구하게 된다. 금융시장이 발달하면 금융자산의 유동성이 높아지고 유동성 프리미엄이 낮아짐으로써 자금수요자의 차입비용이 낮아진다.

금융시장은 시장규율기능(market discipline)을 수행한다. 시장규율기능이란 시장참가자가 기업이 발생한 주식, 채권 등에 시장신호(market signal)를 보내어 감시기능을 수행하는 것을 말한다. 예를 들어, 어떤 기업이 인수, 합병계획을 발표하거나 새로운 투자계획을 발표한다면 동 기업의 주식가격이나 채권가격의 등락을 통해 시장참가자들의 생각을 반영할 수 있다. 즉, 시장참가자들이 인수, 합병이나 새로운 투자계획이 재무건전성을 악화시키고 미래수익에 부정적이라면 주식이나 채권가격이 즉각 하락하게 된다. 이렇게 되면 그 기업의 자금조달 비용이 높아지고 무리한 사업 확장에 제동을 걸 수 있다.

2) 최근 금융시장의 특성과 소비자

첫째, 가계금융비중의 급속한 증가현상이다.

IMF외환위기 이전까지 가계는 주로 은행의 정기예금이나 정기적금과 같은 단순한 금융상품을 구입하는 저축자이고, 가계대출 비중도 미미했다. 그러나 IMF 이후 금융환경의 급속한 변화로 인해 소비자에게 다양한 금융상품과 차입기회가 제공됐다. 2008년 가계신용잔액은 688조 원(가계대출 : 648조 원, 판매신용 : 40조 원)으로 2000년 이후 연평균 10% 안팎의 증가율을 보이고 있다. 이는 기업의 은행대출 460조 원을 크게 능가한다. 대기업은 회사채나 CP, 주식을 통해 상당액의 자금을 조달하는 반면 가계와 중소기업은 은행을 통해 자금을 조달하는 패턴을 보이고 있다. 투자에 있어서도 주식 직접투자는 물론 선물, 옵션부자, 펀드간접투자 등 가계의 투자대상도 다양하다. 특히 적립식 펀드가 일반화됨에 따라 펀드규모는 380조 원이 넘고 이 중 절반 이상이 개인에 의한 것이다. 옵션투자에 있어서 개인의 비중은 무려 40%를 차지한다. 또한 금융의 디지털화가 급속히 진행됨에 따라 인터넷뱅킹, 모바일뱅킹, CD/ATM 이용 등 소비자 스스로가 상당 부분 금융처리를 하고 있다. 2008년 말 인터넷뱅킹 이용자수는 5,260만 명이고 2005년 이래 매년 두 자리수 증가율을 보이고 있다. 입출금거래 시 비대면 거래 비중은 82.7%, 조회서비스는 81.5%를 기록하고 있다[1].

둘째, 인구고령화에 대비한 금융수요의 변화다. 인구고령화로 노후대비를 위한 장기 안정적인 금융상품에 대한 수요가 증가하고 있다. 이에 따라 은행에서는 프라이빗 뱅킹(private banking : 부유층대상 자산관리서비스), 증권회사의 랩어카운트(wrap account : 고객의 투자성향에 따른 자금배분 및 자문서비스), 보험회사의 평생 재무설계(financial planing) 등 맞춤형 서비스가 다양하게 개발, 제공되고 있다. 또한 저금리 추세에 따라 은행예금에 대한 선호도는 줄어들고 고수익을 확보할 수 있는 주가 또는 환율 연동예금, 실물자산에 투자하는 파생상품, 변액보험 등 시장형 금융상품에 대한 수요가 크게 증가하고 있다.

셋째, 최근의 환경변화로 소비자에게 많은 금융리스크가 이전되고 있다. 펀드, 주식, 옵션 등 실적형 투자는 말할 것도 없고 가계대출 중 시장연동형 금리 비중이 86% 이상(2008년 잔액기준)을 차지한다. 이와 같은 시장연동형 금융상품이 일반화함에 따라 금융기관에서 가계부문으로 시장리스크가 대폭 이전되는 현상을

1) 한국은행 자료(2008)에 의하면 CD/ATM 거래 비중이 42.3%, 인터넷뱅킹 거래는 29.1%이며, 인터넷뱅킹을 통한 조회 비중은 60.1%이다.

보이고 있다. 가계부문의 금융비중이 크게 증가하는 현상과 함께 많은 금융리스크가 가계로 이전됨에 따라 가계부문의 안정성이 금융시스템의 안정성에 결정적인 영향을 미치게 됐다. 미국의 서브프라임 사태에서와 같이 부동산 가격의 급격한 하락은 부동산 담보대출채권을 부실하게 하며, 우리나라에서 2003년에 경험한 신용카드의 연체율 상승은 회사채 시장을 마비시키는 파장을 낳았다.

03 금융시장과 소비자문제

1) 소비자문제의 발생원인

일반적으로 소비자문제는 기업의 우월적 지위에 따른 소비자의 대항능력 부족과 상품 및 거래조건의 불투명성으로 인해 소비자의 잘못된 선택으로부터 발생한다. 금융분야에서도 마찬가지다. 다만 금융에 있어서는 상품의 불투명성과 소비자판별 능력의 부족이 소비자문제 발생에 더 크게 작용한다.

금융소비자문제는 다음과 같은 요인에 의해 발생한다.

첫째, 금융·보험과 관련된 소비자문제는 제조물과 달리 상품내용 및 거래조건 등을 소비자가 쉽게 판별하기 어려운 구조적인 불투명성을 갖고 있다는 데서 기인한다. 금융상품의 질과 내용을 소비자들이 그 외형이나 작동을 통하여 쉽게 알 수 없으며, 소비자는 약관 및 법률적 서술이나 복잡한 공식을 통하여 상품을 이해하고 구매해야 한다. 특히 보험상품의 경우 보험상품의 제조과정이나 보험금 지급조건, 해약환급금 및 요율의 책정 등이 고도의 전문성과 기술성, 수리적 난해성에 기초하여 일반소비자가 접근하기에는 곤란하다.

둘째, 계약자유의 원칙과 과실책임주의를 기본원칙으로 하고 있는 현행 민사법 체계하에서 피해구제를 받으려면 소비자가 금융기관의 고의 또는 과실과 피해발생 간의 인과관계를 입증하여야 한다. 이는 금융·보험 상품 자체의 전문성과 불투명성을 감안할 때 일반 소비자의 능력으로는 거의 불가능한 일이다. 또한 소비자 개인의 거래는 전체 시장규모에 비해 극히 왜소하고 자금력과 전문성, 조직력 및 각종 정보를 보유한 금융기관에 대항하여 피해구제를 받기에는 역부족이다.

셋째, 최근 금융환경의 급속한 변화에 따라 다양한 금융상품 및 새로운 거래형태가 출현하고 있으며, 금융소비자는 정보의 불투명성, 선택능력의 취약성, 협상력 결여 등으로 인하여 금융거래위험에 더욱더 노출되고 있다.

따라서 금융소비자의 피해를 예방함은 물론 피해구제를 신속하게 함으로써 금융소비자를 보호할 필요성이 있다. 이는 금융기관의 자체적인 소비자보호기능 강화와 더불어 감독당국의 적절한 개입이 요구되고 있다. 특히 금융소비자의 금융에 대한 이해력과 판별능력을 높이는 금융교육의 필요성이 어느 때보다 긴요하다.

2) 민원유형 및 통계

금융관련 민원은 금융감독원과 한국소비자원, 각 금융협회에서 접수, 처리하고 있다. 대부분의 금융민원은 금융감독원에서 접수, 처리하고 있어 이하에서는 2008년 금융감독원에 접수된 권역별 민원을 중심으로 설명한다.

(1) 은행·비은행

은행민원은 여신관련 민원이 가장 큰 비중을 차지한다. 특히 보증이나 담보책임의 범위와 관련한 민원이 다수를 차지한다. 이를테면 보증을 서거나 담보를 제공할 때 현재의 특정된 개별채무에 대해 보증이나 담보를 제공(특정채무보증 또는 특정담보)하는 것인지, 또는 차주의 현재 및 장래의 모든 채무보증(포괄근보증 또는 포괄근담보)인지에 관한 분쟁이다. 일반적으로 금융기관에서는 보증인의 의사를 명확히 묻지 않고 서명을 요구함으로써 민원을 유발하고 있다. 2008년 들어 그간 급증했던 주택담보대출의 이자상환부담의 영향으로 자신에게 적용되는 금리수준의 적정성 여부와 관련한 민원이 크게 증가했다.

신용카드 민원은 주로 신용카드 도난, 분실에 따른 제3자 불법사용의 책임소재와 관련한 분쟁이다. 최근 은행에서도 보험과 수익증권을 판매함으로써 은행의 설명의무 적정성 여부와 관련한 분쟁도 다수를 차지하고 있다. 기타 민원은 개인정보유출로 인한 피해, 자신의 채무와 예금을 은행이 일방적으로 상계 처리하는 것이 적정한지 등에 관한 분쟁 등이다.

표 10-1 은행민원유형

은행 민원유형	건 수	구성비
여 신	8,177	31.5
신용카드	4,835	18.7
신용정보	3,379	13.1
예, 적금	1,177	4.5
수익증권	1,591	6.1
기 타	6,768	26.1
소 계	25,927	100.0

(2) 보 험

보험민원은 부실모집과 관련한 분쟁이 큰 비중을 차지한다. 보험가입을 권유할 때 보험상품의 내용을 구성하는 약관의 주요내용을 제대로 설명했는가 여부다. 최근 인터넷이나 전화를 통한 비대면 보험가입이 증가함에 따라 부실 보험모집과 관련한 분쟁이 급증하고 있다. 또 청약서상 자필서명을 본인이 직접 했는지 여부도 많은 분쟁을 초래한다. 보험금 산정은 사고 전 피보험자의 소득산정 적정성, 상해등급적용은 사고 후 장해등급의 적정성과 관련한 분쟁을 말한다. 고지의무 위반은 주로 보험사고가 발생한 이후 보험회사가 제기한다. 즉, 보험계약자나 피보험자가 보험가입 시 병력이나 치료사실 등을 허위로 알리거나 부실하게 알렸다고 보험금을 삭감하거나 지급을 거절함으로써 발생한다. 기타 민원은 보험료 횡령이나 중도해약시 해약환급금의 적정성과 관련한 민원 등이다.

표 10-2 보험민원유형

보험민원유형	건 수	구성비
보험모집	7,763	27.4
보험금 등 지급지연	3,454	12.2
보험금 등 산정	3,238	11.4
보험회사의 면, 부책 결정	2,435	8.6
계약의 성립 및 실효	1,961	6.9
장해 및 상해등급적용	1,274	4.5
고지 및 통지의무 위반	1,203	4.2
기 타	7,038	24.8
소 계	28,366	100.0

(3) 증권 · 자산운용

증권관련 민원은 주식거래가 고객의 의사에 반해서 이루어졌다는 소위 임의매매 여부와 관련한 민원이 아직까지 큰 비중을 차지한다. 또 수익증권, 일임형 랩(wrap), ELS(주가연계증권 : Equity-Linked Securities) 등 간접투자가 활성화됨에 따라 이와 관련한 민원비중도 증가하고 있다. 이들 민원은 펀드의 수익구조, 각종 수수료 산정, 부당권유 여부와 관련한 분쟁이 주 내용이다. 최근 선물, 옵션과 관련한 민원도 꾸준히 증가하고 있다. 즉, 글로벌 금융위기로 인하여 국내외 주식시장의 변동성이 높아지면서 선물, 옵션거래, 해외펀드, 파생상품 펀드와 관련한 민원이 큰 폭으로 증가하고 있다.

2005년 이후 주가조작, 허위사실 유포, 허위공시, 분식회계 등 불공정거래 및 공시관련 민원 비중도 크게 증가하고 있다. 기타 민원은 전산장애로 인한 피해, 고객예탁금 횡령, 투자자문의 적정성 등과 관련한 민원이다.

표 10-3 증권민원유형

증권민원유형	건 수	구성비
주식매매	622	19.1
간접투자증권	432	13.3
발행·유통시장 공시	280	8.6
회 계	181	5.6
선물·옵션매매	94	2.9
회사경영 관련	30	0.9
기 타	1,613	49.6
소 계	3,252	100.0

3) 국내 · 외 금융소비자보호제도

금융소비자보호제도는 금융거래에서 발생하는 소비자문제의 발생원인을 최소화함으로써 금융시장에서 공정한 경쟁을 유도하고 궁극적으로 소비자후생을 높이려는 목적의 관련 법, 관행, 감독체계를 의미한다. 각국의 금융소비자보호제도는 경제제도나 금융환경에 따라 차이가 난다. 다음은 우리나라와 주요 선진국의 금융소비자보호에 대해 소개한다.[2)]

2) 금융감독원 민원백서(2006) 내용을 요약한 것임

우리나라의 금융소비자보호 업무는 금융감독원이 종합적으로 담당하고 한국소비자원, 공정거래위원회가 부분적으로 수행하고 있다. 금융감독원은 소비자보호 전담부서(소비자서비스국, 분쟁조정국)를 두고 금융소비자를 대상으로 금융정보의 제공, 금융교육, 민원상담 및 분쟁조정 등의 기능을 수행한다. 한국소비자원도 보험, 신용카드와 관련한 조사 및 민원상담, 소비자피해구제 기능을 수행하고 있다. 그러나 일반상거래와 관련한 소비자보호업무에 분산됨으로써 금융감독원에 비해 금융소비자보호기능은 미약하다. 공정거래위원회는 금융관련 약관심사나 각종 요율이나 수수료 담합여부를 감시함으로써 간접적으로 금융소비자보호기능을 수행한다.

영국의 금융소비자보호 업무의 대부분은 우리나라의 금융감독원에 해당하는 FSA(Financial Services Authority)에서 수행한다. FSA는 금융소비자보호정책의 수립, 금융교육, 금융정보제공 및 홍보업무에 집중하고 민원업무는 산하기관인 FOS(Financial Ombudsman Services)에서 수행한다. FOS의 결정은 10만 파운드 범위 내에서 편면적(片面的) 구속력을 가진다. 즉, 금융기관에게는 결정내용을 수용해야 하는 강제성을 가지나 소비자에게는 강제성이 없다. FOS는 먼저 해당 금융기관과의 민원을 거친 이후에도 해결되지 않은 민원에 대해서만 접수하여 처리한다.

미국의 금융소비자보호정책의 수립은 은행의 경우 FRS(연방준비제도이사회)와 OCC(통화감독청), 증권은 SEC(증권거래위원회), 보험은 주 보험청 등 금융감독기관에서 수행하며 금융교육은 재무부에 금융교육국(OFE)을 설치하여 수행한다. 민원업무 역시 금융권역별로 담당기관이 서로 다르다. 은행은 FRS, 증권은 NSAD(증권업협회), 보험은 주 보험청, AAA(미국중재협회)에서 수행한다.

독일의 금융소비자보호정책은 정부조직인 BaFin(The Federal Financial Supervi-sory Authority)에서 수행한다. BaFin은 상담, 금융교육, 금융정보제공 및 홍보업무를 수행한다. 민원업무는 은행, 증권의 경우 연방은행연합회, 보험은 보험옴부즈만에서 수행한다. 보험옴부즈만은 2001년 출범한 사단법인으로 보험회사 분담금으로 운영하고 5,000유로 내에서 편면적 구속력을 갖는다.

캐나다의 금융소비자보호정책의 수립은 은행과 보험의 경우 정부조직인 OSFI(Office of Superintendent of Financial Institutes)에서 수행한다. 공적민간기구인 캐나다 소비자보호기구(FCAC : Financial Consumer Agency of Canada)에서는 금융교육, 금융정보제공, 금융소비자 보호관련 법규준수 여부 등을 감시한다. 금융민원은 OBSI(Ombudsman for Banking Services and Investment) 등 다섯 개 독립적인 기구에서 금융권역별로 수행한다. OBSI는 2002년 설립된 사단법인으로 금융기관 분담금으로 운영되며 미화 35만 달러 내에서 편면적 구속력을 가진다. 국내외 소비자보호제도는 표 10-4에 요약되어 있다.

표 10-4 주요 국가의 금융소비자보호업무 현황

	구 분	한 국	영 국	미 국
금융소비자보호정책	기관명	금융감독원	FSA	• 은행 : FRS, OCC • 증권 : SEC • 보험 : 州보험청
	기 능	정책수립, 민원상담, 소비자교육, 정보제공, 민원조사, 분쟁조정 등	정책수립, 소비자교육, 정보제공 등	정책수립, 분쟁조정 등
	법적형태	공적민간기구	공적민간기구	정부조직
	설립 근거법	금융감독기구 설치 등에 관한 법률	Financial Services and Markets Act 2000	은행법, 증권거래법 등
	설립연도	1998년	1997년	• FRS(1913년) • OCC(1863년)
	구 분	**독 일**	**호 주**	**캐나다**
	기관명	BaFin (the Federal Financial Supervisory Authority)	ASIC (Australian Securities and Investments Commission)	• 은행 및 보험 : OSFI (Office of Superintendent of Financial Institutions) • 증권 : 주정부 또는 증권위원회 • 소비자보호기구 : FCAC (Financial Consumer Agency of Canada)
	기 능	정책수립, 민원상담, 소비자교육, 정보제공 등	정책수립, 민원상담, 소비자교육, 정보제공 등	소비자교육, 정보제공, 소비자보호 관련 법규 준수 여부 감시 등
	법적형태	정부조직	공적민간기구	• OSFI : 정부조직 • FCAC : 공적민간기구
	설립 근거법	the Act Establishing the Federal Supervisory Authority	Australian Securities and Investments Commission Act 2001	the Financial Consumer Agency of Canada Act
	설립연도	2002년	1998년	• OSFI : 1987년 • FCAC : 2001년

	구 분	한 국	영 국	미 국		
				은 행	증 권	보 험
금융민원처리	기관명	금융감독원	FOS(Financial Ombudsman Service)	FRS, OCC, AAA 등	NASD	州보험청, AAA 등
	법적형태	공적민간기구	공적민간기구 (FSA산하)	• FRS, OCC : 정부조직 • AAA : 사단법인	자율규제 기구	정부조직
	설립 근거법	금융감독기구 설치 등에 관한 법률	Financial Services and Markets Act 2000	공정거래법, The Federal Arbitration Act 등	증권 거래법, 공정 거래법 등	州보험법
	설립연도	1998년	2001년	• OCC : 1974년 • AAA : 1926년	1938년	1859년
	구속력 여부	당사자 모두에게 구속력 없음	금융회사에게는 구속력이 있으나 소비자에게는 구속력이 없음	중재는 구속력이 있으나 조정은 구속력이 없음		
	금액한도	없음	10만 파운드	–		
	직원의 신분	민간인	민간인	• FRS, OCC : 공무원 • AAA : 민간인	민간인	•주보험청 : 공무원 •AAA : 민간인
	재원	금융회사 분담금	금융회사 분담금	금융회사 분담금	금융회사 분담금	州 재정
	감독 당국의 통제여부	–	설립인가, 규정 제·개정권, 임면권, 정기보고	–	규정 제·개정권, 임면권	–

자료 : 금융감독원(2006. 3), 민원백서

04 저축과 투자의 결정

저축은 소득 중에서 소비하고 미래의 지출에 대비해서 남겨 놓은 부분이다. 소비자는 이러한 저축을 예금, 적금, 증권 등 금융자산과 부동산 등 실물자산의 형태로 보유한다. 저축한 돈을 미래의 가치증식을 목적으로 여러 가지 형태의 자산으로 전환하는 행위를 투자라 한다. 투자는 예금을 포함한 모든 자산들을 대상으로 할 수 있다. 그러나 금융거래에서는 일반적으로 범위를 좁혀 자산가치가 변동할 수 있는 주식, 채권, 부동산 등을 운용하는 경우에 한정한다. 본 절에서는 저축은 미래가치가 정해진 경우를 투자는 자산가치의 변동을 초래하는 경우로 분리해서 설명한다. 저축은 시간에 대한 보상을, 투자는 시간과 위험에 대한 적절한 보상을 요구한다는 것이 저축과 투자결정의 핵심내용이다.

1) 화폐의 시간가치[3)]와 저축

화폐의 시간가치란 서로 다른 시점에서 발생하는 현금흐름에 대하여 일정시점의 가치로 환산한 값을 말한다. 화폐의 시간가치를 산출하기 위해서는 시점 차이에 따른 기회비용인 이자율(할인율)을 사용한다. 일정시점에서의 화폐가치는 미래의 일정시점인 미래가치와 현시점인 현재가치로 나눌 수 있다. 미래가치란 현재의 일정금액을 복리로 계산하여 미래의 시점에서 평가한 가치다. 현재가치란 미래의 일정금액을 복리로 할인하여 현재의 시점에서 평가한 가치다. 이처럼 이자율을 매개로 화폐가치는 미래가치와 현재가치 등 일정시점의 가치로 환산할 수 있다. 화폐의 시간가치를 평가함으로써 소비자는 목돈마련, 차입금의 상환, 연금계획 등 개인의 재무설계를 효과적으로 수행할 수 있다.

(1) 미래가치

미래가치(Future Value)를 일반식으로 표현하면 다음과 같다.

3) 화폐의 시간가치는 '알기 쉬운 재테크(홍영복)'에서 일부 발췌하고 내용을 보완한 것임

$$FV_n = PV(1+i)^n$$

PV : 현재가치
i : 1단위기간의 이자율
n : 기간

여기서 $(1+i)^n$을 미래가치계수라 한다. 미래가치계수는 1원의 가치가 단위 이자율 i를 n기간 동안 복리로 증식할 때의 가치를 말한다. 예를 들어, 기간당 이자율이 5%일 때 3기간 후의 미래가치계수는 1.1576 [$(1+0.05)^3=1.1576$]이다. 현재가치 1만 원을 이자율 연 5%로 정기예금을 한다면 3년 후 미래가치 11,576원을 받는다.

이자계산단위가 1년이 아닌 반년, 분기, 월, 일 등일 경우 기간 이자율은 이자계산횟수로 나누어 사용하고 기간은 이자계산횟수를 곱하여 다음과 같이 사용한다.

$$FV_n = PV\left(1+\frac{i}{m}\right)^{nm}$$

m : 1기간 중 이자계산횟수

예를 들어, 연 이자율이 12%이고 연간 4회 이자계산을 하는 경우 현재가치 1,000원의 2년 후의 미래가치는

$FV_2 = 1{,}000 \times [1+\frac{0.12}{4}]^{2\times 4} = 1{,}000(1+0.03)^8 = 1{,}267$원이다.

이자계산이 1기간 동안 무한대로 적용되는 연속적인 복리계산에 의하여 산출되는 미래가치는 다음과 같다.

$$FV_n = \lim_{m\to\infty} PV[1+\frac{i}{m}]^{nm} = PVe^{i.n}$$

$e = 2.71828 \cdots$ (자연수)

예를 들어, 연 이자율이 12%이고 이자계산이 연속적으로 이루어지는 경우 현재가치 1,000원의 2년 후 미래가치는 $FV_2 = 1{,}000 \times e^{0.12\times 2} = 1{,}271$원이다.

NOTE 10-1

- 복리계산의 72(70)법칙

72법칙은 복리로 증식하여 원금의 2배가 되는 기간을 산출하는 대략적인 계산방법으로 아인슈타인이 개발했다고 한다. 예를 들어, 연 12% 이자율일 경우 원금이 2배가 되는데 소요되는 기간은 72를 12로 나누면 대략 6년이 걸린다. 또는 6년 만에 원금이 2배가 되려면 복리로 연 12%가 적용되어야 한다.

72법칙은 일상생활에서 쉽게 계산할 수 있는 장점이 있어 여러 분야에 응용된다. 이를테면 우리나라는 1962년부터 30여 년간 연평균 8%의 경제성장률을 기록했다. 72법칙에 따르면 경제규모가 2배가 되는 기간은 대략 9년(72÷8)이다. 36년간이라면 4차례 2배가 되므로 1998년에는 $2^4 = 16$배로 경제규모가 증가한 셈이다. 당시 우리나라와 경제규모가 비슷했던 필리핀은 같은 기간에 연평균 2%로 성장했다면 2배가 되는 기간은 36년이다. 36년 후 필리핀은 우리나라 경제규모에 1/8 수준에 불과하다.

인플레이션에도 72법칙을 적용할 수 있다. 예를 들어, 연평균 8%로 물가가 상승한다면 9년 후에는 대략 물가가 2배로 오른 셈이다. 9년 전 1,000원을 주고 산 물건이라면 지금은 대략 2,000원을 주고 구입해야 한다.

복리계산의 72(70)법칙은 다음과 같이 도출한다.
$(1+i)^n = 2$ (원금을 1원으로 가정하고 원리금이 2원이 되도록 한다.)
양변에 자연대수를 취하면, $n\ln(1+i) = \ln 2 \rightarrow n\ln(1+i) = 0.6932$

i가 아주 작은 숫자일 경우 $\ln(1+i) \approx i$이다.

$$n \times i \approx 0.7 \rightarrow n \approx \frac{0.7 \times 100}{i \times 100} = \frac{70}{\text{이자율}(\%)}$$

i가 0.01~0.03로 작은 숫자이면 70법칙을 적용하고, i가 0.07 안팎이면 72법칙을 적용하는 것이 오차를 줄일 수 있다.

즉, $(1+0.07)^{\frac{72}{7}} = 2.0055$로 계산되어 2배와 거의 같다.
아인슈타인이 당시 생각했던 이자율은 연 7% 안팎인 듯하다.

(2) 현재가치

미래가치로부터 역산(逆算)하여 도출한 현재가치는 다음의 일반식으로 표시한다.

$$PV = FV_n \frac{1}{(1+i)^n}$$

여기서 $\frac{1}{(1+i)^n}$을 현재가치계수라 하고 이자율을 할인율이라고 한다.

예를 들어, 이자율이 연 7%인 경우 3년 후 미래가치 1만 원의 현재가치는,

$PV = 10{,}000 \times \frac{1}{(1+0.07)^3} = 8{,}163$원이다.

현금흐름이 1회 이상인 경우는 매기의 현금흐름을 현재가치로 환산한 후 이를 합산한다. 이자계산 단위가 1년이 아니고 분기, 월 등일 경우 기간 이자율을 이자계산횟수로 나누어 사용하고 기간은 이자계산횟수를 곱하여 사용한다.

- **현금흐름이 1회 이상** : $PV=\sum_{t=1}^{n}\frac{FV_t}{(1+i)^t}$
- **이자계산횟수가 m회, n기간 단위** : $PV=\frac{FV_n}{(1+i/m)^{nm}}$

이자율이 연 12%이고 연간 4회 이자계산을 하는 경우 2년 후 1만 원의 목돈을 마련하려면, $PV=10,000\times\frac{1}{[1+(0.12/4)]^{2\times 4}}$=7,894원을 현시점에 예금하면 가능하다.

이자계산 기간 동안 연속적으로 적용된다면,

$$PV=\lim_{m\to\infty}\frac{FV_n}{(1+i/m)^{nm}}=FV_n[\frac{1}{e^{i.n}}]=FV_n e^{-i.n}$$

연 할인율이 12%이고 할인이 연속적으로 이루어지면 2년 후 1만 원의 현재가치는, $PV=10,000\times[\frac{1}{e^{0.12\times 2}}]$=7,866원이다.

(3) 연금의 가치

연금(annuity)이란 일정 기간 일정금액을 계속 불입하거나 수령하는 형태를 말한다. 이 개념은 일상생활에서 적금, 연금, 차입금 상환 등에 활용된다. 연금의 수령이나 불입은 기말(期末)에 발생하는 것으로 가정하고 본 절의 논의를 진행한다.

먼저, 연금의 미래가치는 일반식으로 표시하면 다음과 같다[4].

$$FV_n=A(1+i)^0+A(1+i)^1+A(1+i)^2+\cdots+A(1+i)^{n-1}$$
$$=A\left[\frac{(1+i)^n-1}{i}\right]$$

4) FV_n 식의 양변을 $(1+i)$로 곱한 값에서 원식 FV_n을 빼고 정리하면 본문의 일반식이 도출된다.

$$FV_n = A\left[\frac{(1+i)^n - 1}{i}\right]$$

A : 매 기말의 연금
대괄호는 연금의 미래가치계수

예를 들어, 연 12% 이자율로 매년 말 10만 원씩 불입하는 적금의 10년 후 미래가치는, $FV_{10} = 10 \times \left[\frac{(1+0.12)^{10} - 1}{0.12}\right] = 175.5$만 원이다.

연금의 현재가치는 미래가치를 $(1+i)^n$으로 할인한 값이다.

$PV = A\left[\frac{(1+i)^n - 1}{i(1+i)^n}\right] = \frac{A}{i}\left[1 - \frac{1}{(1+i)^n}\right]$이다.

앞의 예를 현재가치 식에 대입하면 $PV = \frac{10}{0.12}\left[1 - \frac{1}{(1+0.12)^{10}}\right] = 56.5$만 원이다.

이는 적금의 미래가치 175.5만 원을 $(1+0.12)^{10}$으로 할인한 값과 같다.

일정금액의 현금흐름이 영구히 지속되는 영구연금의 현재가치는 다음과 같다.

$$PV = \frac{A}{(1+i)} + \frac{A}{(1+i)^2} + \cdots + \frac{A}{(1+i)^\infty} = \frac{A}{i}$$ [5)]

연금의 미래가치로부터 차입금에 대한 균등분할 상환금을 다음과 같이 도출할 수 있다.

$$FV_n = A\left[\frac{(1+i)^n - 1}{i}\right] \rightarrow A = FV_n\left[\frac{i}{(1+i)^n - 1}\right]$$

FV_n 대신 만료시점의 미래가치인 $P(1+i)^n$을 대입하여 정리하면 다음과 같다.

$$A = P\left[\frac{i(1+i)^n}{(1+i)^n - 1}\right]$$

P : 원금

5) 초항이 $\frac{A}{(1+i)}$이고 공비가 $\frac{1}{(1+i)}$이며 기간이 지남에 따라 값이 줄어든다면 합산공식은 $\frac{초항}{(1-공비)}$이다.

표 10-5 상환원리금 변동 추이[6)]

(단위 : 만 원, 매월상환금액=8.8849만 원)

월 말	상환원금	원금잔액	상환이자
1	7.8848	100.0000	1.0000
2	7.9637	92.1152	0.9212
3	8.0433	84.1515	0.8415
4	8.1237	76.1083	0.7611
5	8.2050	67.9845	0.6798
6	8.2870	59.7796	0.5978
7	8.3699	51.4926	0.5149
8	8.4536	43.1227	0.4312
9	8.5381	34.6691	0.3467
10	8.6235	26.1310	0.2613
11	8.7079	17.5075	0.1751
12	8.7968	8.7977	0.0880

예들 들어, 100만 원을 대출받아 연 12%로 1년간 매월 말에 원리금을 균등분할 상환한다면, 매월 $A = 100\text{만원} \times \left[\frac{0.01(1+0.01)^{12}}{(1+0.01)^{12}-1}\right] = 88{,}849\text{원}$을 상환하면 된다.

상환원리금의 변동 추이는 표 10-5와 같이 매우 복잡한 회수체계를 보인다.

(4) 실생활에서의 사례

실생활에서 실제 적용되는 이자율이나 수익률이 정확하지 않은 경우가 의외로 많다. 대출이자율은 실제보다 낮게, 예금이자율이나 자산수익률은 실제보다 높게 표시하는 경우가 다수 발생한다. 여기서는 몇 가지 예를 들어가며 지금까지 도출한 화폐의 시간가치 공식을 적용하여 소비자가 실제 부담하는 실효이자율을 도출한다.

6) 매회 원금회수가 이루어져 원금잔액이 줄어들고 원금잔액에 대해서만 이자가 부과됨으로써 이자금액도 줄어든다. 대신 매회 상환원금은 증가함으로써 상환원리금은 매기마다 균등하게 된다.

① 연평균 수익률

특정 금융상품의 수익률을 과장하는 대표적인 방식이 연평균 수익률 개념이다. 이 방식은 일정 기간 복리로 계산한 수익률을 단순히 기간으로 나누어 산술 평균 수익률로 공시한다. 이를테면 연 12%인 고정금리 또는 수익률을 3년간 복리로 계산하면 $1.12^3=1.405$이다. 즉, 1원의 원금에 대해 3년간 복리이자가 40.5% 붙는다는 뜻이다. 이를 단순히 기간으로 나누어 40.5÷3=13.5%로 표시함으로써 수익률을 과장한다. 장기간일수록 과장 폭은 더 커진다. 10년을 적용하면 $1.12^{10}=3.106$이고 원금 1을 빼면 약 211%이다. 이를 10으로 나누면 연평균 수익률은 211÷10=21%로 높아진다. 실제 연 12%인 수익률이 계산기간이 늘수록 엄청나게 높은 수익률로 과장하여 표시하게 된다.

② 월 단위 상환

대부분의 금융기관에서 대출금에 대한 이자는 연단위로 표시하되 매달 일정금액을 상환 받는 형식을 취한다. 이미 설명한 바와 같이 이자계산횟수가 많을수록 실효이자율은 높아진다. $FV_n - PV\left(1+\frac{i}{m}\right)^{nm}$ 공식을 활용하자. 연 12%의 이자를 매월 납입하면 12회이므로 월 이자율은 0.12÷12=0.01이다. 실효이자율=$(1+0.01)^{12}=1.1268$이며 이는 원래 이자율보다 0.68% 더 높다. 금융기관은 소비자로부터 매월 상환 받는 이자금액을 월 1% 이자율로 운용할 수 있다고 가정한 것이다. 차입기간 중 매 순간 이자가 적용된다면, 실효이자율=$e^{0.12}-1=1.1275-1=0.1275$(12.75%)이다.

③ 구속성 예금

소비자가 금융기관으로부터 대출을 받으면서 차입금의 일정금액을 의무적으로 예금하는 경우가 있는데 이를 일명 '꺾기'라고 한다. 대출금을 일부 활용하지 못할 뿐만 아니라 예금금리와 차입 금리의 차이로 인해 소비자는 더 높은 이자율을 부담하게 된다. 예를 들어, 연 13%로 100만 원을 차입하고 차입금의 20%를 연 8%의 정기예금에 가입한다면 실효이자율은 다음과 같이 14.25%로 상승한다. 구속성 예금은 정부로부터 금리상한에 대한 규제를 받는 경우 이를 회피하기 위한 방법 중 하나로 쓰인다.

실효이자율= $\frac{13-1.6}{80}=0.1425$ (1.6만 원은 예금이자이며 대출이자에서 공제)

④ 부가방식

할부금융에서 주로 이용되는 엉터리 이자율 계산방법 중 하나가 부가방식(adding-up method)이다.

예를 들어, 가격이 100만 원인 대형TV를 연 12%로 매월 할부로 3년간 상환하는 조건으로 구입한다고 하자. 부가방식은 소비자가 매달 지불할 상환액을 다음과 같이 계산한다.

$$3년\ 후\ 미래가치 = 100(1+0.12)^3 = 140.5만\ 원$$
$$매달\ 상환금액 = 140.5 \div 36 = 3.9만\ 원$$

부가방식은 3년 후 미래가치를 단순히 할부개월 수로 나누어 매회 불입함으로써 화폐의 시간가치가 통일되어 있지 않다. 또한 상환금액 중 원금상환금액과 이자지불금액이 혼재되어 있다. 연금의 미래가치 계산식에 따라 매월 3.9만 원을 36개월 불입하면 약 168만 원으로 140.5만 원과 28만 원(169−140.5)의 차이가 난다.

$$FV_n = A\left[\frac{(1+i)^n-1}{i}\right] = 3.9\left[\frac{(1+0.01)^{36}-1}{0.01}\right] \approx 168만\ 원$$

정확한 균등분할 상환액은

$$A = P\left[\frac{i(1+i)^n}{(1+i)^n-1}\right] = 100\left[\frac{0.01(1+0.01)^{36}}{(1+0.01)^{36}-1}\right] = 3.3321만\ 원$$

계산결과를 보면 소비자는 매월 5,700원을 36회나 더 불입하는 셈이다.

2) 투자이론

'계란을 한 바구니에 담지 마라'라는 투자격언을 들은 적이 있을 것이다. 한 종목의 주식 또는 위험자산에 가진 돈을 모두 투자하면 가격이 올라 큰 수익을 얻을 수 있지만 가격이 하락하면 크게 손해를 본다. 반면에 여러 자산에 분산하여 투자하면 수익률은 다소 떨어질 수 있지만 큰 손해를 볼 가능성은 현저히 줄어든다.

바로 이러한 원리를 구체화한 것이 포트폴리오(portfolio)이론이다.

포트폴리오이론을 기초로 여러 자산에 대한 투자자의 최적투자비율을 구할 수 있다. 또 무위험자산을 포함하여 도출한 자본시장선(CML : capital market line)을 통하여 시장에서 형성된 포트폴리오 위험에 대한 균형가격의 성격을 설명할 수 있다. 이하에서는 Markowitz의 포트폴리오 선택이론을 소개한다. 그리고 최근 거래가 활발한 선물과 옵션의 균형가격결정 원리에 대해 간단히 설명한다.

(1) 최적 포트폴리오

포트폴리오란 둘 이상의 자산결합을 의미한다. 투자자는 투자위험을 줄이기 위해 하나의 자산에 집중적으로 투자하지 않고 주식, 채권, 부동산, 예금 등에 분산투자하는데 이들 조합을 포트폴리오라고 한다. 포트폴리오이론에서는 각 위험자산의 수익률이 정규분포를 이루고 투자자는 위험회피적이라 가정한다.

이 가정하에서 각종 포트폴리오의 특성은 기대수익률과 수익률의 분산(표준편차)으로 요약하여 파악할 수 있다. 투자자는 같은 위험수준(표준편차)에서는 최대의 기대수익률을 제공하는 효율적 포트폴리오를 선택한다. 그 결과 각 자산의 기대수익률과 분산, 다른 자산과의 공분산 내지 상관관계를 알면 효율적인 포트폴리오 투자경계선을 발견할 수 있다. 여기에 투자자의 기대수익률과 분산에 대한 효용함수를 알면 최적 포트폴리오 선택을 할 수 있다는 이론이 Markowitz의 포트폴리오 최적선택이론이다.

① 포트폴리오 기대수익률과 분산

포트폴리오 기대수익률은 다음과 같이 계산한다.

$$E(r_p) = \sum_{i=1}^{n} w_i E(r_i)$$

$E(r_p)$: 포트폴리오 기대수익률
w_i : 자산 i가 포트폴리오에서 차지하는 비중
$E(r_i)$: 자산 i의 기대수익률
n : 포트폴리오를 구성하는 자산의 수

주식 1의 기대수익률은 12%이고 주식 2는 14%이며, 주식 1에 자금의 70%를 나머지 30%를 주식 2에 투자할 경우 두 주식으로 구성된 포트폴리오 기대수익률은 12.6%가 된다. $E(r_p)=w_1E(r_1)+w_2E(r_2)=0.7\times0.12+0.3\times0.14=0.126$

포트폴리오 위험을 측정하는 대표적인 지표는 수익률의 분산과 표준편차이다.

포트폴리오 수익률의 분산은 다음과 같이 계산된다.

$$Var(r_p)=\sigma_p^2=\sum_{i=1}\sum_{j=1}w_i^2w_j^2\sigma_{ij}$$

σ_{ij} : i, j 자산수익률 간의 공분산, 동일자산인 경우 분산

2개 자산인 경우 $\sigma_p^2=w_1^2\sigma_1^2+w_2^2\sigma_2^2+2w_1w_2\sigma_{12}$ 이다[7].

상관계수는 $\rho_{12}=\dfrac{\sigma_{12}}{\sigma_1\sigma_2}$로 정의되고 $\sigma_{12}=\sigma_1\sigma_2\rho_{12}$이므로 이를 위의 식에 대입하면, 포트폴리오 분산은 $\sigma_p^2=w_1^2\sigma_1^2+w_2^2\sigma_2^2+2w_1w_2\sigma_1\sigma_2\rho_{12}$로 표시할 수 있다.

주식 1의 수익률의 표준편차는 15%, 주식 2의 표준편차는 18%이며, 각각 7 : 3으로 투자할 때 포트폴리오 수익률의 분산은 173.4, 표준편차는 13.2%이다.

여기서 두 주식 수익률 간 상관계수(ρ_{12})는 0.3으로 가정한다.

$$\sigma_p^2=0.7^2\times15^2+0.3^2\times18^2+2\times0.7\times0.3\times15\times18\times0.3=173.4$$

$$\sigma_p=\sqrt{173.4}=13.2\%$$

상관계수가 두 자산을 다양하게 조합한 포트폴리오의 분산과 표준편차에 미치는 영향에 대해 살펴보자[8]. NOTE 10-2에서는 상관계수(0, 1, -1)인 세 가지 경우를 가정해서 다음 수식에 대입해 계산했다.

$$\sigma_p^2=w_1^2\sigma_1^2+w_2^2\sigma_2^2+2w_1w_2\sigma_1\sigma_2\rho_{12}$$

$$\rho_{12}=0:\ \sigma_p^2=w_1^2\sigma_1^2+w_2^2\sigma_2^2\ \rightarrow\ \sigma_p=\sqrt{w_1^2\sigma_1^2+w_2^2\sigma_2^2}$$

$$\rho_{12}=+1:\sigma_p^2=w_1^2\sigma_1^2+w_2^2\sigma_2^2+2w_1w_2\sigma_1\sigma_2=(w_1\sigma_1+w_2\sigma_2)^2$$

$$\rightarrow\ \sigma_p=w_1\sigma_1+w_2\sigma_2$$

$$\rho_{12}=-1:\sigma_p^2=w_1^2\sigma_1^2+w_2^2\sigma_2^2-2w_1w_2\sigma_1\sigma_2=(w_1\sigma_1-w_2\sigma_2)^2$$

$$\rightarrow\ \sigma_p=w_1\sigma_1-w_2\sigma_2$$

7) $\sigma_p^2=E\left\{\sum_{i=1}^{2}w_i[r_i-E(r_i)]^2\right\}$
$=w_1^2E[r_1-E(r_1)]^2+w_2^2E[r_2-E(r_2)]^2+2w_1w_2E\{[r_1-E(r_1)][r_2-E(r_2)]\}$

8) 상관관계가 0일 때 두 자산에 분산투자하면 어떻게 위험이 감소하는지 NOTE 10-2를 참고하라.

NOTE 10-2

● 분산투자와 펀드

본문에서 설명한 바와 같이 분산투자는 여러 위험자산에 조금씩 투자함으로써 투자위험을 낮추는 행위이다. 다음의 간단한 숫자를 가지고 분산투자가 투자위험을 감소시키는 현상을 직관적으로 살펴보자. 두 벤처회사가 있다. 두 회사 모두 0.5의 확률로 성공하면 투자금액의 4배 수익이, 0.5의 확률로 실패하면 투자금액 전액을 잃게 된다고 하자. 두 회사의 수익구조는 서로 아무 상관관계가 없다(수익의 상관관계=0)고 하자.

한 회사에 100만 원을 전부 투자하면,
기대이익$=400\times0.5+0\times0.5=200$만 원이다.
투자수익의 분산$=0.5(400-200)^2+0.5(0-200)^2=200^2$만 원이다.

이제 두 벤처회사에 투자금액을 반반(50만 원)씩 나누어 투자하자.
향후 나타날 상황과 당시의 투자수익은 다음과 같이 세 가지로 나뉜다.

- 두 회사 모두 실패(확률$=\frac{1}{2}\times\frac{1}{2}=\frac{1}{4}$) : 투자수익=0만 원
- 한 회사는 실패하고 다른 회사는 성공(확률$=\frac{1}{4}+\frac{1}{4}=\frac{1}{2}$) : 투자수익=200만 원
- 두 회사 모두 성공(확률$=\frac{1}{2}\times\frac{1}{2}=\frac{1}{4}$) : 투자수익=200+200=400만 원

반반씩 투자한 경우 기대수익과 투자수익의 분산은 다음과 같다.

- 기대수익$=\frac{1}{4}\times0+\frac{1}{2}\times200+\frac{1}{4}\times400=200$만 원
- 분산$=\frac{1}{4}\times(0-200)^2+\frac{1}{2}\times(200-200)^2+\frac{1}{4}\times(400-200)^2=\frac{1}{2}\times200^2$

한 회사에 100만 원을 집중 투자할 경우와 50만 원씩 나누어 투자하는 경우 기대수익은 200만 원으로 동일하다. 그러나 투자수익의 분산은 50만 원씩 나누어 투자$\left(\frac{1}{2}\times200^2\right)$하는 경우가 집중투자($200^2$)에 비해 절반으로 줄어든다. 만일 두 회사의 수익구조가 음의 상관관계를 갖는다면 투자위험은 더 크게 감소한다. 반면에 상관관계가 1이라면 분산투자는 전혀 위험을 감소시키지 못한다.

현실적으로 투자자들이 소액의 투자자금으로 여러 자산에 분산투자하는 것은 쉬운 일이 아니다. 여러 자산에 분산하기에는 투자금액이 적다. 또 자산가격의 변화에 맞춰 수시로 사고팔면서 자산구성을 조정해야 하는데 거래수수료가 만만치 않다. 더구나 이런 조정을 하려면 여간 신경 쓰이는 일이 아닐 것이다. 이럴 때 위험분산원리를 반영하여 전문가가 여러 금융자산에 투자하고 그 수익을 투자자들에게 나누어 주는 것이 펀드이다.

두 자산 간 수익률의 상관관계가 1이면 포트폴리오 표준편차는 각 자산의 표준편차의 가중평균으로 위험에 대한 감소효과가 없다. 반면에 상관관계가 작거나 마이너스이면 분산과 표준편차가 크게 감소한다. 이로부터 포트폴리오를 통해 위험을 감소시키려면 수익률의 양의 상관관계가 낮거나 또는 마이너스인 상관관계를 갖는 자산을 조합해야 한다는 것을 뜻한다.

두 자산의 구성비를 달리하는 포트폴리오의 기대수익률과 표준편차는 표 10-6, 그림 10-2와 같이 나타낼 수 있다. 여기서 자산 A의 기대수익률은 30%, 수익률의 표준편차 30%이고 자산 B의 기대수익률은 10%, 표준편차는 20%로 가정한다. 상관계수를 (-1~+1), 구성비를 (0~1)까지 0.1단위로 세분해서 다양한 포트폴리오의 기대수익률과 분산을 계산했다.

표 10-6 상관관계별 기대수익률과 표준편차

A 구성비	B 구성비	$E(r_p)$	상관계수별 표준편차(σ_p)				
			−1	−0.5	0	0.5	1
0.0	1.0	10	20.00	20.00	20.00	20.00	20.00
0.1	0.9	12	15.00	16.70	18.25	19.67	21.00
0.2	0.8	14	10.00	14.00	17.09	19.70	22.00
0.3	0.7	16	5.00	12.29	16.64	20.07	23.00
0.4	0.6	18	0.00	12.00	16.97	20.78	24.00
0.5	0.5	20	5.00	13.23	18.03	21.79	25.00
0.6	0.4	22	10.00	15.62	19.70	23.07	26.00
0.7	0.3	24	15.00	18.73	21.84	24.56	27.00
0.8	0.2	26	20.00	22.27	24.33	26.23	28.00
0.9	0.1	28	25.00	26.06	27.07	28.05	29.00
1.0	0.0	30	30.00	30.00	30.00	30.00	30.00

* 이 표에서 사용한 기초통계는 $E(r_A)=30\%, E(r_B)=10\%, \sigma_A=30\%, \sigma_B=20\%$이다.

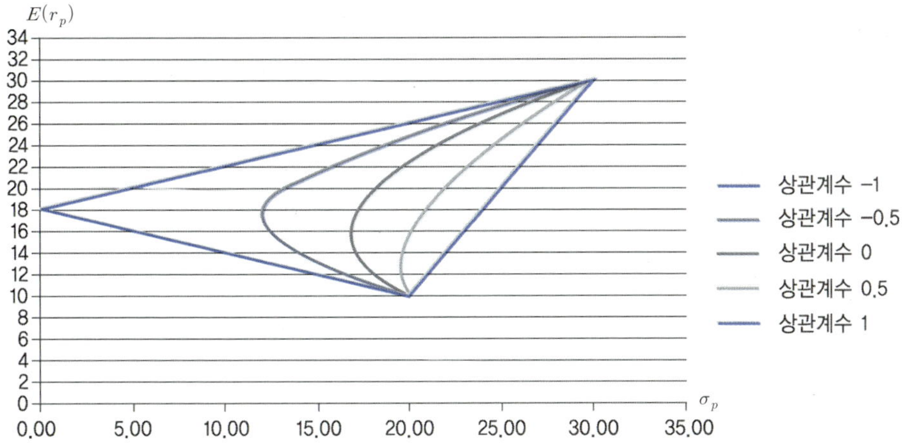

그림 10-2 효율적 투자경계선

다수의 위험자산으로 구성된 포트폴리오 기대수익률과 표준편차의 경우도 동일한 방식으로 계산할 수 있다. 즉, 여러 자산의 구성비를 다양하게 조절함으로써 같은 위험수준(표준편차)에서 최대의 기대수익률을 제공하는 효율적 포트폴리오 경계선을 구할 수 있다. 효율적인 포트폴리오 경계선은 동일한 위험수준에서 가장 높은 기대수익률을 표시한 곡선이다. 시장에서 거래되는 모든 위험자산을 혼합할 경우 효율적인 투자경계선은 시장포트폴리오의 위험과 기대수익률을 의미한다.

포트폴리오의 기대수익률과 위험이 결정되면 투자자는 자신의 위험에 대한 태도에 따라 최적의 포트폴리오를 선택할 수 있다. 투자자의 위험에 대한 태도는 무차별곡선으로 나타낸다.

위험을 회피하는 투자자는 $[\sigma_p, E(r_p)]$평면에서 우상향[9]하고 무차별곡선이 투자의 효율적 경계선 상에서 접하는 점에서 최적선택(그림 10-3)을 하게 된다. 또 최적선택점이 내포하고 있는 이면의 투자자산구성비를 구할 수 있다.

9) 기대수익은 투자자에게 효용을 높이고 위험은 효용을 낮춘다면 무차별곡선은 우상향한다. 또 추가적인 위험에 대한 효용의 감소가 체증한다면 이를 상쇄하기 위해 더 높은 추가 기대수익률을 원하므로 무차별곡선은 그림과 같이 가파르게 상승한다.

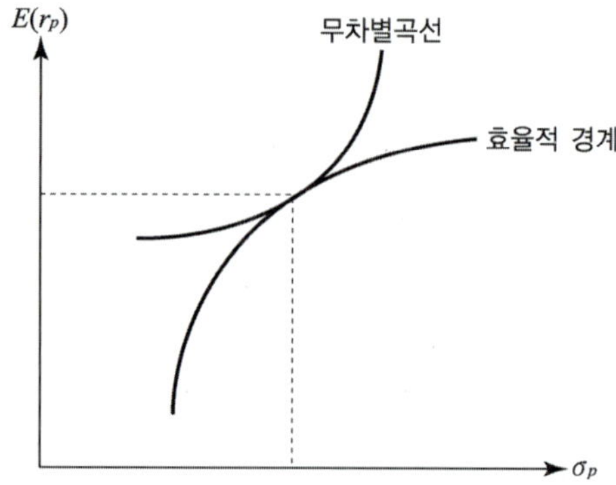

그림 10-3　포트폴리오 최적선택

② 자본자산가격의 결정

자본자산가격결정모형(CAPM : capital asset pricing model)에서는 Markowitz의 포트폴리오 이론을 무위험 자산(risk-free asset)을 포함하여 확장하고 자본시장선(capital market line)을 도출한다. 도출된 자본시장선을 이용해 시장포트폴리오의 위험부담에 대한 대가인 적정 기대수익률을 체계적으로 설명할 수 있다. 이를 자본자산의 균형가격결정이론이라 한다.

이제 포트폴리오s의 기대 수익률은 $E(r_s)$, 수익률의 표준편차를 σ_s라고 하자. 무위험 자산(정기예금)의 기대수익률은 r_f이고 표준편차는 0이다. 어느 투자자가 포트폴리오(위험자산)s에 w을 투자하고 나머지 $(1-w)$를 무위험 자산에 투자한 새로운 포트폴리오를 P라 하자. 포트폴리오 P의 기대수익률과 수익률의 표준편차는 다음과 같다.

$$E(r_p) = wE(r_s) + (1-w)r_f$$

$$\sigma_p = \sqrt{w^2\sigma_s^2 + (1-w)^2\sigma_f^2 + 2w(1-w)\sigma_{sf}} \rightarrow \sigma_p = w\sigma_s(\sigma_f^2 = 0, \sigma_{sf} = 0)$$

$\rightarrow w = \dfrac{\sigma_p}{\sigma_s}$을 포트폴리오 기대수익률 식에 대입하여 정리하면,

$$E(r_p) = r_f + \frac{E(r_s) - r_f}{\sigma_s}\sigma_p$$

포트폴리오s가 시장에서 거래되는 모든 위험자산을 포함한다면, 위의 식은 자본시장선이 되고 σ_s는 σ_M으로 $E(r_s)$는 $E(r_M)$으로 바꾸어 다음과 같이 시장포

트폴리오로 표시할 수 있다.

$$E(r_p) = r_f + \frac{E(r_M) - r_f}{\sigma_M}\sigma_p$$

시장포트폴리오의 기대수익률은 무위험자산의 수익률(r_f)에 $\frac{E(r_M) - r_f}{\sigma_M}\sigma_p$을 더한 값이다. 두 번째 항 $\frac{E(r_M) - r_f}{\sigma_M}$는 시장위험 1단위가 증가할 때 기대수익률의 증가분을 말한다. 이는 일종의 시장포트폴리오 위험에 대한 균형가격이라고 해석할 수 있다. 위의 식이 의미하는 시장포트폴리오의 기대수익률은 무위험자산의 수익률에 시장위험감수에 대한 대가를 더한 값이고 이는 위험자산을 구입한 것에 대한 대가인 리스크 프리미엄(risk-premium)이다.

효율적인 투자경계선을 구성할 때 모든 투자자들은 각 자산의 수익률 분포가 동일한 기대치를 가진다고 가정한다. 이 가정에 의해 모든 투자자들의 효율적인 투자경계선의 형태는 동일하다. 따라서 아래 그림에서처럼 무위험 자산을 연결한 직선의 접점인 시장포트폴리오(M)는 모든 투자자들이 동일하며 이는 투자자들의 위험자산에 대한 보유비율이 동일하다는 뜻이다. M점에서는 위험자산에 대한 투자비중이 일정하게 정해진다.

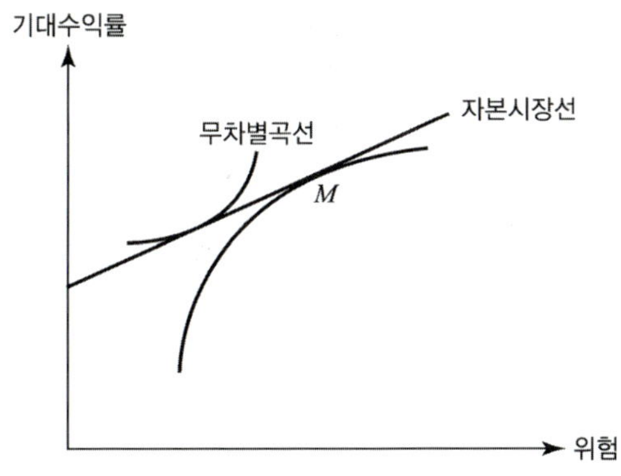

그림 10-4 자본시장선

투자자의 효용함수(무차별곡선)는 시장포트폴리오와 무위험 자산의 구성비에만 영향을 미친다. 위험회피도가 높은 투자자는 무위험자산의 비중이 높고 위험회피도가 낮은 투자자는 시장포트폴리오의 비중이 높다. 하지만 누구나 위험자산에 대한 시장포트폴리오를 동일하게 구성한다.

이를테면 삼성전자와 국민은행 두 주식만 거래되고 시가총액에서 차지하는 비중이 삼성전자가 60%, 국민은행이 40%라 하자. 1,000만 원을 투자한 갑은 200만 원을 정기예금하고 나머지 800만 원 중 60%인 480만 원은 삼성전자를 40%인 320만 원으로 국민은행 주식을 구입한다. 한편, 1,000만 원을 투자한 을은 500만 원을 정기예금 한다면 나머지 500만 원의 60%인 300만 원은 삼성전자를, 40%인 200만 원으로 국민은행 주식을 구입한다는 뜻이다.

구체적인 숫자를 가지고 자본자산가격 결정이론을 살펴보자. 정기예금의 이자가 연 6%이고, 시장포트폴리오(종합주가지수)로 계산한 주식 전체의 연간 기대수익률이 14%, 수익률의 표준편차가 3%라 하자. 이는 위에서 도출한 식에 따라 다음과 같이 표시할 수 있다.

$$E(r_p) = 0.06 + \frac{0.14 - 0.06}{0.03}\sigma_p = 0.06 + 2.67\sigma_p$$ [10)]

100만 원의 여유자금을 가진 어떤 투자자가 연 10%의 기대수익률을 원한다면 경쟁적인 자본시장에서 이 투자자는 정기예금과 주식에 어떤 비중으로 투자해야 하는가? 선택된 포트폴리오의 분산과 표준편차는 얼마인가?

무위험자산에 대한 투자 비중을 w_f라 하면,

$E(r_p) = w_f \times r_f + (1 - w_f) \times E(r_M)$이다.

$$0.1 = w_f(0.06) + (1 - w_f)(0.14) \rightarrow w_f = 0.5$$

이 투자자는 정기예금에 50만 원을 투자하고 종합주가지수와 연계된 펀드에 50만 원을 투자하면 기대수익률 $E(r_p) = 0.5 \times 0.06 + 0.5 \times 0.14 = 0.1$, 표준편차는 $\sigma_p = 0.5 \times 0.03 = 0.015$이다. 한편, $E(r_p) = 0.06 + 2.67\sigma_p$ 식에 $E(r_p) = 0.1$을 대입하면 $0.1 = 0.06 + 2.67\sigma_p \rightarrow \sigma_p = 0.015$이다. 무위험이자율 6%에 추가적인 4%를 더 얻으려면 투자자는 포트폴리오 위험(σ_p)을 0.015단위(1.5%) 부담해야 한다.

10) 이는 균형상태에서 시장포트폴리오 위험(표준편차) 1%에 대해 2.67%의 기대수익률이 보상된다는 뜻이다.

자본시장이 효율적이라면 투자자는 자본시장선 위로 벗어나는 $[\sigma_p, E(r_p)]$ 평면상의 어느 조합도 선택할 수 없고 자본시장선의 기울기인 시장위험에 대한 가격만을 수익률[11]로 보상받을 수 있다.

실제 투자형태를 보면 투자자의 성향에 따라 위험자산과 무위험자산의 비율이 서로 다르다. 이는 어떻게 설명할 수 있나? 답은 Markowitz와 Sharpe가 이론을 도출할 때 전제한 가정에서 찾아야 한다. 먼저, 현실에서 완전한 무위험자산은 존재하지 않는다. 가장 안전한 현금도 인플레이션에 따라 실질가치가 변한다. 모든 자산이 위험자산이라면 Markowitz의 최적 포트폴리오 선택에서처럼 투자자의 성향에 따라 위험자산의 투자구성비는 각기 다르게 나타난다. 또 투자자들이 예측하는 위험자산들에 대한 기대수익률과 분산, 공분산은 서로 다르다. 기대가 다르다면 무위험자산이 존재한다 해도 각 투자자가 직면하는 자본시장선의 위치와 기울기가 투자자마다 다르고 이에 따라 위험자산에 대한 투자구성비도 상이하게 나타난다.

(2) 파생상품에 대한 투자

파생상품(派生商品, derivative securities)이란 주식과 채권 같은 전통적인 금융상품을 기초자산으로 하여, 새로운 현금흐름을 가져다 주는 증권을 말한다. 기초자산은 금융상품이 아닌 일반상품이나 추상적인 주가지수도 가능하다. 대표적인 파생상품으로는 선물과 옵션이 있다. 파생투자의 주요목적은 위험을 감소시키는 헤지(hedge)기능이나, 파생상품을 합성하여 새로운 금융상품을 만들어 내는 신금융상품을 창조하는 기능들에 있다. 여기서는 금융선물과 옵션투자에 대해 간단히 소개한다.

① 선 물

선물계약은 매수자와 매도자 간에 특정 상품이나 금융자산을 합의한 가격으로 미래의 일정한 시점에 인도하거나 인수할 것을 약정하는 계약을 말한다. 선물계약은 계약규모, 만기일 등 계약조건이 표준화되어 있고 일정한 장소(선물거래소)에서 거래된다. 여기서는 선물가격결정이론과 주가지수선물에 대해 간단히 설명한다. 선물거래는 위험을 피하려는 헤저(hedger)로부터 위험을 안고 이익을 얻으려는 투기자(speculate)에게 적절한 가격으로 위험을 이전하는 기능을 한다. 또

11) 만약 시점의 차이는 없고 위험만 있는 투자상품이 있다면 무위험이자율을 포함하지 않는다. 그러나 실제 금융상품 중에는 이런 특성을 가진 상품은 없다. 이는 도박성이 매우 강하기 때문이다. 도박상품은 위험애호자들이 구매하므로 리스크 프리미엄을 받지 않고 오히려 위험에 대한 가격을 지불한다.

미래가격에 대한 각자의 정보수집과 분석으로 가격예측을 원활히 하며 이를 통해 기간 간 효율적 자원배분을 도모할 수 있다.

우리나라에서는 1996년부터 KOSPI200(삼성전자 등 200개 우량기업)과 KOSDAQ STAR지수(메가스터디 등 30개 우량 벤처기업)를 기초자산으로 하는 주가지수선물 거래가 실시되고 있다. 최근에는 특정 주식에 대해서도 선물 및 옵션거래가 허용되고 있다. 먼저 현물-선물등가식(spot-futures parity)을 이용해 균형선물가격을 도출하자. 예를 들어, 현재 주식가격인 S_0만큼을 무위험 이자율로 차입하여 매입한다면 균형선물가격은 다음과 같이 결정된다.

$$F_0 = S_0(1 + r_f - d)^N$$

F_0 : 선물가격　　S_0 : 현물가격
d : 배당률　　r_f : 무위험 이자율
N : 기간

A회사 주식가격은 1만 원이고 무위험 이자율은 10%이며 배당은 없다고 하자. 그러면 $F_0 = 10{,}000 \times (1 + 0.1)^1 = 11{,}000$원이다. 만일 선물가격이 12,000원이라면 차익거래를 통해 아무런 위험부담 없이 1,000원의 수익을 얻을 수 있다. 즉, 차입하여 A회사 주식 1주를 매입하고 선물 1계약을 매도함으로써 만기 시 주가(S_T)가 어떻게 결정되어도 1,000원의 거래차익을 얻을 수 있다.

다음은 주가지수선물을 이용한 헤지거래를 살펴보자. 대학재정 관리인인 갑은 KOSPI200 지수펀드에 대학자금 100억 원을 투자했다고 하자[12]. 무위험 이자율은 연 10%다. 2월 2일 현재 KOSPI200 지수는 100이고 갑은 한 달 이후 주가하락을 우려하고 있다. 3월 10일 만기인 KOSPI200 균형선물가격은 만기까지 기간(37일)을 고려한 이자율을 적용하면 101.0137[13]이다. 주가지수선물을 이용한 헤지거래는 다음과 같고 결과는 표 10-7에 정리되어 있다.

갑은 미래의 현물가격 하락에 대비해 선물을 매도한다. 매도계약 수는 주가지수 포인트당 50만 원으로 하면 100억 원/(100×50만 원)=200계약이다. 갑의 예상대로 3월 10일 주가지수가 10% 하락했다고 가정한 헤지 결과는 다음과 같다. 여기서는 완전 헤지를 구성했고 균형선물가격에 의해 차익실현의 기회가 없기 때문에 주가지수가 어떻게 변하든 결과는 동일하다.

12) 박정식, 박종원(2005), '현대투자론'에서 발췌한 내용을 예시하여 설명

13) $100 \times \left(1 + 0.1 \times \frac{37}{365}\right) = 101.0137$

표 10-7 선물을 이용한 완전헤지 거래

일 자	현물시장	선물시장
2월 2일	보유주식시가 총액 : 100억 원	선물 200계약 매도(선물가격=101.37)
3월 10일	주가 10% 하락 : 90억 원	선물 200계약 청산(KOSPI 200지수 : 90)
손 익	90−100=−10억 원	(101.0137−90)×50×200 계약=11억 137만 원
결 과		1억 137만 원

1억 137만 원은 100억 원$\times 0.1 \times \dfrac{37}{365}$=1억 173만 원으로 계산된다. 따라서 현재 자산보유시가 총액 100억 원에 대한 기회비용에 불과하므로 사실상 현재의 자산 가치를 보유하는 셈이다.

② 콜옵션

옵션이란 미리 정해진 가격으로 정해진 기간에 특정 자산을 사거나 팔 수 있는 권리를 말한다. 미리 정해진 행사가격으로 살 수 있는 권리를 콜옵션(call option), 팔 수 있는 권리를 풋옵션(put option)이라 한다. 옵션은 일종의 조건부 청구권으로 선물거래와 달리 자신에게 불리하면 권리를 행사하지 않을 수 있다. 옵션은 자신에게 유리할 때 행사하여 경제적 이득을 얻을 수 있는 권리이므로 이에 대한 가격(옵션 프리미엄)을 지불해야 한다. 옵션은 위험을 헤지할 수 있는 보험기능과 적은 금액을 가지고 투자하여 큰 수익을 얻을 수 있는 레버리지(leverage)기능을 가진다.

여기서는 간단한 이항모형을 이용해 콜옵션의 균형가격결정 원리에 대해 설명한다. 현재 주가(기초자산)를 S, 확률 p로 만기시점에 주가가 U로 상승하거나, $(1-p)$의 확률로 D로 하락한다고 가정하자. 콜옵션을 행사하는 행사가격을 K라고 하고 무위험 이자율을 r_f라 하면 다음과 같이 상황별 콜옵션의 가치(C, C_U, C_D)를 정리하여 구할 수 있다.

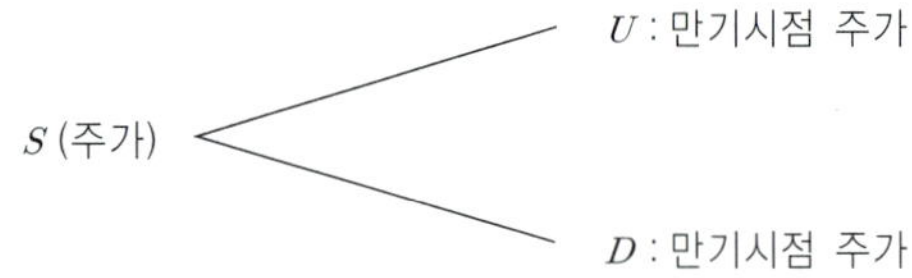

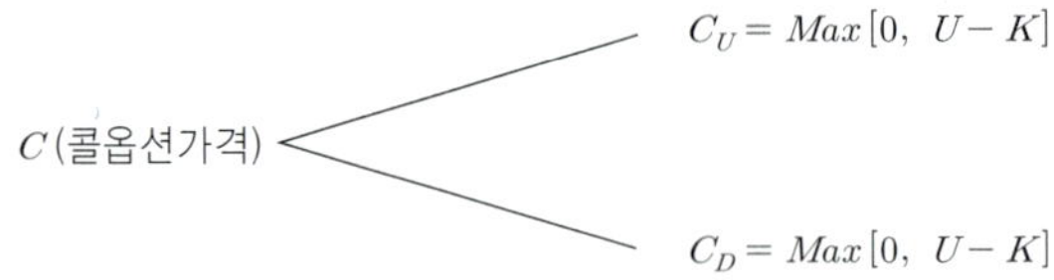

NOTE 10-3

● 옵션의 보험기능

삼성전자주식 1주를 가진 투자자가 향후 주가가 하락할 것을 걱정하고 있다고 하자. 어떻게 하면 주가하락 시 손해를 일정범위로 묶어놓고 상승 시에는 이득을 그대로 실현할 수 있는 방법이 있을까? 방법은 삼성전자 1주와 더불어 풋옵션 1단위를 구입하는 투자전략을 세우면 가능하다. 삼성전자주식의 현재가가 50만 원이라고 하자. 그리고 삼성전자 주식에 대한 일정시점에서의 행사가격이 50만 원인 풋옵션 1단위가 현재 2만 원에 거래되고 있다고 하자. 이 경우 투자자가 풋옵션을 1단위 매입하면 목적이 달성된다. 주가변동에 따른 옵션만기일의 투자성과는 다음 표와 같다.

(단위 : 만 원)

삼성전자주가	35	40	45	50	55	60	65
풋옵션 가치	15	10	5	0	0	0	0
성 과	50	50	50	50	55	60	65
순성과(성과－2)	48	48	48	48	53	58	63

표에서 보듯이 투자자는 주가가 50만 원 이하일 경우에는 포트폴리오 가치를 풋옵션의 행사가격 수준으로 유지하며, 주가가 상승하여 50만 원 이상일 경우에는 주가가 오른 가치를 포트폴리오 가치로 얻는다. 이는 주가가 하락할 경우 투자자가 입을 손실을 풋옵션 행사에 따른 이득으로 상쇄시키고, 주가상승에 따른 이득은 그대로 얻을 수 있게 하기 때문이다. 이 같은 전략을 '방어적 풋 전략'이라 하고 여기서 풋옵션은 주가가 하락할 때 투자자가 입는 손실을 옵션프리미엄으로 제한해 주는 일종의 보험기능을 수행한다.

즉, 풋옵션프리미엄은 일종의 보험료로서 투자손실을 막아주는 보험의 역할을 한다.

- 콜-풋 패리티(call-put parity)

이제 주식 1주와 풋옵션 1단위를 매입함과 동시에 행사가격이 동일한 콜옵션 1단위를 매도하는 포트폴리오를 구성해 보자. 이 포트폴리오는 기초자산인 주식가치의 변동에 관계없이 일정한 가치를 유지하게 한다. 이를 통해 콜옵션과 풋옵션의 균형관계를 설명할 수 있다.

현재 주가 S_0, 만기 시 주가 S_T, 행사가격 K, 콜옵션 가격 C, 풋옵션 가격을 P 라 하자. 상황에 따라 만기 시의 미래가치는 다음과 표와 같이 행사가격(K)으로 일정하다.

포트폴리오	현재가치	만기 시의 상황별 미래가치	
		$S_T < K$	$S_T \geq K$
주식1주 매입 풋옵션 매입 콜옵션 매도	S_0 P $-C$	S_T $K-S_T$ 0	S_T 0 $-(S_T-K)$
포트폴리오 가치	S_0+P-C	K	K

포트폴리오의 현재가치와 미래가치가 일치하기 위해서는

$S_0+P-C=\dfrac{K}{(1+r_f)^T}$ $\rightarrow$ $P=C-S_0+K(1+r_f)^{-T}$가 성립한다.

이 공식을 콜-풋 패리티(등가)식이라 한다.

옵션의 보험기능에서 풋옵션의 균형가격을 2만 원으로 가정했다. 여기에 기간은 1년, 무위험 이자율을 10%로 가정하자. 콜-풋 패리티에 의하면 콜옵션의 균형가격은 다음과 같다.

$$C=P+S_0-K(1+r_f)^{-T}=2+50-50(1+0.1)^{-1}\approx 6.55\text{만 원}$$

요약하면 삼성전자주식 1단위와 삼성전자주식에 대한 풋옵션 1단위를 매입하고, 행사가격이 동일한 콜옵션 1단위를 매도하면 현금흐름의 미래가치가 삼성전자주식에 대한 행사가격 50만 원에 고정된다.

이와 같이 기초자산에 여러 가지 옵션과 선물을 적절히 결합시키면 다양한 투자패턴을 만들 수 있다. 즉, 여러 투자자가 원하는 투자수익과 위험을 제공하는 다양한 포트폴리오를 설계할 수 있는데, 이를 금융공학(financial engineering)이라 한다.

대체투자 전략으로 주식 1주를 매입하고 콜옵션 m단위(콜옵션가격 C)를 매도하는 포트폴리오 현금흐름을 다음과 같이 구성하자.

현재가치	만기 시 가치
$S-mC$	주가상승 시($U-mC_U$)
	주가하락 시($D-mC_D$)

현재 투자시점에서 현금흐름의 가치는 주식 1단위 가격에서 m단위의 콜옵션 프리미엄을 수령한 값을 뺀 것이다. 만기 시 현금흐름이 주가변동과 상관없이 동일하려면, $U-mC_U=D-mC_D$가 성립해야 한다. 이를 정리하면 매도해야 할 콜옵션 단위 m을 다음과 같이 도출할 수 있다.

$$m=\frac{U-D(\text{주식가격 변동분})}{C_U-C_D(\text{옵션프리미엄 변동분})}$$

다음, 현재가치와 만기 시 미래가치가 동일하게 하면 차익기회를 제거한 균형옵션가격을 아래의 수식에서 구할 수 있다.

$$(S-mC)(1+r_f)=U-mC_U=D-mC_D$$

$$C=\frac{1}{m}\left(S-\frac{U-mC_U}{1+r_f}\right)$$

이항모형에서는 주가상승이나 하락과 관련된 확률은 콜옵션균형가격의 결정에 전혀 영향을 미치지 못한다. 구체적인 숫자를 가지고 콜옵션균형가격을 도출하자. 현재 주가가 1만 원인 어떤 주식이 1년 후 50% 확률로 12,000원으로 상승하거나 50% 확률로 9,000원으로 하락한다고 가정하자. 만기(1년) 시 행사가격(K)은 1만 원, 무위험 이자율(r_f)은 연 10%라 하자. 이런 투자정보를 가지고 차익기회가 없는 콜옵션균형가격을 구하는 과정은 다음과 같다.

먼저 주식 1주를 매입하고 동시에 m단위의 콜옵션을 매도하는 헤지 포트폴리오를 구성한다. 그러면 현시점에서 현금흐름은 $10-mC$(단위 : 천 원)이다. 만기시점에서 주가상승 시 현금흐름은 $12-mC_U$이고 주가하락 시 현금흐름은 $9-mC_D$이다. 그런데 만기시점의 옵션가치는 $C_U=2$, $C_D=0$(주식가격이 행사가격 이하이면 옵션가치는 0)이다. 따라서 주가변동과 상관없이 만기 시 현금흐름을 같게 하려면 $12-2m=9 \rightarrow m=1.5$이다. 즉, 1주를 매입하고 콜옵션 1.5단위를 매도하면 만기시점에서의 현금흐름은 주가변동과 상관없이 동일하다.

다음으로 현시점에서의 현금흐름과 만기시점에서의 현금흐름이 동일하도록 미래가치로 통일하면 $(10-1.5C)\times 1.1=9 \rightarrow C=1.212$천 원, 즉 콜옵션의 시장균형가격은 1,212원이다. 앞에서 도출한 옵션균형가격 공식에 대입해도 m, C 값은 다음과 같이 동일하다.

$$m=\frac{12-9}{2-0}=1.5\text{단위} \rightarrow C=\frac{1}{1.5}\left(10-\frac{12-1.5\times 2}{1.1}\right)=1.212\text{천 원}$$

통상 m 또는 $\frac{1}{m}$을 헤지비율(hedge ratio)이라 한다. 주식가격이 기간 중 한 번만 변하지 않고 여러 차례 변한다고 가정해도 계산만 복잡하지 원리는 동일하다. 즉, 최종시점으로부터 최근 시점으로 거꾸로 계산(역진귀납법)하면 콜옵션가격 C를 구할 수 있다. 세분화의 정도를 점차 크게 하면 연속적으로 헤지비율을 조정하는 형태가 된다. 이처럼 일정 기간 동안 기초자산이 연속적으로 변화하는 상황에서 옵션균형가격의 결정에 관한 공식을 제시한 것이 블랙-숄즈모형(Black Scholes Model)이다. 옵션균형가격은 행사가격, 만기, 무위험 이자율 등 여러 요인들에 의해서 결정된다. 무엇보다 기초자산가치의 변동 폭이 클수록 옵션가치가 증가한다. 기초자산의 가치가 크게 변동할 경우 옵션보유자가 입을 수 있는 손실은 프리미엄(옵션가격)으로 한정되지만 이익의 규모는 확대되기 때문이다.

예를 들어, KT와 KAL의 현재주가가 동일하게 5만 원이고 3개월 후 만기인 콜옵션의 행사가격도 5만 원이라 가정하자. 그런데 KT의 주가는 이 기간 동안 20% 상승(6만 원)하거나 하락(4만 원)할 가능성이 각각 50%이고, KAL주가는 100% 상승(10만 원) 또는 100% 하락(0원)할 가능성이 각각 50%라고 하자. KT의 상황별 옵션가치는 50% 확률로 각각 1만 원, 0원이고, KAL의 상황별 옵션가치는 50% 확률로 각각 5만 원, 0원이다. 따라서 만기 시 콜옵션의 기대가치는 KT는

5천 원인데 비해 KAL은 2만 5,000원이다. 이에 따라 시장에서 KAL의 옵션가격이 당연히 더 높게 나타난다.

05 위험이전과 보험

보험은 예기치 않은 사고나 재난으로 인한 경제적 손실을 보전할 목적으로 도입된 제도다. 즉, 분담금(보험료)을 모아 공동재산을 마련하고 사고를 당한 사람에게 약정된 보험금을 지급하는 형식을 취한다. 보험에는 크게 생명보험과 손해보험이 있다. 생명보험은 질병, 사망, 장애 등으로 인해 개인이 소득상실 위험에 처했을 때 보험금을 지급한다. 손해보험은 화재, 도난, 사고 등으로 손해를 입었을 때 보험금을 지급한다.

위험을 관리하는 방법으로는 제4절에서 배운 바와 같이 분산투자를 하는 방법과 보험처럼 위험의 전부 또는 일부를 보험회사에 이전하는 방법이 있다. 보험회사는 동질의 위험을 가진 구성원을 결합하여 인수함으로써 사고발생확률의 정확도를 높일 수 있다. 이를 대수의 법칙(Rule of Large Numbers)이라 한다.

예를 들면, 개개인의 수명은 서로 달라 누가 몇 살에 사망할지는 불분명하나, 많은 사람에 대해서 장기간에 걸친 통계를 살펴보면 인간의 평균수명, 각 연령층에서의 사망자의 비율이 거의 일정한 값에 가까워지는 것을 알 수 있다. 이것을 기초로 해서 보험금과 보험료율을 계산할 수 있다. 따라서 보험이란 동질적인 위험에 처해 있는 다수가 위험의 정도에 따라 보험료를 납부하여 위험을 보험회사에 이전시키고 보험회사는 이러한 위험을 결합하여 손해를 입은 사람에게 보험금을 지급하는 제도이다.

본 절에서는 소비자의 최적보험금 선택과 관련한 내용에 초점을 맞춘다. 먼저, 이론을 분석하기 전에 보험관련 몇 가지 용어를 정의하자. 보험금(B)은 사고 시 보험회사가 가입자에게 지급하는 금액이고, 보험료는 보험가입자가 보험회사에 미리 지불하는 금액이다. 보험료율은 보험료에 대한 보험금의 비율이다. 공정한 보험료는 보험가입자의 재산상 기대치를 변경시키지 않는 보험료를 의미한다.

예를 들어, 화재발생 시 보험금을 1,000만 원 지급하고 화재발생확률이 25%이면 공정한 보험료는 보험금의 기댓값인 1,000×0.25=250만 원이다.

NOTE 10-4

● 위험결합과 대수의 법칙

어떤 사람이 0.2의 확률로 10만 원의 우발적인 손해가 발생한다고 하자. 이와 동일한 위험에 처해 있는 사람들이 2명, 3명으로 증가할 때 이들의 위험을 1인당 2만 원의 보험료를 받고 인수하려고 한다. 그러나 위험을 인수한 보험회사가 오히려 이익 또는 손실 발생의 위험에 처할 수 있다. 보험가입자 1인당 예상손해액의 분포에 대해 다음 표를 완성해 보고 가입자가 증가할 때 이러한 위험(분산)이 줄어든다는 것을 직관적으로 살펴보자.

(1명 가입)

상 황	확 률	1인당 손해액	예상손해액
사고발생	0.2	10	2
무사고	0.8	0	0
	1.0		2

(2명 가입)

상 황	확 률	1인당 손해액	예상손해액
모두 사고발생	0.04	10	0.4
1명만 사고발생	2(0.2×0.8)=0.32	5	1.6
모두 무사고	0.64	0	0
	1.0		2

(3명 가입)

상 황	확 률	1인당 손해액	예상손해액
모두 사고발생	0.2×0.2×0.2=0.008	10	0.08
1명만 사고발생	3(0.2×0.8×0.8)=0.384	10/3	1.28
2명만 사고발생	3(0.2×0.2×0.8)=0.096	20/3	0.64
모두 무사고	0.8×0.8×0.8=0.512	0	0
	1.0		2

모두 사고가 발생하거나 무사고인 극단적인 경우는 보험가입자 수가 증가할수록 그 확률이 크게 감소하는 반면 예상손해액이 2에 가까운 경우의 확률은 증가한다. 보험가입자 수가 많으면 평균손해액은 2이고 분산은 0으로 수렴한다(중심극한정리).

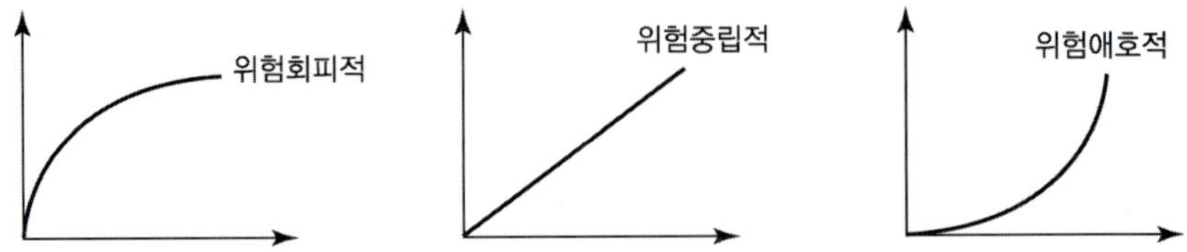

그림 10-5 위험태도별 효용곡선

1) 기대효용함수(expected utility function)

$EU(c)=p_1U(c_1)+p_2U(c_2)$와 같이 발생할 수 있는 각 우발상황($c_i$: contingency)에서의 소비자효용값에 각 확률을 곱해 그 결과를 전부 더한 값을 기대효용함수라 한다. 기대효용을 폰노이만-모르겐타인(von Neuman-Morgen -stein)효용함수라고 하며, 소비자는 폰노이만-모르겐타인의 기대효용을 극대화한다고 가정한다.

그림 10-5와 같이 위험 회피적인 소비자의 기대효용곡선은 소득의 한계효용이 체감하는 효용함수를 가지며 원점에 대하여 오목하다. 위험 중립적인 경우 직선이며 위험 애호적이면 원점에서 볼 때 볼록하다. 위험회피적인 소비자는 현재의 재산 상태에서 재산이 증가할 때 얻을 수 있는 효용의 증가분보다 재산이 감소할 때 효용의 감소분이 더 큰 경우이다. 소득이나 재산이 증가할 때 한계효용이 체감하면 위험회피적이다. 반면에 한계효용이 체증하면 위험애호적이고 일정하면 위험중립적이다.

2) 최적보험금(B)의 선택

어떤 소비가가 w_0원의 재산을 소유하고 있다고 하자. 사고가 발생할 경우 L원의 손해가 발생하고 사고발생확률은 p이다. qB원의 보험료(q=보험료율)를 지불하면 사고발생 시 B원의 보험금을 받는 보험에 가입하려고 한다. 이 소비자는 효용을 극대화하기 위해 얼마만큼의 보험금(B)을 선택할까?

사고발생 시 재산을 w_a, 발생하지 않을 때 재산을 w_n이라면,

$$w_a = w_0 - qB - L + B$$
$$w_n = w_0 - qB$$

기대효용이론에 따라 소비자는 기대효용을 다음과 같이 극대화하는 보험금을 선택한다.

$$\underset{B}{Max}\ EU(w) = pU(w_0 - qB - L + B) + (1-p)U(w_0 - qB)$$

위의 식을 B로 편미분해서 0으로 놓으면 효용극대화 1차 조건을 구할 수 있다. 결과는 $pU'(w_a)(1-q) = (1-p)U'(w_n)q$이며, 이를 정리하면 다음과 같은 조건을 얻는다.

$$\frac{pU'(w_a)}{(1-p)U'(w_n)} = \frac{q}{(1-q)}$$

좌변은 무사고 시와 사고 시 재산에 대한 한계대체율이며 우변은 보험료의 상대가격이다. 좌변에서 사고발생확률과 무사고확률을 곱한 것 말고는 일반적인 효용극대화 균형조건과 동일하다. 공정한 보험료 부과 시 $p = q$이며,
$U'(w_n) = U'(w_a) \rightarrow w_n = w_a$이다.
$w_a = w_0 - qB - L + B,\ w_a = w_0 - qB \rightarrow w_0 - qB - L + B = w_0 - qB \rightarrow L = B$
즉, 사고발생 시 손실전액 보전하는 보험금을 선택하는데 이를 완전보험[14]이라 한다.

간단한 숫자를 가지고 최적보험금의 선택에 대해 분석하자. 위험회피자의 효용함수가 $U = \sqrt{w}$ 인 어떤 소비자가 질병에 걸릴 확률이 10%라고 하자. 이 소비자는 현재 3,000만 원을 보유하고 있으며 질병에 걸릴 경우 치료비로 1,000만 원의 손해를 입는다. 공정한 보험료가 부과된다면 이 소비자가 질병에 걸린다면 얼마(B)를 지급하는 질병보험에 가입하겠는가?

기대효용이론에 따라 소비자는 다음과 같이 기대효용을 극대화하는 보험금을 선택한다.

$$\underset{B}{Max}\ EU(w) = 0.1(3{,}000 - 0.1 \times B - 1{,}000 + B)^{0.5} + 0.9(3{,}000 - 0.1 \times B)^{0.5}$$

14) 공정한 보험료가 부과되면 본문과 같이 소비자는 손실전액을 보전하는 완전보험을 구입한다. 그러나 불공정한 보험료가 부과되면 $q > p$이므로 $U'(w_a) > U'(w_n) \rightarrow w_n > w_a$(소득의 한계효용체감)이다. 이는 완전보험 구입 시에는 사고여부와 관계없이 동일한 재산규모를 유지할 수 있었으나, 보험료가 올라 최적보험금을 완전보험보다 적은 금액에 구입함으로써 사고가 발생하지 않을 때 더 높은 규모의 재산상태가 되도록 한다.

공정보험료가 부과되면 $p=q$이고 위 수식에 대입하면 $U'(w_n)=U'(w_a) \rightarrow w_n=w_a$이다. $3{,}000-0.1\times B-1{,}000+B=3{,}000-0.1\times B \rightarrow B=1{,}000$만 원이고 보험료는 $1{,}000\times 0.1=100$만 원이다. 공정한 보험료가 부과될 경우 소비자는 예상 손해액 1,000만 원 전액을 보장받는 완전보험에 가입하고 어떤 상황에서든 2,900만 원을 확보할 수 있다.

이 소비자는 보험에 가입을 하지 않을 경우,

$$EU=0.1\sqrt{2{,}000}+0.9\sqrt{3{,}000}=53.77$$

보험가입 시, $EU=\sqrt{2{,}900}=53.85$으로 가입 시 기대효용이 더 높다.

3) 확실성 등가와 리스크 프리미엄

기대효용과 동일한 효용을 주는 확실한 소득을 확실성 등가(CE : certainty equivalence)의 소득이라 한다. 리스크 프리미엄(risk premium)은 기대소득과 확실성등가와의 차액을 말한다. 리스크 프리미엄은 기대소득에서 확실성을 확보하는 대가로 지불할 의향이 있는 최대금액이다. 효용함수가 오목할수록 그리고 상황에 따른 소득의 분산이 커질수록 리스크 프리미엄은 커진다. 각각 0.5의 확률로 상황에 따라 100과 200을 받는 권리가 어떤 사람에게 주어졌는데 120이 확실성 등가의 소득이라면 리스크 프리미엄은 150(기대소득)−120(확실성 등가)=30이다. 150의 불확실한 기대소득에서 확실한 소득을 확보하기 위해 최대 30까지 지불할 의향이 있다는 뜻이다.

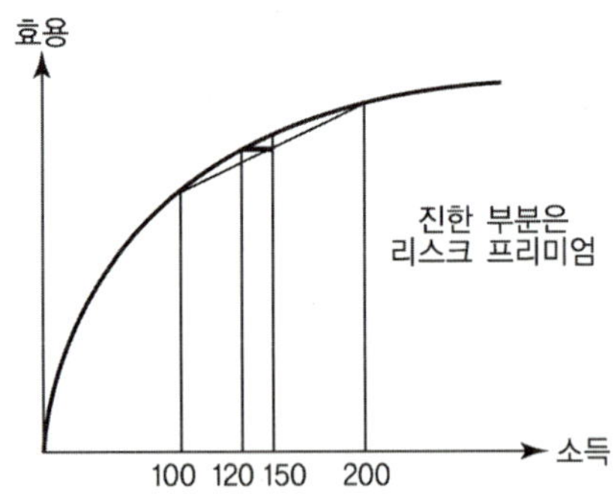

그림 10-6 리스크 프리미엄

투자이론에서 리스크 프리미엄은 위험자산을 보유함으로써 무위험자산의 수익률에 추가적으로 위험자산에 대해 보상받는 수익률을 의미한다. 반면에 보험에서는 위험을 보험회사에 이전함으로써 소비자가 공정보험료에 추가적으로 지불할 의향이 있는 최대 금액이다.

간단한 숫자를 가지고 최대 보험료와 리스크 프리미엄을 구해 보자. 어떤 소비자의 재산은 64인데 화재가 발생할 경우 48만큼 손해가 나며 화재발생 확률은 $\frac{1}{4}$이다. 그리고 이 소비자의 효용함수가 $U=\sqrt{W}$ (W: 재산규모)이라면 이 소비자가 지불할 용의가 있는 최대의 보험료와 리스크 프리미엄을 구해 보자.

화재발생이 불확실한 상황에서 소비자의 기대효용은 $EU=\frac{1}{4}\times\sqrt{16}+\frac{3}{4}\times\sqrt{64}=7$이다. 기대효용(7)을 만족하는 확실한 소득은 49($7=\sqrt{W}\rightarrow W=49$)이다. 따라서 지불의향이 있는 최대 보험료는 64－49＝15이다. 리스크 프리미엄은 기대소득 52($16\times\frac{1}{4}+64\times\frac{3}{4}=52$)에서 확실성 등가 49를 뺀 3이다. 보험회사에서는 실무상 공정보험료를 순수보험료로 리스크 프리미엄을 부가보험료라고 부른다.

따라서 총보험료＝순수보험료＋부가보험료이다.

공정보험료(순수보험료)는 48(손해금액)$\times\frac{1}{4}$(화재발생확률)＝12이며, 리스크 프리미엄(부가보험료) 3을 합하여 보험회사는 최대 15만큼의 보험료를 받을 수 있다. 화재발생확률이 정확하다면 공정보험료는 화재발생 시 지출되는 보험금으로 모두 소진된다. 보험회사는 보험가입자로부터 받은 리스크 프리미엄을 가지고 시설관리비, 보험설계사의 모집수당, 직원월급 등 사업비로 지출하고 보험회사가 영업을 위해 투자한 자본금에 대한 적절한 수익을 확보할 수 있다.

요약하면 수요측면에서 위험회피적인 소비자만이 보험에 가입하며 리스크 프리미엄을 제공할 의향이 있다. 공급측면에서 보험회사는 대수의 법칙에 따라 위험수용을 할 수 있으며 소비자로부터 리스크 프리미엄을 받아 사업비에 충당하고 자본금에 대한 적절한 수익을 얻을 수 있다.

쉬어가기

〉〉〉 위험회피자와 도박

위험회피적인 소비자만이 보험에 가입한다면 이런 소비자는 도박에 절대 참여하지 않겠는가? 아주 유리한 도박에는 참여할 수 있다. 다음의 예를 가지고 분석하자. 동전의 앞면이 나오면 내기에 건 금액을 잃고 뒷면이 나오면 건 금액의 2배를 얻어 받는 경우 도박에 참여하는지를 살펴보자. 이 소비자는 현재 10만 원을 가지고 있다.

이 소비자의 효용함수가 $U(w)=\sqrt{w}$ 라면 내기에 얼마의 금액(x)을 걸겠는가?

$$Max\ EU=\frac{1}{2}\sqrt{w_b}+\frac{1}{2}\sqrt{w_g}$$

단, $w_g=10+2x$: 도박에서 돈을 딴 경우

$w_b=10-x$: 도박에서 돈을 잃은 경우

w_g, w_b에서 x를 제거하면

$s.t.\ \ 2w_b+w_g=30$

$$MRS_{w_g w_b}=\frac{\sqrt{w_b}}{\sqrt{w_g}}=2 \rightarrow w_b=5,\ w_g=20,\ 5=10-x \rightarrow x=5\text{만 원}$$

즉, 5만 원을 내기에 건다. 동전의 뒷면이 나올 확률은 50%인데 뒷면이 나오면 건 돈의 3배를 받으니 아무리 위험회피적인 소비자라도 이렇게 유리한 도박에는 참여할 만하다.

자료 : 임봉욱(2008), '미시경제학연습 II'에서 발췌하여 정리

Chapter

11 소비자경제와 교육

01 소비자교육의 개관

1) 소비자교육의 필요성

세계화, 정보화, 고령화, 녹색성장, 수요자 중심으로의 힘의 이동 등으로 대표되는 경제·사회 패러다임의 급격한 변화는 개개인의 소비역량의 크기가 개인의 재무상황뿐이 아닌, 국가의 경제적 성패를 좌우하는 시대로의 전환을 가져왔다. 특히 소비자문제와 관련하여서는 기존의 소비자문제에 새로운 유형의 소비자문제가 더해지면서, 문제해결방식도 소비자보호의 측면에서 소비자의 권리와 주권을 소비자가 스스로 수호하는 방향으로 전환되었다. 이러한 환경하에서 건전한 소비생활을 통한 국민경제의 건강한 발전을 위해서는 소비자가 가지고 있는 가장 커다란 힘이라 할 수 있는 '선택의 힘'을 이용하는 것이 가장 효과적이다.

소비자가 선택의 힘을 발휘하기 위해서는 합리적이고 현명한 선택이 전제되어야 한다. 이를 위해서는 먼저 소비자가 필요한 정보에 접근할 수 있는 능력이 필요하고, 그렇게 접근한 정보 중 현명한 판단을 내리는 데 유용한, 정확하고 가치있는 정보를 가려낼 수 있는 능력이 필요하다. 이러한 능력을 함양하기 위해 소비자들에게 선행되어야 할 것은 소비자교육일 것이다. 소비자교육은 올바른 선택을 위한 소비자정보의 처리능력 함양이라는 목적 외에도 장기적 관점에서 중요한 의

의가 있다. 즉, 소비자의 합리적인 소비생활은 경제·사회 전체의 발전을 위한 초석이기 때문에, 건전한 경제·사회의 발전을 위한 시민교육의 일환으로서 소비자교육의 필요성이 강조되고 있는 것이다.

이러한 소비자교육에 대한 정의는 미국을 중심으로 다양하게 제시되어 왔다. 먼저 미국 소비자교육위원회(U.S. Office of Education)에 의하면 소비자교육은 소비자 개인이 가치관, 시장 대체안의 인식 및 사회적, 경제적, 생태적인 면을 고려하여 소비자가 합리적이고 현명한 의사결정을 할 수 있도록 이해, 태도 기능을 전함으로써 시장 참여 또는 공적, 사적 자원의 사용을 포함한 상황에 대한 준비를 시키는 노력이라고 정의하였다. 또한 소비자이익 대통령 자문위원회(The President's Committee on Consumer Interests)는 개인으로 하여금 자신의 가치체계 내에서 자원을 최대한으로 이용할 수 있도록 하며, 만족을 얻을 수 있도록 하기 위하여 일상생활에서 요구되는 기능, 개념, 이해에 대한 준비를 시키는 것으로 소비자교육을 정의내리기도 하였다.

소비자학자인 Jacobsen은 소비자교육은 동태적인 사회에 있어서 소비자로서의 역할을 이해하고 일반적인 역할에 포함되는 여러 종류의 책임을 수행할 수 있는 개인적 능력을 가질 수 있는 기초를 쌓게 하는 것으로 정의하였다.

한국에서도 소비자학자들을 중심으로 소비자교육에 대한 정의가 다양하게 제시되었다. 먼저 이기춘(1985)에 의하면 소비자교육은 개인이 소비자로서의 다양한 역할을 수행하기 위하여 필요로 하는 소비자능력(consumer competency)을 개발할 수 있도록 도와주는 것이라 하였고, 천규승(2009)은 소비자로 하여금 현명하고 이성적인 구매자가 되도록 함으로써 합리적인 소비생활을 이룰 수 있도록 도와주는 과정으로, 구체적으로는 개개인이 올바른 지식과 정보로 현명한 소비생활을 꾸려갈 수 있도록 도와줌으로써 생애 전 과정에 걸친 재정적 안정을 도모함과 동시에 국민경제의 안정을 꾀하려는 교육을 의미하는 것으로 소비자교육을 정의하기도 하였다.

마지막으로 한국소비자원은 소비자교육이란 소비자가 개인적·사회적 존재로서 자아를 실현할 수 있도록 소비자능력, 즉 소비자역할을 효과적·효율적으로 수행하기 위해 필요한 소비자 지식·태도·기능을 개발시켜 주는 것이라 정의하였다.

이상의 정의에서 보듯 소비자교육은 그 범위가 상당히 넓고 목적 또한 매우 다양하다. 박혜경(1990)은 소비자교육이 소비자의 소비생활에 필요한 원리, 이해력,

기능을 갖게 해주며 끊임없이 쏟아져 나오는 소비자정보의 취급을 체계화시켜 주고, 개인으로 하여금 생활의 경험을 미래에 적용할 수 있는 원리로 변화시키도록 도와준다고 밝힘으로써 그 의의 및 필요성을 역설한 바 있다. 결국 소비자교육은 합리적이고 지속가능한 경제생활 영위를 위한 소비자 혹은 시민의 능력을 향상시킨다는 의미와 동시에, 소비자 전문가를 양성하여 이들이 경제·사회의 환경변화에 부응하는 소비자 중심의 건전한 시장형성에 기여하게 함으로써 국민생활의 질적 향상과 나아가서는 국가경제의 건전한 발전을 도모할 수 있다는 데에 그 의의가 있다고 하겠다.

2) 소비자교육의 내용

소비자교육은 학계와 각종 민·관 기관에 의해 그 중요성이 다양하게 제시되고 있다. 소비자교육을 통해 우리 사회가 이루고자 하는 목표는 다음과 같다. 먼저 소비자로서 상품과 서비스 구입을 위한 합리적인 의사결정을 하는 능력을 기르는 것, 둘째, 소비생활을 향상시키기 위한 합리적인 방법을 터득하는 것, 셋째, 경제 사회 전체에서의 소비 및 소비자의 의의를 자각시키는 것이다. 여기에 한국소비자원은 디지털경제시대에 걸맞는 새로운 소비자상의 양성이라는 목표를 덧붙임으로써 최근 경제·사회 환경변화에 부응하는 교육목표를 내세우고 있다.

한국소비자원이 언급한 새로운 소비자란 '자주적이고 책임감 있고 정보화된 소비자'로서 각 교육기관은 이러한 소비자교육의 목적에 걸맞는 소비자교육 콘텐츠를 교육 내용으로 제시하고 있다. 그 주요 내용은 소비생활의 기본을 이해하고, 자신의 가치세계를 인식·발전시키며, 자신의 처지를 기반으로 사회적·경제적·생태 상황을 고려하여 합리적 의사결정을 내리도록 돕고, 소비자권리와 책임을 이해하고 소비자시민의 역할을 잘 수행하여 새로운 소비문화를 형성해 나가도록 하는 것이다.

한편 미국에서 소비자교육에 대한 연구가 활발하게 진행된 시기는 1970년대 전후로 볼 수 있다. 특히 미국 소비자교육지원센터(NECC : National Institute on Consumer Education)를 중심으로 다양한 소비자교육 콘텐츠가 제시되기 시작하였다. 1970년대 이후에는 총괄적인 내용에서 좀 더 세분화된 소비자교육의 내용 및 범주에 관한 연구가 활발하게 진행되었다. 이러한 연구들 중 소비자교육 내용을 구체적으로 분류하고 명료화시킨 대표적 연구로는 Bannister와 Monsma(1980)의 연구를 들 수 있다. 이들은 주제개념을 크게 의사결정(소비자 의사결정에 영향을 미치는 외적 요인, 개인적 요인, 의사결정과정), 자원관리(재무계획, 구매, 보존), 시민참여(소비자보호, 소비자옹호)로 나누고, 이 세 가지 개념을 다시 매우 세분화된 36개의 하위개념으로 분류하여 소비자교육의 기틀을 마련하였다.

우리나라에서 소비자교육에 대한 관심이 고조된 시기는 1980년대 이후이다. 특히 정부정책에 소비자교육강화와 관련된 내용이 포함된 것은 1990년대 후반 이후로, 소비자정책에서 소비자교육강화를 직접적으로 명시하는 등, 그 중요성이 강조되고 있는 상황이다. 특히 우리나라는 한국소비자원, 한국소비자교육지원센터, 한국소비자정책·교육학회 등에서 소비자교육과 관련된 연구 및 지원, 관련 교육의 시행 등을 주도하고 있다.

우리나라도 소비자교육의 내용 및 범주에 관한 연구가 많이 수행되었는데, 특히 1990년대 후반 이후 다수 나타나기 시작하였다. 대표적으로 이기춘(1999)이 소비자환경교육, 소비자안전교육, 소비자재무교육, 소비자정보화교육 등 크게 4개 영역으로 소비자교육의 교육 내용을 제시하였으며, 김시월(2001)은 소비자의 가계경제영역, 소비자의사결정 및 구매영역, 소비자정보영역, 소비자권리 및 보호영역, 소비자처분 및 환경 영역 등 크게 5개의 영역으로 소비자교육 내용을 구분하고 이에 따른 세부 하위 영역을 보여 줌으로써 소비자교육의 기틀을 잡았다고 할 수 있다.

표 11-1 소비자교육의 내용

구 분	내 용
소비생활의 기본을 이해	• 기본지식과 이해를 터득 • 비판의 눈을 가지고 가치체계를 발전
합리적 의사결정과 기술개발	• 지식·이해·가치를 바탕으로 합리적 의사결정능력 터득 • 합리적 의사결정 반복을 통해 다양한 생활기술을 개발·적용
새로운 소비문화 형성	• 소비자권리와 책임을 이해 • 문제해결을 위해 법과 제도를 적용 • 자신만의 라이프스타일을 정립 • 소비자시민으로서 각종 경제·사회·정치에 참여

자료 : 한국소비자원

소비자교육의 내용 범주는 가치관 교육, 자원관리 교육, 합리적 구매교육, 소비자 시민교육으로 분류할 수 있다. 먼저 가치관 교육이란 소비행위의 기저에 놓이게 되는 가치의 문제를 따져보고, 소비의 사회적, 생태학적 결과를 이해하여 바람직한 소비가치를 형성함으로써 경제사회 전체 내에서의 소비의 의의를 자각시키는 것이다.

둘째, 자원관리 교육이란 소비생활과 관련된 경제원칙을 이해하고, 구체적인 금전관리 기법을 터득함으로써 소비생활의 합리적인 관리방법을 터득하는 것을 의미한다. 셋째, 합리적 구매교육이란 상품 및 서비스에 대한 다양한 지식 습득을 함으로써 특정한 소비행위의 의사결정 시 무엇을 따져보고 유념해서 결정을 내리는 것이 가장 합리적인지 그 의사결정능력을 배양시키는 교육이다.

마지막으로 소비자 시민교육은 소비자의 역할과 권리 및 책임을 인식하고, 소비자문제 해결방법에 대한 지식 습득을 통해 경제사회 전체 내에서의 소비자의 의의를 자각하여 소비자문제 발생 시 사회적 차원에서의 적극적인 해결을 꾀함으로써 시민사회 구성원으로서의 책임을 다할 수 있도록 하는 것을 의미한다.

3) 소비자교육과 경제교육

(1) 경제교육의 개관

경제교육에 대한 가장 협의의 정의는 초·중교에 있어서의 사회과교육의 일부분인 경제학에 대한 교육이라는 것이다. 이를 넓게 확장하면 학교 밖 교육에 있어서의 경제학교육을 의미하기도 한다. 교육연구대백과(Encyclopedia of Educational Research)에 따르면 일상의 경제생활에서 부딪히는 경제문제를 해결하기 위한 경제적 의식 함양 및 재화, 용역, 자원의 합리적 선택결정 방안의 탐구를 경제교육의 요체로 보기도 한다. 또한 경제생활과 관련된 경제적 이해 및 그 적용능력의 함양을 경제교육이라고 보고 있기도 하다. 이러한 내용을 정리하자면 경제교육이란 경제생활과 관련된 교육으로서, 경제활동에 대한 기초적인 인식 및 경제문제 처리에 있어 경제학적 사고능력을 육성하는 교육을 뜻하는 것으로 정의할 수 있다.

미국에서는 1800년대 후반부터 이미 경제교육의 중요성이 주장되어 왔다. Patten(1890)과 Clow(1899)은 중·고등학교 경제교육의 중요성을 주장하였고, 이후 미국경제학회(1944)에서는 경제학·경제학자를 교육시키기 위한 위원회가 구성되기도 하였다.

경제교육이 학교교육으로 처음으로 등장한 것은 1913년 뉴욕시의 교육위원회에서 모든 고등학생에게 한 학기씩 경제교육을 이수하게 함으로써 사회과교육의 일환으로 시행한 것이다. 미국은 제2차 세계대전 이후 미국식 시장경제 시스템을 여러 국가들에 정착시키기 위한 수단으로 경제교육의 확대를 주장하여 꾸준히 경제교육의 장을 넓혀 왔다. 대표적으로 경제교육협의회(CEE : The Council forEco-nomic Education)는 경제교육과 관련한 다양한 학습 자료를 개발하여 각 학교에 보급함으로써 학교에서의 경제교육을 강화해 오고 있다. 최근에는 1920년대 말 대공황사태 이후 최대의 경제위기에 직면하게 되어, 경제교육의 방향이 좀 더 현실적인 금융경제교육 쪽이 중시되는 방향으로 변화하고 있는 추세이다.

미국의 경우와 마찬가지로 한국에서도 한국경제교육학회, 한국사회과교육학회, 한국개발연구원(KDI) 등이 주축이 되어 중·고등학교 경제학 교육에 대한 연구를 진행해 오고 있다. 특히 한국경제학회는 경제학교육위원회의 심포지엄의 개최 등을 통하여 경제교육의 중요성을 제기하였다. 최근에는 외환위기 이후 합리적인 의사결정의 중요성에 대한 인식이 팽배해져 민·관의 기관, 단체 등에 의한 경제교육의 중요성이 더욱 강조되고 있다. 그러나 구체적인 교육법이나 교구 등에 대한 연구는 여전히 부족한 실정이다.

경제교육은 경제생활을 통하여 효과적인 의사결정을 하게 함으로써 책임있는 시민으로서의 역할을 다하게 하는 것이 주목적이지만, 미국경제교육 T-F팀(National Task Force on Economic Education)의 보고서, 일본의 정치·경제교육의 목적 등에 의하면 경제교육의 목적은 기본적으로 합리적인 자원배분을 통한 경제생활 관련 문제의 해결이라고 할 수 있다. 이와 동시에 경제적인 지식과 더불어 경제학적 사고방법 및 과정의 학습, 민주사회의 시민으로서의 역할인지 등 경제 논리적 측면을 부각시키는 것도 목표로 하고 있다.

경제교육은 그 내용에 있어 경제학적이라는 측면과 교육학적 측면을 동시에 지니며, 시민의 경제생활이 그 주된 관심사로서, 정치, 사회, 문화 등이 통합적으로 작용하는 인간의 사회생활의 일면을 다룬다는 점에서 여타 사회과학 분야와 병행하여 학습될 필요성을 가진다.

또한 경제교육은 민주시민교육의 일부로 파악할 수 있는데, 즉 경제의식의 고양과 더불어 경제적 능력을 함양함으로써 합리적인 경제생활을 정착시키고, 선거 등의 방법을 통하여 국가의 각종 경제활동에 참여토록 함으로써 시민의식을 고취시키는 것을 목표로 한다. 이러한 목표를 효과적으로 달성하기 위한 경제교육의 내용은 경제학적 사고를 가능하도록 하는 지식적 측면과 개인이 민주시민으로서의 생활과 사회적 요구에 부응하도록 학습시키는 정의적 측면을 중심으로 구성된다.

표 11-2 미국의 주요 경제교육기관 현황

기 관	내 용
전국경제교육협의회 (NCEE)	• 1949년 설립 • 경제교육을 통한 국민의 이해력 향상을 위한 대표기관 • 경제교육캠페인 실시 및 전국교사상 선정
주 교육부	• 주별 교육행정의 주무관청
Junior Achievement	• 1919년 설립 • 청소년들의 자유기업체계에 대한 이해를 촉진시키기 위한 경제교육관련 비영리단체
전국소비자교육연구소 (NICE)	• 1973년 설립 • 개인 금융분야의 교육·훈련·연구를 통한 일반인의 의사결정능력 배양을 위한 연구교육기관

자료 : 김은정(2009)

표 11-3 한국의 주요 경제교육기관 현황

기 관	내 용
(사)한국경제교육협회	• 2008년 9월 설립 • 미진한 학교 안팎의 경제교육을 개선하기 위하여 설립 • 각종 연구 및 평가, 교재개발 등의 활동을 하며, 각 지역별 경제교육센터를 두어 교육 시행
한국개발연구원(KDI)	• 2005년 12월부터 경제교육 홈페이지 운영 • 종합정책연구기관인 KDI 주도하에 학교경제교육, 교사교육, 사회인교육 등을 수행 • 클릭경제교실 등의 정기간행물 발행
JA코리아 (Junior Achievement Korea)	• 2002년 한국지부 설립 • 청소년을 대상으로 한 경제교육 비영리단체 • JA worldwide에서 개발한 교육자료를 한국에 맞게 재구성하여 자원봉사자의 지원을 받아 무료교육 시행
한국은행	• 국민의 경제에 대한 이해를 고취시키기 위한 목적으로 경제교육 실시 • 청소년·일반인 경제강좌, 한은금요강좌 등 경제강좌 운영, 사이버 경제교육 실시

(2) 소비자교육과 경제교육의 관계

이상에서 살펴본 바와 같이 소비자교육과 경제교육은 서로 각자의 고유영역을 가진다. 특히 각각의 교육목적을 통하여 구분이 가능하다. 소비자교육이 개개인의 합리적 소비생활을 통한 경제의 건전한 발전을 목표로 한다면, 경제교육은 합리적 자원배분을 통한 경제의 건전한 발전을 목표로 한다. 그러나 건전한 경제사회를 구성하는 민주시민을 양성하고자 하는 교육이라는 공통된 목적을 지니고 있기 때문에 경제교육이 소비자교육의 하위분야인가, 그 반대인가, 아니면 병렬적 관계인가에 대하여 학자들 간 시각을 달리한다. 단순 학술적 의미에서 보면 경제를 구성하는 주체의 일부로서 소비자가 존재하기 때문에 경제 전체를 그 내용으로 하고 있는 경제교육이 소비자교육의 상위개념으로 파악되기도 한다. 그러나 학교 및 사회교육 영역에 있어서는 모든 교육이 시민으로서의 능력향상을 강조한다는 측면에서 경제교육을 소비자교육의 차원에서 다루는 것이 바람직하다는 시각도 있다.

소비자교육이 경제학의 하위 개념인 소비자의 역할에 대한 단순 연구라면 경제교육과의 관계는 매우 간단하게 정립될 수 있을 것이다. 그러나 소비자교육의 본질은 경제학에서 가르치는 개념들이 실제생활 속에서 어떻게 관련을 맺고, 어떻게 적용되는가에 주안점을 둔다는 점에서 경제교육과 차별된다. 시민교육으로서의 경제교육이 아닌, 학교 교육과정에서의 경제교육은 경제학의 기본 개념을 기초로 하여 경제학적 사고방식을 기르는 데 주안점을 두고 있다. 또한 우리가 직면하게 될 개인적 차원의 경제문제뿐만 아니라 국민 경제 전체적인 차원의 문제에 이르기까지 우리의 경제문제를 이해하고 해결할 수 있는 민주시민의 양성을 목적으로 하고 있다.

소비자교육은 개인의 소비생활에 대한 교육뿐 아니라, 소비가 경제사회 속에서 어떻게 이루어지고 있는지, 개인의 소비가 사회에 어떠한 영향을 주고받는지 등을 주요 내용으로 한다. 따라서 경제교육이 경제학 전문가를 통하여 행해지는 학문적 교육이 아닌, 학교 및 사회교육 차원에서 행해질 경우에는 소비자교육의 범위 안에 포함시켜 교육을 하는 것이 효과적이라는 시각도 있다. 단, 이 경우에도 소비자교육의 범주에 경제교육이 속한다는 의미가 아니라 소비자교육의 일환으로서 경제교육을 행하는 것이 효과적 교육방법이 될 수 있음을 의미하는 것이다.

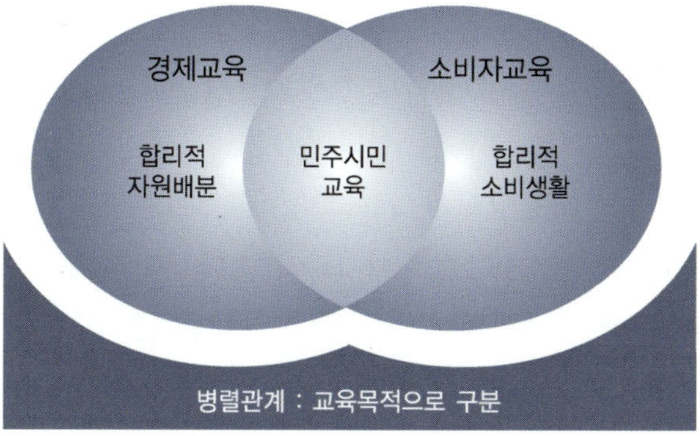

그림 11-1 소비자교육과 경제교육의 관계

결국 경제교육과 소비자교육의 관계에 대한 가장 보편적이고 일반적인 시각은 경제교육과 소비자교육은 공통된 목표를 가질 뿐 아니라 각자 고유한 영역을 포함하고 있는 병렬적 관계로 보는 것이다.

02 우리나라의 소비자교육

1) 소비자교육의 전개[1)]

(1) 시발기(1980년대 이전) : 소비자교육에 대한 인식 시작

우리나라에서 소비자와 관련된 인식이 고조되기 시작한 시기는 1970년대 이후로 보는 것이 일반적이다. 전후 피폐했던 경제상황하에서는 경제의 양적 성장이 경제정책의 당면과제였기 때문이다. 정부 주도하의 경제성장이 어느 정도 성과를 거두었다고 판단되는 1970년대 후반 제3차 경제개발 5개년 계획이 종료된 시점에서는 드디어 생산자 위주의 사회적 시각이 소비와 소비자로 조금씩 이동하였다. 또한 물가정책과 맞물린 가격에 있어서의 소비자문제가 사회적 문제로 관심을 끌기 시작하면서 소비자문제가 사회문제로 이슈화되고 소비자교육에 대한 관심이 증가하였다.

이에 여성단체연합회, 대한주부교실중앙회, 주부클럽연합회 등 주부, 여성단체 주도하에 소비자운동이 전개되면서 소비자교육 프로그램을 실시하기 시작하였다.

1) 한국소비자원(2002), 소비자교육 종합발전계획에서 발췌 정리함

그러나 아직 사회·경제적으로 자원이 부족했을 뿐만 아니라 소비자교육에 대한 사회인식이 경직되어 있었고, 전체적인 사회분위기 또한 매우 억압적이었기 때문에 그 목표를 달성하기에는 부족한 실정이었다.

학교교육의 경우 중·고등학교의 교육과정에 소비자교육이 포함되어 가정과, 사회과, 상업과 등에서 부분적으로 소비자교육이 다루어졌으나, 질적인 부분은 물론이고, 양적으로도 매우 빈약하고 그 내용도 경제이론에 편향되어 있었다.

(2) 성립기(1980년대) : 학교 및 사회에서 소비자교육 시작

이후 1980년대 초 소비자보호법이 시행되면서 국내에서 소비자관련 운동 및 활동 등이 그 근거를 갖게 되었다. 이에 각종 소비자단체 및 정부 주도하에 소비자교육이 시작되게 되었는데, 특히 학교교육에 있어서 중·고등학교의 교육과정에서 실업·가정과의 교육목표와 교육과정에 소비자교육이 채택되었다. 이에 따라 소비자교육의 정체성이 확립되기 시작하였다. 또한 1982년 숙명여자대학교에서 국내 최초로 소비자경제학과가 설치되는 등, 대학에서 소비자 관련학을 교육하기 시작하였다. 또한 1987년은 소비자보호법을 근거로 소비자관련 전문기관인 한국소비자보호원이 설립되어 전문적인 소비자교육을 제공하기 시작한 시기이다.

(3) 관심제고기(1990년대) : 소비자교육의 체계화

1990년대는 경제환경의 변화에 따라 생산자에서 소비자로의 힘의 이동이 가시화된 시기라 할 수 있다. 따라서 소비자와 관련된 각종 법률 및 제도 등이 제·개정되어 소비자에 대한 시스템이 체계화되기 시작했다. 이와 같은 맥락에서 소비자교육의 체계적인 실시와 내용 확립 등이 시도되었으며, 이는 소비자교육을 통하여 확보한 인적 자원의 증가가 제품의 질과 국제시장에서의 경쟁력 획득을 가능하게 할 수 있음에 바탕을 두고 있었다. 뿐만 아니라 소비자의 역량강화는 다양하게 나타나고 있는 당면 소비자문제도 완화시킬 수 있기 때문에, 소비자복지의 증진이 이루어질 수 있다는 인식이 퍼지면서 소비자교육에 대한 관심이 제고되었다.

1990년대 후반부터는 본격적으로 대학에서 가정계열의 학과에서 소비자관련학과로의 전환이 나타나고, 새롭게 학과가 설립되어 다양한 교과과정이 개설되는 등 대학에서의 소비자교육이 활성화되었다. 중·고교에서는 소비자교육을 위한 시범학교가 운영되기 시작하여 경제교육의 일환으로서의 소비자교육이 아닌, 소비자교육으로서의 소비자교육이 처음으로 실시되기 시작하였다.

뿐만 아니라 한국소비자보호원은 소비자를 대상으로 하는 소비자교육과 소비자업무 관련 집단에 대한 소비자교육 등으로 나누어 비교적 체계적인 소비자교육을 실시하였고, 각종 소비자단체도 교육횟수는 많지는 않지만 소비자의 생태학적 책임, 소비윤리 및 가치관에 관한 과제를 중심으로 소비자교육을 실시하는 등, 소비자교육이 체계적으로 자리잡기 시작한 시기라 할 수 있다.

그러나 90년대 말 IMF사태 이후에는 소비자교육을 담당하는 조직이 축소되어 한때 소비자교육이 위축되는 시기가 도래하기도 하였다.

(4) 확장기(2000년 이후) : 소비자교육의 활성화

성공적으로 경제한파를 극복한 이후 경제의 저변확대와 기반을 탄탄하게 하기 위하여 소비자교육은 매우 중요한 정책과제로 등장하기 시작하였다. 정부의 중장기 소비자관련 정책에는 소비자교육의 강화가 주요 정책목표로 제시되기도 하였다. 이러한 사회·경제적 흐름을 바탕으로 하여 소비자교육에 대한 수요는 계속적인 증가를 나타내었다.

국가 공인 소비자전문상담사 자격제도를 실시하기로 함으로써 대학교육에서의 소비자교육을 강화시킬 수 있는 기반을 마련하였고, 학교에서의 소비자교육 역시 범교과과정의 일환으로서 지속적으로 강화되는 추세를 보였다.

또한 소비자교육을 지원하는 한국소비자교육 지원센터가 2002년 설립되어 소비자교육관련 각종 학술활동을 지원하고, 다양한 교육콘텐츠를 개발하기 위한 활동을 전개함으로써 민간의 소비자교육 활동의 다각화에 기여하였다.

향후에도 세계화, 디지털화, 지속가능한 경제활동 등 경제환경의 변화에 대응할 수 있는 소비자교육의 필요성은 계속적으로 강조될 전망이고, 아직까지 그 중요성에 비하여는 개발이 미흡한 것으로 여겨지는 콘텐츠 개발, 계층별 소비자교육, 분야별 소비자교육 등에 대한 투자와 연구가 가속화되고 있는 추세이다.

2) 소비자교육현황

학교교육에 있어서의 경제교육과 경제학교육은 교과과정에 이미 수록되어 있을 뿐만 아니라 관련하여 많은 연구가 이루어져 있는 반면, 소비자교육은 정부의 교육정책에 있어 크게 자리잡고 있지 못한 실정이다. 체계적인 소비자교육을 통한 합리적인 소비자 육성은 장기적으로 보았을 때, 건전한 시장경제질서 수립과 민주시민역량의 향상에 큰 영향을 줄 것임에는 이론의 여지가 없다. 특히 개인 및 가계소비자 측면, 기업 및 생산자 측면, 정부 및 사회적 측면에서 다양한 효과를 기대할 수 있다.

(1) 정부의 소비자교육

소비자교육은 다양한 소비자 정보를 탐색하고 이해하여 사용할 수 있는, 합리적인 소비자를 육성하기 위해 정부 주도하에 이루어지는 경향이 짙다. 특히 최근 소비자주권의 신장 방면으로 소비자정책이 흐르고 있는 것과 동일한 맥락에서 정부에 의한 소비자교육의 강화는 더욱 심화되고 있는 것으로 보인다.

지난 2005년 정부가 발표한 2006~2010년 중장기소비자정책추진계획을 보면, 소비자교육 및 정보 분야가 4대 주요 정책분야 중 첫 번째에 거론되고 있다.

측면	효과
개인 및 가계소비자 측면	•선택에 대한 비판적 사고능력의 개발 및 촉진 •현대경제사회에서 생활하는 자신감 및 자립심의 증진 •소비자피해예방과 소비자권리의 확대로 소비자주권이 향상 •균형잡힌 생활양식 형성과 생활의 질 증대 기업 및 생산자 측면 소비자만족의 증대와 소비자불평의 감소
기업 및 생산자 측면	•소비자만족의 증대와 소비자불평의 감소 •만족한 소비자의 구전으로 인한 기업이미지와 로열티의 제고 •기업자율구제 지원강화로 경영비용 감소 •건전한 기업이 생존하는 시장메커니즘 마련 정부 및 사회적 측면
정부 및 사회적 측면	•소비자와 사업자 간의 힘의 균형으로 경제시스템 만족도 증진 •소비자정책 등 각종 공공정책 실현이 원활해지는 환경이 조성 •공공이익에 대한 관심증대로 사회적 비용의 감소 •국민생활의 질이 향상되고 건전한 사회가 구성

그림 11-2 소비자교육의 효과

자료 : 한국소비자원

즉, 최근의 소비자정책에서 소비자교육이 차지하는 비중이 점점 높아지고 있음을 알 수 있다. 또한 2008년 공정거래위원회가 발표한 소비자정책기본계획(09~11년 계획)에도 소비자교육 및 정보제공의 촉진을 세 번째 중점분야로 설정하고 특히 디지털화, 정보화된 소비자교육을 체계적이고 효과적으로 강화하는 데 중점을 두고 있다.

또한 소비자기본법은 소비자의 기본적 권리로서 교육받을 권리를 선언하고 있는데, 이는 교육과 관련된 법률이 아닌 소비자와 관련된 법률에서의 규정이다. 실제적으로 운용되는 학교교육을 규정하고 있는 법규인 교육기본법, 유아교육법, 초중등교육법, 평생교육법, 청소년기본법 등의 교육관련 법률에서는 소비자교육 조항이 없다.

표 11-4 소비자교육 관련 정부기관

부 처	내 용
공정거래위원회	• 소비자본부에서 소비자교육관련 업무 담당 • 소비자거래교육을 주도하여 전자상거래관련 캠페인 수행
한국소비자원	• 소비자교육국에서 소비자교육업무 종합적·체계적으로 추진함 • 소비자교육시범학교 운영, 대학생연수 등의 프로그램 운영
지방소비생활센터	• 지역소비자교육을 담당 • 지방 실정에 맞는 소비자정보를 제공하기 위해 노력하며, 소비자교육의 전분야를 총괄하여 교육
금융감독원	• 소비자신용 및 금융교육 분야의 소비자교육을 주도함 • 금융관련 학교교육 커리큘럼 개발, 금융교실 온라인사이트 개설, 금융교육시범학교 운영
식품의약품안전청	• 식품안전에 대한 소비자정보 및 교육을 주도함 • 식품표시, 안전한 식품 섭취에 관한 교육정보 사이트 운영
교육과학기술부	• 학교교육과 사회교육 및 평생교육을 총괄 주도함 • 소비자교육심의위원회 활동에 참여하며, 소비자교육 관련 교과서 보완 지도 자료를 제작·배포 • 온라인교육에 경제교실 개설, 교사용화면에서는 학교소비자교육콘텐츠 제공
환경부	• 생활 속의 환경, 눈높이 환경교실, 주부환경살림 등 온라인교육 사이트를 통해 학교 및 생활환경차원의 교육 주도함 • 환경교육시범학교 및 환경교육 데이터베이스 개발 • 환경교육교재 전국 보급 • 환경교육관련 교육인력풀 제도 운영

그러나 공정거래위원회는 소비자교육의 체계적 유기적 실행을 위해 모든 소비자교육 관련기관이 참여하는 소비자교육협력체를 구축하였다. 소비자교육협력체를 통하여 상호 간 자율과 비교우위의 원칙에 따라 역할을 배분함으로써 교육의 시너지효과를 기대할 수 있다. 따라서 우리나라 소비자교육이 필요에 따라 기관별로 산발적, 비체계적인 소비자교육이 행해진다는 점, 각 대상자에 따른 차별화된 교육 콘텐츠의 개발 노력이 부진하다는 점, 소비자주권의식을 고취시키고 합리적 소비문화를 정착시킬 교육이 부진하다는 한계를 극복할 수 있을 것으로 기대된다.

(2) 기업의 소비자교육

소비자교육은 기업의 사회적 공헌과 경영활동을 연계할 수 있는 하나의 중요한 매개로서 기업이 사회에 긍정적으로 기여할 수 있는 매우 적절한 영역이다.

Burton(2002)은 소비자교육에 많이 하는 기업이 생산하는 제품의 품질은 그렇지 않은 기업보다 높은 수준을 유지할 것이라는 인식이 있기 때문에 기업이미지에 긍정적 효과를 줄 것으로 분석했다. Neuberger(2000)는 소비자교육은 기업과 소비자관계를 개선하고 파트너십 형성에 기여할 것이라고 하였다. 그러나 아직까지 우리나라에서는 기업의 소비자교육이 소극적이어서 사용설명서, 경고문 등을 통한 정보제공 수준에서 머물고 있는 실정이다.

기업이 소비자교육에 참여할 수 있는 방안은 여러 가지가 있을 수 있는데, 첫째, 국내기업이 가장 많이 수행하고 있는 방법인, 기업이 자사의 제품과 서비스에 대한 소비자정보를 제공하는 '정보의 제공'을 들 수 있다. 둘째, 기술적으로 복잡해지고 전문적 지식을 요하는 상품의 만족도를 높이기 위하여 소비자들에게 사용법 등의 소비자교육을 실시하는 것이다. 셋째, 재화나 서비스에 대한 일반적 소비자지식을 증가시킴으로써 소비자들이 재화나 서비스를 선택할 때 정보를 수집하고 분석할 수 있는 능력을 키워 자사의 이윤을 추구하도록 하는 방법이다. 넷째, 소비자교육 연구나 교재개발, 관련 기관과의 연계, 그리고 이를 위한 재원을 제공하는 것으로서, 궁극적으로 소비자능력을 향상시켜 사회에 공헌하며 기업의 이미지 제고에 기여할 수 있는 방법이다. 다섯째, 해당 산업군이나 제품군에 따라서 기업들이 자율적으로 협회 등의 단체를 형성하고 이러한 단체를 통해 소비자교육을 제공하는 것으로, 기업의 전문지식이 응집으로 인한 교육 효과의 극대화와 소비자 신뢰 형성 등으로 기업과 소비자 모두에게 긍정적인 효과를 줄 수 있는 방법이다. 여섯째, 정부, 단체와 연계하여 공동의 노력을 통해 소비자교육을 계획하고 수행하는 것이다(NOTE 11-1 참조).

우리나라에서는 기업의 자율기구로 기업소비자전문가협회(OCAP)가 운영 중이다. OCAP은 기업의 소비자 보호 및 고객만족 활동을 보다 체계적이고 전문적으로 실천하기 위해 기업에서 소비자 업무를 관장하는 책임자들이 자발적으로 조직한 단체로서 전국 120여 개의 회원사를 중심으로 소비자상담 등에 관련된 교육자료를 생산하고 공유한다. 구체적인 교육내용으로는 각 기업의 소비자문제 실무자 교육을 통한 소비자문제 분야의 전문가 양성과 소비자상담사와 관련된 전문교육 등이 있다. 소비자교육에 있어서는 제품홍보와 사회공헌적 성격의 내용을 홈페이지를 통하여 제공하는 등 기업시각에서의 소비자교육을 제공하고 있다.

기업은 경제적 합리성을 기반으로 하는 조직이기 때문에 소비자교육을 일시적인 활동이나 이미지 제고의 차원에서 접근하기보다는 소비자교육에 대한 장기적인 비전과 가치를 명확히 할 필요가 있다. 또한 인터넷 확산 및 디지털 시대에 맞는 협력적 소비자교육방안을 모색하여 관심 이슈나 제품에 대한 정보제공 및 교육 시스템을 정착시키고, 양질의 소비자교육을 제공하는 기업을 발굴하고 지원하여 소비자에게 적극 홍보하는 방안을 제시해야 할 것이다. 이를 통하여 기업의 이윤추구와 사회적 책임의무를 동시에 달성하도록 한다면 소비자-기업-정부 모두가 win-win하는 기업교육문화를 정착시킬 수 있을 것으로 기대한다.

(3) 민간 소비자기구·단체를 통한 소비자교육

민간 소비자단체에 의한 소비자교육은 주로 주부를 대상으로 한 프로그램이 많다. 최근에는 청소년에 대한 관심고조로 아동·청소년 대상의 프로그램도 다수 운영 중이다. 비정기적인 프로그램은 각 기구별로 다양하게 운영 중이며, 녹색소비자연대, 한국소비자연맹, 대한주부클럽연합회, 전국주부교실중앙회, 한국 YMCA 등이 정기적인 프로그램을 운영하고 있다.

한국소비자교육지원센터는 학계, 기업 및 공공조직, 학교교사 등으로 구성되어 있으며 소비자분야에 관한 국내 전문가집단으로 구성된 지식공동체이다. 소비자교육커리큘럼개발이나 교육공모전, 기업 소비자교육연구 및 교육 위탁사업 등 다양한 분야에서 소비자교육관련 활동을 지원한다.

NOTE 11-1

● 기업의 소비자교육 사례

1. 제품·서비스 정보 제공 : 올림푸스 카메라

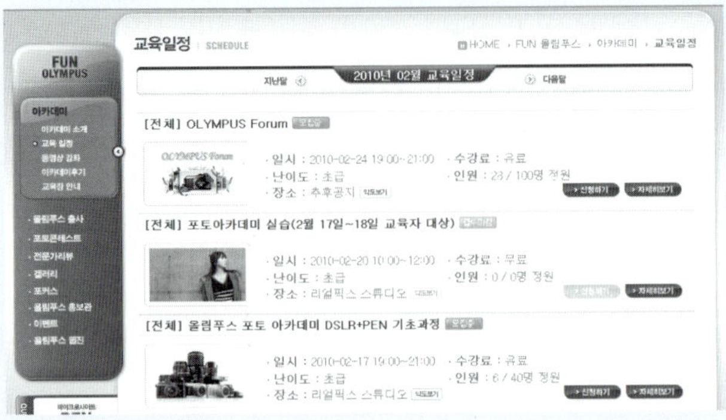

2. 서비스군에 대한 사전 정보 제공 : Creditexpert의 소비자신용퀴즈를 통한 신용교육

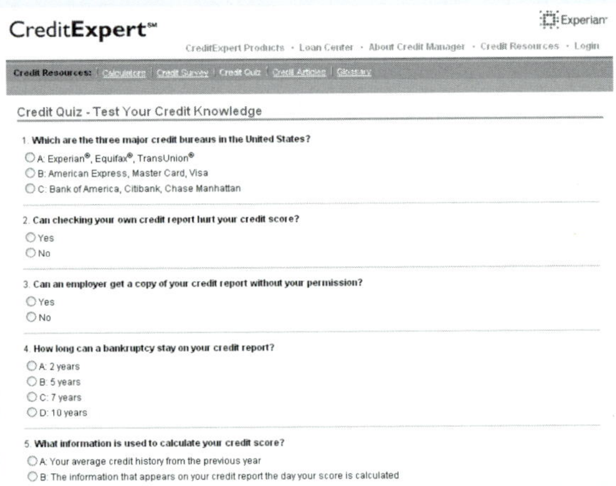

3. 기업의 자율단체를 통한 소비자교육 : 기업소비자전문가협회(OCAP)

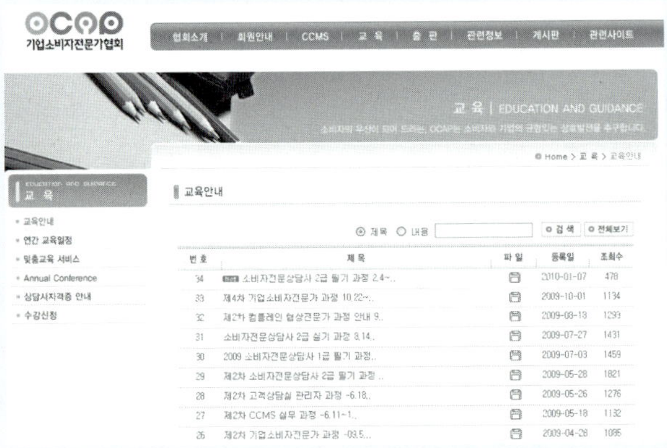

특히 소비자교육과 관련된 각종 학술활동 및 뉴스레터를 발간하고, 우수소비자 교육 콘텐츠 공모전을 통한 교육저변확대를 시도하고 있다.

한국소비자단체협의회는 10개 소비자단체의 협의회로 '월간소비자' 등 소비자 정보지를 발행하고, 유용한 소비자정보를 웹사이트에서 교육하고 있다. 또한 정부부처와의 연계를 통한 분야별 소비자교육을 실시하며, 지방소비자교육과 노인 소비자교육 등 계층별 소비자교육을 위한 교육콘텐츠를 제공한다.

그러나 민간기관에 의한 소비자교육은 체계적이고 일관성 있는 교육보다는 당면한 현안과제에 치중하고 있는 경향이 강하다. 교육내용을 살펴보더라도 청소년과 소비자 피해사례, 특수판매 피해사례, 합리적인 소비생활, 전자상거래와 소비자문제 등 주로 피해구제와 문제제기 등을 제시하는 교육을 하고 있다.

또한 민간 교육기관으로서 각 대학의 평생교육원, 여성회관, 여성인력개발센터, 농협주부대학, 종합사회복지관, 구민회관, 문화센터 등 다양한 사회교육기관에서 소비자교육을 담당해야 함에도 불구하고 소비자교육에의 인식부족, 교육과학기술부의 지침부족 등을 들 수 있을 것이다.

표 11-5 소비자교육 관련 민간기구

기관명	주요활동
한국소비자교육지원센터	• 소비자교육커리큘럼개발 • 초·중·고·대학생을 대상으로 하는 소비자교육 • 소비자교육 콘텐츠 공모전
한국소비자단체협의회	• 소비자정보지를 발간 • 정부부처와의 협력을 통한 분야별 소비자교육 실시 • 지방소비생활센터와 연합한 전국적인 소비자교육 실시
기업소비자전문가협회 (OCAP)	• 소비자상담 교육자료 제공 • 소비자상담사 전문교육 실시 • 소비자 정보제공
한국소비자학회	• 소비자교육 관련 다양한 학술연구
한국소비자정책·교육학회	• 소비자교육 관련 다양한 학술연구

(4) 학교교육으로서의 소비자교육

소비자교육을 직접적으로 실시할 수 있는 대표적인 장소로 가정과 학교를 들 수 있다. 가정에서의 소비자교육이 주로 비체계적인 사회화 과정을 통해서 실시되는 것에 반해 학교에서의 소비자교육은 모든 청소년을 대상으로 동일한 내용을 체계적으로 일관성있게 실시할 수 있으며, 특히 종합적인 소비자 능력 향상에 초점을 두고 미래지향적으로 실행할 수 있는 장점이 있다. 따라서 학교에서의 소비자교육은 매우 중요하다 할 수 있다.

소비자교육은 제5차 교육과정에서 처음으로 도입되었다. 교육과정이란, 학교교육에 있어 학생들에게 어떠한 교육목표를 어떠한 교육내용과 방법, 평가를 통하여 성취시킬 것인가를 정해 놓은 일반적 기준으로서 각 교육청에서는 이 교육과정에 따라 지역적 특수성과 실태를 반영한 지침을 만들고, 각 학교에서는 그 학교의 실정에 따른 학교 교육과정을 만들어 각 지역과 학교, 학생들에게 알맞은 교육을 실행한다.

이러한 교육과정에서의 소비자교육은 제5차 교육과정부터 제7차 교육과정까지 단독 교과 없이 여러 관련과목에 분산되어 주제 분야로 존재하고 있으며 주로 사회, 도덕, 가정 과목에서 그 모습을 찾을 수 있다. 그러나 소비자교육은 국가에서 지정하는 정규교과목은 아니며, 제7차 교육과정에서는 재량활동의 범교과학습 중 하나로 제시되고 있다. 제7차 교육과정의 특징은 재량활동의 확대와 자율재량권의 부여로 정리해 볼 수 있는데, 재량활동 분야에서 소비자교육은 시민윤리, 인간사회와 환경, 생활경제, 생태와 환경 과목에서 시행이 가능하다. 창의적 재량활동 영역에서는 통합적인 범교과 학습에서 경제·소비자교육으로 소비자교육이 포함되어 있고, 자기주도적 학습에서도 탐구 주제로 '소비자문제 조사연구'가 가능하도록 하고 있다. 급변하는 경제·사회의 변화에 부응할 수 있는 능력있는 소비자를 육성하기 위해서는 실질적인 소비자교육이 학교교육 안에서의 입지를 세워야 할 것으로 생각된다.

표 11-6 제7차 교육과정의 소비자교육

구 분	주요내용	관련교과	비 고
초등학교	음식물쓰레기와 분리수거, 공공물건 소중히 다루기, 알뜰시장 놀이, 쓰레기 분리수거 실천하기, 재활용, 에너지 절약, 자연환경 소중히, 시간을 소중히 여기고 계획, 공공장소에서의 예절과 질서, 절제하는 생활, 수질오염, 과대포장 조심 등	바른 생활 도덕	소비자교육내용 영역상 주로 '신소비문화창조' 중 공동체와 소비문화에 관련된 내용
	애완동물 기르기, 식물 가꾸기, 가게놀이, 우리마을 시설 살피기, 시장과 우리생활, 고장의 여러 기관과 단체, 우리 시·도의 경제생활, 세계로 열린 경제, 서로 돕는 경제생활(돈과 교환), 가정생활과 여가생활, 가정생활과 경제생활(가계부, 저축 등), 환경과 더불어 사는 방법, 우리나라의 경제성장, 정보화 사회의 생활	슬기로운 생활 사회	소비자교육내용 영역상 주로 '시장경제의 이해'와 '합리적 구매'에 관련된 내용
	깨끗한 생활환경(분리수거), 용돈 아껴쓰기(용돈기입장, 금융기관이용), 식품과 건강, 식품선택, 일과 직업의 세계	실과	소비자교육내용 영역상 전 영역이 조금씩 골고루 포함
중학교	자발적 참여와 봉사에서 시민단체의 소개, 경제성장과 소비문화, 합리적인 소비문화, 깨끗한 부의 추구	도덕	신소비문화창조 및 소비자시민성에 관련된 내용
	청소년기의 특성과 청소년 문화, 공동체와 시민의 권리, 민주시민으로서의 소비자, 시장경제의 이해, 지구촌과 국제협력	사회	시장경제의 이해 및 소비자시민성
	의복의 마련과 관리(의복계획), 자원의 관리와 활용, 나의 소비생활, 가족의 식품구입과 평가	기술·가정	합리적 구매, 소비생활 전반에 대한 부분 포함
고등학교	청소년문제와 청소년문화	도덕	신소비문화
	경제발전과 경제윤리, 삶의 설계와 직업선택	시민윤리	시장경제의 이해
	환경문제와 지역문제, 세계화와 국가경쟁	사회	시장경제의 이해
	가정생활과 소비생활, 나의 생활설계	기술·가정	전반적인 종합
	경제생활의 이해와 경제문제해결, 시장과 경제활동, 경제주체의 합리적 선택, 세계와 한국경제	경제 (심화선택)	시장경제의 이해
	가정자원관리, 가정경제의 설계, 정보화 사회의 소비자주권과 책임, 식생활, 의생활, 주생활	가정과학 (심화선택)	전반적인 종합

자료 : 배순영(2006)

3) 우리나라 소비자교육의 평가

이상에서 살펴본 바와 같이 소비자교육을 위해 정부, 학계, 민간 기구 등 각계 기관이 다양한 노력을 한 결과, 소비자교육추진을 위한 인적·물적·제도적 기반 마련 측면에서 나름의 성과가 있었음은 부정할 수 없다. 그러나 국가발전전략상 소비자교육이 중요한 축을 담당하고 있음에도 불구하고 아직까지는 여러 가지 문제점을 노출하고 있는 것 또한 사실이다. 이 절에서는 우리나라 소비자교육을 각 부문별로 되짚어 보도록 한다.

(1) 교육전략 및 철학

현재 우리나라 소비자교육이 맞닥뜨리고 있는 가장 중요한 문제는 소비자교육의 전략과 철학상의 문제점이다. 소비자교육의 목표가 개인적인 소비자로서의 능력 제고인지, 경제 주체로서의 민주시민역량의 양성인지 등에 대한 확실한 정립이 되어 있지 않다. 이는 곧 교육의 수단이 그 방향성을 잃고 체계적 통일적으로 추진되기 어렵다는 것을 의미한다. 더군다나 정부가 소비자교육의 필요성에 대해 주장할 때 내세우는 '소비자경쟁력 향상을 통한 국가경쟁력 강화'에 있어서도 소비자가 주요 목표가 아닌 수단으로 제시되고 있다는 문제가 드러난다.

이러한 문제를 해결하기 위해서는 국가는 소비자교육에 대한 용어의 재정립을 통한 통일화, 소비자중심의 소비자교육전략의 수립, 소비자교육의 일관적 교육방향 제시 등이 요구될 것이다. 교육전략의 재정립을 통해 각 정부부처 및 민간에 의해 산발적으로 시행되고 있는 소비자교육이 체계화될 수 있는 기틀을 마련할 수 있으며, 다양한 관계기관의 교육콘텐츠가 상충됨에 따라 나타나는 교육대상자들의 혼란도 방지할 수 있는 효과가 있다.

(2) 교육내용 및 콘텐츠

① 신속한 교육콘텐츠의 도입

일반적으로 소비자교육의 목표가 소비환경의 변화, 시대적 패러다임 변화, 소비자특성의 변화에 부응하는 합리적인 민주시민으로서의 소비자를 양성하는 것임에도 불구하고 교육의 변화는 이에 발빠르게 부응하지 못하고 있다. 교육에 있어 가장 중요한 것은 미래사회의 변화를 예측하고 이와 관련한 콘텐츠 등을 미리 교육과정에 수록해야 하는 것이다.

예를 들어, 지식사회가 도래한 현재, 이미 지적재산권은 전 세계적으로 하나의 자원이자 재화로 파악되고 있다. 그럼에도 불구하고 우리나라는 불법다운로드 등을 통해 지적재산권의 사각지대로 인식되고 있다. 이는 현재 경제주체로 활동하는 세대들이 학교교육을 받을 때 지적재산권에 대한 교육콘텐츠가 부재했기 때문이다. 이미 오래전부터 사회학연구서들은 지식사회의 도래에 대해 여러 번 예견한 바 있다. 만약 10년 전 교육콘텐츠에 이러한 미래사회에 대응할 수 있는 내용을 수록하여 교육시켰다면 현재 우리나라의 지적재산권에 대한 인식은 상당히 달라져 있을 것이다.

소비자문제에 있어서도 마찬가지의 상황이 나타난다. 기후협약 등이 발효되어 환경에 대한 관심이 고조되자 이제야 지속가능한 소비, 녹색소비에 대한 관심이 고조되고 있다. 이미 예전부터 녹색소비의 중요성은 각종 민간단체들에 의해 제기되어 왔던 것이 사실이다. 그러나 소비자교육 콘텐츠에는 발빠르게 반영되지 못하였고, 교육시기를 놓친 현재의 경제구성원들은 녹색소비에 대한 인식이 미흡하다 할 수 있다. 현대의 기업들은 녹색성장의 전략 없이는 국제무대에서 살아남기 어렵다. 만약 국내 소비자들이 녹색소비 교육을 받아왔고, 이를 기반으로 친환경적 기업에 '선택의 힘'을 보여 주었다면 우리나라 기업들의 국제적응력은 지금과는 판이했을 것이다.

이렇듯 다양하게 변화하는 환경에 신축적으로 대응할 수 있는 한 발 앞선 교육내용 개발은 매우 중요하지만, 미래사회에 대한 확실한 예측이 전제되어야 할 뿐만 아니라 신속한 교육콘텐츠 개발을 위한 많은 비용이 수반된다. 그러나 비용에 상응하는 것 이상의 편익을 거둘 수 있을 것으로 기대된다. 즉, 국제환경변화에 적응하는 합리적 소비자를 육성하고, 이를 기반으로 국가경쟁력을 재고하는 효과가 있는 것이다.

② 교육대상자별 콘텐츠 개발

우리나라 소비자교육의 당면 과제 중 하나는 각 교육대상자의 특성을 반영한 교육콘텐츠의 개발과 제공이 부족한 것을 들 수 있다. 소비자정책 추진 방향에서 몇 년 째 지적되어 오는 것들 중 하나가 바로 수도권 지역 소비자와 지방 소비자간 소비자관련 행정 및 서비스 공급의 불평등이다. 이는 관련된 정부기관 및 민간단체의 부족에 기인하는 것으로서 소비자교육에도 마찬가지로 적용되어 지방소비자의 소비자교육부족 문제가 제기되고 있다. 이는 우리나라 소비자행정 전반적인 문제로 인한 것이기 때문에 지방소비자행정의 활성화를 위한 여러 방법이 선행되어야 한다. 또한 현재 각 교육기관에서 행하고 있는 지방으로의 파견교육을 더욱 활성화시키고, 학교교육 내의 소비자교육을 확립하는 방법을 생각해 볼 수 있다. 이를 통하여 전국민의 균형있는 역량강화를 도모할 수 있을 것이다.

소비자교육은 그 대상이 전국민이라는 점 때문에 교육 대상자별로 상이한 특성에 맞는 교육콘텐츠 제공이 필요하다. 특히 우리나라의 가장 두드러진 사회적 변화는 급격한 고령화와 다문화가정의 확산이다. 이미 오래전부터 우리나라는 노인인구의 급격한 증가로 인한 다양한 노인 소비자문제가 나타나 왔다. 노인소비자의 경우 특히 다른 소비자층과는 상이한 특성을 보이고 있어, 소비자교육에 있어 그 내용 및 전달방법 등을 특화해야 할 필요가 있다. 또한 다문화가정의 경우 특별한 통역 교육자가 필요한 등 교육전개상의 문제가 상존하고 있기 때문에 이 역시 특화된 교육콘텐츠 제공이 필요하다. 이러한 노인·다문화가정에의 맞춤식 교육콘텐츠를 통해 취약계층 소비자의 근본적 역량강화와 소비자문제 해결 등을 도모할 수 있으므로 취약계층 소비자문제의 근본적 해결이라는 점에서 단기적인 피해보상과 병행하여 지속적으로 맞춤식 교육이 행해져야 할 것이다.

(3) 교육방법

소비자교육은 실질적인 소비생활을 통하여 문제와 해결방법을 체득할 수 있는 방법이 가장 효과적이다. 그러나 우리나라 소비자교육의 교육방법상의 문제점으로 지적할 수 있는 것은 현장에서 직접적으로 체험하는 방식이 아닌 교실에서의 지식 중심으로 받게 되는 교육방법이다. 특히 소비자문제는 실제 시민의 삶에서 다양하게 나타나는 선택의 문제, 그리고 이로 인해 경제 사회 전체에 미치게 될 영향 등을 체험적으로 습득해야 한다. 그러나 이렇게 현장에서 습득해야 할 중요한 내용들을 단지 보고 듣는 수준에서 이해하게 되는 문제점은 소비자교육이 학교교육 내에서는 효과적으로 수행되기 어려움을 의미하기도 한다. 그러나 학교교육에서 소비자교육은 앞으로 더욱 강화되어야 한다는 것에는 이견이 없기 때문에 이러한 한계를 효과적으로 보완할 수 있는 콘텐츠 개발이 중요하다.

(4) 교육체계

현재 우리나라에서는 많은 기관들이 직 간접적으로 소비자교육을 시행·지원하고 있으나 체계적 역할분담이 부족하다. 특히 우리나라는 소비자 정책·행정 자체가 각 부서에 의한 산발적인 운영을 그 특징으로 하기 때문에 소비자교육 역시 분야별 부처별로 산발적으로 이루어지고 있다. 따라서 교육에 대한 지침과 목표가 일관적이지 못하다는 문제가 제기될 수 있다. 이를 위하여 국가를 중심으로 각종 연구 및 척도개발이 진행되고 있다(NOTE 11-2 참조). 그 결과 정부기관, 지자체, 소비자원, 소비자단체, 학계, 기업 등의 연계의 필요성이 강조될 뿐 아니라 교육에 있어서도 정규교육과 평생교육 간, 타깃교육과 기초교육 간 체계적인 협조와 일관성있는 콘텐츠 개발이 중요하게 요구된다. 이러한 연계 시스템의 구축은 소비자교육의 결과 및 효과를 더욱 효율화하여 민주시민의 역량강화에 기여할 수 있을 것이다.

NOTE 11-2

● **소비자역량지수**

최근 공정거래위원회의 소비자역량지수 조사에 따르면 우리나라의 소비자역량지수는 지식영역의 지수가 실천영역의 지수에 비해 낮고, 지식영역의 재무역량 지수가 특히 낮은 것으로 파악되어 소비자가 합리적인 소비생활에 필요한 각종 정보나 지식을 충분히 갖추지 못하고 있음을 보였다. 그중에서도 특히 합리적인 재무관리에 필요한 지식이 부족하기 때문에 향후 소비자교육 및 정보제공 시책의 초점을 각종 지식을 광범위하고 정확하게 습득하는 데에 둘 필요성이 제시되고 있다.

소비자역량지수란 소비자가 소비생활에서 어느 정도의 역량을 지니고 있는지를 나타내는 지표로서 소비자가 소비생활에 필요한 지식을 어느 정도 지니고 있는지, 합리적인 소비생활에 필요한 바람직한 태도를 어느 정도 실천하고 있는지를 나타내는 지표로 개발되었다.

이를 통하여 우리나라 소비자교육 콘텐츠를 구성할 때 강화되어야 할 부분과 완화할 부분들을 판별해 내는 데 도움을 받을 수 있을 것으로 기대된다.

03 금융교육[2)]

1) 금융이해력의 개념

금융교육은 개인의 금융이해력을 향상시키는 제반 활동을 의미한다. 일반적으로 금융이해력(financial literacy)은 개인의 일상적인 경제활동에 수반되는 금융거래에 필요한 지식과 활용능력을 말한다.

금융교육(financial education)과 유사한 용어로는 금융소비자교육(financial consumer education), 금융·자산관리교육(financial education), 투자자교육(inve-stment education), 신용교육(credit education) 등 여러 가지가 혼재되어 있다. 이 용어들은 내용이 조금씩 다르지만 합리적인 자금관리 측면에서의 저축, 투자, 신용관리라는 공통된 요소를 담고 있다.

금융교육의 구체적인 내용은 미국의 점프스타트(Jump$tart)라는 비정부기구가 설정한 주제가 대표적이다. 이 기구는 소비자 교육과 금융 교육 강화에 초점을 두고, 1998년에 교육계, 정부, 금융기관 등에서 참여한 20명의 전문가들과 함께 처음으로 소비자·금융교육의 기준인 'National Standards in Personal Finance'를 발표했다. 이후 태스크포스를 결성하여, 기존의 기준을 개정하는 작업을 하였으며, 2001년 여름에 경제, 경영, 가정과, 사회과 등에서 선발된 교사 그룹에 의한 검토를 거쳐 최종 기준을 발표했다.

내용 요소는 '소득, 자금관리, 지출과 신용, 저축과 투자'의 네 가지를 기본으로 하여 영역별 내용을 표 11-7과 같이 제시하였다.

최근 우리나라를 비롯한 세계 각국에서 금융이해력 향상을 위한 금융교육의 중요성이 크게 부각되고 있다. 세계 경제에 큰 충격을 주고 있는 서브프라임 모기지 부실사태는 선진국들의 금융교육 강화의 계기로 작용했다. 우리나라에서는 IMF 외환위기 이후 신용불량자문제로부터 개인 신용교육의 중요성이 부각됐고 이때부터 금융교육이 실시됐다고 할 수 있다.

2) 본 절의 내용은 문정숙, 김은정(2009), '중학생의 금융이해력 제고에 관한 연구' 논문을 요약한 것임

표 11-7 미국 점프스타트의 금융교육 학습 기준

1. 소득	2. 자금 관리
• 소득의 원천 • 소득에 영향을 미치는 요인 • 기업가정신 • 조세와 정부 서비스 • 인플레이션과 구매력 • 사회보장과 노인 의료혜택 • 사업주 제공의 저축플랜	• 필요와 욕구 • 금융 의사결정 • 예산 • 금융책임 • 보험, 위험관리 • 금융관련 정보원 • 개인 금융플랜 • 유언장 등의 법적 서류
3. 지출과 신용	**4. 저축과 투자**
• 비교구매 • 기회비용 • 지불방법 • 소비자정보 • 소비자의 불만 신청 절차 • 신용카드의 비용과 기록 • 파산을 포함한 신용문제 • 소비자신용보호법	• 저축과 투자를 하는 이유 • 저축과 투자상품 • 위험, 수익, 유동성 • 복리 증가와 화폐의 시간가치 • 72의 규칙과 달러-비용 평균법 • 투자의 다각화 • 계획서와 정보원 • 금융시장의 규제 • 사업주 제공의 저축플랜

자료 : Jump$tart(2002), National Standards in Personal Finance

2) 우리나라의 금융교육

우리나라는 현재 정부차원의 금융이해력 향상을 위한 법령이나 전담기구는 없는 상태다. 금융교육은 금융감독원이 주축이 되고 금융협회 등 유관기관, 소비자단체, 공익재단 등이 참여하는 형태로 이루어지고 있다. 금융감독원은 민간단체와 협조 하에 정기적인 교육을 실시하고 금융소비자 교육프로그램을 제공하고 있다. 우리나라의 금융교육기관과 민간단체의 역할은 다음과 같다.

첫째, 금융감독원은 3대 설립목적 중 하나인 '금융소비자보호'의 일환으로 2002년 소비자교육실을 신설하여 교사, 청소년 등 다양한 계층에 대해 금융교육을 실시하고 있다. 2004년 금융내용 전반을 체계적으로 담은 기본 텍스트 '금융이야기' 시리즈 3종을 발간했다. 이 시리즈는 어린이, 청소년, 성인용으로 나눠 기본적인 경제개념에서부터 화폐관리, 개인 신용관리, 저축과 투자에 이르는 광범위한 내용을 담았다. 이들 책자는 우리나라 최초의 금융교육용 기본 텍스트라는 의미가 있다. 또한 어린이, 청소년을 위한 온라인 포털 사이트를 구축하여 2004년부터 서비스를 제공하고 있다. 이 사이트는 학교교과과정에 접목할 수 있도록 다양한 형태의 텍스트와 멀티미디어 콘텐츠를 담고 있다.

한국은행은 주로 경제교육과 거시경제 관련 금융교육을 실시하고 있다. 한국은행은 대국민 경제교육을 2004년부터 본점과 각 지역본부를 연계하여 본격 실시하고 있다. 2005년에는 전국의 600여 초, 중, 고등학교에 강사요원을 파견하여 경제의 기본원리를 강의하고 '한국은행의 알기 쉬운 경제이야기' 책자 12만 부를 발간하여 각 학교에 배포했다. 특히 기초 경제이론, 금융시장, 국제금융에 대해 교사 직무교육을 실시하고 있다.

둘째, 학교교육내용을 살펴보면 초등학교 1, 2학년에는 '바른생활, 슬기로운 생활, 즐거운 생활'이라는 통합 교과가 있다. 그중에서 도덕으로 이어지는 바른생활과 사회·과학 통합인 슬기로운 생활은 기본적인 생활 습관을 익히도록 하는 과정에서 물자 아껴 쓰기와 물건 사기 등 경제 관련 내용을 담고 있다. 초등학교 3학년 사회의 고장의 생활 모습부터 5학년 실과의 용돈과 은행 이용 등 경제 관련 내용은 학년마다 들어있다. 특히 5학년 학생이 은행을 찾아가서 하는 일을 알아보고 각종 전표를 작성해 보도록 한 과제는 교실 수업의 한계를 벗어나 시장을 직접 체험하면서 현실 경제를 이해하도록 하는 내용이다. 중등학교의 경제교육 내용은 중학교 3학년의 미시경제와 고등학교 1학년의 거시경제로 구성된다.

교과내용은 시장경제체제의 기본 조건과 운영 원리가 무엇인지 이해하고, 일상의 경제문제를 시장 원리에 따라 해결하는 방법을 제시하고 있다. 그러나 중학교와 고등학교 정규교육과정에서는 금융관련 내용을 거의 찾기 어렵다. 고등학교에서 교양 선택 과목인 생활경제에서 합리적인 투자와 자산관리 등 금융관련 내용이 포함되어 있으나 실제로 선택하지 않는 학교가 대다수이다. 사실상 청소년 시기에 금융관련 학교교육은 거의 이루어지지 않고 있다. 2005년부터 정규 교과서에 '읽기자료'나 '탐구자료'의 형식을 빌려 간헐적으로 수록되어 있다.

셋째, 사회교육은 주로 금융감독원과 민간단체에 의해 이루어지고 있다. 청소년금융교육 단체로는 대표적으로 청소년금융교육협의회를 들 수 있다. 이 단체는 어린이·청소년들에게 어릴 때부터 금융, 경제 및 신용관리 등에 대한 체계적이고 효율적인 금융교육을 실시함으로써 어린이·청소년들로 하여금 금융·경제에 대한 이해를 높일 수 있도록 하기 위하여 2002년 설립된 비영리 단체이다. 이 단체운영에 각 금융협회와 금융감독원, 한국은행이 분담금을 지급하고 금융교육프로그램에 참여하고 있다. 2004년부터 매년 어린이, 청소년에 대한 금융이해력 측정을 실시하고 있다. 이 밖에 학교방문 무료출장 교육, 금융교육 시범학교 선정 및 교육, 도서 · 벽지 어린이, 청소년 초청 금융현장 체험교육, 여름방학 어린이 산업현장 방문 체험교육, 어린이, 청소년 금융 · 경제 캠프운영 등 활발한 사업을 실시하고 있다.

2005년 출범한 전국투자자교육협의회는 주로 증권관련 투자에 초점을 맞춰 교육을 실시하는 민간기구이다. 합리적 투자문화의 조성 및 투자자 보호를 목적으로 금융감독원을 비롯하여 한국금융투자협회 등 5개 증권유관기관이 공동으로 설립했다. 증권·선물·자산운용 분야에 대한 체계적이고 효율적인 교육프로그램 제공과 일반인의 투자관난능력 향상과 평생자산설계에 도움을 주고자 설립된 비영리단체이다. 최근에는 고교생과 교사에 대한 투자자교육을 활성화하고 있다.

기타 한국개발연구원이나 기획재정부는 주로 청소년을 대상으로 한 경제교육에 초점을 맞춰 교육프로그램을 시행하고 있다.

결론적으로 우리나라 금융교육은 그 역사가 짧아 아직 걸음마단계라고 할 수 있다. 지금까지 금융교육이란 소비절약과 저축을 강조하는 수준이었다가 IMF 외환위기 이후 신용불량자 양산에 대한 반성으로 민간단체를 중심으로 신용교육이 시작됐던 것이 금융교육의 시발점이었다. 최근에는 개인재무관리교육, 투자자교육 등 교육내용의 확대와 다양한 계층을 대상으로 저변이 확대되는 추세이다.

하지만 정부차원의 장기적인 전략과 실행계획이 갖춰져 있지 못하며 기관 간 협력체제도 미흡하다. 더구나 청소년교육의 근간되어야 하는 학교에서 금융교육은 전무한 실정이다. 아직까지 경제교육조차 제대로 이루어지지 않은 상태에서 현재는 경제교육, 소비자교육과 금융교육이 혼재되어 여러 기관들에 의해 제각각 실시되고 있다.

3) 미국과 영국의 금융교육

금융교육의 역사가 길고 가장 활성화되어 있는 미국과 영국의 금융교육에 대해 소개한다. 먼저, 미국은 금융교육에 대해 오랜 역사를 가지고 있으며 주로 비영리단체를 중심으로 운영되어 왔다. 최근, 금융이해력교육위원회(FLEC)가 '금융이해력발전전략(2006)'을 마련하고, 대통령직속 '금융문맹퇴치위원회'를 설립하여 금융교육을 강화(2008)하는 등 연방정부의 역할이 확대되고 있다. 이들 민관기구들은 경제·금융의 기초개념에서부터 생활설계, 자산관리 및 운용에 이르기까지 다양한 분야를 대상으로 교육을 실시하고 있다. 그러나 금융이론 등 학문적 개념에 대한 학습·암기보다는 생활에 실질적으로 적용할 수 있는 역량에 주력하고 있다. 미국의 금융교육기관과 단체의 역할은 다음과 같다.

첫째, 정부기구로 2004년 재무부 및 금융감독기관 등 20개 연방기구가 참여하는 범정부차원의 금융이해력교육위원회(FLEC : Financial Literacy & Education Commission)가 설립되어 본격적으로 금융교육에 연방정부가 참여하고 있다. 금융교육위원회는 금융이해력 강화 프로그램을 총괄하며 '금융이해력 발전전략(The National Strategy for Financial Literacy)'을 마련하여 시행하고 있다.

또한 정부는 청소년금융교육법(Youth Financial Education Act, 2006)을 통하여 5년간(2007 ~ 2011년) 매년 1억 달러씩 교육기관을 지원하고 있다. 금융교육 전담 민간기구로는 점프스타트, 전국금융교육기구 등이 있으며 주로 청소년의 개인재무관리교육을 실시한다.

둘째, 학교교육은 각 주 교육위원회를 중심으로 교육기준과 교육관련 법규를 운영하고 있어 주별로 교육형태가 차이가 있다. 주 교육부가 작성한 교육프로그램에 따라 교육을 실시하고 있으며, 과목은 사회, 경제, 소비자교육 등으로 주마다 상이하다. 최근 개인금융(personal finance) 과목을 고교졸업 필수과목으로 채택하고 있는 주가 증가하는 추세이다. 개인금융과목 교육은 점프스타트가 1998년에 작성한 '개인금융의 표준지침'에 따라 대부분 실시하고 있다. 주로 은행계좌 개설·유지, 개인 신용점수 유지, 학자금론·모기지론 등 개인 재무관리를 위한 필수내용으로 구성된다.

셋째, 사회교육은 비영리 민간단체들에 의해 활발히 실시되고 있다. 다양한 민간교육기관이 온라인을 활용한 정보제공 및 교육에 주력하고 있다. 전국경제교육협의회(NCEE) 또는 전국금융교육기금(NEFE), 점프스타트 등의 교육기관이 교사대상 온라인 강좌를 실시하고 있으며, 금융 및 경제전문가 양성 프로그램도 운영하고 있다. 금융회사의 온라인 웹사이트를 통한 금융교육 프로그램도 활성화되어 금융니즈에 부합하도록 운영한다.

영국의 금융교육은 국가와 공적기관이 주도적인 역할을 수행하며, 특히 학교 및 성인을 대상으로 한 모든 금융소비자교육을 금융감독청(FSA)이 주도적으로 종합·기획한다. 또 사회교육보다는 학교교육을 중시하며 교육부 등 관련 정부부처, 금융소비자 교육기관과 긴밀한 협력·연계 체제 구축하고 있다. 영국의 금융교육 기관과 단체의 역할은 다음과 같다.

첫째, 2003년 정부차원에서 금융이해력강화전략(National Strategy for Financial Capability)을 마련하고 이를 추진하기 위해 정부와 민간기관이 참여하는 운영위원회(steering group) 설치했다. 여기에는 교육부·재무부·FSA·노동부 등 정부기관과 금융회사·금융협회·소비자단체 등 민간기관 참여하고 있다. 또한 국고, 기부금 및 FSA 분담금 등으로 매년 3,500만~4,000만 파운드를 금융교육기관에 지원하고 있다.

2008년 재무부와 FSA는 무료 자문서비스 제공 및 재무관리 자문을 주된 내용으로 하는 금융이해력 강화 실행계획(Financial Capability Action Plan)을 발표하였다. 특히 FSA는 자체 청소년 및 성인대상 교육 외에도 금융협회, 소비자단체 등과 공동으로 학교금융교육 전담기구인 Pfeg(Personal finance education group)을 설립하여 학생대상 금융교육 및 교사대상 교육지원 등을 수행하고 있다.

둘째, 학교교육은 FSA가 교육부 등 관련 부처와 협의를 통하여 학교 교육과정 중 금융교육 관련내용을 작성한다. 산하기관인 Pfeg은 학교에서 금융교육 프로그램이 진행될 수 있도록 교사들에게 교육과정별 교육내용과 교수방법, 관련정보 등을 제공하고 있다. 또 FSA는 교사에 정보제공, 학교교육용 교재 제공, 학생의 금융지식에 관한 조사의 실시 등을 통해 지원하는 등 대체로 기관 간 협조체제가 잘 이루어지고 있다.

셋째, 사회교육은 주로 금융기관과 민간단체를 중심으로 이루어지고 있다. 1980년대 일부 금융기관들이 우수인재채용 및 지역 밀착화 및 영업차원에서 지역 고등학교를 대상으로 금융교육 시작하였다. 1990년대 초반 경제 불황과 개인파산이 급증하고 금융교육에 대한 사회적 공감대가 확산되면서, FSA를 중심으로 금융기관, 민간단체 등에서 본격적인 금융교육 실시하게 되었다. 금융기관으로는 HSBC가 영국 전역의 650개 중학교를 대상으로 학생이 직접 운영하는 교내은행을 운영한다. 또 RBS(Royal Bank of Scotland)가 중·고생 대상 프로그램인 'Face2 Face with Finance'를 통해 75만 명의 청소년을 교육하고 있으며, 학교 내 가상은

행을 개설하여 은행업무 체험기회를 마련하고 있다.

FSA는 일반국민이 금융서비스의 내용을 이해할 수 있도록 연령대별 다양한 금융지식 및 정보 등을 제공한다. 특히 청소년들에게 2008년부터 "Young People and Money" 프로그램 실시, 2011년까지 2만 명의 청년교육을 계획하고 있다. 또 청소년 및 성인대상 금융교육과 조언을 주는 별도의 홈페이지를 개설하여 정부와 민간에서 만든 각종 금융교육 자료를 제공한다.

참고문헌

국내문헌

강신욱 외 6인(2006). **사회양극화의 실태와 정책과제**. 한국보건사회연구원.

공정거래위원회(2008). 공정거래제도 해설.

공정거래위원회(2009). **공정거래백서**. 공정거래위원회.

공정거래위원회(2009). 표시광고규제관련역할분담방안, 공정거래위원회 소비자안전정보과 내부자료.

공정거래위원회(2009). 표시광고의 공정화 제도, 교육자료, 공정거래위원회 소비자안전정보과.

국무조정실(2000). 행정규제의 성격별 분류와 개혁방안. 국무조정실.

권오승(1994). **소비자보호법**. 법문사.

금융감독원(2003). 알아두면 유익한 금융이야기.

금융감독원(2004). 금융이야기 시리즈.

금융감독원(2006). 민원백서.

금융연구원(2001). 금융소비자보호제도의 실태조사결과 및 개선방안.

김미숙 외 5인(2003). **고령화사회의 사회경제적 문제와 정책대응방안 : OECD 국가의 경험을 중심으로**. 한국보건사회연구원.

김은정(2009). **중학생의 금융이해력 제고에 관한 연구**. 석사학위논문.

김인철(2004). **소비-경제를 움직이는 힘, 나라경제**. 한국은행.

김종석(1998). **규제완화의 경제학**. 선학사.

김종선 · 김종오(2007). **금융시장론**. 학현사.

김주찬(2008). 규제영향분석 사례연구-소비자 안전규제를 중심으로. 2008년도 한국규제학회 춘계학술대회 발표논문집.

김준호(2007). 자율규제기구의 규제업무 수행현황 및 향후과제. 조사연구 Review 제20호. 금융감독원.

김진아(2005). 건강기능식품의 표시제도의 개선방안. 한국소비자보호원.

김진영(1986). 경제교육에 관한 일연구. 사회과학연구 제24권, 단일호.

나종연(2006). 기업의 소비자교육 사례를 통해 살펴본 소비자교육에서의 기업의 역할. 소비자정책교육연구, 2(2).

남은영(2007). 한국의 소비문화와 중산층의 생활양식. 서울대학교 박사학위논문.

內田耕作(1982). **廣告規制의 研究**. 성문당. 일본.

대한상공회소(2004). 소비자 구매패턴 조사.

대한상공회의소(2008). **유통산업발전기본계획연구보고서** 지식경제부 연구용역보고서.

동아일보사(2006). 시사키워드. 주간동아, 536호(2006. 5. 23.).

동양종합금융증권(2006). 경제지표 따라가기. 아카데미 경제분석.

리대용(2001). 비교광고란 무엇이며 어떻게 할 것인가?. 한국경제신문사.

맨큐(2007). 김경환·김종석 역. **맨큐의 경제학**. 교보문고.

문정숙(1990). 기만광고에 관한연구. 소비자학연구, 1(2). 한국소비자학회.

문정숙(2007). **시장과 소비자문제**. 형설출판사.

문정숙·김은정(2009). 중학생의 금융이해력 제고에 관한 연구. 소비자정책교육연구, 5(4).

박명희(2000). **소비자의사결정론**. 학현사.

박성용(2004). 부당한 표시행위 규제기준 제정에 관한 연구. 한국소비자보호원.

박세일(2003). **법경제학**. 법문사.

박정식·박종원(2005). **현대투자론**. 박영사.

박혜경(1990). **소비자교육론**. 수학사.

방민석·김광구·문정숙(2005). 각종 표시·광고 규제 개선을 위한 연구. 국무조정실 연구용역 보고서.

배순영(2006). 소비자교육동향 : 2000~2005년을 중심으로. 소비자정책교육연구, 2(1).

백인수 외(2006). **유통산업 구조변화와 업태별 핵심이슈**. 산업연구원.

삼성경제연구소(2009). 경제위기 이후 신 소비트렌드.

송순영·이성림(2008). 소득부문 사회양극화 현황과 대책 방향. 한국소비자원.

송태회·박호용(2005). 경제초보를 위한 금융상식. 동아출판사.

신광식(1997). 표시광고 등의 공정화에 관한 법률 제정에 관한 연구. 공정거래위원회 용역보고서. 한국개발연구원.

신동령(2007). **투자론의 이해**. 다산출판사.

안국신(1996). **신경제학원론**. 율곡출판사.

양원근(1996). 은행의 금융상품표시. 광고기준제정에 관한 연구. 공정거래위원회.

오세조·김상덕(2007). **손에 잡히는 유통실무 완전정복**. 중앙경제평론사.

월간소비자(2009). **원가와 소비자생활물가**. 7월호.

유동운(2006). **소비자경제심리의 법칙**. 북코리아.

유중곤(2001). 한국의 비교광고 규제변화와 발전방안에 관한 실증적 연구. 동국대석사학위논문.

이기춘(1988). **소비자교육학**. 교문사.

이덕승(2007). 지속가능한 소비사회를 위한 제언. 제1차 한국미래소비자포럼 자료집.

이두희(2000). **광고론**. 박영사.

이스트우드(1992). 김용희 역. **소비자경제학**. 비봉출판사.

이재형(2009). 기업형 슈퍼마켓(SSM) 논의에 대한 접근. 10월 규제연구회 발표자료.

이정희(2007). **유통구조와 물가**. 한국경제연구원.

이정희(2008). 유통시장의 변화와 식품산업의 발전방안. 한국유통학회.

이정희 외 3인(2009). 신유통업태 위주의 유통구조 변화가 국내 소비자 물가에 미친 영향. **유통연구**, 14(4), 125-144.

이종민·김지선(2001). 공정거래법상의 문제점과 표시광고법상의 개선책 : 허위과장광고의 규제실태를 중심으로, 12(4). 광고학연구.

이종민·김지선(2002). 부당표시광고의 유형화연구, 공정거래위원회의 심결사례를 중심으로. 한국광고학보, 4.

이종인(2006). **제조물책임과 제품안전성의 경제학**. 한국학술정보.

이준구(2004). **시장과 정부 : 경쟁과 협력의 관계**. 다산출판사.

이준구(2008). **미시경제학**. 법문사.

임봉욱(2009). **예제와 함께하는 미시경제학**. 박영사.

장광영(2004). **현대투자론**. 신영사.

정운찬(2003). **화폐와 금융시장**. 율곡출판사.

조도근(1995). 한국경제교육동향. **경제교육** 6(95. 7), 한국개발연구원 국민경제교육연구소. 153-156.

조성진·김상국(2002) 안티사이트가 기업에 미치는 영향과 대응방안에 대한 연구. **대한산업공학회 추계학술대회**.

조영달(1985). 민주시민교육으로서의 경제교육. **한국사회과교육학회**.

천규승(2009). 경제환경의 변화와 소비자교육의 역할, 공정거래위원회 (사)한국소비자교육지원센터 정기심포지엄 자료.

청소년금융교육협의회(2007). 청소년 금융이해력 측정 결과.

체인스토어협회(2008). 유통연감.

최병선(2006). **정부규제론**. 법문사.

최숙희(2002). **식품표시제 강화추세와 정책과제**. 삼성경제연구소

최은희(2007). 소비자안전정책에 있어 사후규제가 사전규제에 미치는 영향. 숙명여자대학교, 박사학위논문.

최준화(2002). **소비시장의 양면성**. 삼성경제연구소.

한국경제교육학회(2007). **차세대 경제**. 교학사

한국경제연구원(2007). 규제개혁종합연구3-유통.

한국경제연구원·전국경제인연합회(2007). **규제개혁종합연구**. 한국경제연구원.

한국보건사회연구원(2006). 저출산 고령사회에 대비한 국가전략.

한국소비자원(2002). 소비자교육 종합발전계획.

한국은행(2000). 유통구조변화가 물가에 미친 영향.

한국은행(2005). 소비구조의 변화와 향후 정책대응방향.

한국은행(2007). 도·소매업의 구조변화가 우리 경제에 미치는 영향 및 시사점.

한국은행(2007). 우리나라의 금융제도.

한국은행(2008). 알기 쉬운 경제이야기.

한민희·장대련(2000). **광고경영론**. 학현사

홍득표(1998). **정치과정론**. 학문사.

홍성종(1996). **정부규제의 선택**. 한국경제연구원.

홍영복(2008). **알기 쉬운 재테크**. 블루칩.

뉴시스(2004). 국회, 어린이 중독하고 예방법 개정안 발의. 2004. 7. 27일자.

뉴시스(2009). 교통안전공단, '벨트운동' 추진으로 사망자를 줄인다. 2009. 10. 19일자.

연합뉴스(2004). 어린이 독극물사고, 뚜껑만 관리해도 예방. 2004. 5. 3일자.

국외문헌

Asch, Peter (1988). Consumer Safety Regulation, Oxford University Press.

B. D. Bernheim, M. D. Whinston (2007), Microeconomics, McGraw-Hill.

Becker, G. S. (1976). *The economic approach to human behavior*. Chicago: The University of Chicago Press.

______________ (1991). *A treatise on the family*. Massachusetts : Harvard University Press.

Bryant, W. K. (1995). *The economic organization of the household*. New York: Cambridge University Press.

Canadian Policy Research Initiative (2005). *Why financial capability matters?*

Ehrenberg, R. G., & Smith, R. S. (2003). *Modern labor economics*. Old Tappan: Addision Wesley.

FDIC(Federal Deposit Insurance Corporation, 2005), *A Special Guide For Young Adults*.

FSA (2002). Personal Finance Teaching in School, *Consumer Research 11*.

Greer, D. F. (1993). *Business, Government and Society(3rd.)*, Macmillan.

J. Bradfield (2007). Introduction to the Economics of Financial Markets.

JumpStart Coalition (2002). *National Standards in Personal Finance*(Second Edition).

Kahneman, D., & Tversky, A. (1979). Prospect theory. *Econometrica, 47*(2), 263-292.

Katy Jacob (2000). *Tools for survival: An analysis of financial literacy programs*, Woodstock Institute.

Lancaster, K. (1991). *Modern consumer theory*. Vermont: Edward Elgar.

Linda Lu, Jacobsen Consumer Education Needs of Young Families in Texas Master's Thesis, Ioowa State University, 1968. 2.

Magrabi, F. M., Chung, Y., Cha, S., Yang, S. (1991). *The economics of household consumption*. New York : Praeger

Maynes, E. S. (1976). *Decision-Making for Consumers*, NewYork Macmillan.

NCEE (2001). *Financial Fitness for Life, National Council on Economic Education.*

NEFE(National Endowment for Financial Education, 1999), *Financial Skills for Life.*

Peltzman, Sam (1975). The Effects of Automobile Safety Regulation, *Journal of Political Economy*, Vol. 83, No. 4.

Preston & Richards (1986). Consumer Miscomprehension as a Challenge to FTC Proscuties of Deceptive Advertising, John Marshall Law Review, spring.

Richards J. I., (1990). *Deceptive Advertising*, Lawrence Erlbaum Associates Publishers.

Simon, H. A. (1956). Rational choice and the structure of the environment. *Psychological Review, 63*(2), 129-138.

Thaler, R. (1985). Mental accounting and consumer choice, *Marketing Science*, 4(3), 199-214.

Viscusi, W. KiP (2005). *Economics of Regulation and Antitrust*, MIT press.

Wells 외 2인 (2000). Advertising : principles & practice 5th ed. prentice Hall.

Wolf(1979). A theory of nonmarket failure : framwork of implementation analysis, *Journal of Law and Economics*, vol. 22.

World Bank (2007). *International workshop on consumer protection in financial services.*

홈페이지

간행물윤리위원회. www.kpec.or.kr
국립농산물품질관리원. www.naqs.go.kr
규제개혁위원회. www.rrc.go.kr
기획재정부. www.mosf.go.kr
내각부. e-gov.go.jp, www.consumer.go.jp
농림수산식품부. www.mifaff.go.kr
뉴시스. www.newsis.com
대한민국 국가정책포털. www.korea.kr
매일경제신문. www.mk.co.kr
미국 연방거래위원회. www.ftc.gov
법제처 법령정보 사이트. www.law.go.kr
식품의약품안전청. www.kfda.go.kr
신문윤리위원회. www.ikpec.or.kr
에너지관리공단. www.kemco.or.kr
영국 공정거래청. www.oft.gov.uk
유럽위원회 경쟁총국. ec.europe.eu/comm/competition, ec.europe.eu/consumers
유통물류진흥원. www.gs1kr.org
일본 공정거래위원회. www.jftc.go.jp
일본 소비자청. www.caa.go.jp
지식경제부 기술표준원. www.ats.go.kr
지식경제부. www.mke.go.kr
축산물등급판정소. www.apgs.co.kr
국가통계포털. www.kosis.kr
통계청. www.kostat.go.kr
한국 공정거래위원회. www.ftc.go.kr, consumer.go.kr
한국개발연구원 click 경제교육. click.kdi.re.kr/economy
한국광고자율심의기구. www.karb.or.kr
한국소비자원. www.kca.go.kr
호주 경쟁소비자위원회. www.accc.gov.au

찾아보기

저자소개

문정숙

미국 Kansas State University 소비자경제학 박사

경력 1999. 8.~2007. 2. 공정거래위원회 소비자정책협의회 자문위원
1999. 5.~2007. 7. 공정거래위원회 경쟁정책자문위원회 위원
2000. 5.~2002. 5. 대통령직속 규제개혁위원회 위원
2004. 3.~2007. 3. 우리금융지주회사 사외이사
2003. 3.~2006. 3. 한국전력공사 사외이사
2003. 8.~2004. 8. 재정경제부 금융발전심의회 위원
2005. 2.~2009. 12. 금융감독원 금융분쟁조정위원회 위원
2007. 1.~2007. 12. 한국소비문화학회 회장
2008. 7.~2009. 6. 한국소비자정책·교육학회 회장

현재 금융감독원 부원장보(소비자서비스본부장)
숙명여자대학교 경상대학 경제학부 소비자경제학과 교수(휴직)

이영애

The Ohio State University 소비자경제학 박사

현재 인천대학교 소비자아동학과 겸임교수
숙명여자대학교 소비자경제학과 강사

최은희

숙명여자대학교 경제학과 소비자경제학전공(경제학 박사)

현재 서울시 경쟁력강화본부 생활경제 담당관

송태회

고려대학교대학원 경제학과(경제학 박사)

현재 금융감독원 거시감독국 연구위원
숙명여자대학교 경제학부 겸임교수

홍미경

숙명여자대학교 법학과(법학 박사)

현재 한국공정경쟁연합회 사무국장
숙명여자대학교 경제학부 겸임교수

이의선

숙명여자대학교 경제학과 소비자경제학전공 박사과정수료

현재 숙명여자대학교 소비자경제학과 강사

임수지

숙명여자대학교 경제학과 소비자경제학전공 박사과정

현재 숙명여자대학교 소비자경제학과 강사

소비자경제학

2010년 3월 2일 초판 인쇄
2010년 3월 5일 초판 발행

지은이 문정숙 외
펴낸이 류제동
펴낸곳 (주)교 문 사

책임편집 윤정선
본문디자인 에바다에딧
표지디자인 반미현
제작 김선형
영업 김재광·정용섭·송기윤

출력 현대미디어
인쇄 삼신인쇄
제본 과성제책사

우편번호 413-756
주소 경기도 파주시 교하읍 문발리 출판문화정보산업단지 536-2
전화 031-955-6111(代)
팩스 031-955-0955
등록 1960. 10. 28. 제406-2006-000035호

홈페이지 www.kyomunsa.co.kr
E-mail webmaster@kyomunsa.co.kr
ISBN 978-89-363-1040-0 (93590)

값 20,000원
* 잘못된 책은 바꿔 드립니다.